朝鮮日々記を読む

真宗僧が見た秀吉の朝鮮侵略

朝鮮日々記研究会……編

法藏館

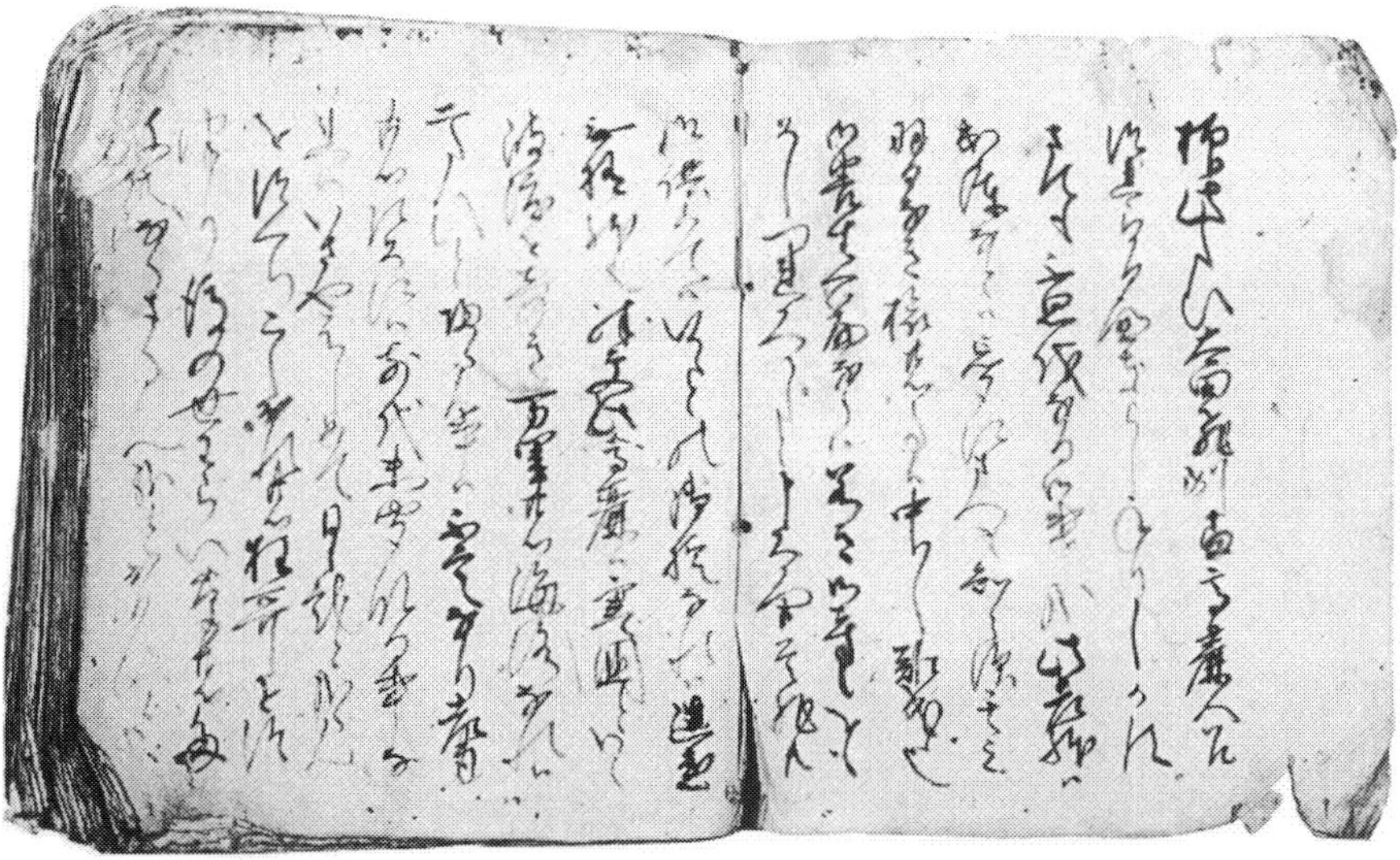

朝鮮日々記・自筆本（安養寺蔵）

安養寺本堂（大分県臼杵市）

序　『朝鮮日々記』の魅力

帝京大学文学部教授　藤木久志

中世末の異国の戦場で、真宗僧慶念の綴った日記『朝鮮日々記』が、原本の丹念な翻刻・校訂と注記・研究を添えて、世に出ることになった。研究九編はこの戦場日記の世界を、とくに真宗史の立場から深く論じている。

一五九七年（慶長二）の夏の終わりに、豊後の臼杵（大分県臼杵市）に住む僧慶念は、豊臣秀吉の第二次朝鮮侵略（慶長の役）に、豊後の小大名太田一吉に近侍する医僧として、老境の身で朝鮮に渡った。朝鮮南部の戦場では、苦戦と厳寒と飢餓の日々を転戦し、次の春のなかばに故郷へ帰り着くまでの極限の想いと戦いの哀しみを、僧慶念は散文と狂歌によって、淡々とありのままに語りついだ。それだけにかえって、この戦場日記はつよい衝撃と迫力を今も私たちに与えてやまない。厭戦と信仰告白の書ともいうべき、この戦場日記の魅力にひかれて、私が臼杵の安養寺を訪ね、ついで韓国に彼の足跡をたどり、その感銘を一書に綴ったのは、もう四半世紀余りも前のことである。この戦場日記の魅力のごく一端をここに語ろう。

その一つは、臼杵を船出して朝鮮の釜山の町に上陸した、筆者の真宗僧慶念が、この戦場の町に日本からきた真宗道場が布教していると聞き、そこを訪ねて阿弥陀本尊に祈ったと書いていたことであった。秀吉の侵略戦争のさなかに、真宗本願寺の末端の道場が、日本軍の前線拠点で、いちはやく布教にのりだしていた、というのである。この記事を本願寺の侵略荷担のまぎれもない史徴とみた私は、かつて織田・豊臣政権と激突し続けた一向一揆・本願寺の歴史との落差の大きさに驚き、また死の戦場で慶念の語った阿弥陀仏への深い信仰告白に接して、一向一揆と朝鮮侵略のただならぬ関係の追跡を、自作の基礎にすえたのであった。

もう一つは、おなじ戦線拠点の釜山に、数多く日本の商人たちが群がり、ことに人を売り買いする商人が戦場の奥深く入りこんで、日本軍の兵士たちの略奪する男女を買い集め、まるで猿を引くように縄でくくって連行していると、生々しく書きとめていたことであった。戦場の兵士たちの奴隷狩りや、戦場に群がる奴隷商人たちの暗躍という史実は、中近世ヨーロッパだけのことだ、というそれまでの私の偏見は、これらの記事によって粉砕された。ここに私は、日本中世の戦場の奴隷狩りと奴隷商人の追究という、大きな宿題を負うことになった。

このように「戦場の真宗僧の日々記」という、希有な性格をもつこの日記から、私がうけた衝撃ははかりしれない。しかし、四半世紀余りも前に、私がこの戦場日記に感じた厭戦と信仰告白の書とか、本願寺の侵略荷担という心象は、果して妥当であったか。また、戦場の奴隷狩りや奴隷商人の暗躍という、戦場の印象に誇張はなかったか。

さて、この日記の翻刻は、戦後の学界では三度目の企てであるという。しかし本書には類書にはない特徴がある。その一は、この日記が真宗僧の戦場記であることに鋭く注目した、広く真宗史の諸領域にわたる専門研究者が、大桑斉氏の呼びかけで「朝鮮日々記研究会」を組織し、長年にわたる検討を通じて詳しい校註をなしとげ、さらに戦場の極限状況下の真宗僧の心情から信仰にわたって、総合的な追究を結実させたことである。中世末真宗史に異色の対象を発見し追究した、この共同の功績はまことに大きい。

本書の特徴の二は、はからずもこの真宗僧とおなじ太田軍に属し、おなじ戦場にいた武将大河内秀元の覚書『朝鮮記』との、丹念な対比を試みたことである。この企ての意義も大きく、つい武功自慢に偏りがちな武将たちの朝鮮戦記類と、一宗教者の戦場日記との違いを、くっきり際立たせることに成功している。類書にない貴重な成果といえる。

「Ⅰ『朝鮮日々記』本文」の翻刻と校註に添えられた「Ⅱ『朝鮮日々記』と慶念」では、日記の伝本（岡村喜史）と筆者慶念の宗教者像（早島有毅）を追究する。まず本文のもとになった臼杵の安養寺本は、戦場の日々の書きつぎではないが、慶念自身の清書本と断定し、さらに、慶念の出自を追跡し、その宗教と文化への素養の深さに注目している。

それにつぐ「Ⅲ『朝鮮日々記』を読む」では、この一真宗僧の戦場での思念、ことにその死生観・宗教観・戦争観などが追究される。①まず筆者の従軍の跡が検証され、その淡々とした戦場の記述に、かえって高い史料価値のあることが確かめられ（仲尾宏）、②筆者の人物像にはナゾが多いが、もとは三河系でワタリ的な道場主の性格が想定される、とする（本多正道）。真宗僧が極限の戦場で日々に綴った厭戦の想いは、一方では、③善知識信仰による厭世・厭離穢土観の告白というべきものとされ（大桑斉）、他方では、④不条理・苛酷な戦場にいただけに、慶念には浄土への旅という弥陀の救いへの確信があった（平田厚志）と、ともにこの真宗僧の戦場日記に希有な信仰告白の書としての性格をみる。また⑤日々の感懐を託した三五〇余首もの狂歌類も専論され、戦場と自己の想いを直視した自照文学・仏教文学としての価値が認められる（大取一馬）。さらに⑥真宗の戦争荷担をもたらし、寺社にも「役」を求めた統一政権の寺社政策にも鋭い目が向けられ（早島有毅）、さいごに⑦本願寺の教如を主とする教団の朝鮮布教への志向が、釜山海を寺号とした寺の存在や、侵略の日本側の本営名護屋城下の端坊六坊の存在などを通して追跡される（草野顕之）。

いま平和と飽食のなかで「死を忘れた」といわれる現代の私たちが、「死を想う」のが日常だった中世の戦争と飢餓と信仰に思いをはせる、確かなよりどころとして、戦場日記という真宗僧の希有な体験記を追究した本書が、真摯な読者に広く迎えられることを、私はこころから楽しみにしている。

二〇〇〇年五月

朝鮮日々記を読む——真宗僧が見た秀吉の朝鮮侵略　目次

III 『朝鮮日々記』を読む

丁酉・慶長の役戦場と太田一吉軍戦跡図

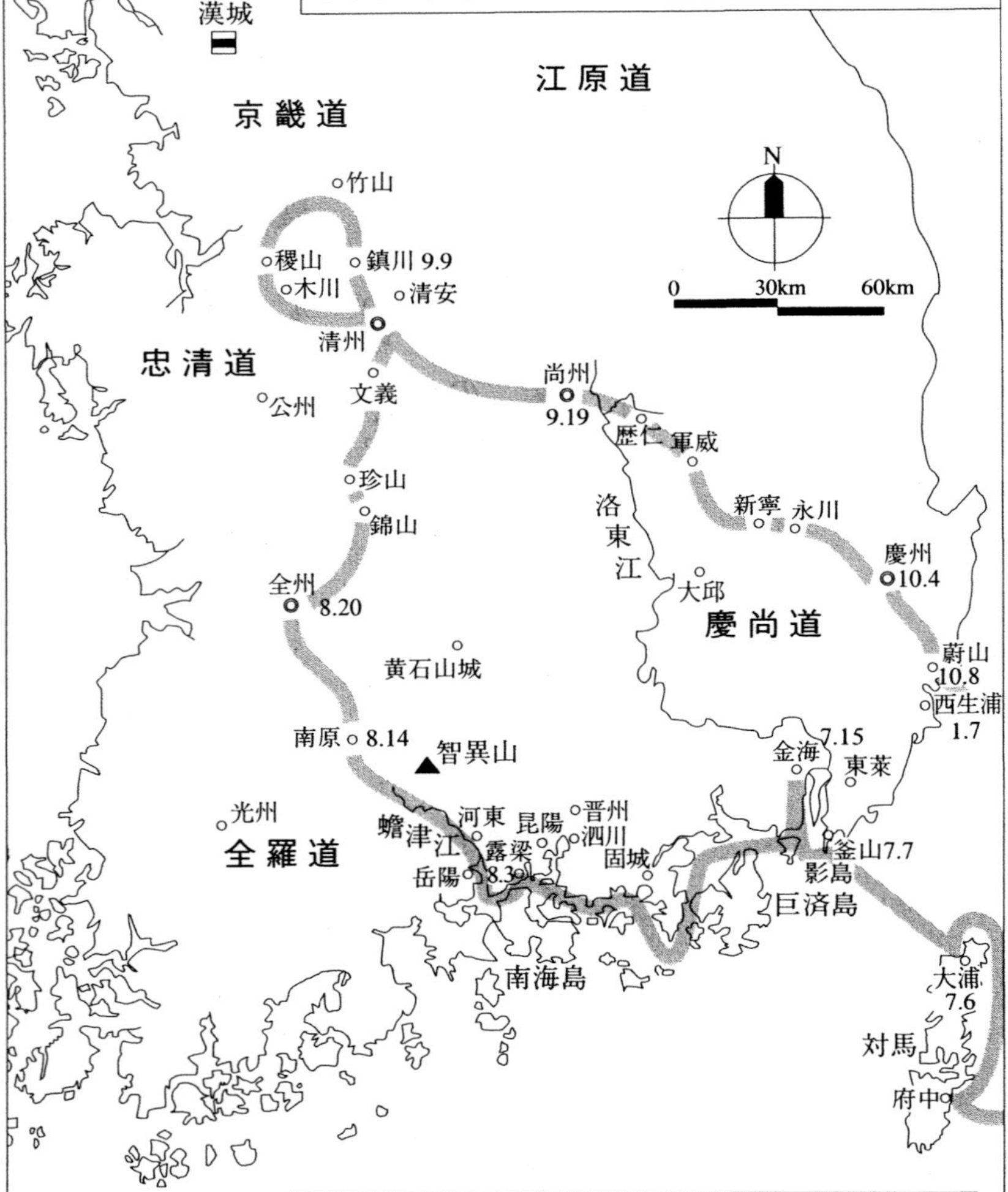

〈凡　例〉
- 地名は慶念『朝鮮日々記』および大河内秀元『朝鮮記』により推定した現代の漢字表記である。
- 日付は、『朝鮮日々記』による到着日、『朝鮮記』のそれとは必ずしも一致しない。
- 地名の推定にあたっては韓国の古典刊行会編『新増輿地勝覧』（書景出版社、1994年）、元慶烈『大東輿地図　研究』（成地文化社、1991年）及びその附図を参考にした。（作図＝仲尾宏）

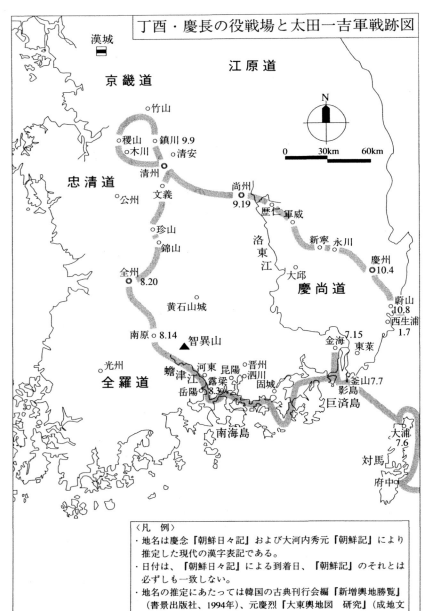

朝鮮日々記を読む

真宗僧が見た秀吉の朝鮮侵略

朝鮮日々記研究会……編

法藏館

Ⅰ 『朝鮮日々記』本文

凡例

【本文】

一、本書は、臼杵市市浜安養寺（浄土真宗本願寺派）所蔵の慶念自筆と考えられる古写本を底本として翻刻した。また、文意を考慮し、行間に（　）で適宜漢字を付した。

一、底本に使用されている古体・異体・略体などの文字については、翻刻に際して基本的には現在通行の字体に改め、また適宜句読点を付した。

一、虫損などによる欠損文字については□をもって示した。

一、誤字、脱字などは底本通りとし、（ママ）あるいは（……カ）と傍記した。

一、頭註のある語句には、＊を付した。

【頭註・補註】

一、語彙の註解は難解なものに限定した。文章を解釈するような註は原則として付していない。ただし、懸け詞と思われるものはそのことを注記した。

一、語彙註解は基本的に日本国語大辞典（小学館）及び大漢和辞典によった。日葡辞典の方が適切と判断したものに限ってこれにより、略号［葡］を付した。

一、故事を踏まえる語句、あるいは特定の典拠が予想されるものに関しては、その典拠を示すことに重点を置き、補註において原文などを注記した。明らかに典拠と判断できるものは「出典」、判断を留保したものは「参考」と表記した。それらの典拠となった文献は、別掲「頭註・補註関係文献一覧」としてまとめて表記した。

一、真宗関係の典籍は、原則的には『真宗史料集成』によったが、それになじまない『和讃』『御文』など一部のものは『真宗聖教全書』によった。

一、太田一吉家臣大河内秀元『朝鮮記』との対照を行い、頭註では［朝］と表記した。他にも対比すべき史料や記録があるが、特に重要なものに限定して注記した。

一、補註のある頭註については、末尾に「↓補」とした。

（表　紙）

「

*安養住職　*慶念　六十二才

*伴僧　了　真

*一僕　又市郎

慶長弐年六月廿四日ヨリ

*日々記

」

（本　文）

抑此たひ*太田飛州さま高麗へ召つれらるへきよし承りしかは、さても不思議なる御事哉。此老躰ハ出陣なとハ夢にさへも知らす。其上習なき旅の事ハ中〱難成候也。*御養生一篇ならハ若き御旁々（方々）をもめしつれ候へかしと申上候へ共、是非共御供候ハてハいか丶との御*掟（諚ヵ）なれハ、迷惑*無極躰也。殊更此高麗ハ寒国とい丶、波（濤ヵ）渡をしのき万里の海路なれハ、二たひと帰らん事ハ不定なり。老身のためにハ前代未聞なる事なれハ、いさやはしめて*日々記と哉らんをつくり、*こしおれ（腰 折）の*狂哥をつつり、*後の世わらい草のたね共ならさらん哉とおもひ候也。一覧ののちハ

＊安養住職　大分県臼杵市市浜にある浄土真宗本願寺派安養寺の住職。なお、底本は表紙を欠いているが、転写本によって補った。以下の表紙の文言は全てこれによる。**＊慶念六十二才**　慶念は遠州掛川城主安藤某の子で、本願寺顕如に帰依出家し、臼杵に来って安養寺を開いたと伝える（安養寺荘厳録）。本書本多論文参照。慶長二年に六十二歳であったことは七月晦日条・正月一日条参照。**＊伴僧了真**　素性など一切不明。九月二十二日条・十二月二十三日条に名が見える。**＊一僕又市郎**　素性など一切不明。九月二十二日条に名が見える。**＊日々記**　本文六行目に「日々記と哉らん」とあるから、これが本来の名称であろう。**＊太田飛州**　太田飛騨守一吉。豊後臼杵の大名。慶長役では軍目付として従軍。↓補　**＊御養生一篇ならハ**　慶念は医僧としても従軍。八月廿一日、九月二日及び十二月廿二日条参照。↓補　**＊御掟**　ごじゃう。御諚・御定に同じ。貴人の命令。ここでは太田一吉の命令。↓補　**＊無極躰**　語

火中へやりすて有へく候也。
六月廿四日に*御出船にて、*さかのせきに御船付、其暮に*橋本傳十郎に御振舞なされ候て、とかく候へハ*土佐殿御船付、やかて御参会有りしなりけるを、とりあへす、

うすき来て関のとまりの夕暮にはや土佐とのと参会をめす

さるほとに、子にて候*八郎ハ、おくりの船にのりおくれ、さかのせきまてハ来らすなり。さても、今すこし今生にての暇取中候ハん物をと、忍のひの涙せきあへすなけき侍りしに、ふしきに夜半の時分に来り、おもひのまゝにいとまこひをし侍りしなれハ、いまハ心やすくおもひ、やかて其あかつきに、*上せきより船にのらんとて、道すから手に手をとりあひて*船本またかいにうちつれ出しときに、あまりの名残おしさのまゝに、かやうに詠して、船にのりて出行けり。

二たひと帰らん事もまたかたしいまをわかれの老か身そうき

さても*せき崎を過て、*うら辺地にかゝりし時に、あとを見おくりけれハ、臼杵のかたハとをくして霞かゝり、あまりのおもひに、

意はきわまりない。出典、『浄土和讃』二三「虚无之身无極軆」。**＊日々記と哉らんをつくり**　紀貫之『土佐日記』序文に習う。**＊こしおれ**　和歌の第三句に欠点のあること。転じて拙い歌。**＊狂哥**　狂歌。本書では、滑稽や諧謔を主としたものではなく、日常の生活を詠んだ歌の意。**＊後の世の……やりすて有へく候也**　後世に残そうとの思いと「一覧ののちハ火中」との思いとが交錯。十一月廿一日条、十二月十七日条、正月廿九日条参照。

＊御出船　→補　**＊さかのせき**　豊後佐賀関。**＊橋本傳十郎**　不詳。**＊土佐殿**　長曾我部元親。→補　**＊八郎**　慶念の子。→補　**＊上せき**　佐賀関の上浦。**＊船本**　船許(ふなもと)。船着場。**＊せき崎**　佐賀関の岬の先端の呼称。**＊うら辺地**　浦部地。豊後国国東郡・速見郡の海岸部の総称。

残しおく其*たらちねの妻や子のなけきをおもふかせそ身にしむ

同廿五日ニうら辺の*竹田津にて、

暁のかねもろ共に*出しほのとまりハやかて竹田津につく

*同廿六日ニ暁かたに殿さまハ御いそきにて小船めして土佐殿と同船して、さきへめし候也。

殿さまハおいそき有りてへちふね《（別船）》にめすや塩路のかとて成るらん

同廿七日ニ*あしやの灘、*あかまかせき、*かけ乗りにし侍りけれハ、

聞つたふあし屋の灘やこくら《（小倉）》の津あかまかせきはよそにこそ見れ

*同廿八日ニ此*なこやの津ハおとに聞つたへし所なり。殊更*御明日なりけれハ、さためて*御道場も御座あらん。又ハ見物せんとおもひけるに、はや御船ハさきへめされけるとて、其まゝにいかり《（錨）》取のり出し侍りし時ニ、船よりしてなかめやりて、かくなん。

*天守をは雲にそひえておたてあるいらかならふるなこや津の躰

さるほとに、いき《（壱岐）》へと船を乗り候ところニ、おほきなる嶋の有を人にとへは、あれこそ*けん界か嶋よといふをきゝてかくなん。

＊たらちね　女性にかける枕詞。　**＊竹田津**　国東半島北端の港。　**＊出しほ**　出帆。　**＊同廿六日ニ……**　朝「廿六日竹タツヲ出テ。長門下ノ関ニ著岸ス。〈此路十里〉」。　**＊あしやの灘**　遠賀川河口の芦屋港。↓補　**＊あかまかせき**　下関の別称。寄港地が逆転して記される。あかまかせき、あしやの灘が正しい。この日の和歌も同じ。　**＊かけ乗り**　駆け乗り。馬で急ぐ意。寄港せず通過することの比喩。　**＊同廿八日ニ……**　朝「廿八日名護屋ニ滞留シ。（中略）残ラス摠軍勢集リヌ」。また廿九日条に軍勢の出港を記す。↓補　**＊なこやの津**　秀吉の本営名護屋城がある。肥前東松浦半島北端の港。　**＊御明日**　本願寺開山親鸞の毎月の命日。↓補　**＊御道場**　真宗寺院の呼称。肥前名護屋には名護屋六坊とよばれた寺院があった。↓補　**＊天守**　名護屋城の黄金瓦葺の天守。↓補　**＊けん界か嶋**　博多湾口の玄海島。

けん界か嶋そときけはほと遠くおもふにかわる*からとまりかな

からとまりやかて此けんかいかしまにほとなくて有りけれハ、かやうニ詠し候也。

*同廿九日ニ暮にいきへつきしかは、船の内にしてかやうに詠し侍りしなり。

所から名にあふ国のたのもしやあひもろともに*いきのかさもと

船のつきたる在所をかさもとの津といひし所なれハなり。*城なんとも有り。

*七月一日ニかさもとのふろ《風呂》にいらんとて、あかりて見れハ、水ハにこり《濁》てすま《澄》すなり。いかゝハせんとあんしけれ共、*かさのかいさのあまりに、ふろに入て、かやうニ詠し侍り。

かさ本のふろハさなからしよくせ《濁世》なれ水もろともニすましとそおもふ

*同二日ニつしまへ乗り渡らんとてあかつき船出して、はや十五里はかりのりし時に、かせあしくて波たかくありけれハ、たゝもとし《戻》侍らんとしけるに、ほけたおれて有り。又ある船ハ*たうかへをとられ、又ハ道具を落しなんとしけるほとに、やう〱かさ本へのりもとし侍りし時に、

つしま地に乗りうる物をいかにしてふきおくりたるまへのかさ本

＊からとまり　唐泊。博多湾口の糸島半島の港。中世に日朝航路の寄港地として著名。→補　**＊同廿九日ニ……**　朝「廿九日（中略）各兵船急キ押続奉リ。壱岐風本ノ港ニ乗入ケル。〈此道十八里〉」。**＊いきのかさもと**　壱岐と「往き」を懸ける。「かさもと」は風本で現在の壱岐勝本。秀吉軍の中継基地。　**＊城なんとも有り**　→補　**＊七月一日ニ……**　朝「七月朔日順風ヲ待テ風本ノ湊ニ艤ス」。**＊かさ**　疥癬のこと。　**＊同二日ニ……**　朝「二日数万艘ノ兵船悉ク乗出シ。沖中ニ至トイヘトモ。逆風暴風シテ。殆舟ヲ覆サントス。故ニ諸将又舟ヲ風本ニ戻ス」。**＊たうかへ**　胴壁。軍船の防弾用の装甲。

同三日ニひより《日和》あしくてかさ本のおきにかゝり、波にゆられてくるしさのあまりに、かやうニ詠してりう王も御きゝあれとて、

道理かな風もとなれハふくそかし*なかてハいかゝおさまれる世に

*同四日ニかせふけ共*かなへ《鼎》もおりされハ、波たかくして夜もすからいねられさりけれハ、よろつおもひなけき、あかつきすこしまとろミしに、わかかたのありさまを夢に見し時に、かくなん。

古郷をおもひ出てやわかこゝろ*何にわにつけて面かけにミゆ

*同五日ニ暁より順風になりしかハ夜をこめ乗り出して、つしまの地につきにし時に、

夜をこめてはや*とりかちの波まくら夢もろともにつしま郷につく

*同六日ニつしまの*とよ崎といふ御崎にて殿さま御船におひつき、たかひによろこひあひて、其夜ハいつれの船も一里はかり御のりありて、其あかつきめされへきとの事なり。浦の名をハ*あふの浦といふとまりハ、さすかといへりけれハ、

豊崎やとのにハやかてあふのうらとまりこそまたさすか成りけり

*同七日ニとまりを夜の明かたに出して、ひるのさかりにふさんかい《釜山海》へ付けれハ、

＊なかて　仲立ちすること。　**＊同四日ニ……**　朝「四日ノ夜ニ入テ。亥之尅ハカリニ南風烈ク吹来テ。諸将風本ヲ出船」。　**＊かなへもおりされハ**　鼎には船を繋ぎとめるくいの意がある。→補　**＊何にわにつけて**　何事につけても。　**＊同五日ニ……**　朝「五日戌ノ尅ハカリニ。対馬鴨瀬ノ岸ニ著船ス。〈此海路四十八里〉」。　**＊とりかち**　ポ「ガチ（勝ち）大部分。（中略）例、（取り勝ちにする）物をほかの人よりも有利に多く取る」。「われがちに」の意と「取舵」を懸ける。　**＊同六日ニ……**　朝「六日対馬国三十五里ノ灘ノ渡シ。申ノ尅ハカリ対馬豊浦ニ著岸ス」。　**＊とよ崎**　対馬東北端の港。中世では宗氏の館があった。　**＊あふの浦**　対馬島西北端の大浦。　**＊同七日ニ……**　朝は六日から七日にかけて朝鮮水軍との海戦を記す。→補

ほともなくつくこそやかてふさんかいなかめことなるしな〱の躰

*同八日ニ*竹嶋へ御乗り候ハんとて船まわしけるに、*番船出て、さつま船をやそう《（八艘）》きり取焼わりけれハ、ふさんかいへ御もとりにて、さて番船ハかちとき《（鬨）》にて、ふさんかいのミなとのくちをとりふさきて有けれハ、今夜ハさためて番船もミなとの内へ来り火矢なけ火矢にて船をやきに来り候ハんやとて、用心きひしく有りけれハ、され共乗りかへりける時に、かくなん。

番船のいて丶もさせる事ハなしされとも船をやそうはかりは

同九日ニふさんかいの町へあかりて見物しけれハ、諸国のあき人を見侍りて、

釜山浦のまちハしよ国の*まいはい人貴賤老にやくたちさわく躰

*同十日ニ番船*から嶋のくち其外の嶋にか丶りて有りしに、*加藤との又ハ*日向・*さつま・*あわとの・土佐との・飛騨守殿をはしめて、番船をきり取やきやふり、残りなくうちはたしけれハ、それよりして番船つゐに出すなり。*藤堂殿こそ船手の大将成りしかとも、はしめの時に手からをめし候ハす。*惣のかちによりてこそ*船手のいろハなをしたまひてなり。

番船の手からをめすや*かたうとのふな手ハ*たうとめんほくハなし

＊同八日ニ……　薩摩水軍と朝鮮水軍との海戦の記事は、他の記録には記述がない。↓補　**＊竹嶋**　慶尚道金海の東南の洛東江中の竹島（チュクド）。↓補　**＊番船**　朝鮮水軍の兵船。　**＊まいはい人**　売買人。↓補　**＊同十日ニ……**　他の記録にこの海戦の記事はない。あるいは十五日の巨済島海戦を指すカ。　**＊から嶋**　巨済島（コジェド）。↓補　**＊加藤との**　加藤左馬助嘉明。　**＊日向**　日向の諸大名。島津又七郎豊久、高橋九郎元種、伊東民部大輔祐兵ら。↓補　**＊さつま**　島津義弘。　**＊あわとの**　蜂須賀阿波守家政。　**＊藤堂殿**　藤堂佐渡守高虎。↓補　**＊惣のかち**　全軍の勝利。　**＊船手のいろ**　水軍の形勢。　**＊かたうとの**　加藤殿と「勝とう」を懸ける。　**＊たうと**　藤堂と「とうとう」を懸ける。

同十一日ニふさんかいにこそ*御道場の御入候とうけたまハりて、たつね参りけれハ、まことに殊勝ありかたく御本尊さまを*あんしんめされ、*端坊さまの御下と御物語候御すかたを、つく〱とおかミ奉りて、

いつくを*もひかりやハらく御すかた心のそこそありかたきかな

同十二日ニ船よりハおり候ハす。さてハ朝夕の物語のともとてハ、他宗世間の人あるひハ武士の参会なれハ、よろこひもうすくて心も*おろかなりけれハ、

かしこきもおろかなるをもすてられぬ*ちかひにあへる身こそやすけれ

同十三日ニ法儀にとをさかり油断之躰を、

立ゐにも其をきふしの*すさみにハたゝ称名のほかハ他事なし

同十四日ニふさんかいより竹嶋へ船まハしけるところに、雨ふりひよりあしく、*とま屋ももりけれハ、いとゝ古郷の忍ひ*あちなくて、

ふる雨にとまもたまらすわか袖のなミたにぬれてかわくまもなし

*同十五日ニ竹嶋へ付候に、はる〱の海山へたてきぬる物かな。かやうのうき有様ハ老の身にハいかゝ（た脱カ）へぬらんと、たゝとにかくいそき往生ののそみよりほかのことハなし。うき世をわたりすめはこそ、かくハあらまし。

＊御道場　釜山にあった真宗寺院。高徳寺を指すカ。→補　**＊あんしん**　安置の意カ。　**＊端坊**　現山口市にある本願寺派寺院。本願寺脇門跡興正寺に属して京都にあった。→補　**＊ひかりやハらく**　和光同塵の「和光」の訓読。仏が衆生救済の方便として、さまざまな姿で現れること。真宗の本尊の方便法身阿弥陀如来絵像をいう。　**＊おろか**　愚か、疎かの二義がある。ここでは後者の意。次の歌では前者。以下に多出するのは後者の意が多い。　**＊ちかひ**　弥陀の本願。阿弥陀仏が法蔵菩薩であった時、一切衆生を救済する本願をたて、この願が成就しない限り仏にならないと誓ったこと。　**＊すさみ**　慰み。　**＊とま屋**　苫葺の粗末な小屋。ここでは船室。　**＊あちなく**　「あじきなく」カ。どうにもならないの意。　**＊同十五日ニ……**　この日巨済島近海で海戦があった。→補

なかめこし其海山をへたて来てうき世をわたる竹嶋ニつく

*同十六日ニけふハ又其*心さしの明日なり。さそ〳〵親子兄弟あつまりて、わかうハさをめされ候ハんとおもひやられて、愁歎のあまりに、かやうニ詠して袖をしほり候。

古郷の其したしミのあつまりてけふのうハさをおもひこそやれ

*同十七日ニおもひかけもなきに鏡を取て、わかすかたを見侍れハ、さても〳〵いつのまにかやうにとしよりたる事哉とおもひ、まことに*御言（ママ）に、か丶ミにむかへる影にむかへハしらぬ翁にあへるかと御座候に、すこしもあひたかハすと、あちきなくて、

花やかにありつる物を老木のしらすやけふのあらしまつかな

同十八日ニ雨ハふりつ丶きて、いつかたへもいつへきやうもさらになし。とかくなくさミにも*たしなミの*御よろこひの外ハなしと也。

たくひなきおしへにあへる身の程をおもひつ丶けて袖しほるかな

同十九日ニさても此国まてハ、いかなる*いにしへやくそくのありて、かやうにせんかたなき身とやなるらん。心くるしやとなけきなから、またおもひかへし

＊同十六日ニ…… 朝「十六日諸将竹嶋ノ城ニ集テ。七頭ノ御奉行軍功ヲ談議ス」。 **＊其心さしの明日** 不詳。慶念の従軍の日を命日とし、このようにいうか。 **＊同十七日ニ……** 朝「十七日（中略）諸将竹島ニ滞留シ。手負人ヲ看病シ。舟軍ニスタレタル兵具ヲ用意シ。舟ノ櫓カイヲソ調ケル」。ここで内陸侵攻の軍勢の部署を定めている。太田一吉は「北表ニ働軍勢」の軍奉行となっている。→補 **＊御言** 貴人の言葉。何を指すか不詳。 **＊たしなミ** 信心のこころがけ。 **＊御よろこひ** 弥陀の誓願に出会ったことを喜ぶ心。 **＊いにしへやくそく** 前世からの因縁。

て、あさましく侍る心かな。*御おんをハよろこひなくてと、か

何事も其いにしへの契りそとおもひなからのこゝろまよひや

同廿日ニとせんさ《徒然》のあまり*人界のならいなれハ、いろ〳〵のねかひを詠し侍る也。

はてもなきねかひをいつかみつしほの*あふの浦半の有り明の月

同廿一日ニわか心くどん《愚鈍》にして、いまをも知らぬうき身もちなからなけく物かな。たゝいまをもわきまへさるにとおもひて、

定めなき世の有りさまをなけくかな露にやとかるまほろしの身を

同廿二日ニ何にとなく涙*せきあへす、つゝむとすれと人目もはつかしくて、かくなん。

とにかくにさきたつ物はなミたかなはかなかりける老か身のほと

同廿三日ニはや〳〵今夜ハ*おたやにて御座有りけり。さても御まへの*しやうごんハいかゝ有らん。御花ハ何と立申つらんと、心ハかりはかよひけれ共、*伝変の世のならいなれハ、なけきなからかくなん。

此くれの花の下草いかならんかやう心をおもひやれかし

＊御おんをハよろこひ　弥陀の誓願に出会い、救われた恩を喜ぶこと。御恩報謝とか仏恩報謝という。**＊人界のならい**　迷いの世界の一つとしての人間世界の習い。ここではこの世で常に生ずる煩悩をいう。　**＊あふの浦半**　釜山西南の洛東江口の多大浦（タエダポ）と弥陀誓願に「逢う」を懸ける。浦半は入りくんだ海岸。　**＊せきあへす**　塞き敢へす。おさえて我慢することができない。　**＊おたや**　お逮夜。命日の前夜の法会。ここでは本願寺十一世顕如命日の前夜。→補　**＊しやうごん**　荘厳。仏前の飾りつけ。　**＊伝変**　転変。世の移り変わり。

同廿四日ニさても*今日の善知識さまの御あハれミ、海山をかたふけてもあまり有りし御事なり。*其御すかた片時も忘れ申候ハねハ、なをも有りかたくそんして、

面かけのたちそひいまにわすられぬそのあわれミハ四方にあまれり

同廿五日ニわか身のほとをおもひくらへ、さても世中にハいかほとのくるしミを得たる人のミなり。さりとてハ心のいたらぬゆへかなと、うちかへして、かくなん。

心からこゝろくるしくおもふかな身よりもしたの人を見るにも

同廿六日ニ*れいならす煩敷有りて、かせの身にしミくるしかりけれハ、さても古郷にあらハ*年ころの妻子ともあつまりて、*あとやまくらにして、いかゝ有らんと、といかなしミ侍らん物をと、なけきなから枕をかたふけ涙をとゝめて、かやうに侍る也。

いとゝさへわか古郷の恋しきにくるしやけふのかせのこゝろハ

同廿七日ニくるしくて夜もいねられす。暁すこしまとろミたりしに、乱夢とて煩の時ハいろ〳〵のゆめ見しなれ共、さても心のおろかなるゆへやと、おとろ

＊今日の善知識さま　正しい教えを説いて仏道に導く師が善知識。廿四日の善知識は顕如。↓補　**＊其御すかた**　顕如の面影。↓補　**＊れいならす**　不例。普通でないこと。病気をいう。　**＊年ころの**　相当の年齢の。　**＊あとやまくらにして**　「あとまくらも知らず」と同義。足もとと枕もとの判断がつかず前後が区別できないこと。転じてどうしてよいかわからない。

きたてまつりて、かくなん。

仏恩をそのたしなミのあさきゆへあらぬ事のミ夢にみるかな

*同廿八日ニ日本古郷より子たちの事こまかなりし文*を得てうれ敷、けふハ殊さら御明日なれハ、よろこひあさからす。煩も*大形《おおかた》なりけれハ、詠哥《か》にとりもあへす。

子たちよりいとこまかなる文を得てそのうれしさハたくひなきかな

同廿九日ニ竹嶋を出、殿*さまハ船手の御目つけニ御なりて、御船より赤*国のやうニ御はたらきなり。路次すからハ番船のとまりの嶋、焼やふりたる番船、しまつゝき山〳〵の躰、心ことはもつくしかたくて、かやうに、

竹嶋をいてこしみれはからしまのうら山つゝきはてそなかりき

同晦日ニ今夜ハもつてのほかに煩敷なりて是非なき事哉。此まゝにはてなん事ハ必定なり。まことに此年月おほへなきくるしさなれハ、せんかたなさのまゝに、かやうに申侍る也。

六*十二そのとし月をかそへてもけふのこよひに似たる時なし

八月一日ニいよ〳〵煩の躰難儀になりておほへ、くるしミハ人界のく*やくなり。

＊同廿八日ニ…… 朝「廿八日。右ノ諸将竹嶋ヲ出船シ。唐嶋ノ追門ヲ押渡リ。アヤン川ト云川面十八九丁ノ大河ヲ上リ二七日押上ル」。この日を境に朝と本書の日付に、一日ないし二日の遅れが見られる場合がある。 **＊文** 手紙。十月八日条にも手紙で慶念の家族の安否が伝えられている。 **＊大形** ほとんど。 **＊殿さまハ船手の御目つけ** 太田一吉は、朝七月十七日条によれば、陸路の軍奉行であったから、変更になったことになる。→一〇三頁補註「同十七日ニ……」 **＊赤国** 釜山浦から西への海岸部と全羅道を指す。→補 **＊六十二** 慶念の年齢。 **＊くやく** 苦厄と公役を懸けるカ。

しかれ共、旅にてハかやうのくるしミ人めもはつかし。今一たひなからへ、としころの妻子よりハかたりハつくし申さしとおもひ侍る也。

くるしみのそのしな〳〵ハおほけれとかたりつくさし言葉の躰

同二日ニ夜半よりも*薬をせんし服しけれハ、きとく《(奇特)》に虫もおさへ、食事も少つゝハすゝミ力つき候へハ、ありかたや御慈悲のきハまり也。さてもはや〳〵と快気を得たる物かなとよろこひて、かくなん。

良薬もその恩徳のみかけにてはや心よくなりにけるかな

同三日ニから嶋いろ〳〵の名所を過て*赤国の川くちに入見れハ、はてもなき大川也。数千艘のおしならへても、いつかたへ行共なき所也。はてしなけれハ、かやうニ、

おとにきく*こしやうのみなとこれかとよ五里も十里も入てこそゆけ

同四日ニはや〳〵船より我も人もおとらしまけしとて*物をとり人をころし、うはひあへる躰、なか〳〵目もあてられぬ気色也。

とかもなき人の財ほうとらんとて雲霞のことく立さわく躰

同五日、家〳〵をやきたて、煙の立を見て、わか身のうへにおもひやられてか

＊薬をせんし　医師の主たる仕事。室町末期の『七十一番職人歌合』の「医師」の画中詞に「殿下より続命湯・独活散をめされ候、たゝ今あはせ候」とあり、医師は薬の調合・投薬をも行った。八月廿一日条参照。　**＊赤国の川くち**　朝七月廿八日条にいう「アヤン川」で、現在の慶尚道（キョンサンド）と全羅道（チョルラド）の境を流れる蟾津江（ソムジンガン）を指す。　**＊こしやう**　発音からすれば慶尚道固城（コソン）に比定されようが、河口の港ではないので確定できない。　**＊物をとり……あへる躰**　日本の将兵の略奪行為。朝「八月四日忠清道ウレント云處ニ著陣ス。ソノ道六十里。陸手船手ノ惣軍ウレンニ取上リ。男女（中略）下々山谷ニ乱入リ。男女僧俗生捕余多取来ル」。「ウレン」は全羅道露梁。ここでは主に「生捕」であったと記されている。『乱中雑録』八月五日条に「義弘等兵、進泊昆陽、金鰲山下露梁等処、捜出殺掠、公私家尽為焚蕩」とする。

くなん。

赤国といへ共やけてたつけふりくろくのほるは*ほむらとそ見る

同六日ニ野も山も、*城ハ中におよはす皆々やきたて、人をうちきり、*くさり竹の筒にてくひをしハり、おやハ子をなけき子ハ親をたつね、あわれ成る躰、はしめてミ待る也。

野も山も焼たてによふ《（呼）》むしやのこゑさなから*修羅のちまた成りけり

同七日ニいろ〳〵人ことの*らんはう《（濫妨）》の物を見てほしくおもひて、わか心なからつたなくおもひ、かやうにてハ往生もいかゝとおもひ侍りて、

はつかしや見る物ことにほしかりて心すまさる*もうねん《（妄念）》の身や

同日にあまりに〳〵わか心をかへり見てつたなくおもひ、され共*罪業深重もおもからす、さんらんほういつ《（放逸）》もすてられぬ御ちかひなれハ也。

おそらくハ弥陀のちかひをたのますハ此悪心はたれかすくはん

同八日ニかうらい人*子共をハからめとり、おやをはうちきり、二たひとみせす。

たかひのなけきハさなから獄率のせめ成りと也。

あわれなり*してふのわかれ是かとよおや子のなけき見るにつけても

＊ほむら　炎・焰。転じて心中に燃えたつ怨み、怒り、嫉妬、または欲望の意。　**＊城**　地名は不詳であるが、朝鮮式の山城を指す。　**＊くさり竹の筒**　鎖と竹の首枷（くびかせ）。捕虜を連行するときに用いる。　**＊修羅のちまた**　帝釈天と戦い続ける阿修羅の戦場。激しい戦乱の場所の意。　**＊らんはうの物**　略奪する将兵。↓補　**＊もうねん**　世俗の世界での迷い心。　**＊罪業深重も……すてられぬ**　出典、『正像末和讃』↓補　**＊子共をハからめとり**　朝鮮の子供達を生捕りにする。八月八日、十一月十九日条参照。↓補　**＊してふのわかれ**　母子の相別れるさま。『孔子家語』に出典し、御伽草子『蛤の草子』や謡曲『隅田川』に用例がある。↓補

同九日ニ日向国佐土原の*山田才介殿に参会申。さても〳〵*御同行と申。*良久たいめんせす候へハ、夜もすからうれしさの事つくしかたくて也。

幾としをへたて来にける友人にけふあひ見つる言の葉のすゑ

*同十日ニ船よりあかり四十日におよひし*苫屋を出て、駒に乗り*奥陣の御供申侍る也。

此ほとの海士のとま屋をたちいてゝのりうつりける駒の足なミ

*同十一日ニ夕暮て人家の煙の立を見れハ、萬の五こくのたくひ財宝を焼うしないて、

あさましや五こくのたくひ焼すつる煙のあとに一夜ふしけり

*同十二日ニ*なんもんへこし行ける*高山ハ、日本にてもいまた見す。石ハ大にしてとかりたる事剣のことし。こゝに又おそろしき瀧有り。此たきハさなから見るに身のけ立、*死出の山*ない川の津ともいつ（ひ脱カ）へし。人の足も馬ひつめもたまるへきやうハ侍らさりし也。

おそろしやしての山ともいゝつへし雲にそひゆるミねをこそゆけ

*同十三日ニなんもんの城五里はかりこなたへ御ちんをめされ候。此城落行（か脱カ）てハ

＊山田才介　不詳。日向国佐土原（さどはら）城主山田有信のことカ。本書本多論文参照。　**＊御同行**　信心を同じくする念仏者で、真宗門徒を指す。　**＊良久**　ややひさしくと読む禅語。　**＊同十日ニ……**　朝「八月十日諸軍ウレンヲ立」。　**＊苫屋**　→九頁頭註「とま屋」。　**＊奥陣の御供**　朝鮮内陸へ侵略する太田一吉に慶念も従軍。→補　**＊同十一日ニ……**　朝では、この日に南原城近辺に達したとする。以下の記事にも異同がある。→補　**＊同十二日ニ……**　朝ではこの日に南原城外に布陣。→一〇四頁補註「同十一日ニ……」　**＊なんもん**　慶尚道の南原（ナモン）。　**＊高山**　南原東方の智異山（チリサン）。→補　**＊死出の山**　死後に越えて行かなければならない山。また地獄にある険しい山。　**＊ない川**　賽の川の誤記カ。　**＊同十三日ニ……**　朝では、この日から十五日にかけて城近くへ陣を寄せている。→一〇四頁補註「同十一日ニ……」

いか、有へきとて、夕かたにちかく*とりよりたまひ候也。*大明人五六万ほとハ籠たるとつたへ候也。

赤国の城もこたへてありてきけは諸陣よろこひあしをやすむる

同十四日ニよひよりふりしほりたる雨ハ、さなから瀧のおつることく也。かりそめニ*雨かミはかりにて陣屋をふきしかハ、ふり来る事ハおそろしきほと也。いねへきやうハなし。*いせ物語の鬼一とくちもかくやとおもひやりて侍る也。

情なくふりしほりたる雨やそもおにひとくちをおもひこそやれ

*同十五日ニ*しよりをめされ、明日の未明にせめて入らんとノ事也。石かきのきわへひたとより、はや夕暮に成りにけれハ諸陣よりはなつ鉄炮半弓に、おもひよらぬ人のミし、てうせにけれは、かくなん。

城よりもはなつてつほう半きうにおもひよらすの人そ死にける

さても其よひのまにせめくつしけり。*飛州さまの手の衆一番入にて、御保美の御朱印申ニおよはす候。

*同十六日ニ*城の内の人数男女残りなくうちすて、いけ取物ハなし。され共少々とりかへして有る人も侍りき。

＊とりより [日]「取り寄り」。近くへ寄ること。ここでは責め寄せること。　**＊大明人五六万**　明の副総兵揚元の指揮する明と朝鮮の連合軍。**→補**　**＊雨かミ**　防水用の油紙。　**＊いせ物語の鬼一とくち**　『伊勢物語』第六段。女と共にあばら屋に大雨をさけた夜に、そこに住む鬼が女を一口で食べてしまった話で、「鬼一口」として知られている。激しい雨からの連想。　**＊同十五日ニ……**　**→**一〇四頁補註「同十一日ニ……」　**＊しより**　[日]「シヨリ（仕寄）。城を攻めたり討ったりする者が、掩護物として携行する竹とかこれに類する物とかの束」。　**＊飛州さまの……一番入にて**　**→**一〇四頁補註「同十一日ニ……」　**＊同十六日ニ……**　[朝]「十六日。太田飛騨守小屋へ。竹中伊豆守来テ諸手ノ高名実検アリ」。　**＊城の内の……いけ取物ハなし**　[朝]には皆殺しの記事はないが、十六日条に生捕があったことを記している。

むさんやな知らぬうき世のならひとて男女老少死してうせけり

同十七日ニきのふまてハしすへき事もしらす、けふハ*有為転変のならいなれハ、*無常の煙と成りし也。よそにやハある。

たれも見よ人のうへとハいひかたしけふをかきりの命なりけり

*同十八日ニ奥へ陣かへ也。夜明て城の外を見て侍れハ、道のほとりの*死人いさこのことし。めもあてられぬ気色也。

なんもんのしろをたち出見てあれハめもあてられぬふせい成りけり

*同十九日、此所も城かまへの家躰と見へたれ共、山野へにけ入ける也。

けふハまたしらぬ所のあき家にひとよをあかす事をしそおもふ

同廿日ニ*赤国の府中に付たまふ也。*こゝに三日あまりハ逗留有りて、*京よりの御つかい番にたいめんなされて*引陣の談合、是までに*ミやこまて御入候ハんと有りつれ共、寒天ニ成り候へハ、はや是より道をは《(わ)》けて御動有らんとの事也。

爰はまた府中なりけり赤国の所からなるすまひとそ見る

同廿一日、なんもんにての手おひおゝくて、方々より薬こひ候事ハ隙なし。見廻申かたおゝし。あまりのくるしさに、かくて、

＊有為転変　世の中の現象の、うつろいやすくはかないこと。**＊無常の煙**　人間の命のはかなさの譬。　**＊同十八日ニ……**　朝「忠清道ノ府中宣州城モ。朝鮮人堅固ニ持タリト聞ヘ。則諸将宣州ヲ攻ヘシトテ。十八日南原ヲ出陣シ。其道十四里ヲ一日一夜乗付」。忠清道（チュンチョンド）宣州（ソンジュ）は誤記で全羅道（チョルラド）全州（チョンジュ）。**＊死人いさこのことし**　↓補　**＊同十九日……**　朝「十九日早旦宣州ノ城ニ押寄ル処ニ。南原落城ノ威風ヲ聞。十七日ニ宣州ノ城主城内宿城ヲ自焼シ。帝都ニ引入ト云々」。ここの宣州も全州。**＊赤国の府中**　全羅道の全州。**＊こゝに……逗留有りて**　朝「爰ニ二十日逗留シ。諸勢ヲ以テ城ヲ毀也」。**＊京よりの御つかい番**　秀吉の使者。人物不明。↓補　**＊引陣の談合**　撤退の軍議。↓補　**＊ミやこ**　朝鮮の首都漢城（ハンソン）。↓一〇五頁補註「引陣の談合」

人ことにわつらいつる丶やもう（病カ）をはわか身ひとつのなけきとそ成る

同廿二日ニさても過し夜ハふる里の人あるひハ旧妻その有さまをこま〳〵と夢にミつるなり。いかさま今一たひハ帰朝せんとおもふ一念により、かやうに侍るらん。

今一と帰らんとおもふねんくわんにまよふ心の夢と成るかな

同廿三日ニさても〳〵今夜ハわか国にあらんにハ*報恩の御いとなミ申侯ハん物を、情なくかやうの所にてあさましくて、かやうニ申候也。

*広大のそのおんとくの夕へなりあふく（仰）心もおろかならすや

同廿四日ニ明日にて御座候へハ、此小屋の下にてハいか丶となけき申計也。さりなからも信決定のうへなれハ、内心のよろこひ也。

おんとくをほうしてつくる（尽）事ハなした丶信心そよとおしへ成りけり

同廿五日ニ秋ノヨなかし夜なりけれは、いと丶古郷のしのはしさのま丶に、ねもやらねはうらめし。おもひのあまりニ、

なかき夜の秋のね覚もうらめしや*かたしく袖も露と涙に

同廿六日ニかやうのうらめしき旅なりとも*都に参候ハんハ、うれしかるへき也。

＊報恩の御いとなミ　真宗門徒の実践行としての仏恩報謝の称名念仏。転じて念仏の法会をいう。ここでは、顕如お逮夜の法会を指す。**＊広大のそのおんとく**　出典、『正像末和讃』五一「南无阿弥陀仏の廻向の　恩徳広大不思議にて　往相廻向の利益には　還相廻向に廻入せり」。**＊かたしく袖**　衣の袖の片一方だけを敷いて寝ること。一人寝をいう。**＊都**　朝鮮の首都漢城。

此うきを*ミやこのたひとおもひなはさこそうれしくかきりあらしな
同廿七日かたしけなき*おたやにて候へハ、小屋のうちにて恩のひの御よろこひ候也。
*しん実のちしきにあふハまれそかしおしへにもれはもとの*火宅に
さて又此陣所にて*各々御集会有りて、*船戸のやうに御出候ハんとのしゆひやう（衆評）あひすミ、諸軍もよろこひ申候也。
帰らんとおもふ心のよろこひは飛たつはかりうれしかりける
同廿八日ニ夜半よりして此陣引やふりて、*あを国へ*手つかいなり。さても〳〵御明日なれ共、御よろこひも申かたくて也。
永々としつミはつへき身なれともみちひきたまふ*みかけ成りける
さる程に此*府中を立て行道すから、路次も山野も男女のきらいなくきりすてたるハ、二目共見るへきやうハなき也。
道すからきられてしする人のさま五躰につゝくところなきかな
*同廿九日ニ爰ハまた宿陣ハなし。野にも山にも露にしほれて一夜を明しける也。
野陣とてならわぬ旅にいつとなく露にぬれつゝ袖しほるなり

＊ミやこのたひ　ここでの「ミやこ」は、西方浄土を念頭におく。↓補　**＊おたや**　親鸞命日のお逮夜。↓二頁頭註「おたや」　**＊しん実のちしき**　出典、『高僧和讃』一〇九「真の知識にあふことはかたきがなかになをかたし」。**＊火宅**　この世が、もえさかる煩悩の火にせまられ、苦しみに満ちた世界であることを、火災にあって焼けている家に譬えた言葉。↓補　**＊各々御集会**　各軍の軍議。↓一八頁頭註「引陣の談合」　**＊船戸**　船門または岐。前者は港、後者は道の分岐点を意味する。ここでの用例はいずれであるか判然としないが、十一月八日条に蔚山を指して「船戸に今日ハ御つき」とあるので、港の意と考える。**＊あを国**　忠清道（チュンチョンド）。**＊手つかい**　手遣。配下の者を遣わすこと。転じて出陣すること。**＊みかけ**　御陰。仏祖の導きのおかげの意。↓補　**＊此府中**　全羅道全州。**＊同廿九日ニ……**　朝「廿九日宣州ヲ立テセンクント云所ニ着陣ス。其道九里」。「センクン」は未詳。

*九月一日、けふハはや九月に入てあるよ。さても今日よりハ菊をあひして*立花にも申、又ハそたて（育）おきつる物をとおもひ、ふる郷の事をのミなけき候て、かくなん。

*わか宿のそたておきつる菊のはな色香いかにとおもひこそやれ

同二日ニ殿さまハ*れいならす御*むしけとて御食事もすゝます。いかゝと御脈なと見申て、たゝ御*とくたちにきわまる由候也。

殿さまハ御むしけとてれいならすからきくすりをのそみたまへる

*同三日ニ青国へとおしてゆかるゝ道のとおき事ハ、一日ニ十四五里ほと御こし候に、人の精も馬のひつめもたまらすはしりけり。くたひれはて大木のもとに一夜をあかしけるとかや。

赤国を見はてたまひてあを国へおしてゆかるゝ道のとをさよ

*同四日ニ青国のうちの屋作を見テあれハ、*おひたゝしけなる家躰也。五こくのくら、色々の*なくさミ所、まことに*ふひんなりし事也。

青国の*くわん《（関カ）》といへるを見てあれはさもありけなるすまひとそ見る

*同五日ニ明日の御陣かハりとふれけれは、此所ハ*よし有る所なれハ、*夫丸も馬

＊九月一日……　朝「九月朔日センクンヲ出テ昿野ヲ押ケルニ。向ヲ見レハ、二三里ニ引ハヱ真黒ニ備ノ体ミユル。（中略）其日クンサンニ着ス。此道九里。今日既ニ川水ニ氷ハリ初タリ」。「クンサン」は錦州。　**＊立花**　ポ「タテバナ（立花）ある器物に挿した花」。仏前に供える花。　**＊わか宿**　豊後臼杵の自坊、安養寺のこと。　**＊れいならす**　不例。病気のこと。　**＊むしけ**　虫気。腹痛。**＊とくたち**　毒絶。病気の折、身体の害となったり、薬効の妨げとなる飲食物を避けること。　**＊同三日ニ……**　朝によると、九月三日から四日にかけてクンサン（錦山）近郊の山岳地帯で激しい戦闘があった。→補　**＊同四日ニ……**　朝三日条に「其日チンソント云所ニ陣ス。其道六里。此ニ二日逗留シ。昨日ノ手負人ノ看病ス」。**＊おひたゝしけなる**　程度、数量が度をこえてはなはだしいさま。**＊なくさミ所**　ポ「ナグサミ（慰み）。気晴らし［娯楽］」。それに関連する施設カ。　**＊ふひん**　不便。不都合なさま。　**＊くわん**

のあしをもやすめんに、せめてハ一両日御とうりうなくてと、*いとなミ待りけるなり。

あすのまた御陣かわりときくからに人のなやミをおもひこそやれ

*同六日ニ*川床と大儀にのたまひしをきゝてハ、おそろしくおもひつるに、渡りもあさく石もなくて、心やすく侍る也。

*かうらゐの川そときけハおそろしくおもふにかわるあさき瀬なれは

*同七日ニ*ふるきしろのありし所ニちん《陣》取めして、くわんの有様を見て、かくなん。

ここもまたむかしハ城と見へしかと、すミあらしたる家のうちかな

*同八日ニあともさきへも*かうさくもなき野に御ちんをめされ、さてもかやうの所にてハ牛馬のなんきとおもひて、かやうに、

馬うしの*はミ物もなきところにておもひのほかの野陣成るかな

同九日ニ*ちんせんにおして御行候とやとうけたまハり候へハ、少も*船戸へちかく侍る也。さてハ一しほうれしくおもひ侍りて、かく也。

*もくせんへ道にまよふてちんせんにましてゆかるゝ事そうれしき

朝鮮語では「幹」と漢字を当てる場合、村落という意味になる。 **＊同五日ニ……** 朝「五日フンキニ着。此道四里」。「フンキ」は、忠清道の文義（ムンウィ）を指すので、この頃忠清道に入った。 **＊よし有る所** 由緒のある所。 **＊夫丸** 中世から近世初期の人夫・人足・陣夫の称。→補

＊いとなミ 営み。忙しく物事をすること。 **＊同六日ニ……** 朝「六日尚州ニ陣ス。此道七里」。尚州（サンジュ）は清州（チョンジュ）の誤記。 **＊川床** 川底。渡河の意カ。この川は白馬江（ペンマガン）の上流。 **＊かうらゐの……瀬なれは** →補 **＊同七日ニ……** 朝「七日ユランニ屯ス。此道五里」。「ユラン」は不詳。 **＊ふるきしろのありし所** 古城のあったところ。→補 **＊同八日ニ……** 朝「八日チンセンニ着陣ス。此道五里。是ヨリ帝都へワツカ七里アリ。一吉。清正逗留シ。諸軍ノ来ルヲ待」。その上で諸将が評定し、一吉の提案で帝都攻略を中止し、五日間逗留、休養した。

同十日ニこゝに一両日御とうりう有りて、神馬（人カ）のあしをやすめたまふといへは、
*此里にしハしおとまりあるならは*ちんせん事ハやすき事なり
同十一日ニ今夜古郷の事、としころの妻子を夢ニ物語なとして、よのつねのことくなりけれハ、あまりの事に、
もろ共におもふこゝろのかよふらん君か面かけまほろしにたつ
同十二日ニ秋かせの*はにふ（埴生）の小屋を吹あらし、いと敷物さひしくて、夜もすからねもいらす、むしのねも物すこくして、いろ〳〵あんし入たる夜半ニ、
いとゝしくね覚かちなる秋の夜に夢おとろかすきり〳〵すかな
同十三日ニけふハかたしけなくも*前住さまの御明日なり。殊更に*御名号御筆を*くひにかけまわり申候へハ、ありかたく侍りて、
あほひてもつきせさるハ*ちしきのおん弥陀のくとくをさつけたまへは
*同十四日ニ此陣よりハ*船本へ*引ちんときけハ、諸人のよろこひハいふにおよはす、牛馬にいたるまてもいさむと也。
引ちんときけハすなはち太軍もよろこひいさむ駒のあしなミ
*同十五日ニ*此あとの七日にこゝをとをりたる所也。赤国青国を見はてたまひて、

＊かうさくもなき野　「耕作なき」カ。荒野。　**＊はミ物**　食み物。特に、家畜や鳥の餌。　**＊ちんせん**　忠清道鎮川（チンチョン）。　**＊船戸**　→二〇頁頭註「船戸」　**＊もくせん**　安養寺清書本に「目前」と漢字を当てる。忠清道の地名「木川」（モクチョン）を懸ける。

＊此里　鎮川の村落カ。　**＊ちんせん事ハ**　鎮川と沈潜と「陣せん」を懸ける。　**＊はにふの小屋**　土で塗っただけのみすぼらしい家。参考、謡曲『関寺小町』「今は埴生の、こや玉を敷きし床ならん」。　**＊前住さま**　天文二十三年八月十三日に死去した本願寺十世証如のこと。この時、すでに十一世顕如は死亡しており、「前々住さま」が正しい。　**＊御名号御筆**　証如筆の十字の名号。→補　**＊くひにかけまわり**　十字の名号を首にかける習俗。→補　**＊ちしきのおん**　ここでの「ちしき」は証如を指す。参考、『正像末和讃』五九「如来大悲の恩徳は　身を粉にしても報すへし　師主知識の恩徳も　ほねをくたきても謝すへし」。　**＊同十**

本*のちんに付たまふ事ハ、よろこひ侍る也。

うれしくも本のとまりにつきにけり船戸もちかく成るとおもへは

同*十六日ニおもひのほかに秋田をかりて、いねにて小屋をふきしかハ、ねやもる月いさよいなりけれハ、とりあへす、

*こゝとしもいとかりそめの小屋かけていなはもり来るいさよひの月

同*十七日ニこゝハふるき家のある所なり。さりなから小松原に小屋かけて一夜のちんをめされけれハ、とりあへすに、

いにしへのためしも有るや小松原いとかりそめの夜をそあかせる

同*十八日ニ山の谷あひ右もひたりもおそろしき岩尾なりけれは也。此躰おりしも林*間に酒をあたゝめ石上に詩を題していつしハかく哉らん。

おそろしやみきもひたりも岩尾にて谷の小川をくミてこそゆけ

同*十九日ニふる*ミやこと申所に御つき候て、爰にてハ諸軍も牛馬もあしをやすめ、五*六日ハ御逗留ときけハ、よろこひて、

つたへきくふるきミやこに心さし引てゆかるゝ空そうれしき

同廿日ニ牛馬のはミ物、人の食物、いろ〳〵とりあつめたるを見て也。又ハ道

四日ニ……　朝「九月十四日、諸将チンセンヲ立」。　**＊船本**　↓四頁頭註「船本」。ここでは朝鮮へ上陸した釜山を指す。　**＊引ちん**　↓補　**＊同十五日ニ……**　朝「十五日全羅道ノ府中ホランニ着〈其道五リ〉」。『宣祖実録』三十年丁未条に「清州屯賊、移住鎮川」とある。「ホラン」は忠清道忠州。　**＊此あとの……とをりたる所**　九月七日条の古城跡をいうカ。

＊本のちん　一行後の「本のとまり」と同じく、北進するとき滞在した地。　**＊同十六日ニ……**　朝「十六日ホキンニ陣取〈此道七里〉」。　**＊こゝとしも**　「しも」は強調の接尾語で、ここにしてもの意。　**＊同十七日ニ……**　朝「アロウニ陣ス〈此道五里〉」。　**＊同十八日ニ……**　朝「十八日チンミンニ着ス〈此道五里〉。此処ニ古城有テ。城主ハナシ」。↓補　**＊林間に……詩を題して**　白居易「送王十八帰山寄題仙遊寺詩」の「林間暖酒焼紅葉、石上題詩掃緑苔」（『和漢朗詠集』秋興）に出典し、謡曲『紅葉狩（もみじがり）』

すからの川瀬のひあかりたるをあら〳〵おひたゝし木すゐにもくつ《藻屑》のかゝりて、おゝくありけれは也。

*ふる都いてこし道の川つらを水まさりなはいかてわたらん

同廿一日ハ、*しやぐちうといふ所に逗留候也。

此ちんをとゝめたまふや*しやくちうによろこひけりな人の有りさま

同廿二日、此ちんハ山のうちにて、やかて下ハ*大川なり。おりくたり水くむ事ハまことに難儀成るに、殊更けふハ路次もあしくて、牛馬も夫丸も夜半時分までも来らす。又未明の御ちんかへ《陣替》なれハ、さてもとおもひてか*両人のくるしミをつく〳〵とあんしけるに、此*了真沙門ハ*世をすへり仏道に入候ハんとのため、此身の所へかんにんしけるに、おもひのほかに老足さへ渡海なるに供せんとの事也。いろ〳〵留をき候へ共、*一字千金の徳をおもひて哉。あるひハ又*くわん音ハ師孝のためほうくわんに弥陀をいたゝきたまふ。かやうの礼儀をもほ《まヵ》りけるにや。ならわぬわさ《業》、ミねにあかりてハ小屋のたうく《道具》の材木をせおひ、谷へくたりてハ水をくミ、*つま《爪》木をとり、な《菜》をつミ、又ある時ハわか身のりたる馬のくちをとり、僧俗の見わけもなく苦痛あらさるしわさ成り。これそまことに

に「林間に酒を煖めて紅葉を焼くとかや、地げに面白や所から、巌の上の苔筵」などの用例がある。『平家物語』巻六にも見える。 **＊同十九日ニ……** 翻「其日慶尚道ノ古都ニ着陣ス。〈此道五里〉」。 **＊ふるミやこ** 慶尚道の古都尚州（サンジュ）。→補 **＊五六日ハ御逗留ときけハ** 実際は本文の通り二十日に出発。翻の記述によると二十二日に出発。→補

＊ふる都いてこし道 尚州からの撤退の道。→補 **＊しやぐちう** ㋭ 地名。不詳。 **＊しやくちう** 「尺中。脈所の一。三本の指で脈を取る際に、小指の接している薬指にこたえて脈の打つ所」。 **＊大川** 洛東江（ナクトンガン）の上流。 **＊両人** 慶念に同行した二人、了真と又市郎。 **＊了真沙門** 慶念の伴僧。 **＊世をすへり** 世を滑り。世を遁れるの意。 **＊一字千金の徳** 一字だけで千金の価があるという意で、非常に価値のあるもの、転じて師恩の厚いことの譬。→補 **＊くわん音ハ……いたゝきたまふ** 『無量寿経』など

*釈迦仏のいにしへ、あし仙人ニつかへたまひ難行苦行したまひて、つゐに仏道にいらせたまひしも、かやうにこそありつらんと、もろともになミたをなかし、たかいにかほを見あわせけれ共、せんかたもなくて過行事ハ、よそのたもとももぬれつへしとおもひ侍りしなり。

*師弟とハ三世のむつ《（睦）》ひとつたへしか、なをあさからぬちきり成るかな

さて又市郎といつ《（言）》しハ、七八才よりそたておきし物也。老躰の手をひかれんためにめしつれけれハ、もつとも夜白《（ひるカ）》のへたてもなく何にわ《（かカ）》につけても心よくめしつかわれ候事ハ、*本文に師弟主従父子夫婦とて三世のちきり機縁とこそ申つたへしなり。されハ*悉達太子のたんとくせんにのほりたまひし時、しやのくと申し、とねり一人めしつれたまひけれは、太子を送りとつけ《（届）》、御かた見を取て王宮へ帰りしためしもあり。いかてか*むかしのやくそくをハ凡夫としてはしるましき事也。此両人なくしてハ、此老人ハ一足も行事ならす。とかく*御慈悲のきわまりほとありかたき事ハ中〳〵有ましき事にて侍る也。

ふかき縁其いにしへもさこそとよ*いまのちきりハなをもまされる

さて此山ふかき所を夜のうちに御陣かへとて御立あれ共、山ふかく大川のほと

に観音勢至の両菩薩が衆生を浄土に引導するために、師長・父母への報恩を勧めたと説くことを受けて『報恩講私記』『報恩記』などに見える文。→補　**＊つま木**　爪先で折りとった木、また木の端（つま）の意で、薪にする小枝。

＊釈迦仏の……いらせたまひしも　「あし仙人」は釈尊の誕生を見てその成道を予言した阿私陀仙。釈尊の師とする説は顕晢『今古独語』→補　**＊師弟とハ三世のむつひ**　師弟の間柄は前世・現世・来世にわたること。『義経記』巻六「師弟は三世の契と申し候へば、来世にて必ず参会し奉り候べし」などの用例がある。　**＊本文に……機縁**　父子夫婦を三世の縁とする「本文」は未詳。　**＊悉達太子……ためしもあり**　「悉達太子」は釈尊、「だんとくせん」は檀特山で釈尊苦行の山、「しやのく」は車匿舎人で釈尊出家の時に乗った馬の御者。『平家物語』に見える。→補　**＊むかしのやくそく**　前世からの因縁。慶念の世話をするため従軍する宿命。　**＊御**

り成りけれハ、きりかすミにて道すから行かたもしらさりしに、
山ふかくたつ朝きりに道芝もふミまよひける駒のあしなミ
*同廿三日ニ今夕ハおたやなれ共、*御前にかんにん夜もすからの御ときにめしおき候へハ、*御よろこひもなりかたく、まことになけきおもひ候て、やう〳〵夜半ニ帰り候て、かやうニ申候也。
とにかくに涙もよほす夕へかなそのおこなひをおもひいたせは
はかなくも其おんとくをわすれつゝうきをいとへる世こそつらけれ
*同廿四日ハ未明に御陣替なりけれハ、御よろこひ御報謝ノかたも油断申なり。かやうに候てハ、かならす*悪道へこそおもむき侍らん。あさましやとうちおどろき申候て、
もしさても弥陀の御法にあわさらはくち《(愚痴)》のなミたにしつミはてなん
心とて*すちなき物の身にしあれはなをたのまるゝ弥陀のくとくを
*同廿五日ニ九月のすゑなれハ寒天に霜ふり、夜さむなるに、あかつきよりの陣かへに、*身もおほへす一言ものへ候事ハなか〳〵ならす。あさあらし身にしミ〳〵とありけれハ、かやうニ申侍る也。

慈悲のきわまり　了真・又市郎を供にしてくれた宿因を阿弥陀仏の慈悲と捉える意。　**＊いまのちきり**　現在の慶念と了真・又市郎との主従関係。

＊同廿三日ニ……　朝「廿三日。右都ヲ立テユキヤウニ着ス。〈此道五リ〉」。「ユキヤウ」は不詳。**＊御前に……めしおき候**　太田一吉の御前に召出され夜どおしお伽をつとめた。**↓補**　**＊御よろこひもなりかたく**　お逮夜の師恩を慶ぶ法会を勤めることができないこと。　**＊同廿四日ハ……**　朝「廿四日クノイニ陣ス〈此道五里〉」。「クノイ」は慶尚道軍威（クノイ）。**＊悪道**　現世で悪を行った者が、死後におちていく所。地獄・餓鬼・畜生の三悪道。　**＊すちなき**　術（ずち）無し。なすすべを知らない。　**＊同廿五日ニ……**　朝「廿五日爰ニ逗留アリ」。　**＊身もおほへす……ならす**　寒さのために体の感覚が無くなって口がきけない。

秋過て冬かれになる夜あらしに袖もすそも霜にこほれる
＊同廿六日ニあしたことの陣かへ、あさ嵐はけしくてすさましく侍る事ハ、たた身ひとりにあるやうにおもひ侍る也。
老らくのいと＊物よはきあけくれに谷のあらしもいと丶身にしむ
同廿七日ニおたやにて侍りけれ共、かやうの小屋の内にてハ、御よろこひを中候ハん事もは丶かりなれハ、わか寺ニあらハとおもひ出し、涙にむせ候て、かく、
よろこひの身にあまりぬるこよひそとおもひなからもすくる世の中
同廿八日、御明日にて御座有りけれハ、報謝のまことをいとなミまいらせ候て、さりなから＊信決定なくハいたつらことなりと心中をかへりミ侍也。
＊骨身をもくたきてとこそある物をまことの心なくハなにせん
＊たのむへきかたにそなけれ一すちに月の入さのにしの山のは
＊同廿九日ニ此所こそ見事の山城にて、一段にこしらへおきたれ共、あけのきたれハせんかたなし。米其外ハいかほと有。諸陣よろこひあへるなり。
此山の城こそやかて岩尾なれ心言葉も＊苔ころもきて

＊同廿六日ニ……　翻「廿六日シンネ陣取。〈此道七里〉」。シンネは慶尚道新寧（シンネ）。→二〇頁補註「同廿九日ニ……」　**＊物よはき**　何となく気力がわかない状態。　**＊信決定なくハいたつらことなり**　参考、『御文』一―一三「他力の信心といふいはれをしらずばいたづらごとなり」。　**＊骨身をもくたきて**　→三頁頭註「ちしきのおん」　**＊たのむへきかた**　阿弥陀仏のこと。→補　**＊同廿九日ニ……**　翻「廿九日シンネヲ出テ永川（ヨンチョン）ニ屯ス。〈此道五里〉」。→補　**＊苔ころも**　僧侶の着る粗末な衣類。苔が一面に生えた状態を衣にたとえる。岩につく「こけ」と「粗末な衣」を懸けている。

*同晦日、此所ニ御逗留候て、*しやくわんおゝくうち取いけ取かすしらす也。*かすへ殿の家中へ《にカ》も、*よき人あまたうち死也。方々へ手つかい侍る也。爰もまたふるミやこそとつたへきく*ゑぐてんといふハまことか

*十月一日ニこゝもとに殊外*唐人おゝしとて、かすへ殿*うちまわりなりけれハ、いたつらに此日を送りける事よ。はやくして*船戸に御座なくてと、*わたくしのいとなミ諸人もいゝける事共也。山々谷々をさか《し脱カ》出して侍る也。

けふもまたあしをやすめていたつらに日を送りける事のおしさよ

同二日ニ神無月時雨はちめなりけれハ、夜半時分より荷物つけてまち候へハ、天気悪しして留りたまふ。さりなからひる時分よりはれあかりけれハ御立候。

神無月木々のこすゑも冬かれの時雨そそむるけふの紅葉は

*同三日ニ此*くわんハ*一しほの所なれハ、爰にて船戸までの粮物をとゝのへ候へとふ《触》れなれハ、たかひにもミ《籾》つきおして牛馬におう《負背》せ候て行事にてハ侍る也。

*せぐしうにおしてゆかるゝ道野へのあらしにちゝむものゝふの躰

同四日ニ此せぐちうに御とうりう候て、諸人もあしをやすめ、はん《飯》米なとをもとゝのへけるなり。又此所ニ一しほ見事のくわんも有り、城も有つれ共、皆々

＊同晦日……　この前後、この近郊で激しい戦闘があった。↓補　**＊しやくわん**　若者。↓補　**＊かすへ殿**　加藤主計頭清正。　**＊よき人あまたうち死**　↓二二頁補註「同晦日……」　**＊ゑぐてん**　朝「十月一日条に「其日永坦ニ陣トル。〈此道六里〉」。慶尚道永坦（ヨンタン）。地名「ゑぐてん」に何かの語意を懸けるカ。　**＊十月一日ニ……**　朝に「十月朔日ニモ逗留ス」。とあって、いまだ永川に留まっている。　**＊唐人**　朝鮮軍を含む明軍。　**＊うちまわり**　打回り。巡回する。↓二二頁補註「同晦日……」　**＊船戸**　↓二〇頁頭註「船戸」　**＊わたくしのいとなミ**　勝手な振る舞い。　**＊同三日ニ……**　朝「三日慶州ニ著陣ス。〈此道三里〉」。慶州（キョンジュ）は新羅の旧都。　**＊くわん**　↓三頁頭註「くわん」　**＊一しほ**　ひときわ。　**＊せぐしう**　慶尚道慶州。朝によると、慶州に三日間逗留。

にけれハ、あとをハ*やき破うちくつしたり。こゝに*つきかね有り。ふとさ五ひろ《（尋）》、たかさハ一ちやう《（丈）》あまり也。殊さら嵐はけ敷してさむき所也。折ふし古郷の人々を夢ニ見へて侍れハ也。

同五日ニよひ《（宵）》より嵐はけしくて、いとゝ夜もいねられす、いろ〳〵あちきなく

身にしめる《（泌）》夜半の*あらしのことつてにふる里人も面かけにたつ

て、わか古郷の事のミにてあんし入たるあかつきに、たらちねに*かうはこ《（香箱）》よりしろかね《（白銀）》を取いたしてまひらせて見る。さて其あひ残をハ、*八郎へとらせていゝけるハ、これハ母にまいらせたるよりもおゝきそとしやれ候て、夢共見へす又ハまほろしともおほへすして、しはしかほとハなくさミける物を、おそろしき夜のあらしに夢をおとろかしつる物かなうらめしさよ。さても〳〵あたら夢なる物をよと、うちおとろきて、*いとゝさへ涙もろく侍るに、なを〳〵袖をしほり、*枕もうくかとおほへて、とりもあへす。

めつらしとあひミつるかなおやと子のちきりそふかき夢のおしさよ

同六日ニいまた*此所に御とうりう成り。古里の友人も恋しやな。いつしかあひ見侍らんとおもひ、夜すからいねられす侍れハ、かやうに詠し候也。

＊やき破うちくつし 〔朝〕「禁中殿ヲ先トシテ一宇モ残サス放火ス」。**＊つきかね** 梵鐘。聖徳大王神鐘（通称エミレの鐘）。→補 **＊あらしのことつて** 「ことつて」は言伝（ことづて）。便り。伝聞。「風の便りのことつて」（『平家物語』巻十）のような用法を嵐に懸ける。**＊かうはこ** 小物を入れる箱。**＊八郎** 慶念の子。→四頁頭註「八郎」 **＊いとゝ** はなはだしいさま。ただでさえ……なのに。**＊枕もうく** 寝ていて涙を流すさま。『源氏物語』須磨巻「波ただここもとにたちくる心ちして、涙おつとも覚えぬに、枕うくばかりになりにけり」。**＊此所** 慶尚道慶州。

したしミのその友人の恋しさになかきよなれとまとろミもせす

*同七日ニ*うるさんへつき侍らんする道とをく候て、中と（途）に一夜をあかしける。まことにさゝしは（笹柴）なとあわから（粟柄）なとをとりあつめて小屋にして、あらしのふくかたへハせなかをなし、まへにハ火をたきなんとして寒風をふせきて一よをあかしけるに、さても〳〵ふる里の御同行衆の*法儀のたしなミ、いかゝ御入有らん。御油断にてハ一大事の事かな。かやうのわかおもひたる事共をも、いつしかあひまいらせてかたりあわせ、たかいに信心決定して、もろともに往生をとけ侍りいてと也。

同行の其たしなミの有やらんかやうこゝろをいつかしらまし

*同八日にハ*船戸に今日ハ御つきとて、諸軍のよろこひハ申つくしかたし。わか身のうれしさハさら〳〵たくひなかりしに、道にてはや古郷よりの*御ちうしん、飛州さまへ御留守よりの*いんしんとて、早船参候よしきゝ、まいらせて、道をいそきとく〳〵此文を拝見申さはやと、心のいそく事ハかきりなかりける也。

うるさんにつくかとすれは古郷の子とものふミを見るそうれしき

同九日ニきのふよりハふる郷の妻子孫いつれも無事なるよしをきくからに、な

＊同七日ニ……　朝「七日キラン二陣ス。〈此道四里〉」。「キラン」は不詳。　**＊うるさん**　慶尚道蔚山（ウルサン）。　**＊法儀のたしなミ**　信心の心がけ。　**＊同八日に……**　朝「八日慶尚道蔚山ト云海際マテ帰陣ス。〈此道三里〉」。　**＊船戸**　→三〇頁頭註「船戸」　**＊御ちうしん**　注進。→補　**＊いんしん**　音信。便り。

をもとく〱と見さん《(参)》ののそミふかし。うれしくて夜もいねられす、よろこひのなミたハかきりなしとなり。

*たまさかに古郷人のおとつれをきくにつけてもなをそ恋しき

同日に*日本にハ大風大水のよしを、御留守におハしまし候侍衆より御状をたまハり拝見申候。さても〱わか寺の屋作ハいか丶有るらん。心もとなくてあんし申候へハ、まことにおもひにおもゐをそへ、きつかいなれハ、かやうニとりあへす。

かせふくときけはおもひのまさるかな寺ゐ《(居カ)》のすまひよしやあしやと

同十日ニそもや〱子共たちより書状をつかハし候に、かせのふきたる共、水ハいかほとあかりたる共、かきつか《(遣)》ハさす候事ハ*心なやな。いとやすき事なるにと、あまりの物おもひにうらミたる躰を、かくなん。

おとつれはうハノ空にやおもふらんかせのたよりをきかまほしきに

同日に、たとい子共ハわかくしてそのおもひよりなく共、御同行よりハ此かせを*つてにてなり共、文一通ハつかわしたき事也。かやうにてハいか丶うらめしさよとなけきなから、かくなん。

＊たまさか　思いがけなく。
＊日本にハ大風大水のよし　台風の被害を指すが、この事実不詳。
＊心なやな　なんと思いやりのない。　**＊つて**　[ポ]「ツテ(伝)。書状などを持たせてやる使いの者、またはそれを送るよい機会」。手紙を送るよい機会。

*同十二日ニ……　朝「十二日、御縄張鍬初ス」とあるが、この日以降の朝の記事は十一月のことである。→補　*御名号さまを……かけまわり　→三頁頭註「くひにかけまわり」　*むさく　きたない。　*弥陀の……大慈大悲　弥陀の四十八願全体を「大慈大悲の弘誓」（『浄土文類聚鈔』）といい、また特に二十二願を「大慈大悲の願」（『浄土三経往生文類』）とよぶ。　*ひろきちかひ　弘誓。→本頁頭註「弥陀の……大慈大悲」　*凡夫心　普通のおろかな人間の心。→補

人はいさまことの心なきかとよかせのつてにもおとつれハなし
同十一日ニふる郷人をうらミ、何にわにつけてもあちきなくおもひて、なけきのなミたふかゝりしに、かく詠し候也。
夜もすから歎くなミたハ渕瀬にもならまし物よかゝるうき世に
*同十二日ニわか心をうちかへして、さても〳〵かやうにハなけく物かなとおもひ侍りけれハ、
歎かしとおもひなからもさきたてる忍のひのなミた人はしらしな
同十三日に、かたしけなくも*御名号さまをくひにかけまわり、いと、手*むさく有けるに、おそれかましくおもひまいらせ候へ共、広大の御しひ《（慈悲）》にて候へハ、
清からぬ身にそひたまふ御すかたすゑの世かけてたのミあるかな
同十四日ニ*弥陀の御本願の大慈大悲のかたしけなき事を、とりもあへすに、
本よりも*ひろきちかひの願なれはすむもにこるもすてられもせす
同十五日ニいろ〳〵のねかひおゝくして、まよひのたへかたきまゝに、
おろかなる心は闇にまよふともくもらし物を弥陀のちかひハ
同十六日ニ夜もすからハ御定をあんし出しつゝけ侍れ共、*凡夫心にて候へハし

＊そくわひ　素懐。かねてからの望み。特に往生極楽の願い。↓補

＊きわくにより……輪廻せは　阿弥陀仏の大悲を疑惑することによって車の輪が回転するように、衆生が三界六道の迷いの世界に次々に生れかわり流転すること。↓補

＊苦海　苦しみの世界。出典、『高僧和讃』七「生死の苦海ほとりなし　ひさしくしづめるわれらをば　弥陀弘誓のふねのみぞ　のせてかならずわたしける」。

＊法の船　阿弥陀仏の誓いの船。弘誓の船とも。↓本頁頭註「苦海」

つねんのミにて侍りけれハ、あさましくおろかやな。いかてか此ふんにしてハ往生の*そくわひをとけ候ましきとおもひまいらせて、かやうに詠し侍る也。

しな〳〵の法のおしへのことの葉を心にかけぬ身こそつらけれ

同十七日ニもし〳〵此他力の御おしへにもれ申ならハ、のちのよハまよひこそせめとうちなけくまもなくて也。

ありかたきおしへにもるゝ物ならはすゑの闇路ハまよひこそせめ

さま〳〵のめくミにあへる法の海つく《(尽)》る事なしはてもなかりき

同十八日ニ抑此人界のミにあらす、いにしへも仏法にあひたてまつり侍れ共、*きわくにより流転の凡夫となかれ来りし也。もし又まよひて輪廻せはくるしミのかれましき也。

代々をへてまれにそあへる此おしへ身をすてゝもなをあまり有かな

同十九日ニ御本願のたふトさのほとかたしけなくそんし、そも〳〵此おしへにもれて御法に油断申ならハ、いかにしてか*苦海をハわたるへきと、心のうちに取たもちて、

たのしミをきわめたまへる*法の船にこゝろゆるさはのりやおくれん

同廿日、さても〳〵かやうのありかたき事を*ちやうもん申なから、ふさた申されし候人のことくに有りてハ*きよくなき事なりと、御おんをよろこひ申候て、かくなん。

残る事あらさる弥陀の名号をなをさり《（等閑）》にきく人の*つれなさ

同廿一日、此世ハくるしミに又くるしミをかさね、つミをつくるのミなり。いかにしてか我らもはやく極楽のたた《（衍カ）》のしミをえたてまつりて、*めてたき身とはやく〳〵と念願に侍る也。

くるしミをなをもかさぬる世の中に*うら山しくもすめる月かな

同廿二日、これほとにいそきねかへよとおしへたまふ御ちかひにあひたてまつりなから、見すきか《（聞）》さる人のことくに過なは、さてもまよひにまよひをならへたるにハあらすや。

*心からくらき闇路にまよふかなたのむちかひの*有明の月

同廿三日ニさてもくちおしき事かな。此見くるしき小屋にてハいか丶と、にわかにおもひ立、此小屋を作りなをし、今夕のおたやを申たてまつる事ハまことに〳〵*御慈悲ニよりての*御さいそくなりと、いよ〳〵かたしけなくありかたく

＊ちやうもん　聴聞。教えを聞くこと。　**＊きよくなき**　曲無き。面白みがない、また、あいそがない。　**＊つれなさ**　ひややかであるさま。　**＊めてたき身**　極楽に往生することが定まった身。　**＊うら山し**　「羨し」とこの地の景観を懸ける。　**＊心から……有明の月**　参考、『拾遺和歌集』所収和泉式部の歌「暗きより暗き道にぞ入りぬべき遙かに照らせ山の端の月」。謡曲『鵺』、御伽草子『和泉式部』などに引用されている。　**＊有明の月**　陰暦十六夜以降の月。夜があけても沈まない月の意から、阿弥陀仏の光明「无碍光」に譬える。　**＊御慈悲**　一般には弥陀の慈悲であるが、ここではお逮夜に当る顕如の慈悲。　**＊御さいそく**　信心をとれとの呼びかけ。

おもひまいらせ候て、なミたをうかへ御おんとくをよろこひ中侍る也。
あはれミのふかしき《不可思議》なりしけふの暮そのおんとく《恩徳》ハ四方にあまれり
*よもつきしその海つらをくミほしてなをあまりあるみかけ《御陰》成りける
同廿四日ニそも〱*ほとけをいたきふし《臥》てハ、もろともにおきてよろこひ申せ
との御定にて侍るなり。
弥陀仏のくとくをいたきふしてこそあかつきなをも*すさむしやう名
*みたの名をきゝうる人のこゝろにハくもりハあらしすめる月かけ
同廿五日ニわか心にかへり見て、さても〱いにしへいかなるやくそくもあり
てこそ、かやうの身苦《辛カ》のいとなミをするらん。あさましさよとなけきて、か
くなん。
やくそくのあらまし物をはかなくも心まよひのねかひなるかな
同日の暁に母の往生にて候哉らん。まことにハ夢なりけれ共、もしやとおもひ
て、かやうに詠し侍る也。
*たらちねハはかなく成りてあるやらんなミたにむせて夢と見る哉
同日にまへのうたによせたる心なり。まよひたるわか心かなとおもひなから、

よもつきし**　まさか尽きることない。前韻の「四方」に懸ける。ほとけを……よろこひ申せ**　参考、『安心決定鈔』末「あさな〱報仏の功徳をもちながらおき、ゆふな〱弥陀の仏智とともにふす」。***すさむ**　口ずさむの意。思いつくままにとなえる。***みたの名**　前韻の「しやう名」つまり称名念仏を受ける。***たらちね**　↓三五頁頭註「たらちね」。ここでは母。

わか身に教くんしたる也。

まよふそとおもひしりても浮世かな＊ことはりならぬ袖のなミたは

同廿六日、これハねかひもいろ〳〵成りしによりて、いそきむかへたまへとよミ侍る也。＊へち《(別)》のしさいにあらす。＊霜月の此比ハ御帰朝あるならは、雲にもあかり地におとるほとに、いかはかりかたしけなかるへきにと、此ねかひハいくせんはんの事なれ共、是そ因果のやくそくそとあんし入て、あまりのなけきに、かやうに申侍る也。

よもれし＊二世安楽の国にはやむかへたまへとたのむこゝろを

同日に、ありかたきをしへにあひたてまつりて侍る也。さてハまた信心のよろこひもたへすたしなミ申せハ也。

濁りなくまよひの雲も空すミて心にし《(西)》へといたりいたれは

同廿七日ニおたいやを申ていよ〳〵ありかたくて、よろこひまいらせて、御和さん《(讃)》の心を引まいらせ、おそれなからよろこひのうへなれハ、かやうに申候也。

＊名号のち恵のひかりの利益にハねかひをはらす長夜の月

同日に、＊如来の興世にあひかたく、ほさつ《(菩薩)》の勝法まふあひたてまつりかたしと

＊ことはり　人の意志で変えられない条理。　**＊へちのしさい**　特別なわけ。　**＊霜月の此比**　十一月二十六日の頃は、本願寺の報恩講の時期。　**＊二世安楽の国**　現世と来世の安楽の国。来世の極楽浄土の世界に対してここでは、日本への帰国を指す。　**＊名号の……長夜の月**　参考、『高僧和讃』四七「无碍光如来の名号と　かの光明智相とは　無明長夜の闇を破し　衆生の志願をみてたまふ」。　**＊如来の……あひたてまつりかたし**　出典、『浄土和讃』六八「如来の興世にあひがたく　諸仏の経道きゝがたし　菩薩の勝法きくことも　无量劫にもまれらなり」。

聴聞申て候へハ、さても人おゝき中に、かゝる身としてよろこひ申さす、もし〱又*御おきてにもれ申哉とかへり見て也。

有りかたや*まふ有ましき教なりよももれぬると身をかへり見て

同廿八日、*無量おつこうにもあひたてまつりかたき御法なり。すこしのうき世をすごし侍らんとて御定にもれ申さん事ハ、返〱もあさましき事也。

はかりなき代々を過てもよもあハした、*かりふしの夢の世なれは

同日に*ゆいのうしやうしよう如来号とおほせられ候ところを、かやう申たてまつりて御よろこひを申まいらせ候也。

*ほとりなくひろきちかひにあへる身か如来の御名をつねにとなへよ

同廿九日、さても*ミやこへのほり*仏法の庭にましる物ならハ、いかはかりもうれしくおもひ侍らんに、かやうのあさましけなる*ゑひすの国へハ来りけるカ、ミル人もきく人も*とんよくを心のまゝにおこし、*しん意いかりはかりにてあけくれをもしらす。*仏神三宝と申ことハかつてなし。もろともに*三悪の火きやうにしつミはてやせんと、なけき侍る也。

ましるへき御法の庭にありもせておもわぬほかの旅はうき世か

＊御おきて　御掟（定）に同じ。→三頁頭註「御掟」　**＊まふ有ましき教**　三界六道に輪廻する衆生にはとても遇い難い教え。　**＊無量おつこう……御法**　→三七頁頭註「如来の……あひたてまつりかたし」の和讃をうける。→補　**＊かりふし**　仮臥。旅先の宿で寝ること。　**＊ゆいのうしやうしよう如来号**　『正信偈』龍樹賛の一節。唯能常称如来号（唯だ能く常に如来の号を称して）　**＊ほとりなく**　→三四頁頭註「苦海」　**＊ミやこ**　ここでは本願寺を指す。→二〇頁頭註「ミやこのたひ」　**＊仏法の庭**　仏事法要を修する場。　**＊ゑひすの国**　夷・戎。外国や未開地に対する蔑視的用法。　**＊とんよく**　貪欲（とんよく、むさぼる）・瞋恚（しんに、怒ること）・愚痴（ぐち、理非のわからないこと）の三毒の一つ。　**＊しん意**　瞋恚。三毒の一つ。怒りうらむこと。　**＊仏神三宝**　仏と神の総称。『反古裏書』（ほごのうらがき）末尾に「仏神三宝、哀愍納受ヲタレ」。仮名草子『恨の介』に「いかなる仏神三宝も、あはれと思しめされ

同日に、たとひはる〳〵の海路をへたつ共、心ハわか有りし寺ゐ《居》にして仏前の
かんにん中物よと、しうたん《愁歎》のおもひのあまりに、かくなん。

はるかなるその海山をへたつともかよふ心はありし寺ゐに

霜月一日ニ、はや〳〵当月ハ*開山の御しやうつき《祥月》になり申て候へハ、あハれ古郷にかへり、各々御同行衆と同前に御よろこひを申たてまつりたき念願はかり也。身ひとりのかなしミたへかたくおもひまいらせて、かやうに申侍る也。

月星も雲も霞もかハらねとひとりなかむる空そさひしき

同日に、くれ〳〵*此御仏事にハあひ申ましき事よ。くちおしき次第也。さりなからわか身わかまゝ《我が儘》ならす、*王法をまほるおきてと御座あれハ、なけきなからも、さてやミ申侍る也。

浅からぬ心つくしのおもひをは*神そしるらんなけくなミたを

同二日ニ、なかき霜《夜脱カ》なれハ、ね《寝》覚かちにて夜もすからおもひのあまりにうちなけく事を、かやうに申侍る也。

*まくら物いふよしもかな*事とはんかゝるなミたは何につけても

同日に、もしさても夜なかくとも、うちまとろまは、いにしへ古郷の子共を

なば」などの用例あり。　**＊三悪の火きやう**　地獄・餓鬼・畜生の三悪道を猛火の燃える穴に譬えた言葉。出典、『観経四帖疏』定善義「六賊常随、三悪火阬臨臨欲ﾚ入」。また『安心決定鈔』本「智目行足かけたる身なれば、たゝ三悪の火坑にしづむべき身なるを」。

＊開山の御しやうつき　本願寺開山親鸞の祥月命日（十一月二十八日）の月。　**＊此御仏事**　旧暦十一月二十一日から二十八日まで修される本願寺での報恩講。　**＊王法をまほるおきて**　「王法」は㊐「ワゥボゥ（王法）。王の法、すなわち、国王の法令や規則」。『御文』三―一二「王法をもて本とし」。↓補　**＊神そしるらん**　和歌・謡曲・歌謡などに頻出する慣用句。例えば『閑吟集』「神ぞ知るらん春日野」、謡曲『舟弁慶』「澄み濁るをば、神ぞ知るらん」など。　**＊まくら物**　「枕物にやくるふらん」（狂言歌謡）というような用例があり、「物」は人について心を狂わすものをさす。　**＊事とはん**　「言とはん」と同義で尋ねて

みようの意。

*あらし心してふけ　参考、『新古今和歌集』巻十七雑歌中「ことしげき世をのがれにしみ山べに嵐のかぜも心してふけ」（寂然法師）。

も夢ニなり共見て、片時なり共、心をなくさむへき物よと詠したる也。

まとろまは夢にや見るといにしへをいとゝねられぬなかきよそうき

同三日ニ、いねられさるまゝにまくらのとか《（咎）》あるやうにうちかへし、又ハなミたをなかし、いろ〳〵人をうらミ、あらぬ事のミなけくを、かくなん。

枕そもおもわん事もはつかしやなけくなミたのほすかたもなし

同日に、さら〳〵ね覚かちにてさひしさ、又ハ袖もしとねもひゆるかゆへ、一しほいねられされハ、ふる郷の友をおもひ、恋しきのあまりに詠し候也。

長夜のね覚かちなるあかつきハいともむかしの友おもふかな

同四日ニ、あまりに〳〵嵐もはけ敷して身にしミわたり、いかにしてもしのはしきふる里かな。老躰に身のひゆる事ハくるしくおもひて、かやうニ、

いとゝしく古郷しのふ老か身によさむの*あらし心してふけ

同日に、いねられぬまゝにあかつき出候。空を見れハ、かりかねのとひしを見て、さてもうら山しや、心のまゝにいつくをもさしてかける物かな。せめてよしあらハ事とはん。又ハことつてをもせん物をと、まことのまよひのあまりニ、かやうにハよミ待れ共、ふてのすさミなれハ、かきとゝめおき申候。あら〳〵

おか敷候。
事とわんつてにもあらハ*浦山し心のま、にとひしかりかね
同五日に、くちおしや老か身のひとりなけきハ、われなからあさましやと心のうちをなため、いろ〳〵に*とりなをしても、なミたのとめられさるま、、
世の中の人にも*うきはあるやらんわか身ひとりのたひにあらねと
同日に、はつかしきかな。わかことくに物をもふ《（思）》身にもなりはつるかなと、はかなく、た、身ひとりのやうに侍れとも、*源氏のみたひところによさんのミやの*けふりくらへといへるをおもひ出候て、かやうに詠し侍るなり。
わかことく物おもふ人は又世にもたくひやはあるけふりくらへに
同六日ニ、さても〳〵かミそりにミてるわかひけかミ《（髭　髪）》のしろくなるを見て、かやうニにわかにしろくなりし事ハ、た、ことしにきわまるよといへる心なり。
ひけかミに*ふるしら雪をかそふ《（数）》れは此とし月につもりつもりき
同日に、あまりの事ニ、*小町かよミし心によせ、*はしめの老をしのはれ候事も、いま身のうへにおもひしられたること共也。あさましく侍れハ也。
あちきなやおくりむかへしとし月をはしめの老にかへしてしかな

＊浦山し　→三五頁頭註「うら山し」　**＊とりなをして**　沈んだ気持ちを平静に戻す。　**＊うき**　浮世の「浮き」と憂れうの「憂き」を懸ける。　**＊源氏のみたひところによさんのミや**　『源氏物語』での光源氏の妻、女三宮のこと。　**＊けふりくらへ**　けむりくらべと同義。お互いの思いの深さを煙に譬える。出典、『源氏物語』柏木「たちそひて消えやしなまし憂きことを思ひ乱る、煙くらべに」。参考、『恨の介』「古柏木の衛門はかなくなりし恨み、女三の宮の徒夢、煙較べと中共、これにはいかで増るべき」。　**＊ふる**　年をとるの「古」と「雪降る」を懸ける。　**＊小町かよミし心**　小野の小町が詠った和歌の気持ち。　**＊はしめの老**　出典、謡曲『関寺小町』「また古ことになり行く身の、せめて今はまた、初めの老いぞ恋しき」。

同七日ニ、霜夜のすさましくさむかりしに、暁になれハいとしく《(甚頻)》なを〳〵ひへあかり、身うちにあたゝかなる所もなきかことくに侍りけれハ、あまりのくるしさに、かくなん。

身にしミてひゆる霜夜のあかつきハくるしやいとゝこしのいたさよ

同日に、なを〳〵ゆふさりも身のひへ、くつう《(苦痛)》かるらん事をおもひやり、はや〳〵霜ふるなれハ、かやうに申候也。

おそろしき事ハなかれと身ハひへてあかつきことにかゝミこそすれ

同八日ニ、さても〳〵いかなる因縁なる事かな。*ならわぬかうらい《(高麗)》の陣立をし、此国の*土座のうへにふしける事ハ、さためていにしへのやくそくにてこそハあり侍るらんとおもひて、かやうニ、

此国の土地に縁こそありつらんひやゝかなりし床ねなるかな

同日、これにつけてもいよ〳〵弥陀の御本願のありかたき事ハ、諸仏のをしへにもましまさす。ゆへいかにとなれハ、かやうにあさましき凡夫なり共、*一念たのむ信心まことならハ、*たのしミめてたき国にむかへ取たまひて、*七宝しやうこんのうてなの上にあかり、*大快楽を請たてまつらんする時ハ、かやうのく

***ならわぬ**　不慣れな。　***土座**　土間。家屋の内で板敷でない地面のままのところ。「どざ」と読むのが一般的であるが、同日条末尾では「つち座」とある。　***一念たのむ信心**　阿弥陀仏の救済を疑いなく信ずること。このような表現をもつ真宗聖教（しょうぎょう）は見出せない。『御文』『浄土真要鈔』では「一念の信心」、『蓮如上人御一代記聞書』は、「たのむ一念」、同三十条では「一念の信心」。　***たのしミめてたき国**　極楽。このような表現は他に見出せない。　***七宝しやうこんのうてな**　極楽往生した者が坐る七宝で飾られた蓮台。参考、『無量寿経』巻下、「往二生其国一。於二七宝華中一、自然化生」。　***大快楽**　極楽で受ける煩悩を超越した無我のよろこび。参考、『無量寿経』巻下「後生二無量寿仏国一、快楽無レ極」。

るしミつち座のあさましき事をわすれ申さんのうれしさよとおもひまいらせて、
あまりの事に、かやうに詠し候也。

いろ〳〵の*玉の台の床にしてきわめたまへる国にいたらん

同九日ニ、かくのことく*無仏世界へありといふ共、*不捨の御誓やく（約）ハいつくいかなるところをもたつねたまひて、おさめとりたまへハ、まことにいやしき身なり共、ひとたひ頼申たる一念信心ハ、さら〳〵おろかなる事ハなし。此うへなれハいよ〳〵御法儀にもれ申さぬやうにとそんし候て、

たつねてもむかへたまふそ*かの国へいかにいやしきわか身なりとも

同日に、かやうにこそあわれミたまひける御慈悲のきわまりをおろかにしんし（信）し、おろかにうやまい申ならハ、たゝいま*くるしミのうミにしつミはてゝ、*くれん大くれんのこほり（氷）にとちられ、うかむこさら（と脱カ）〳〵有るへからす。ゆたん申候ハぬやうにとたしなミ申侍るなり。さて此うたの心ハ大経に、*かぶぐんしやういしぢうたんと御座候心を申侍る也。

衆生をハおも荷とこそハのたまへり何とて弥陀をおもわさるらん

同十日ニ、いろ〳〵あんし（案）つらね、夜もすからいねかたくて、むかし恋しさの

＊玉の台　美しい極楽の蓮台。　**＊無仏世界**　仏のいない世界。↓補　**＊不捨の御誓やく**　阿弥陀仏の救済の誓い。↓補　**＊かの国**　極楽。　**＊くるしミのうミ**　苦海。↓三四頁頭註「苦海」　**＊くれん大くれんのこほり**　八寒地獄の第七と第八の紅蓮・大紅蓮地獄。寒さのために皮肉が裂けて紅蓮のようになることをいう。謡曲『船橋』「妄執といひ因果といひ、そのまま三途に沈み果てて、紅蓮大紅蓮の氷に閉ぢられて」。同『歌占』にも見える。　**＊かぶぐんしやういしぢうたん**　阿弥陀仏は衆生が求め請わなくとも、衆生のために大なる慈悲をもって臨むこと。出典、『無量寿経』上巻「荷負群生為之重担（群生を荷負してこれを重担とす）」。

＊あかつき　ものごとの成就の「あかつき」と「暁月」を懸ける。**＊みきもひたりも……**　蔚山城の建築の様相をいう。朝は、この普請を十月十二日からのように記すが、十一月が正しい。↓三三頁頭註「同十二日ニ……」　**＊かちと番匠**　築城のために徴収された職人。『七十一番職人歌合』の一番に「番匠」・「鍛冶」と対で描く。番匠は大工。　**＊火ゑん**　道具からでる火と地獄の火炎を懸ける。**＊こくそつ**　獄卒。地獄で責めたてる鬼。

あまりに、くり事なから、さても〳〵いつか此おもひを古郷人にかたらんと、何となく詠し侍る也。

おもひねの心つくしの＊あかつきをいつの時にかかたりつくさん

同日に、いかにあんしつくしても此世ハおもひしかいハなきそといへる事、わか身もわきまへなから、あまりのせんかたなし、くるしきま丶のくちすさミにて侍る也。かなう物ならハ、いかほとの大名も、世にくるしけなる事ハ此かうらい《(高麗)》の陣にきわまりたる躰と見る也。

おもふかひなき世なりけりうらめしやいつまてこ丶にあらん物かは

同十一日ニ、＊みきもひたりも、＊かち《(鍛冶)》と番匠のかなつち《(金槌)》のおと、ちやうな《(手斧)》をからりころりとして、いと丶暁ハすさましくして、いねられさるに、夜半時分よりうちた丶きあへるを、とりもあへす。

油断なくかちはんせう《(鍛冶番匠)》のた丶きあひうちきるつちに＊火ゑんこそたて

同日に、たれかうへにもくるしミハある物なれ共、殊さらあのことくにハ精もこたへてある物よと、うち詠し候也。

たれとてもしなこそかわれくるしミののかれん物か＊こくそつ《(獄卒)》のつえ

＊同十二日ニ、さてもてつほう・のほり《幟》の衆・＊かち・ほろ・船子・人足にいたるまても、きりをはらいて山へのほりて材木をとり、夕にハほし《星》をいたゝきてかへり、油断すれハ＊やませられ、又てきにくひ《首》をきられ、さしてもなきとか《咎》なれ共、＊百性《姓》のかなし(さ脱カ)ハ、＊事をさうによせて、くひをきりてつし《辻》にたてらるゝも侍る也。

さしも《然》けに《実》夜白きらわすつかへつゝうち《打》さいなむ《苛》は鬼神かそも

同日ニ、＊よし〳〵身よりもなせるいにしへのゐんくわ《因果》なれ共、おもひよらさる事あれハ、わか身のとかハおしつゝみて、＊ゆへなき人をうらむるも、うき世のわさ《業》といゝなから、さしもうらめしくおもふらんと、心ノうちに申侍る也。

せめらるゝ人ハ＊さいこうき《罪業》もいりのつけわたせるハ＊くしやう神のとか《科》

同十三日ニ、いかなる人もよく〳〵御らんあれ。＊そんし《尊師》のまへと申なから＊三悪ハたゝ目のまへにありけんや。とにかくあやまりの有る物こそ、らう《牢》におし入、水をのませ、＊くひかね《首金》にてくゝりしはり、＊やきかね《焼金》をあて候事ハ、此うき世に殊更御座候。あひかまへて油断有ならハ、のちの世ハかやうのおそろしきせめ《責》にあわんすらんとおもひとるへき也。

＊同十二日ニ…… [朝]では、十月十八日条に類似する記述がある。→補　**＊かち・ほろ**　徒（歩兵）と母衣（使番）。母衣は保侶指物で使番の標識。　**＊やませられ**　[ポ]「ヤマセ、スル、セタ（やませ、する、せた）。人に平手打ちをくわせる」。　**＊百性**　夫役に駆り出された日本の農民。　**＊事をさうによせ**　他の事にかこつけて。**＊よし〳〵**　不満足ながら許し、あとは知らないという気持ちをこめて使う。　**＊ゆへなき人**　自分にとって縁もゆかりもない人。　**＊さいこうきもいり**　人の罪業の記録をする役人。　**＊くしやう神**　倶生神。人の出生と共に生じて、その人の善悪を閻魔大王に報告する神。　**＊そんし**　尊師。ここでは、十三日の善知識である証如を指す。　**＊三悪**　→二七頁頭註「悪道」　**＊くひかね**　刑具の一つ。首にはめる鉄製の環。朝鮮の捕虜や日本の百姓への虐待行為を示す。**＊やきかね**　焼金。熟した鉄で罪人などに押しあてて印をつける。

*よもと　不詳。　*三毒　↓三八頁頭註「とんよく」　*侍をはしめて物をほしかり……　日本将兵の略奪行為。↓一〇三頁補註「らんはうの物」、一〇三頁補註「子共をハからめとり」。　*とんよくしんのくち　↓三八頁頭註「とんよく」　*夜すからの……　蔚山城の昼夜敢行の普請の描写。↓補

三悪はたゝ目のまへにあるそとよとかする物をらうごく《牢獄》となす
同日に、たゝ後生といふ事をしらて、わかまゝにつミをつくるゆへに、此世にてもかやうのくるしミにあへ、未来をさとりのちの世をなけく物ならハ、さほとかなわぬうき世なり共、あやまりハ*よもと也。
のちの世のくるしミもしらてわかなせるつミこそやかてこくそつ《獄卒》となれ
同十四日ニ、とかくこと〳〵く人界の有さまハ*三毒のつミよりほかハ、へつ《別》のなす事とてハなしと見えたり。*侍をはしめて物をほしかり、むりに人の財宝をうはひとらんとのたくミよりほかハ、子細ハさら〳〵なかりしなり。
侍のあすをしらすとのたまへと*とんよくしん《貪欲心》のくち《愚痴》ハはなれす
同日に、かやうにあす《明日》しらすうき世にて、まつ〳〵楽をいたせなとゝあれ共、心中ハミな〳〵悪心のたへ《絶え》ハハなかりしなり。*夜すからの人をせめて石をつませ、しろふしん《普請》もさらニよ《余》の子細ハなし。人の物をうはひとらんとのたくミ、とんよく《貪欲》のほかハなし。
夜もすから石をひかする城ふしんたゝとんよくのはしめ成りけり
同十五日ニ、さても〳〵百性《姓》ハ何になれともおもひ候よりなきありさまにて侍

る也。ゆへハ、よるひるのさかいもなくて、人の*かとをつけ《付》さらし《曝》て、すこしもあやまれハ、やかてとかにおこなゐて、く丶りしはり、ちやうちやく《打擲》せられ候事ハ、とかく*ざいごうの物ノめいわくとこそ見えて侍る也。

にち〱の日記につけてざいごうの人をさらしてとかにおこなう

同日に、かやうの事をあんし候へハ、地こく《獄》ハよそにあるへからす。やかてめに見へてある事を、後生のなけきハ夢にさへもしらすすくる事ハあさましき也。

*六道の*しての《死出》山路のざいごう人おもき*くひ《頸》木をもてとせめける

*同十六日ニ、まへのよミたる心に、山へおゐのほせてハ大さいもくヲとらせ、とりたる木かほそけれハとりなをせとて、又ハおゐやり、とりにあかれハ*唐人からくひヲきられ、おもひのほかに死にけり。又*ふようなる物あれハ、かくれ《隠》にけ《逃》はしり《走》なとしたる物もありけり。たゝわれかなせる心のとかよりほかはなし。めいわくにきわまる事にて侍る也。

かへすへきようそなかりきざいごうを*ふた《札》にのせけるゑんまわうくう《閻魔王宮》

同日ニ、かくのことくふたにつきにつけて、すこしもあやまりなきのやうにせめつかい、此はん《万》りへつれこされても一時片時の油断もなくてせめらる丶事ハ、

＊かと　過度。普通の程度を越えていること。また、そのさま。いき過ぎるさま。　**＊ざいごうの物**　在郷と罪業の二義を懸けるか。　**＊六道**　衆生が善悪の業によっておもむく六つの迷界。地獄・餓鬼・畜生・修羅・人間・天上。　**＊しての山路**　死後に越えて行かねばならない山。　**＊くひ木**　軛。車の二本の長柄の端につけた横木のことで、牛馬の後頸にかけて車を引く。重荷や束縛の比喩。　**＊同十六日ニ……**　朝「十六日。一吉。清正ニ向テ。御辺ノ居城人少ニテイカヽナリ。其上長陣ノ苦労ナレハ。軍兵召連。帰城有テ休息可然ト云リ」。→補　**＊唐人**　明軍を指すが、ゲリラ的活動からすれば、朝鮮の農民主体の義兵か。　**＊ふようなる物**　役に立たず捨てられる百姓。　**＊ふたにのせ**　生前の罪業を札に記すこと。→四四頁頭註「くしやう神」

さら〳〵人間のわさとハ見さりしなり。
それもけにとかのあれはそせめらるゝうき目を見るはざいごうの物
同十七日ニ、*天下さまよりの御朱印のおもむきは、帰朝の日よりをよく〳〵しらへ、人夫一人もとりのこし候ハぬやうに念を入候て、船をのり候へとのおほつかハし候事なり。さても〳〵かたしけなき御定とて諸人よろこひ候也。
*国々の百性ともを大こう《(太閤)》のおほしめさるゝ御朱印そかし
同日に、かくのことくこそ百性をハふひんにおほしめし候に、うちさいなミ、かつえ《(餓)》ほうたひに、ふちかた《(扶持方)》ハしか〳〵ともたまわらす、山におひやりすて物にハ、いかゝなさけなき事と見へまいらせて候也。
大こうにおもひたまひし百性をすて物にするつらき心や
*同十八日ニ、万里の波渡をしのき、爰にかうらいまておの〳〵御出陣も、たゝ一身をうき世を御すこし候ハんとのため、たかきもいやしきもさらにかわる事ハひとつもなし。此なけきなくハ、うき世ハ心やすかるへき物をとおもひよりて、人の上までの事をいとなミ、わか身にとりあつめ、いらさる事のミ申侍る也。

＊天下さまよりの御朱印　秀吉からの帰国命令の朱印状が届いたというが、この事実は確認できない。**＊国々の百性**　日本で徴役された諸国の農民や職人。　**＊同十八日ニ……**　［朝］「秀詮公仰トシテ、西ノ御先手順天ノ城。十八日ヨリ鍬初アリ」。

*十わうの一たひのけて九わうとて此かうらいにあつまれる人

同日ニ、まことに〳〵かやうのくるしミなくハ、かやうのところへハなにしに来りてうき目ハ見るましき物を。とかくはや〳〵くるしミの世界をいそき〳〵はなれたきのそミはかりなり。くちおしき老後ニかゝるくるしミにあへる事ハ、くちおしき次第也。

同十九日ニ、日本よりもよろつのあき《(商)》人もきたりしなかに、*人あきないせる物来り、奥陣ヨリあとにつきあるき、男女老若かい取て、なわ《(縄)》にてくひ《(首)》をくゝりあつめ、さきへおひたて、あゆひ候ハねハあとよりつへ《(杖)》にておつたて、うちはしらかすの有様ハ、さなから*あほうらせつの罪人をせめけるもかくやとおもひ侍る。

百性《(姓)》も大名小名おしなへて*くちゆへにこそほねハおりめせ

*身のわさハすける心によりぬれとよろつあきなふ人のあつまり

*かくせいやてるまたるミのにやくわんともくゝりあつめてひきてわたせる

かくのことくにかいあつめ、たとへハさるをくゝりてあるくことくに、牛馬をひかせ荷物もたせなとして、せむるていは、見るめいたハしくてありつる事也。

＊十わうの……九わうとて　「十わう」は、地獄に落ちた人を七七日及び百箇日、一周忌、三周忌に裁く十人の王（冥官）の総称。「九わう」は十王から一人除いた九人の王を指すと思われるが、意味は不詳。あるいは朝鮮に派遣された九人の主たる大名をいうカ。

＊くち　「口」と「愚痴」を懸け、これまでの愚痴の罪でこのような辛苦を経験する。口は口糊をしのぐの意カ。　**＊人あきない**　人を売買すること。人買。→九九頁補註「まいはい人」、一〇三頁補註「らんはうの物」、一〇三頁補註「子共をハからめとり」　**＊あほうらせつ**　地獄の獄卒の一つ。参考、謡曲『砧』「獄卒阿防羅殺の、笞の数の隙もなく、打てや打てやと報ひの砧」。　**＊身のわさハすける心**　人買いを身の仕業・生業である職業として選択したのは、それを好む心があったからだ、という理解。参考、『関寺小町』「好ける道とて、草の戸に、硯を鳴らしつつ、筆を染めて」。　**＊かくせい……にやくわん**　→二九頁頭註「しやくわん」、一二一頁補註「しやくわん」

同廿日、なかにも殊におそろしきハ、船戸よりも奥陣ことく〳〵おもき荷物を＊ほうらい《蓬萊》のやうにとりつけて、引めくり来て、やう〳〵と本の陣所につきければ、＊いも牛ハいらさる物よといゝて、さてうちころし、かわをはき、食物とする事ハ、たゝちく《畜》生道にてハあらすやとおもひ侍るはかり也。

おもき荷をおほせまわりてころさるゝよそノ見る目もうしとおもへは
世の中の＊因果はうしの小車のめくり来りてこゝてしするハ

かやうにいろ〳〵あさましきあり様、たゝ〳〵人界ノさほう《作法》ほとおそろ敷つたなき物ハなかりしと也。

同廿一日、今日よりハ御開山様の御正《祥》つきにて候。殊さらけふよりハ報謝の其心かけ申候て、もろともに＊御よりあひを申、御報恩をうやまいたてまつれとの御定《掟》にて候へ共、此陣中のあさましき小屋にてハかないかたく御座候へハ、なけきのあまりに、せめてハかやう二油断なく心にかけ申さんとて、いろ〳〵のくちすさみを申候事ハ、はゝかりおゝくおハしまし候へハ、へち《別》にともなひかたり申へきしか〳〵の＊御同行もおハしまさぬゆへに、＊ふてにまかせ申候事ハ、老躰の此高麗の陣立ハめつらしき事共也。然ハ波渡をしのき帰朝たるへき事ハ

＊ほうらい　新年の祝儀に、三方の上に白紙、羊歯（しだ）、昆布などを敷き、その上に熨斗鮑（のしあわび）・勝栗・橙（だいだい）・蜜柑（みかん）などをあふれんばかりに飾ったもの。転じて役にたたない。　**＊いも**　不器用なの意。　**＊因果は……めくり来りて**　因果が循環することを車輪の回転に譬え、その輪廻から脱却できないことを憂うることをいう。参考、『源氏物語』葵「憂世は牛の小車の巡るや」。　**＊御よりあひ**　寄り合い。講。ここでは報恩講のこと。　**＊御同行**　→一六頁頭註「御同行」　**＊ふてに……見せ申さんため**　本書執筆意図を示す。序文・十二月十七日条・正月廿九日条参照。

不定にて候間、此報恩之中のわれラか心中のほとをも、古郷の子共たちへも見せ申さんための事共也。然ハ*御釈文にもすてに、*自信教人信《シシンケウニンシン》　難中転教難《ナンチウテンケウナン》　大《タイ》悲伝普化《ヒテンフクエ》　真成報仏恩《シンシヤウホウフチヲン》トあそはし候心ハ、*身つからも信し人をもおしへ信ぜしむることかたきかなかに、うた、さらにかたし。大悲をつたへてあまねく衆生をけ(化)する事、まことに仏恩をほう(報)すルになるへしとあそはし候を、やかて*うたにやわらけ申候也。又*御文に、*霜月廿一日よりこれをよミ申て人々に信をとらすへき物なりと御座候を、句のかミにおき申候て、けふよりハと申侍るにて候。さても〳〵わか古郷に候ハんにハ、*御同行衆にも毎年のことくに*およ(寄)りを申、たかいに信心をみかきあひ申へき物をとなけき、なミた袖にもあまり、ほすかたもなくおもひまいらせ候也。いつくをもおなし御事なから、*此所を世間の人のミはかりあつまりにて候へハ、さら〳〵したしミの御同行も候ハねハ、いよ〳〵信心ふさた(無沙汰)になり申候て、おろかなる事のミ申侍る也。

*けふよりハ人をおしへてミつからも信をみかきてともに安楽

かくのことくにハそんしより申て候へ共、信心を(のカ)ほとをかたりあひ申候ハん御同行御座なく、御残多さ申計なくて、すこし申候事、かへす〳〵もくちおしき

＊御釈文　中国唐代の僧、善導の『往生礼讃』のこと。　**＊自信教人信……真成報仏恩**　『往生礼讃』の一節。「難中転教難」は「難中転更難」が正しい。『御文』では三―九の他五通に引用がある。　**＊身つからも……ほうすルになる**　出典、『浄土真要鈔』本。↓補　**＊うた**　本頁の和歌を指す。　**＊御文**　本願寺八世蓮如の法語の称。　**＊霜月廿一日より……物なり**　『御文』四―一五に「明応七年十一月廿一日よりはじめてこれをよみて人々に信をとらすべきものなり」とある。　**＊御同行衆**　↓二六頁頭註「御同行」。ここでは慶念の門徒。　**＊おより**　↓五〇頁頭註「御よりあい」。　**＊此所**　蔚山の地。　**＊けふよりハ……安楽**　本頁頭註「自信教人信」にもとづく和歌。

次第にて候。さりなから、われらか信心よろこひ申候事ハ、おろかなる事ハさら〳〵御座なく、*久々のたひおもひのほかに世間の人のミに参会申候事ハ、きよくなくそんし候へハ、ちからおよはす也。

わか信をとりたもちての其うへに人をすゝむをほうしや《（報謝）》とハせる

これハ真成報仏恩とあそはし候ところを、かやうによミ申て候也。さても〳〵かやうにかたしけなき御勧化にあひたてまつり、よろこひたくひなく、うやまひたてまつらんことハ、たやすくおハし候物をおろかにそんし、あやまりのあらん事ハ、まことにきゝてもきかさることくなるへしとなり。返〳〵くり事なから、*信をうる人ハ仏恩ほうするにもなるそとおほせられ候ところを此うたにとり申侍る也。まへノうたのことにて御座候なり。さてまた同日の哥に、*信心よろこふ人はか*たきか中にもなをかたき事、これにすきたるハなしとおほせられ候所を取て、

真実に仏恩よろこふ人はまたかたきか中になをもすくなし

同廿二日、*不因釈迦《フインシヤカ》仏開悟《フチカイコ》弥陀名願何《ミタミヤウクワンカ》時聞《シモン》とおほせられ候所をやハらけ申候て、かやうに申まいらせ候なり。*此釈文の心ハ、しやかふつのかいこによらすハい

＊久々のたひ　永い間でたことのない旅。この従軍をいう。　**＊信をうる人……ほうする**　出典、『浄土和讃』一一「弥陀の名号となへつゝ　信心まことにうるひとは　憶念の心つねにして　仏恩報ずるおもひあり」。　**＊信心よろこふ人**　出典、『浄土和讃』九四「信心よろこふそのひとを　如来とひとしとときたまふ」。　**＊かたきか中にも**　五三頁の引用文「難中転教（更）難」（「かたきかなかにうたゝかたし」）をうける。　**＊不因釈迦仏開悟弥陀名願何時聞**　『教行信証』化巻本に引く『法事讃』の文言。ここでは『持名鈔』末より引用。　**＊此釈文の……きかん**　『持名鈔』末によるが、読みに若干の異同がある。↓補

つれのみた《（弥陀）》のミやうくわん《（名　願）》いつれの時にかきかんとあそはし候を、此うたに、釈迦仏のおしへにようぬ物ならは弥陀の名号いつかきかまし《（止脱カ）》

同日ニ、これハ*大経に御座候。*我以慈悲哀愍特留此経住百歳《カイシヒアイミンドクリウシキヤウシウヒヤクサイ》ト。*此文ノ心ハ、われじひをもつて此きやうをと丶むる事しちうして百歳せんと、*しやかほとけのみろく《（弥　勒）》につけ《（告）》たまふとなり。さても〳〵ありかたき御事なり。*念仏のりやく三世にわたりたまふとある所をよミ申侍る也。ときおきし御法のおほき其なかにすゝの世かけて弥陀の弘誓を

同日ニ、*三世諸仏護念経《サンセショフチゴネンキヤウ》トある所を申候也。

もろ〳〵の三世《ミヨ》のほとけもほめたまひまことの信を守護《シユゴ》そしたまふ

三世の諸仏もまほりたまふとある事ハ、弥陀仏をふかくねんしたてまつり名号をとなへん物を、*かたちにかけのしたかふことくまほら《（守）》せたまふといふ文をハ、阿ミタきやうにねんころにあそはし候*御舌《ミシタ》を、三千世界にのへまし〳〵候て、ちかこと《（誓　言）》をして守護したまふなるをうたかい申さんハ、ゆめ〳〵おろかなる事共也。

同廿三日ニ、*五祖東漢《ソトウカン》に生《ムマ》れて西方《サイハウ》の往生をおしへたまふともとあそはし候所

大経**　『無量寿経』の称。我以慈悲哀愍特留此経住百歳**　出典、『無量寿経』流通分。***此文ノ……百歳せん**　『愚禿鈔』上に、これに近い釈文がある。↓補　***しやか……つけたまふ**　『無量寿経』流通分は「仏告弥勒」で始まることを指す。***念仏の……三世にわたり**　出典、『浄土和讃』九八「一切の功徳にすぐれたる　南无阿弥陀仏をとなふれは　三世の重葙みなながら　かならず転じて軽微なり」。***三世諸仏護念経**　『阿弥陀経』の異称。出典、『教行信証』行巻「為㆓六方恒河沙等諸仏之㆒所㆓護念㆒故、名㆓護念経㆒」。***かたちに……たまふ**　出典、『教行信証』信巻「大慈大悲、常随㆓菩薩如㆔影随㆓形㆒」。参考、『浄土和讃』一〇二「南无阿弥陀仏をとなふれば　堅牢地祇は尊敬す　かげとかたちのごとくにて　よるひるつねにまもるなり」。***御舌を……守護したまふなる**　出典、『阿弥陀経』正宗分。↓補　***五祖東漢に……おしへたまふとも**　『持名鈔』末に見える。↓二四頁補註「此釈文の……きかん」

をとりてよミ申し侍る也。*五祖とハ法照《ホチセウ》・少康《セウカウ》・曇鸞《トムラン》・道綽《タウシヤク》・善導《センタウ》、此五人ノ祖師を申侍る也。いつれも大唐ノ事にて候。

五祖いてゝ*にしへむまるゝことわりをおしへたまふとつたへてそきく

同日ニ、これハ*源空《クエンク》・親鸞《シンラン》、これをひろめたまふことなくハと有る所を申候也。

師のおしへおゝき中にもことになをふかしきなりし*いまの知識は

同日ニ、*次第相承の善知識、これをさつけたまハすハ、われらいかてか出離のみちをわきまえんやとあそハし候ところを、此うたによミ申候也。さても〳〵たゝいまの善知識さまの御勧化にあひたてまつらすハ、いかゝしてわれらことき凡夫ハたやすく往生つかまつり候ハん哉。よく〳〵御定(掟)のほとをたしかに聴聞申され候て、此たひ極楽の本意をとけ候やうにと、信心の御よろこひかんやうにて侍る也。

此祖師のいてこしおしへたまハすハ生死出離ハいかてしらまし

*同廿四日ニ、*若悲《ニヤクヒ》本師《ホンシ》知識《チシキ》願《クワン》弥陀《ミタ》浄土《シヨウト》云何《ウンカ》入《ニフ》トあそはし候ところを取てやはらけ申候也。此心ハ、*もしほんし(本師)知識のすゝめにあらすハ弥陀のしやうと(浄土)にいかんしていらんとなり。まことにくちの凡夫の身か、われとハ何にしてさとりを

＊五祖とハ……善導　中国で浄土教の教えを相承した五人の高僧。浄土宗の『漢語灯録』では曇鸞・道綽・善導・懐感・少康。真宗では存覚の『弁述名体鈔』以後、法照を懐感に代える。　**＊にし**　西方極楽世界のこと。　**＊源空……ことなくハ**　『持名鈔』末に見える。↓二四頁補註「此釈文の……きかん」。また『浄土真要鈔』本「源空・親鸞出世シタマハスハワレライカテカ浄土ヲネカハン」。　**＊いまの知識**　当代の善知識。　**＊次第相承の……わきまえんや**　『持名鈔』末。↓二四頁補註「此釈文の……きかん」。また『浄土真要鈔』本「次第相承ノ善知識マシマサスハ真実ノ信心ヲツタヘカタシ」。　**＊同廿四日ニ……**　朝にはこの日、材木切出しに太田軍等が山に入り、三千余の敵と合戦になったことを記す。↓二三頁補註「同十二日ニ……」　**＊若悲本師……浄土云何入**　出典、『般舟讃』。「願」は「勧」が正しい。また『報恩講私記』に引かれ、報恩講では伽陀として詠われる。　**＊もしほんし……いらんとなり**　出典、

ひらき申さん事ハあるましき事なるに、かたしけなき善知識さまの御勧化のほとをありかたくそんしたてまつり申侍る也。

さてもしも知識のすゝめなかりせは弥陀の浄土へいかていらまし

同日ニ、これも御釈に、*平等のあめハうるほハさんとはけミたまへ共、不信の願（頑ヵ）石ハうるほいをゑすとあそハし候。かやうの御ことはにより、さても善知識さまハまれに此土にいてまし〳〵、弥陀の御本願の雨露ノめくミの草木をやしないそたてましますことくに、衆生を信をゑてよろこひにうるハしくしんしたてまつれと、御すゝめなされ候へ共、よろこひ申さすしてつれなき心を石に御たとへなされ候。それをかやうニうたによミ申侍る也。

平等の雨露のめくミをうけなからつれなき人は木石そかし

同日ニ、くれ〳〵*宿善開発の御もよほしにて御座なく候ハヽ、いかてか他力の仏法をきゝひらき申さん事ハあるましきことにて候。そのゆへハ、すてに*大経に、過《クワ》去《コ》已《イ》曾《ソウ》修《シウ》習《シウ》此《シ》法《ホウ》今《コム》得《トク》重《チウ》聞《モン》則《ソ》生《シヤウ》歡《クワン》喜《キ》、*此こゝろハ、くわこにしてすてに此ほうをしゆうしならいて、いまかさねてきくことを得て、すなはちくわんぎをなすとあそはし候所を、かやうニよミ申候也。かくのことくに宿善御座なく

『浄土真要鈔』本。↓補

＊平等の……うるほいをゑす　出典、『浄土論註』巻上「亦如二密雲洪霔而頑石不レ潤、非二雨不レ洽也」（亦密雲ノオオキニソヽゲドモ頑石潤オホザルガ如シ、雨ノ洽オホザルニハアラザル也）。ただし直接の典拠となっている「御釈」は不詳。

＊宿善開発の御もよほし　参考、『御文』二―九「一念帰命の信心ををこせば、まことに宿善の開発にもよほされて、仏智より他力の信心をあたへたまふ」。

＊大経に……則生歓喜　出典、『観経四帖疏』。本文では大経の文のごとくに記されているのは、『御文』三―一二に大経の文言と併記されていることによるヵ。

＊此こゝろハ……をなす　出典未詳。

してハ、人おゝきなかに、うるハしく仏法ヲよろこひ申候身にハいかてかなり申さん哉。よく〱其いにしへまての事をおもひいたし候て、御よろこひ候ハん事、尤かんやうにて候。

いにしへもならいてしかな此みのりかさねていまそなせるよろこひ

同廿五日ニ、正信偈の御文に、*如来しよゐこう《(所以興)》出世唯説《ユイセチ》みた《(弥陀)》本願海とあそハし候ところを、かやうに*つらね申候也。釈如来《シャクニョライ》の此世にいてたまふ故ハ、たゝ弥陀の御本願をときましまさんかためと也。かやうにて御座なくハ、いかてか末世の愚鈍ノ物ハ、有りかたき御法をきゝうる事ハさて〱有ましき御事にて候。いよ〱御よろこひ我も人も申候ハん事かんやうにて侍らんと也。

如来世にいてさせたまふ其ゆへは弥陀のくせひ《(弘誓)》をとかんためなり

同日ニ、*必至《ヒチシ》めつと《(滅度)》願成就とあそハし候ところを、かやうにつらね申候也。

此願を成就してこそわれらまたやかて*涅槃のさとりひらける

同日ニ、かくのことく弥陀如来いろ〱さま〱に*御しんらうをなされ、釈尊もはん〱《(番々)》に御出世ありて、信心を得たてまつれと御すゝめなされ候に、うか〱と世間の事のミはかりにて、一念の所ニもとつきなくハ、*二尊の御あはれ

＊如来しよゐこう出世唯説みた本願海　出典、『正信偈』「如来所以興出世　唯説弥陀本願海」。**＊つらね**　猿楽などで、言葉や歌を長々と朗唱して、趣意や由来を述べること。**＊必至めつと願成就**　出典、『正信偈』「至心信楽願為因、成等覚証大涅槃、必至滅度願成就」。**＊涅槃**　すべての煩悩を滅した境地をいう。**＊御しんらう**　迷いの衆生を救うための苦労。出典、『御文』五―八「阿弥陀如来御身労ありて、南無阿弥陀仏といふ本願をたてまして」。**＊釈尊も……御出世**「はん〱」は番々で、順番の意。出典、『口伝鈔』「しかれば海徳仏より本師釈尊に至るまで、番々出世の諸仏、弥陀の弘誓に乗じて」。**＊二尊の御あはれミ**　阿弥陀如来と釈迦如来の慈悲。参考、『一枚起請文』「二尊の御あわれみにはづれ、本願にもれ候べし」。

＊能発一念喜愛心 出典、『正信偈』「能発一念喜愛心、不断煩悩得涅槃」。 **＊よく一念……えたてまつり候** 出典、『浄土真要鈔』本。→補 **＊男女貴賤……ゑらはれす** 出典、『高僧和讃』九四「男女貴賤ことく 弥陀の名号称するに 行住座臥もえらばれず 時処諸縁もさはりなし」。 **＊大悲大願の……一味なり** 出典、『高僧和讃』四二「尽十方无碍光の 大悲大願の海水に 煩悩の衆流帰しぬれば 智慧のうしほに一味なり」。 **＊よろつの……うしほに** 出典、『高僧和讃』四二「名号不思議の海水は 逆謗の屍骸もとゞまらず 衆悪の万川帰しぬれば 功徳のうしほに一味なり」。

ミにもれ申候ハん事ハ、まことに〳〵身をしらぬことなりとおもひ申侍る也。

人ことに心に染ぬ風清してうハの空にそきける言葉

同廿六日ニ、＊能発《ノウホチ》一念《ネン》喜《キ》愛《アイ》心《シム》トあそハし候ところをつらね申候也。＊よく一念きあひの心をおこせハ、ほんなふ《（煩悩）》をたんせ《（断）》さるに、すなはちねはん《（涅槃）》の分をえたてまつり候と御座候に、信心をふさたならハ、いかて往生をすミやかにとけ申候ハん哉とおもひまいらせ候て、かくなん。

一念をよくよろこひし人ならハつミにおほる《（溺）》とすくひたまハん

同日ニ、＊男女貴賤こと〳〵く弥陀の名号称するに、行住座臥もゑらはれすとあそハし候を、かやうニつらね申候也。われらことときの凡夫のためにハ似あひ相応之御本願にてまし〳〵候をしんし申さす、よろこひなくハ、其しよせんハ有ましき事也。

たかきをもさとれる人もくちもまた弥陀のちかひにもらしたまハし

同日ニ、＊大悲《ヒ》大願《クワン》の海水にほん《（煩）》悩《ノウ》しゅ《（衆）》流《リウ》きしぬれハち恵《エ》のうしほに一味なりとあそハし候ところを、かやうニつらね申候也。

つミとかを＊よろつの川にたとへてそなかれハやかてひとつうしほに

同廿七日ニ、*弘誓《クセイ》の強縁《ガウエン》ハ多生《タシヤウ》にもまふあひかたく、真実の定信(浄カ)ハ億劫《ヲクカフ》にも得たてまつりかたしとあそハし候ところを、かやうに申侍る也。

あひかたきくせひ(弘誓)の縁ハたしやうにも信をうる事億劫にもなし

同日ニ、是ハ*適獲信心遠慶《クキヤクシンシムヲンキヤウ》宿縁《シユクエン》トあそハし候。此文ハ、たま〳〵信心を得ハとをきしゆくゑんをよろこひたてまつれとあそハし候を、かくのことくに申侍る也。

遠き世のしゆく縁ありて弥陀仏の大慈大悲にあふそうれしき

同日、爰ハまた同し御文*のおくに、*もしまた此たひ疑網《キモウ》にふへ(覆蔽)いせられハ、かへりて曠劫多生をきやう暦《リヤク》せんとあそハし候ところをよミ申候也。*此心ハ、不信心ハいつれもうたかいニひとしと御定なされ候。これもうたかいをくろかねのあミに御たとへなされ候て、ふへいとハうたかいのあミにおほはれなは、*(奈落)なら苦にしつミ、万劫億劫にもうかみ出る*事あるましき時ハ、此たひ信を決定申候て、*(永)なか代のたのしミを得たてまつり候ハてハ、其所詮《しやせん》なき事にて候。よく〳〵心底をかへり見て、御たしなミかんやうたる事にて侍る也。

ふかしきのちかひのほとをきゝ、なから心みたれはもとのなら苦に

＊弘誓の強縁ハ……得たてまつりかたし　出典、『浄土文類聚鈔』「弘誓強縁多生難㆓値㆒真実浄信、億劫叵㆓獲㆒」。↓補　**＊適獲信心遠慶宿縁**　出典、『浄土文類聚鈔』「遇㆓獲行信㆒遠㆓慶宿縁㆒」。　**＊御文のおく**　『教行信証』総序の末文。　**＊もしまた……きやう暦せん**　出典、『浄土文類聚鈔』「若也。□廻覆㆓蔽疑網㆒更必遥歴曠劫多生㆒」。　**＊此心ハ……ひとし**　出典未詳。　**＊なら苦**　梵語ナラーカの音訳。地獄のこと。　**＊うかみ出る**　浮びでる。　**＊なか代のたのしミ**　極楽世界での永生の楽果。参考、『御文』一―一〇「後生こそまことに永生の楽果なり」。

同廿八日ニ、是ハ*他力の信心うる人をうやまいおふきによろこへハ、則わか親《シン》友《ウ》そと、教主世尊《ケウシユセソン》ハほめたまへとあそハし候を、かやうニ詠し申候也。

信心をふかくよろこふ人をこそ*如来の友とほめてのたまふ

同日ニ、是ハ*釈迦弥陀ハ慈悲の父母《フモ》、種々に善巧方便し、われらか無上の信心を発（起）きせしめたまいけりとあそハし候所を中侍る。かやうにこそふひん（不便）に衆生をおほしめし候て、ちゝや母ともなりたまひて、いろ〳〵*御方便をめくらし、われらかやうなるあさましき物に信あたえまし〳〵候て、上《ウヘ》もなきさとりをたまハり候事ハ、かへす〳〵もありかたき御事なるを、つたなく信せさるハ、木石よりもおとりたる事共にて候。よく〳〵御よろこひ申さるへき也。

ちゝ母とならせたまひて釈迦弥陀の信をあたへてたすけたまふそ

同日ニ、**如来二種の廻向の恩徳広大ふしきにて、往相廻向の利益にハ還相廻向に廻入せりとあそハし候を、かくのことくにつらね申候也。いよ〳〵御慈悲のほとをうやまいたてまつらんと油断なく心中をたしなミ申候也。いつれの御門都（徒）も御たしなミ候ハん事もつ（尤）共にて候。かやうにとゝめおき候事も、すこしなり共御なからへ候ハん人ハ、心みたさす一心を正念に御とりたもち候ハん事、

＊他力の……ほめたまへ　出典、『正像末和讃』五八「他力の信心うるひとを　うやまひおほきによろこべば　すなはちわが親友ぞと教主世尊はほめたまふ」。　**＊如来**　釈迦如来のこと。　**＊釈迦弥陀ハ……せしめたまいけり**　出典、『高僧和讃』七四「釈迦・弥陀は慈悲の父母　種々に善巧方便し　われらが无上の信心を　発起せしめたまひけり」。　**＊御方便**　衆生を救済するためのさまざまな方法・手段。　**＊如来二種の廻向……廻入せり**　出典、『正像末和讃』二四「如来二種の廻向を　ふかく信ずるひとはみな……」と同五一「南無阿弥陀仏の廻向の　恩徳広大不思議にて　往相廻向の利益には　還相廻向に廻入せり」の二首が混同されている。　**＊二種の廻向**　往相廻向と還相廻向。如来がその徳を衆生にめぐらし施し、救いの働きをさしむけることが廻向。衆生が浄土に往生する往相、穢土に還って利他教化の働きをあらわす還相の二種。↓補

＊むけ光　无碍光。阿弥陀仏の衆生救済の、何ものにも碍げられない光明。→二四頁補註「二種の廻向」　**＊一七日**　「いちしちにち」と読む。元来は中国天台山での念仏三昧の行道が七七日つまり四十九日間、昼夜にわたって修されたことにちなみ、その行道の初めの七日間を指す言葉。また、報恩講を七昼夜勤めること。つぎに見える「七日ちうや」も同義。　**＊のり**　法。阿弥陀仏の教え。

御油断共なきやうにとそんし候て、筆にまかせてかきしるし申侍る也。

＊むけ光の二種の廻向につミきへてさとり得しむる恩ハつきせし

同廿九日、此ほとハ御報恩のうちハいかやうなる御同行もおハしまさし。さてもきよくもなくひとりよろこひ＊一七日をすこし申候ハんやとなけき申候ところに、おもひのほかに御同行にまいりあひ、七日ちうや《昼夜》のあひた、たかいに仏恩の広大なるところをかたりあわせ候て、報恩講をめしおき候事、かゝる御慈悲にあひ申候事かなと、なを〳〵ありかたくそんしたてまつり候て、かやうニくちすさミ申侍る也。

なけかしくおもふにかわる友人にかたりよろこふ＊のりのしな〳〵

同日ニ、さても〳〵此間の御同行にあひたてまつり候て、うき世のあちきなき躰をうちわすれ侍る事ハ、猶〳〵御慈悲のきわまりそと、御うれ敷かたしけなくそんし侍りてかくなん。

したしミの其同行もいてあひてうきをわするゝのりのことのは

同日ニ、かやうに候て、いろ〳〵おもひかけも御座なき小屋うつりなと申侍る事も、なにわにつけてふしきさよとおもひまハし候て、かやうニ詠し申候也。

*身ハひゆれ　身体が冷える。　*おほろけならぬ　並大抵ではない。　*ミなとくち　港から海への出口。　*事もおろかにしてハ　氷を砕く作業を粗かにする。　*こかれてしせん　凍って死亡する。　*まろね　丸寝。着物を着、帯をしたままで夜寝ること。　*かたしきの袖　→一九頁頭註「かたしく袖」　*忍はし　偲ばし。恋しい。　*心つくし　物思いの限りを尽くす。

ふしきそとおもふもなをもおろかなりあわれミふかくゑたる此身を
同晦日ニ、さても〱川の氷を見るに、き丶しにまさり候て、おひた丶敷ありけれハ、とりもあへすかくなん。
き丶しより見てこそなをも*身ハひゆれ*おほろけならぬこほり川そも
同日ニ、船を*ミなとくちまて出さんとて船人共氷をうちくたき候へ共、いよいよはりふさき、船のかよひもなかりせは、*事もおろかにしてハ、よも船人も*こかれてしせんと見へ候を、かやうにとりもあへす申侍る也。
船人もこかれん物か川なミの水の行来をとつる氷は
十二月一日ニ、川のはたの小屋なれハ、と丶(戸)かへ(壁)もなし。嵐はけしくてすさましく身にしミハたれハ、かくて、
河かせのはけ敷小屋に*まろねして心をのへぬ*かたしきの袖
同日ニ、あまりにさむくして、さても〱古郷にあらハ、いろ〱のおもひにしつミ心をつくし、*忍はしくして、かやうニ、
古郷をおもひ出てや忍はしく*心つくしのまろねなるかな
同二日ニ、あまりニしたよりハひへあかり、身にもあた丶かなるところハなき

やうニさむし。よろつあちきなくおもひのあまりニ、かやうニ詠し候也。
*いともけにひゆる床ねのなく涙袖ももすそも氷とハなれ
同日ニ、かやうにありてハ、たといなからゑんとおもひても、なからへ（へ脱カ）つくもなき躰也。世のうきさへあるに、ひやゝかなるにかせはけ敷して、なにとおもひても*しのきつへきもなき事共なり。
かくて世になからへつへき事そなき風やこほりのとつる老か身
*同三日ニ、川の氷を見るに、おひたゝしき河のおもてをはりふさき、むかへ（向）より此地に馬をのりわたし、かやうニありけるに、おひたゝしく*けしからさる躰なれハ、かやうニ、
おそろしや*くれ大くれのこほりともいふへき物よ此国の川
同日ニ、あまりに川も谷もこほりにて、くミてのむへき水もなし。さても〳〵*せんかたなき躰なれハ、とりもあへすニ、
いかにせん渕せも川もこほりにて*むすひてあけん水のなけれハ
同四日ニ、山も岸も里も川も悉雪のふりつもりたれハ、みち行人もせんかたなき躰もなき次第、めもあてられぬふせひ（風情）にて侍る也。

＊いともけに　あまりにも。**＊しのきつへきもなき事**　切り抜けられない。**＊同三日ニ……**　朝「十二月三日ヨリ普請ノ人足残ラスアケテ。数日ノ苦身ヲソ休メケル」。**＊けしからさる躰**　異常な有り様。**＊くれ大くれのこほり**　→四三頁頭註「くれん大くれんのこほり」。**＊せんかたなき躰**　どうしようもないあり様。**＊むすひてあけん**　「掬ひて上けん」。手のひらで汲みあげること。

山ハ雪谷のつらゝに道とちておちこち人のなけく有さま
同日ニ、こと〳〵く雪のしろく見へけるをおもひやりてかくなん。

*白妙につもれる雪の山〳〵ハほすへき苔の衣手もなし

同五日ニ、ふりつミたる雪をおもひやりて、*山人もいかにせんや。さて〳〵も*いたハしき躰かなと、とりもあへすに、かやうニ詠し候也。

ふりつもる雪の木かけもあらハこそ道ふミまよひかへる山人

同日ニ、柴を船につミて*大川をむかい此地にこほりのうへをひきわたせるを見やりて、たゝうき世ハ目のまへに侍るなれハ、さても〳〵いかならんとおもひて、

柴船のこほりをわたる*物うさよ*うきをつめるとよそのミる目ハ

六日ニ、*人足夫駄もさこそくるしくおもひ侍るらんと、嶺〳〵を見やりて、

嶺〳〵をふりつゝミたる雪なれハ木こりの人のうきそ身にしむ

同日ニ、船のつなきたる躰を見るニ、いかり*ともつなふなはたにさかりたり。こほりつらゝハさなから玉をつらぬきたる躰なれハ、かやうニ、

あるへきか船のつらゝハすいしやうの玉をむすひてさくるよそほひ

＊白妙に……衣手もなし　参考、『万葉集』巻一「春過ぎて夏来るらし白栲の衣乾したり天の香具山」。『新古今和歌集』巻三にもあり。　**＊山人**　やまびと。杣人。炭焼・木樵など山で働く人。ここでは蔚山近郊の山に伐採に入った人夫を指すカ。　**＊いたハしき躰**　心の痛むさま。あわれみを感じるさま。いたいたしい。ふびんだ。　**＊大川**　太和江（テファガン）。　**＊物うさ**　気のすすまない様子。　**＊うき**　「憂き」と「浮き」を懸ける。　**＊人足夫駄**　伐採した木材を運ぶ人と馬。　**＊ともつな**　船尾をつなぎとめる綱。もやい綱。

同七日ニ、さても〳〵＊ためしすくなき躰なり。河のおもてのこほりをまさかりにて船のとをり候ほとにきりわりて、ふる柴船をわたし候ハんとしける見るに、＊きもをけしたる事共也。

ためしなや氷をハ（割）りて船人もいつらん物よ身をこかれつゝ

同日ニ、あまりに〳〵はけ敷嵐にて、＊ねやひまもたまらす。いとゝさへあはら（荒）なる小屋あさましき事共にて侍れハ、あらしの身にしむまゝに、かやうニ、

はけしきはねやのひまよりふきおくるあらしに雪の玉のそひ来て

同八日ニ、雪のふりつもりたる躰を見て、いとゝ古郷の恋しきに、物すさましくあちきなくて、うらめしき心をさきとして、かやうニ詠し侍る也。かやうニくち（す脱カ）さミけるも、＊八木の佐野とのかいわれしことくに、＊いかに世にある人の此雪ハさけ（酒）のミあそひしにハおもしろかるらんに、あらおもしろからすの雪の日やと御座候をおもひやられて、今身のうへとそんし出して侍る也。

世にあらハもてあそひにもなりぬへし＊おもしろからぬ雪のくれかな

同日ニ、かくてかやうニ世中ハさむく、いよ〳〵としハより、こしのいたさハ日々にまさり、行歩もなりかたく也。夜すからいねられぬまゝに、かやう二申

＊ためしすくなき躰　これまで見たことのない光景。　**＊きもをけしたる事**　「きもを潰す」と同義。　**＊ねやひま**　寝屋のすきま。　**＊八木の佐野との**　謡曲『鉢木』に登場する鎌倉の御家人、佐野源左衛門常世のこと。　**＊いかに……雪の日や**　謡曲『鉢木』のシテ（佐野常世）の言葉に、「ああ降ったる雪かな、いかに世にある人の面白う候ふらん。それ雪は鵞毛に似て飛んで散乱し、（中略）あら面白からずの雪の日やな」とある。　**＊おもしろからぬ雪のくれかな**　この大雪は慶念にとっては迷惑なことを、謡曲『鉢木』の故事によって表明。

侍る也。

かりそめもいねられさるも事ハりやおもひハつもる老ハかさなる

同九日ニ、さてもかやうニなけきハかりにて月日を送りけるかや。つもるとしなミハわか身ひとりにこそつもるらん。往生せん事も、はや〱ちかく成るらんに、油断のなけきかなやとおもひけれハ、かく詠し侍る也。

歎きつゝけふもくらしていたつらに其としなミハ身にそつもりき

同日ニ、又うちかへしておもふやうハ、たとへ此とし月の身につもりきて、いのちハおわる共、一日片時成り共、古郷にかへり孫や妻子にあひて死してこそ本意なるへしと、*いとなむ心をさきとして、かやうニ侍る也。

とし月の身につもるそとハ知りなから*いそく心ハ古郷にして

同十日ニ、かくて此くにの土ともなりはてやせんといよ〱心ほそくなりて、*人間ハ老少不定とハいゝなから、老ぬれハ必定さき立たん事ハうたかひなし。かやうニ申候事も夢の世かたりになり、はや〱けふにもなりやせんとあちきなくおもひけれハ、かやうニ侍る也。

かくてさて夢にそもしも成やせんはかなかりける*まほろしの身や

＊いとなむ心　[ポ]「イトナム（営む）。とりまかなう。（仏事を営む）。ある死者の法事、あるいは追善法要をするために準備をする。あるいは、しつらえ調える」。または「挑なむ」、いどむの意カ。　**＊いそく心**　浄土へ急ぎ往きたい心を故郷へ帰りたい心に懸ける。　**＊人間ハ老少不定**　『御文』五―一六「されば人間のはかなき事は老少不定のさかひなれば」。　**＊まほろしの身**　蓮如以降の本願寺での人間観。『御文』五―一六「おほよそはかなきものは、この世の始中終まぼろしのごとくなる一期なり」。

同日ニ、まことにかせに枯木のおれやすき風情なれハ、いまをもしらさる躰也。
*入あひ（相）を一と二とつくうちも、*老かいのちハたのまれぬと、*ふる事にも侍る也。

老か身ハ風にむかへるともし火のいまをもしらぬいのちなりけり

同十一日ニ、あまりのおもひのあまりに、せめてハいますこしなり共いのちをなからへ候ハん薬もあらハ、いかやうにもつかまつり候て、古郷へ帰朝ののそミをかなへたき念願はかり成り。然共世の中の*有為転変ハ釈迦達摩のうへにものかれたまハす候へハ、なけきたる躰を古郷の人に知らせんかためのくとき（口説）、わか身なからあさましく、又ハはつかしなからも、*徒然のあまりにふてにまかせてかきおくはかりにてこそ候へ。

ねかひてもなからへたきハわかいのちふる郷人の見まくほしきに

同日ニ、かやうニ詠して、わか心はかりをあさましくそんし候へハ、ふる事をもおもひ出し候て、*業平のいせ物語にも、*おもふ事かなわねハこそうき世なれかなわぬまてをおもひてにしてとありけれハ、此うたの心をとりて、

かなわぬハうき世なりけり何事もとハおもへ共ぬるゝ袖かな

同十二日ニ、かりそめの*たちいてさへも、あとに名残ハおしき物を、これハは

＊入あひ　「いりあいの鐘」の略。日没のとき寺院で勤行の合図に突く鐘。　**＊老かいのちハたのまれぬ**　諺。出典未詳。　**＊ふる事**　昔から伝えられていることば。　**＊有為転変ハ……のかれたまハす**　出典未詳。　**＊徒然のあまり**　所在がないので。『徒然草』序に習う。　**＊業平のいせ物語**　業平を主人公とする『伊勢物語』。この書に以下の文言は見えない。　**＊おもふ事……うき世なれ**　謡曲『安宅』に見えるが初例カ。中世・戦国期歌謡や近世初頭の仮名草子に頻出する。→補　**＊たちいて**　日「タチデ（立ち出）。ある所へ行く」。

*さなきたに　ただでさへ。　*しやうもんほさつ……わかれ　声聞・菩薩は父母妻子に対する恩や情愛を断って修行するが、それでも別離の悲しみは尽きがたい、との意。出典未詳。参考、『高僧和讃』一〇「恩愛はなはだたちがたく　生死はなはだつきがたし」。　*ほんふのならい　凡夫の習。煩悩に束縛されて輪廻する衆生の性癖。　*ミやこ　→三〇頁頭註「ミやこのたひ」

や万里の波ちをしのき来て、名残のをしき事ハもつともと、又うちかへし、かやうニとりもあへす詠し侍る也。

*さなきたにわかれといへは物うきに波ちはるかにへたて来ぬれハ

同日ニ、わかれをおもひ名残をおしミなけく心ハ、此ほんふ《(凡夫)》にあらすハいかてかあらさらんと、*しやうもんほさつ《(声聞菩薩)》の上さへも、つきかたきハ恩愛のわかれとあそはしたれハ、わか身のなけきも道理至極かなとおもひよりて、かやうに詠し申候也。

恩愛ハ*ほんふのならいかくあらんなけくおもひのはてしなけれハ

同十三日ニ、たひにおもひ立となれハ、いかなる*ミやこなれ共、物うきと有るに、これハ殊更何わにつけてもめいわくの所なれハ、かやうニ詠し候也。

旅といへはミやこもうきハ有る物をことさらこゝハおゝきくるしミ

同日ニ、とかくくるしミのなけきハ、さら〱やミかたし。いとはひしき老の身なれハ、せんかたなきまゝに、

くるしミのなみたにしつミはかなくもなりもやせんと老の身なれハ

十四日ニ、いつくいかなる所にても生死のはてハ知らね共、かゝるうき世の物

うき所にてはてなん事ハ一定なりと、くるしミせんかたもなきまゝに、
たれとても*会者定離ハのかれしとおもひなからも*うらめしの世や
同日ニ、此うらミハたれにいハんかたもなし。たゝわかなしたる*先世のむくい、
今にきたりて、かやうの*うき目にあひこそするらんとおもへハ、かやうニ、
うらミをもむかいていハんかたそなき*其いにしへのわさ（業）をしらねハ
同十五日ニ、あまりに〱いろ〱の物おもひのまゝに、因果といへる文字の
心を、やかて詠し候也。
因果とハたねをはたすとよミたれハむかしつくりしとか（咎）のむくひか
同日又うちかへしておもふやうハ、*いにしへも日本の智者たちの天竺ニわたり
たまひて仏法をつたへたまひしも、此通道をこそふミとをりたまひつらんなれ
ハ、さやうにこそおよひなくとも、愚老か心ハそれにハよもかわらしとおもひ
て、心をなくさミしなり。おりふしとりあへす。
*渡天とていにしへ智者のふミたまふみちハかわらしすゑの世なりと
同十六日ニ、*けに〱日本・天竺・大唐に三国をめくり〱たまひて、仏法を
ひろめたまひし聖人賢人も、むかしハあまたましけれハ、たとい*凡下なり共、

＊会者定離　会う者は必ず別れる定め。『御文』二―七「たとひまた栄花にほこり栄耀にあまるといふとも、盛者必衰会者定離のならひなれば、ひさしくたもつべきにあらず」。　**＊うらめしの世**　自分ではどうにもならないこの世に対する不満・嘆きなどが心にわだかまっている。参考、謡曲『安宅』「ただ世には、神も仏もまくまさぬかや、恨めしの憂き世や、あら恨めしの憂き世や」　**＊先世のむくい**　前世での所業が現世の苦悩の原因となること。　**＊うき目**　つらいこと。悲しい思い。　**＊其いにしへのわさ**　「先世のむくい」と同義。　**＊いにしへも……つたへたまひしも**　古代に日本の僧がインドへ行き、仏教を伝えたという史実はない。典拠未詳。　**＊渡天**　仏教の発祥地インドへ渡ること。　**＊けに〱**　副詞。まことに。あるいはほんとうに。　**＊凡下**　〔日〕「ボンゲ（凡下）（凡夫）に同じ」。

大唐・天竺まても渡りて見はやと、有（或）る時ハおもひし也。又うちかへして御恩之ほとをありかたくそんし候事也。其ゆへハ、かやうニほねをおりたまひてこそ三国をハめくりたまひつらんに、われらハ三毒ハおもひのまゝにもちなから、妻子にハまつハれなから、其三国をまハりたまひし賢人聖人にも越すくれて他力の信心たにも決定申せす、*めてたき国に生れて、*三千大千世界をわかまゝに*神通を現してほねもおらて*かけり。*自由ならん事ハ、弥陀の御本願なれハこそありかたやとかんるいをなかし、いよ〳〵たのミをかけまいらせて称名念仏に油断申候ハす、まことに〳〵わか身なからもかやうのありかたき身になりたてまつる事ハ、たくひすくなき事とて、よろこひのまゝに、

三国をめくりたまひし聖人もあるとおもへハたのむ身のほと

同日ニ、さりとてハ末世の物語にもやせんに、から（唐）に入たまハゝ、から入してもろこし（唐土）を見ハやとおもひし也。しかれ共、わかよはひハ六十三なり。いまをも知さる老か身ニ、まつ〳〵帰朝させられんならハ、はやく帰朝して、御同行知音の人々にも今すこしなりとも法儀をすゝめ申たき一つ、又ハ一たひ御開山さまへ御礼を申たき念願計に、*雨山ののそミなりけれハ、一時片時もいそき帰

＊めてたき国 仏教、とくに浄土教の教えが行きわたった国。 **＊三千大千世界** 仏教でいうありとあらゆる世界の意。 **＊神通** 弥陀の本願力の不可思議なはたらき。『正信偈』の「遊煩悩林現神通」を踏まえるカ。 **＊かけり** 駆ける。速く走る。 **＊自由** ポ「ジユゥ（自由）。例（自由自在に振舞ふ）自由に意のままに行動する。思いのままにふるまう」。 **＊雨山** 天山のことで天や山ほど高いこと。山のように広大なこと。『御文』二―四「如来大悲の御恩を雨山にこうふりたるわれらなれば」。

朝の大望ハつくしかたくて也。

　わかよはい三そち四そちのおりならハめくりあハんと身をもたのまん

同十七日ニ、かくてさても〱*書おきたる事も、むかしになりて、はかなくすたらん事ハくちおしき事也。あちきなの身やとおもひつゝけて也。

　何事をいゝおきたるもいたつらにむかしかたりとなりてすたらん

同日ニ、世の中のかたみにハ此*ミつくきにしくハなし。のちの世のかたミのためなれハ、よく〱御覧せられ候て、つたへきゝたまひし人も、御あわれミをなしたまふへく候也。

　かたみとハたゝ水くきにしくハなしおもひよりなハのちのしるしに

同十八日ニ、次第〱に腰のいたさもまさりけれハ、往生もちかくなりたれハとて、とりもあへすにかくなん。

　かた腰のいたさも日々にまさりけりほとハあらしなしなん命も

同日ニ、いよ〱かやうニわつらいかましくなり候へハ、むかし恋しくなりて、*小町かいひし、こひしのむかしや、しのハしのいにしへの身やとおもひし時さへも、今ハふる事になり行かやとありけるを、おもひつらねて、かやうに侍る

＊書おきたる事も……　この日記を後世に残そうとする思いが強まっている。↓序文・十一月廿一日条・正月廿九日条　**＊ミつくき**　水茎。筆跡。転じて書物。　**＊小町か……なり行かや**　出典、謡曲『関寺小町』「恋しの昔や、忍ばしのいにしへの身やと、思ひし時だにも、また古ことになりゆく身の、せめて今はまた、初めの老いぞ恋しき」。↓補

＊**埋木の朽そはてなん身**　顧みられない境遇の者が朽ち果てる譬。
＊**極楽のそくわひ**　往生極楽の願い。→三四頁頭註「そくわひ」

也。
としよれハいと、むかしの恋しきになを忍ハしきありしいにしへ
同十九日ニ、かくておもひにしつミこそせめ、此おもひをハたれもしらし。せんかたなさよと、とりあへすニ、
忘られぬおもひにしつむ＊埋木の朽そはてなん身こそおしけれ
同日ニ、あまりのとせん（徒然）のあまりに、色々の心のまよひをいゝし物かな。おもハしき物とハおもひけれ共、愚ノ凡夫なれハ、すてられぬ心かやと、又うちかへして、すてもやられぬを、かやうニくちすさミ侍るなり。
所詮なきおもひハせしとうちすてゝ、またとりあくるくちの心や
同廿日ニ、わかとしよりたる躰をつく〳〵とあんし出し、われさへかやうニあるに、老母ハいかならん。もし〳〵往生もや有りつらん。今一たひハ見まくほしさよ。いのちをなからへまし〳〵候へかし。けんさん（現参）して猶も法儀をさいそく申まいらせて、すみやかに＊極楽のそくわひ（素懐）をとけさせたまひ候やうニと念願にて、かやうニとりあへす申侍る心也。
今一と見まくほしきに母うへの其としなミをのふるよしかな

同日ニ、かやうにハおもひなから、はかなの心やな。わかいのちも今をもしらて、かやう二申つる事ハ、くちのいたりや。我か髪ひけを見る時ハ、よもなからへてハまし〳〵たし。名残おしきや、せんかたなやと、おもひのあまり二、うちかへして、かやう二詠し候也。

たのミなや*不定の世界いかゝせん母もろともに老の身なれハ

同廿一日ニ、*御帰朝の御朱印参候と二三日まへより到来風聞有り。しかれ共今日まてハ*早船も渡海あらす候へハ、いとゝ心もあこかれうかれて、人こと《毎》にきゝまほしかる事ハかきりなき事にて侍るなり。あまりの事にかやう二、

帰朝そと風のたよりにきゝしより心も空にあこかれて行

同日ニ、さても〳〵此朱印ハ何としておそく御到来候哉。心もとなく存候て、世間にハ御沙汰ハあれ共、早船の*一左右ハさらになし。いかゝ侍らん。あまりの事に、心はかりに、*天にくちなし人にいわせよと、*世上のくちすさミにいひける事を、やかて此うたにとりあへすに、

いつハりになさせたまふな天道もくちハなくとも人の言葉を

*同廿二日の辰の時ほとに、城より東ニ煙立、てつほうのおときひしくきこへけ

***不定の世界**　不確かな人間世界。『御文』五―一一「人間は不定のさかひなり」　***御帰朝の御朱印参候**　このことは事実として確認できない。→補　***早船**　使い番の舟。　***一左右**　正しくは吉左右（きっそう）。左右（そう）は便りの意で、よい便り。　***天に……いわせよ**　諺。人の口から自然と秘密がもれること。出典、『平家物語』巻一「天に口なし、にんをも（ッ）ていはせよと申」。　***世上のくちすさミ**　うわさのこと。中世社会での情報伝達の一般的手段。　***同廿二日の……**　翻によると、時間が異なるものの、蔚山攻防戦の開始となる。→補

るに、いか丶ときけハ、唐人さし出、＊中国の小屋に火をかけ、＊夜かけ有と申候。
さてハとて各々はせあつまりてあられ候に、あさめしの時分、猛勢なるにより、
城へ籠て可然といへハ、我も人も籠らんとて取乱わけ入けるニ、はや＊飛騨さま
手おひたまふと申けれハ、身つからやかて城へ参、見廻申候処ニ、御いたミ《(傷)》な
りける。以外ニそんし候て、其ま丶に御そは《(側)》にして御ようしやう《(養生)》申候けるニ、
すハやこそてうせん《(朝鮮)》から《(唐)》の物ともか雲か《(霞)》のことくうつて出ける
かくて味方の物共か、＊とも乱ほう《(妨)》をしけるこそつたな《(拙)》けれ。
われさきへこもらん物をしろへとてともらんほうになんき《(難儀)》おそする
かやうにして殿さまの御手のようしやうを申、其夜ハ一所ニ＊御ときにて、夜も
すからニ、
飛騨さまハ手おひたまへハ身つからもおなし陣屋にかいひやう《(介病)》をそする
＊同廿三日のあかつきかたにおもひ候やうハ、今日ハおたひやなれハ、うれ敷も
よき日にめくりあひ申候て、もし唐人城をせめくつしたらハ、めてたく往生を
とけ候ハんと、夜もすからのよろこひの心底をあらハし申候はかりなり。
＊知識にハあふ事かたきふかしきの御法をゐらひさつけたまへハ

＊中国の小屋　中国衆の陣屋のこと。毛利勢の宍戸備前守の陣屋。↓補　**＊夜かけ**　夜襲のこと。**＊飛騨さま手おひたまふ**　↓補　**＊とも乱ほう**　味方にらんぼうする。他の史料に該当する記事はない。　**＊御とき**　御伽。↓二〇頁補註「御前に……めしおき候」　**＊同廿三日の……**　[朝]に記すこの日の戦いは、卯刻（午前六時）の明軍の総攻撃に始まり、惣構を破られた日本軍は二・三・本丸に立籠って防戦した。↓補　**＊知識にハあふ事かたき**　出典、『浄土和讃』六九「善知識にあふことも　おしふることもまたかたし　よくきくこともかたければ　信ずることもなほかたし」。

すへの世の法のともし火かゝけつゝ道しるへせし愚のわれらを
*八千たひと身をかへこゝにあらハれて*われらか父母とならせたまふそ
かやうニ夜もすからいねられすして御よろこひ申候也。さて夜も明けれハ、城をハいくへともなくまきたる人数ハかす知らし。野も山も見わけかたくありける也。さて、飛騨殿も*本丸へ御籠候て、大手の請取にてあさの左京大夫殿両人なりけれハ、門のとひらもいまたなきに、から《唐》人乱入し、おひたゝしくへいのきわ石のかきのしたにて火やをい《射》つけられ、殊更、*中国衆・左京大夫殿・飛騨殿御物かすしらす、家中の衆のあるひハ*番袋*はさミ箱いろ〳〵の*財宝に火をいかけ候へハ、悉くやけあかり候煙ハ目口もあけられす。其火にて城へおそく入候物ハ、人足侍に数千《十カ》人やけて死けり。さて唐人へ《塀》いにすかり、せめのほり乱入候時ニ、我等に了真ことはをかけていひけるハ、今日ハよき御明日の御事なれハうれ敷も往生を申候ハん物をと、よろこひうちわらひて、わか身にもちからをつけ申ける也。もつともの申事、こゝこそ*往生の庭よ。いたハしくも、日本から《唐》の人々かいかほとおゝくとも、おそらく只今往生をとけ申たらハ、神通自在ニ身を変し、*大快楽をうけて、心のまゝにいかなる所へもかけ候ハん事

＊八千たひと身をかへ　『安心決定鈔』本に「釈尊は五百塵点劫のむかしより、八千遍まで世にいでゝ、かゝる不思議の誓願をわれらにしらせんとしたまふ」とある。→補　**＊われらか父母**　『安心決定鈔』本に『般舟讃』から「釈迦如来はまことにこれ慈悲の父母なり」の文が引かれている。参考、『高僧和讃』七四「釈迦弥陀は慈悲の父母」。　**＊本丸へ……大手の請取**　大手門の防備を担当した。［朝］廿三日条「本丸東カハ大手ノ門。左右ノ矢蔵二ツ。飛騨守一吉」。→補　**＊中国衆**　→七三頁頭註「中国の小屋」。　**＊番袋**　雑物を入れる大きな袋。　**＊はさミ箱**　調度装身具を納めて従者に背負わせる箱。　**＊財宝に火をいかけ**　［朝］はこの様相を記している。→補　**＊往生の庭**　現世の死場所と浄土往生の場を懸ける。　**＊大快楽**　→四二頁頭註「大快楽」

ハ、人おゝく共まれならんそ。＊あら不便の此城中の物共やと、二人なからかほを見あわせて、心ハかりは涙なれ共、さすかに面にハ出さす、いまや〳〵と往生をまち申はかりの内に、

死の縁ハまち〳〵なれハ＊即徳（得）の往生やかて不退てん（転）なり

かやうニ臨終のうたを詠して往生をまち候へ共、時尅も来らす候や、日本の御うんもつきす候や、から人も＊引入候也。

＊同廿四日ニ、同しく夜すからいねもせす。定夜半か未明かに又せめすかり候ハん時ハ、味方ハいよ〳〵＊水ハなし食物もなき事なれハ、軍兵ふせくへきやうハあらし。必定明日ハ城落候ハんと心ハかりに存候て、夜もすからの御おんをよろこひのほとを、

＊安楽の花の＊台の身をなして心いたらハ飛行自在も

ゆるさしと心にたへすかけしめてとにもかくにもたゝ南無阿ミた仏

身のほとをおもひつゝけてありかたくうやまひあふく弥陀のおほんを

かやうにありて夜あけてみれハ、又せめさか（攻盛）らんと人数をたて、よせかけけるほとに、今日ハ定てあら（新）てを入かへつよくせめすからん時ハ、あやうく城も落

＊**あら不便**　ああ可哀想だ。　＊**即徳の往生やかて不退てん**　『御文』一—二「信をえたる位を『経』には『即得往生住不退転』と説き」。　＊**引入候**　引き上げる。　＊**同廿四日ニ……**　この日の合戦の後、朝鮮・明連合軍側から投降勧告があった。↓補　＊**水ハなし食物もなき事**　↓補　＊**安楽の……飛行自在も**　『観無量寿経』三輩段上品中生の文を踏まえるカ。↓補　＊**花の台**　蓮の台に同じ。↓四三頁頭註「七宝しやうこんのうてな」

行候ハん時ハ、やかて往生のさたまる御明日なれハ、よろこひ入候て、かやう
ニ、
うれしくもけふハことさら善知識の御命日にて往生をせん
かやうにあつて、*から人又手おいおゝく、てつほうにうちころされて数人死し
けれハ、引しりそきて、まもり落さんとのたくミなりと見へけれハ、めいわく
いよ〳〵きわまり、城の内も難儀也。
*同廿五日ニなれハ、水にかつへてめいわくしけるに、雨になりてきふ《つヵ》くふりし
かは、城中諸人くちをぬらしけるなり。
*日本ハ神国なれハあはれミのあめをふらして人をうるほす
かほとに水なけれハ、我〳〵ハ手をあらふへき水にもあらす。いかゝとおもひ
て、あめのもる所へ*もりをすけて、紙をぬらして、手をすこしあらいし也。あ
ちきなき躰也。
けふまてハ手あらふ水もさられ《あらされはヵ》は*あめのもりにてゆひ《指》をきよめし
*同廿六日ニ、さてかくのことくしてハ、こく《穀》水にかつへて死せん事ハ必定なり。
はや悉く行たおれて死する物のミなりけれハ、

＊から人又手おいおゝく ↓補　**＊同廿五日ニ……** 朝未明より明軍の攻撃が続いたが、申刻（午後四時）にやんだ。　**＊日本ハ神国なれハ** ↓補　**＊もり** 土器の小さいもの。物を盛るところからいう。　**＊あめのもり** 雨漏りと器の「もり」を懸ける。　**＊同廿六日ニ……** 明・朝鮮軍は、鉄砲よけの竹束に身を隠して城近くに迫ったので、これを焼討にした。↓補

此城の難儀ハ三ツにきわまれりさむさ*ひたるさ水ののミたさ
*同廿七日ニ、いまハはや御開山さまの御明日にならせたまひけれハ、たとひいかなる事ありて、*殿さま侍衆ハてき陣へきりかゝり、又ハきりぬけ候ハんなとゝのあらましの御物語もあり。さもあらん時ハ一足も行事ハあらし。たゝとにかく爰こそ往生の所なれハ、はや〳〵うれしく往生せんよりほかハなしとおもひつゝけて、夜もすからかやうニ、

弥陀仏をたのむ心の一すちによ(余)念もなくて南無阿ミた仏

聞うるハおほろけならぬ縁そかし心にかけよ南無阿ミた仏

此縁にあふはまれにとおもふとも信する心なくハいたつら

*同廿八日ニ、はや〳〵今日になり候へハ、湯水食物ハいよ〳〵まれにして、何篇ニつけても難儀ニ見へぬれハ、いまハはや古郷の事もうちわすれ、かへらん事なか〳〵おもひもよらす。いかにして古郷へかたみをとつけ(届)たくもそんし候つれ共、とつけてくれ候ハん物もよもあらし。かやうニ日々の心をつくして*かきおきたりし物もやきすて、*いたすらになりて、ゆへなくすたりてゆかん事ハ、あちきなき事なりと、かなしミに又かなしミをそへ、*人めをつゝミ涙にむせふ

ひたるさ　空腹なさま。　**＊同廿七日ニ……**　この日、毛利吉成・山口玄蕃らの援軍が海上から蔚山へ接近した。→補　**＊殿さま……ぬけ候ハん**　太田一吉軍が、敵陣へ斬りかかって正面突破する作戦を謀議したというが、このことを確認する史料はない。ただし、[朝]二十六日条に一吉らに脱出を勧めた者があったことが記されている。**＊同廿八日ニ……**　[朝]この日、岡本越後守と名乗る降倭が使者として和睦を申し入れる。日本側もこれに応じて正月三日の会盟を約し、矢止めとなった。→補　**＊かきおきたりし物**　『日々記』の草稿を指すカ。本書岡村論文参照。　**＊いたすらになりて**　無駄になってしまう。　**＊人めをつゝミ**　人の目を気にしつつ

はかり也。
古郷をおもひすてたりいまハはやた丶一すちにいそく往生
心たにまことのみちにかなひなハ罪にかわりてたすけたまハん
弥陀仏の恩徳ふかくおもひなハ何をもすてよみな南無阿ミた仏
*同廿九日ニ、今日ハ当年のおさまるとしの暮なり。うれしくもなきとしの夜や
とおもひて、とりもあへす、かくなん。
うき事のつもりつもれるとしの暮いのちのあらハもしもかたらん
*正月一日ニ、さても無念の朔日かなや。かやうのうらめしき正月にハ六十三ニ
なり候へ共、たつねてもおほへすなりけれハ、
あらたまるとしのはしめのけふかとよ六十三にならへてもなし
*同二日ニ、*うしろまきのあるとハきこへ候へ共、いまた其所詮もなし。いか丶
とおもひけるに未明よりのほり（幟）のさき見へけれハ、あまりのうれしさのま丶に、
うしろまきのほりのさきも見へけれハみないきかへるしろの内かな
同三日ニ、此ほと四五日ハから（唐）人もあつかいになし候ハんとて、いろ〳〵加藤
殿につき候て、*あつかいも申候へ共、今日ハはや〳〵あつかいもきれ（切）けれハ、と

＊同廿九日ニ…… 朝は飢え凍えて死者続出の様子を記す。また、毛利秀元・黒田長政らの物見船が接近した。↓補　**＊正月一日ニ……** 朝記事なし。この日、城中より浅野・太田の使者が出発した。↓補　**＊同二日ニ……** 朝には、岡本越後守が三日の会盟は計略と密告に来たとある。また、西生浦（ソセンポ）よりの援軍が、この夜河口に到着。↓補　**＊うしろまき** 後巻き。救援の軍勢。　**＊あつかい** 戦闘の調停・和議。朝正月三日条に、明側より日本人の使者が来たが、会盟を拒否して戦闘が再開されたことを記す。↓一八頁補註「同廿四日ニ……」、一三〇頁補註「同廿八日ニ……」

りもあへすニ、
此ほとハ日本(唐)からの和談とてあつかいなれとけふハやふれぬ
＊同四日のあかつきより又せめすかりて、火水になれとてつほういし火をはなちかけ、＊のほりはしにて石かきへのほらんとしける所を、たへまつをなけ出して、のほる物をはきりおとしいおとして、はや〳〵夜も明ぬれハ引のきたる躰也。すハはや＊破軍そといへハ、城のうちもきおひ(気負)、うしろまきの人数ものほりをなをしておつかけ行けれ共、さすかに足をみたしてもにけ行す。＊たゝすかしてなり共にけたにゆかは、まゝにしてにかせとの御衆評なり。まことにうれしさたくひハなかりけれハ、
はいくんと見れハいよ〳〵うれしくていまこそおもへありし古郷
＊同五日ニ、夜ふけかたに飛騨さまおほせけるハ、慶念ハ早々船ニのり候へとおほせありしかハ、あまりのうれしさに、夢ともおほへす、うつゝかとわきまへかたくて、了真に手をひかれ城をおり候時ハ、涙をなかしてよろこひ候て、物語もうハの空なる事たくひなし。かくて船ニのりて、
夢かとよ帰朝の船にのりを得てうつゝともなき＊かちまくらして

＊同四日……　朝三日の深夜から、五日の未の刻まで、明・朝鮮軍の総攻撃があったが撃退。四日の夜に入って援軍が入城した。↓補　**＊のほりはし**　はしご。　**＊破軍**　破軍星の略。北斗七星の七番目の星。陰陽道でこの星を剣の先に見立て、その先を凶とした。転じて敗軍の称。　**＊たゝすかしてなり共**　相手の気持ちをうまくそそる。　**＊同五日ニ……**　朝この日の午後、明軍の総攻撃が止んだ。　**＊かちまくら**　梶枕。船中で寝ること。

此ほとのくるしミさらにつきかたしおもひ出せは*うるさむやな

*同六日ニ、うるさんより船いたさんとしける時に、あまりのうれしさに、かくなん。

所から川つらまてもうるさんや船出をいそくけふのうれしさ

*同七日ニ、*せつかいにか丶り、一夜をあかし候。此所ハ則賀(加)藤かす(主計)へ頭殿*在番の城なり。船よりもおりす候へ共、とりあへす。

*三国の弓矢に賀藤かすへとのからかうらいの人をせつかい

同八日ニ、殿さまハいまほとハ御在陣にて、御家中之衆ハ過半御もとしなされ候。わか身事ハ其人数之由、ある時ハさた申候。又ある時ハいか丶御沙汰もなきよし風聞候へハ、さても是非もなき次第かな、籠城やう〱とのかれて、はや〱帰朝もせんするとおもひしに、さあらん時ハいきてもかひなし。た丶とにかくに往生をとけ、此くるしミをのかれむ物をと、*ゆへもなき仏祖をうらミ、ねかふ心のあやまりかなとそんし申候へ共、凡夫のならい、*やるかたもなきのま丶に、

わか身さてとめたまハ、いかにせんとミたれ心の胸のくるしさ

＊うるさむやな　蔚山といとわしいの意味「うるさし」を懸ける。**＊同六日ニ……**　朝この日、大将小早川秀詮が蔚山城外に到り、明軍の追撃戦を行った。あわせて蔚山城兵を西生海へ移した。**＊同七日ニ……**　朝「三大将軍士残ラス。戌ノ刻ハカリニ。西生海ニ入津シ。大労ヲ休ケル」　**＊せつかい**　慶尚道西生海。蔚山の南方にあって、加藤清正が守将となっていた。次の和歌では朝鮮人を殺害したことを懸ける。　**＊在番**　文禄役以降も朝鮮南岸に駐留が続けられ、文禄二年七月二十七日付朱印状で駐留すべき倭城が定められ、ここには御城米が備蓄されていた。中野等著書参照。　**＊三国の弓矢**　日本・朝鮮・中国での高名な武将。**＊ゆへもなき**　わけもわからずに。**＊やるかたもなき**　どうしてよいかわからない。

ゆへもなき仏祖をうらミはかなくもむかへたまへといそく往生
くるしやなあら胸くるしくるしやとくり事なから心くるしや

同九日ニ、あらあさましや、わか身なからもおろかなる心中かな。時節到来せハ古郷へもかへりなん。しからすハ、いつくも死の縁ハまち〳〵なれハ、むかしのやそ（く脱カ）くのあらん物を、いたつらなる物おもひのなけきやな。おもひかへして、

*照らんをはちたてまつる心なくなけく涙のはてしなきかな
おのつから帰朝の縁もじゆ（熟）くすへしあらまほしきハいのち成りけり
貪欲もしんゐ（瞋恚）もくちもなにならす南無阿ミた仏をたへすとなへハ

同十日ニ、いまたうるさんよりのりたる船ニ其まゝありなから、さても〳〵よろつニつけても御*慈悲ノきハまり、ありかたくそんし奉り、身のおきところもなく、過分至極やな。さても此御*すゝめにあひたてまつらすハ、いかてかするゐのやミち（闇路）ハまよひまいらすへきに、ありかたさよと存出候へハ、*此文をおもひ出いたし候て、かやうニ大悲の願船にハ清浄の信心をもつて順風とし、無明の闇夜にハ功徳の宝珠をもつて大炬とすとあそはし候を、やかて詠し申候也。

＊照らん　仏の照覧。　**＊御慈悲**　本来は阿弥陀如来の慈悲をいうが、ここでは善知識顕如の慈悲。
＊御すゝめ　顕如による教化。
＊此文を……大炬とす　出典、『浄土文類聚鈔』「大悲願船清浄信心而為㆓順風㆒。無明闇夜功徳宝珠而為㆓大炬㆒」。

＊冥加　仏の加護。　＊余の御人数　他の大名の人々。　＊皆々帰朝　慶長三年正月の秀吉朱印状（「浅野家文書」二五五）では、後巻衆へ帰朝を命じている。

弥陀大悲のちかひの船にのり得なは信心こそハきよき順風

無明とて心はやミにまよふとも弥陀のくとくをともし火にして

同十一日ニ、ねかひおもひのつきせぬ事ハかすかきりもなし。かやうにてハあまりニ身のほとをもしらて、＊冥加もなき事共なりとそんし候て、かやうニあん（案）しおもひつゝけて、

物ことに空おそろしくおもふかないともつきせぬもう念の身そ

もう念をわれとハいかてはらふへき大慈大悲の利やくならてハ

同十二日ニ、帰朝こそ延引する共、せめてハ古郷のおとつれをきゝてなりとも心をなくさ（慰）まてと、あちきなく、あまりの恋しさのまゝニ、さても孫子たらちね妻子いかゝ有やらんと、忍はしく、やるかたもなきのまゝに、

古郷のおとつれもかな恋しきにうきをわするゝおもひてにせん

同日ニ、さても＊余の御人数の船ハ＊皆々帰朝とて船御出し候に、何とて飛驒さまの船ハおそく御出し候やと、あまりの物おもひニ、

うら山し出て行なりとも船のあとに残りていつかこかれん

同十三日ニ、とかく老躰かたしなミハ、御恩徳のかたしけなき御よろこひのほ

かハ他事なし。立ゐおきふし（居起臥）の心かけ、余念もさら〳〵御座なき躰を、かくなん。

阿ミた仏南無阿ミた仏ととのふれは心も空にはるゝうき雲

十悪も＊万差の雲もはれて行南無阿ミた仏のこゑのうちにハ

かやうに申候うち、又＊此御釈文をおもひ出し候て、かやうニ、

有難や心にたへぬ称名は＊真如の月のかけそ涼しき

此心ハ、まへに申候やうニ、御もん釈の心は、＊入一切衆生心想中とあそハし候を、うたに詠し申候也。此心ハ、阿ミた如来ノ御功徳ハ一切衆生の弥陀如来をふかくおもひたてまつらん心のうちに入たまハんと御座有る所を、かくのことくにつらね侍る也。かやうの有難御文釈を御聴聞のかた〳〵ハ、真実信心をしかと御決定候て、ひさしからぬ世中之躰なれハ、御油断なく法儀を御たしなミかんやうたるへし。其身〳〵の＊永代の御満足ハこれに過申ましく候。御心得かんやうにて候。

同十四日ニ、わか身のいよ〳〵かミひけ（髪髭）しろく成りて、老たる躰をあんし候へハ、うれしくも往生ほとハあらし。＊極楽に参りなハ、わかやき（若）、＊天上天下にも

＊万差の雲　不詳。万障の雲カ。　**＊此御釈文**　二行後に見える文を指す。　**＊真如の月**　常住不変の真実が迷妄を晴らすことを、月が闇を照らすことに譬える。謡曲に用例が多い。　**＊入一切衆生心想中……入たまハん**　『安心決定鈔』本「第八の観には、諸仏如来是法界身入一切衆生心想中とゝく」。「弥陀の身心の功徳、法界衆生の身のうち、こゝろのそこに入りみつゆへに、入一切衆生心想中ととくなり」による。　**＊永代**　→五八頁頭註「なか代のたのしミ」　**＊極楽に……わかやき**　典拠不明。　**＊天上天下**　『浄土和讃』二七「安楽仏土の依正は　法蔵願力のなせるなり　天上天下にたぐひなし　大心力を帰命せよ」という用例がある。

なき大快楽を請、心のまゝに心のまゝに御座有へき事をおもひ申候へハ、としよりたることハさらにくやしむへきにハあらす。猶以信心たしなミ油断申候ハぬやうと心かけまて、*朝夕夜白にいたり、さら〳〵おろかも候ハす候所を、かやうニ、

わかすかた*翁さひたる躰成りとこゝろハ花の安楽ニして
金色の仏躰おなし身をなして心のまゝにミ（微）妙快楽も

かくのことくのたのしミめてたきおんとくを請申なから、信心決定申候ハすハなけかしき御事なりと、なを〳〵御よろこひのあまりに、又かやうニ詠し申候也。

かやうなる御おんを知らすよろこひノ信心なくハ本のくるしと

同十五日ニ、殿さま*ふさん界（海）へノ御談合とて御座候か、あまりにおそく御かへりなされ候。とく〳〵御かへり被成候ハヽ、帰朝もあいすミ申へき物をと、まち久しく存候心により、今日ハふと*誹（俳）諧之つけ句にとりなして、かやうニ、則魚鳥を入、殊ニ*にしめの御侍衆の御御（衍カ）名字*けミやう（仮名）までを入候て、句ことにこれをおき申侍る也。

＊朝夕夜白　一日中。「夜白」は夜と昼のこと。　**＊翁さひたる**　老人らしくふるまうこと。　**＊ふさん界へノ御談合**　慶尚道釜山での撤退の会合。[朝]には見えていないが、正月七日条に西生海に諸将が集まって評定したことを記している。　**＊誹諧之……とりなし**　俳諧連句で、前句の意味や語を別の意味に転ずる付け方。　**＊にしめ**　西目。西国方面。　**＊けミやう**　通称。

殿ハおそくそおかへいり
さそあらん衆評の*しなかとり〳〵に
心〳〵の*ふくちうにして
*たいしやうハ*たかためにやおほすらん
ひとり物をハ*いわしとそめす
何事も*すゝめましませ*きんこさま
*くちにはあらし*けんは殿まて
*おしとりておもうしあれや*あわのかミ
*わきさこしくもすゝむ*ちうしよ
*しと〳〵とのへたまハんハ*土佐のかミ(守)
*しなのかわれる*たいの*なへやき
*はしたかのとりなをしたる*かんのしる
*ひせんくらけを*さいにしやうもの
*かけひより*いつミとなるハ*はとの酒
*たうとゐひたる佐渡のかミとの

***しなかとり〳〵**　息長鳥（かいつぶりの別名）と衆評が品々であったこと。　***ふくちう**　腹の中と河豚。　***たいしやう**　大将。総指揮官小早川秀秋。　***たかため**　誰かためと鷹。　***いわし**　鰯と云わじ。　***すゝめ**　勧めと雀。　***きんこさま**　小早川金吾中納言秀秋。　***くち**　イシモチの俗称ぐちと愚痴。　***けんは殿**　有馬玄蕃頭豊氏。　***おしとり**　鴛鴦と押し取り。　***あわのかミ**　蜂須賀阿波守家政。　***わきさこしくも**　脇坂中務大輔安治とさごし（青筋魚）。　***ちうしよ**　中書。中務の唐名。　***しと〳〵**　ゆっくりと。　***土佐のかミ**　長曽我部土佐守元親。　***しなの**　品（人柄）と鍋島信濃守勝茂。　***たい**　鯛と体（様子）。　***なへやき**　鍋島に懸ける。　***はしたか**　はいたか（鷂）で他人を悪しざまにいう意がある。　***かん**　雁　***ひせんくらけ**　備前の大名宇喜田中納言秀家と備前くらげ。　***さいにしやう**　酒の菜と中納言の唐名宰相。　***かけひ**　筧と垣見和泉守一直。　***いつミ**　垣見一直の官途名と出

水。　***はとの酒**　鳩の肉と骨をたたいて入れた薬酒。　***たうとゑひたる**　藤堂佐渡守高虎とついに酔ってしまったことを懸ける。

***しまつとり……又八はい**　島津と始末、島津又八忠恒（家久）と酒八杯。　***あき月**　秋月三郎種長と秋の月。　***さめぬ**　鮫と醒めない。　***くまかへ**　熊谷内蔵丞直盛。　***はんし**　半紙カ。　***はや川しゆめ**　早川主馬首長政と主命。　***ゑそ**　（鱠）ハダカイワシ目の海魚。　***なかさし**　不詳。　***くろ田との**　黒田甲斐守長政と稲の種付けまえの黒田。　***かいつふり**　黒田甲斐守長政の官途名と水鳥のかいつぶり。　***いとうほしい**　伊東民部大輔祐兵といとほし。　***ミんせう**　伊東民部少輔祐兵の官途名の略称民少と飲みなさい。　***いきのかミ**　毛利壱岐守吉成の官途名と一気飲み。　***からしすにせよ**　唐つまり朝鮮の地で死亡するにせよと料理の芥子酢。　***こにしつのかミ**　小西摂津守行長　***あさひき**　麻の芽を食う害鳥麻引と浅野。

*しまつとりおさへてめせよ又八はい
　*あき月なれと*さめぬさかもり
*くまかへハ*はんしふんてやつるの舞
　*はや川しゆめの*ゑその*なかさし
*くろ田とのとりあけたまふや*かいつふり
　*いとうほしいそさけの*ミんせう
さかもりの*いきのかミとやよふ千鳥
　*からしすにせよ*こにしつのかミ
*あさひきの*さきやうのたいふとりなます
　*ふくハらもときむまきすい物
*竹なかに玉子の*けんすよきさかな

同十六日ニ、ふとおもひ出しけるは、はや〳〵わか植おきし梅かえのいろにほひも、折からなる所なれハ、よろこひの枝の振舞、花の色香まても、仏法の庭なれハ、*草木心なしとハ申せ共、悉皆成仏の御法の緑ハ有難事なれハ、いよ〳〵みとりをいたし候ハんとおもひやり侍る也。

我やとの垣本の梅も此春は色香妙にそさこそあるらん

おもひやれ千里の春ハへたつともかよふ心ハ花の色香に

木も草もおのすからなるのりのこゑきくや＊多生の契りなるかな

同十七日之夕かたに、帰朝つ《（つ脱カ）》かまり候へとのよしそとうけたまハり候て、さても〳〵かたしけなや、広大之御恩徳之ほとノかたしけなさよ。か丶る御慈悲ヲ得たてまつりて、おろかにそんし申ならハ、また冥加につき申へき也。いよ〳〵信心油断なきやうにと、たしなミおもひ申候也。

そよとふく帰朝のかせのおとつれをきけは心の＊あこかれて行

うれしさを何にたとへんかたもなし帰朝のかせのそよとふくおと

同十八日ニ、帰朝あひすミ申、あんと《（安堵）》満足はかりなく候。されハ籠城にて夢に、御正信偈の＊必以信心為能入ト御さ候所を、まさしくも、＊本意信心為能入そとつけ《（告）》たまひし也。さても不思議の御事哉。さてハ往生の本意をとけ申さん事ハ勿論うたかいなし。不然ハ、もし〳〵帰朝を申、連々の望候儀いま一たひ本意をとけ申候ハん哉と、いよ〳〵有難候て、観《（歓）》喜の涙肝に染候て、一身の御よろこひたくひなき事にて候。此夢を今日の帰朝におもひ合申候て、身のおきとこ

＊さきやうのたいふ　浅野左京大夫幸長の官途名。　**＊ふくハら**　福原右馬助長堯。　**＊竹なか**　竹中源介重利。　**＊けんす**　不詳。　**＊草木……悉皆成仏**　御伽草子『猫のさうし』「草木国土悉皆成仏となれば非情草木も成仏すと見えたり」。また、謡曲『墨染桜』に。この文は『中陰経』の文とするが、現存のものには見えない。

＊多生の契り　多生の縁と同義カ。多くの生死をくり返して輪廻する内に結ばれた縁。『平家物語』七「同じ流を結ぶも、多生の縁猶ふかし」。　**＊あこかれて**　目指すものに心が奪われて落ち着きがなくなるさま。　**＊必以信心為能入**　出典、『正信偈』「必ず信心をもて能入とす」。　**＊本意信心為能入**　（往生の）本意は信心を能入と為すの意。次出の歌参照。

＊都路のたひ　→二〇頁頭註「ミやこのたひ」　**＊古郷のおとつれ**　故郷からの音信。　**＊山田才介殿**　→二六頁頭註「山田才介」　**＊樽と……ふしかつほ**　進物の典型的品目。　**＊にしとまり**　上対馬の北端に近い東岸にある古くからの港。元版大般若経を伝える天台宗西福寺がある。　**＊ねかひの船**　阿弥陀如来の誓願と帰郷の気持ちを船にかける。　**＊せとのとまり**　壱岐の瀬戸浦。玄海灘に面し、弘安役の古戦場。

ろもなくおとりあかるほとに御うれしくて、かやうに申侍る也。
信心をもつてハ本意とくるそとありしおしへをなをそよろこふ
此ほとハうハの空ニそおもひしにけふおもひ立＊都路のたひ
同十九日ニ、ふさんかいにつき候て、いまた船よりもおりす候に、＊古郷のおとつれをき丶候て、一しほのよろこひかすかきりもなし。いそき片時もいそきて、ふる郷人にけんさん申たき事共也。
ふさんかいにつくかとすれハふる郷のたよりをき丶て猶そいそかし
同廿日ニ、日向国＊山田才介殿より御おとつれを得申候。内々床敷候ニ、たい面申たき念願候つれ共、船よりおり候事難成候て、残多申はかりにて候。
山才《（山田才介）》より＊樽とみかんにふしかつほおくりたまへハやかて賞翫
同廿一日ニ、よひより天晴、順風ニ成候へハ、あかつきより出船して、其夕暮ハつしまの＊にし《（西）》とまりといふ所ニ船か丶り、則おか《（陸）》にて夕めしたへ候て、やかて船ニのり、ふとあんし出侍也。
けふこそハ＊ねかひの船にのりをゐてつくそつしまのにしの泊に
同廿二日、又あかつきに出船にて、やかていきの＊せとのとまりに付候。

帰らんハ不定とおもふ老か身の二たひいきの瀬戸浦につく
同廿三日ニ、かたしけなき善知識さまのおたひ夜なれハ、心中の御よろこひまてにて、かやうに詠し侍る也。
娑婆界のくるしミのかれ(逃)たのしミをうけよろこへるおしへなるかな
おすゝめのほかハあらしないかにさて*五劫思惟のことハり(理)はそも
同廿四日ニ、御明日にてハ候へ共、旅の御事なれハ、こゝろねのありかたきほとを申あらハし侍る計也。
夜ひるのへたてハあらしよろこひに*南無阿ミた仏の六のほかには
此たひの命をいきのせとを来てねかふ心に*あひのしまかな
此うたハ*名所の心を詠し侍る也。いきのくに所ノ名をハせとなり。其所を船出して、夕へのとまりをあひのしまといふ所にとまり候へハ、かやうニとりあへす申也。
同廿五日ニ、此あひの嶋といふに日よりあしくてとうりゆうなりけれハ、かやうニ詠し候也。
さしもけに古郷人もまつらんにとくしてあひの嶋を出いて

＊五劫思惟　阿弥陀仏の衆生救済のための五劫の間思惟。出典、『正信偈』「五劫思惟之摂受」。　**＊南無阿ミた仏の六**　南無阿弥陀仏の六字のこと。　**＊あひのしま**　玄海灘の相島と阿弥陀如来の本願に遇うを懸ける。響灘にも藍島があるが、前者を指すカ。　**＊名所**　相島は海上交通の要衝で『万葉集』の山部赤人以来、度々和歌に詠まれている。

同廿六日ニ、けふも順風なくして、爰にいたつらに日をは送りけるなり。あまりのとせんさに、かやうニ、

いくはくの*心つくし来ぬる身をふきおくらぬは心なのかせ

同廿七日ニ、さても〳〵此御明日にハ着津候やうにと、かうらいを出しよりねかひ候へ共、船路のならひなれハ、順風心にまかせすして、あひの嶋と申所にとうりう申、いたつらに日を送り、きよくなくそんし侍る也。

*つミふかく悪にきわまるわれらにはひとへに御名をすゝめたまふそ

おしへにハまち〳〵なりし其なかにゑらひて弥陀のひろき誓を

同日ニ、あひノ嶋を朝めし過て出船にて、夜ニ入候て、*下ノせき小せとの内ニ船かゝり候て、かやうニつらね候也。

けさ出て夕へハせとのうちにしてとまりハやかてあすの出船に

同廿八日ニ、今朝の御よろこひ、さて〳〵*わか寺に参りつき申ならハ、いかほと御うれしくおもひ候ハん物をとねかひ申候へ共、船路の事なれハ、心のまゝならす。なけきなからもうちすきぬ。さりなから心中の心かけを申あらハさんために、かやうニ詠し侍る也。

＊心つくし　いろいろと気をもむこと。また、心をこめること。
＊つミふかく……すゝめたまふそ　『浄土和讃』八六「玉濁悪時悪世界　濁悪邪見の衆生には　弥陀の名号あたへてぞ　恒沙の諸仏すゝめたる」とあるを踏まえる。
＊下ノせき小せと　下関の近郊の小瀬浦のこと。　**＊わか寺**　慶念の自坊のこと。

かきくもる心のやミにまよふなよか丶る悲願にあへる此身を
御慈悲にもれたる事ハひとつなしその報恩に心ゆるすな

同廿九日ニ、下のせきへ*日よりあしく候故ニとうりう《（逗留）》なりけれは、いさや人々*阿ミ陀寺を見物申さんとて参詣申、*安徳天王《（皇）》の御ゑい《（影）》を拝見申、目驚《（か）》し涙もせきあへす。さても〳〵かやうに此国まで*御座ありて、か丶るうき事にあわせたまひしハ情なき御事共也。其外*御一門の御ゑい、*らう《（廊）》のおかた御かつけの官女、皆々ひとつま《（間）》にか丶れたり。其次ニつねもり《（経盛）》・のとのかミ《（能登守）》のりつね《（教経）》の御ゑい、以上十二人のすかたハ*一つやうニかきたり。又次ノ間二間にハ*安徳天王御誕生の躰よりはしめて、源氏の軍勢四国より船いくさの躰を、長門のあかまかせきまでの事を、悉くかきあらハしたる也。誠々たくひハなかりけり。阿ミた寺の坊主御出候て、其時のありさま銘々にかきつけて御座候を*御よミ候て御きかせ有る也。まことに〳〵うき世ハ、けふハあすのむかしになりて行事なれハ、*かやうに申侍るつたなき物までも、ミな〳〵昔になりて、すたりゆかん事ハ、いかなる人のにも《（ママ）》御座候ハん間、のちの世のために情をのこし、物ことにうわさにもなりたき念願御座候て、此老躰も連々かやうの事をのミおもひつらね候へ

＊日よりあしく　海上の天候が悪く。　**＊阿ミ陀寺**　文治元年（一一八五）、安徳天皇の廟所となり、建久二年（一一九一）、御影堂が建立された。毛利家から寺領一九二石を与えられる。江戸時代には朝鮮通信使の宿泊所。維新後は赤間神宮となる。↓補　**＊安徳天王の御ゑい**　安徳天皇八歳の童形木像をいう。↓補　**＊御座**　御動座。貴人・神木・神輿などの座所を他に移すこと。　**＊御一門の御ゑい**　阿弥陀寺御影堂にあった平家一門の画像。↓補　**＊らうのおかた**　平清盛の娘・廊御方。　**＊一つやう**　一つの様式。　**＊安徳天王……かきあらハしたる**　安徳天皇縁起絵図（赤間神宮蔵）。↓補　**＊御よミ候て御きかせ有る也**　阿弥陀寺で行われていた絵解きの様子を記す。　**＊かやうに……つ丶り侍る也**　本書執筆意図の一端を述べる。

ハ、今日までの狂哥をつゝり侍る也。御覧せん人々ハ御心をつけて、此しるしおきたる物を、つねハ御披見有へし。よろつにつけて情ふかからん人ハ、俳諧いひすて*なとをも心にかけおハしまさんこそ、何よりもつての神妙たるへし。御心へ候て、若き御かたハよく／＼御たしなミかんやうにて侍る也。

中／＼にあわれといハんかたもなしそのいにしへの雲のうへ*人

雲の上ふりにし跡ハたれとてもならまし物をむかしかたりと

涙こそおよふもおよはさりけるもへたてハあらしよそのミるめハ

同晦日ハ下のせきを夜の明かたに船出して、よもすから波にゆられ、よふねに乗りける也。

夜と友にあかまかせきをこき出て波にたゝよふかちまくらかな

二月一日ニさかのせきにつきしかハ、渡海之時*にハあひかハりて、万のうれしさハたとへんかたもなし。

うれしさハ何にたとへんから衣*かさねてきぬる此うらにして

同二日ニうすきへ帰帆申候て、ねかひのまゝ孫子共見参申、よろこひ申計なくおもひ候也。まことに／＼浦嶋太郎*か七世の孫子にあひしためしも、今身の上

＊いひすて　俳諧で即興で詠み捨てにすること。また座興として行なわれた俳諧連歌。　**＊雲のうへ**　身分の高い。　**＊渡海之時**　朝鮮に出発したとき。　**＊から衣**　きぬるの枕詞で、「ひも（紐）」「きる（着る）」「たつ（裁）」「そで（袖）」「すそ（裾）」にかかる。　**＊浦嶋太郎か……あひしためし**　出典、『平家物語』巻第一「願立」の段に「浦嶋が子の七世の孫にあへりしにもすぎ」。

＊きおんのすさき　臼杵市祇園町のこと。　＊よろこひ……　以下の文については底本とした本には欠失しているので、転写本によって補った。なお、転写本には「目もかすみ」の和歌の前に追筆で「安養寺開基慶念狂歌也」の一文を挿入するが、元来底本にはないと判断したため省略した。本書岡村論文参照。

に知られ候也。

これかとよ七世の孫にあひぬるもいま身のうへにおもひ出けん

かやうニおもひ候事ハ、＊きおんのすさきまて各々孫共をめしつれ来るを見て、はやうれしさのあまりに、かやうニ詠し候也。さてまた、わか屋につきしかハ、まつ〳〵仏前ニ参候て、本意をとけ申たる御事哉。かゝる宿縁にもあひたてまつりたる身かな。いよ〳〵道場の御造作も結構出来申候へハ、いやましの観（歓）喜の「＊よろこひ、うちおきかたくて御座候。

よろこひハうきをおもひし程もなし我身なからもおろかなるかな

慶長二年六月廿四日ニ渡海仕ル

同三年二月二日ニ帰朝候也

（追　筆）

目もかすみ筆も叶わぬ身なれとも
しとふむかしそ写してそおく

」

補註

見出し項目の下の（　）内の数字は、本文の頁と行数を示す。
たとえば、（三9）は、三頁9行目であることをあらわす。

太田飛州（三9）　『寛永諸家系図伝』菅原姓に大田氏があり、初代宗清は美濃大田の生れで織田信秀に仕え、以下のように見えているその子の飛騨守宗隆が一吉と思われる。「宗隆　小源吾　飛騨守　従五位下　生国尾張。のち剃髪して宗善と号す。はじめハ丹羽五郎左衛門長秀につかへ、五千石の地を領す。数度の戦功あるにより、秀吉これをよく知てめし出され、濃州にをひて一万石の地を給ふ。朝鮮陣のとき、蔚山の城にをひて群を抜武勇をはげまし、矢疵数ケ所をかうふる。のち豊州臼杵の城主となり、六万五千石を領す。その、ちゆへありて流浪し、洛陽に幽居す」。ここには一吉の名乗が見えず、また臼杵城主になったのを慶長の陣からの帰国後としている。『戦国人名辞典』太田一吉の項では上記の『寛永諸家系図伝』を踏まえて記述されているが、他に天正十五年の九州陣、同十八年小田原陣、文禄元年朝鮮陣の従軍を記し、同二年豊後臼杵で六万五千石の城主となり豊臣氏蔵入り地十万石の代官を兼ねたとするが、『大分県史』によれば、文禄二年大友吉統改易後設定された海部・大野郡の蔵入地五万三千二百石の代官として入部し、内一万石が自分領として与えられている。朝鮮から帰陣後加増されて七万五千石を領した。その後、関ケ原の役では西軍に属して居城で抗戦し、十月に至って開城、黒田如水の尽力で知行没収にとどまり、剃髪して宗善と号し、京都で余生を送った。没年などは不詳。

　慶長二年二月廿一日付「豊臣秀吉高麗再度出勢法度」（『大日本古文書』「島津家文書」四〇二、以下「出勢法度」と略記）に「釜山浦筑前中納言、御目付太田小源五在番仕、先手之注進無油断可仕事」とあり、また「豊臣秀吉高麗再度陣立書」（同、四〇三、以下「陣立書」と略記）に、

　　　　　　　筑前中納言
　ふさんかいの城
　　御目付　三百九十人　太田飛騨守

とみえるから、慶長の陣には軍目付として従軍している。『朝鮮記』（太田一吉家臣大河内秀元の従軍記）でも「公子筑前中納言秀秋公ヲ以テ。朝鮮征伐ノ大将軍トシ。高麗釜山海ノ城主

ニ伍ス。大田飛騨守。熊谷内蔵允。早川主馬首。筧和泉守。福原右馬助。毛利民部大輔。竹中伊豆守ヲ以テ諸軍ノ奉行トシテ」と見える。また先掲「出勢法度」には「先手之衆為御目付、毛利豊後守、竹中源介、垣見和泉守、毛利民部大輔、早川主馬首、熊谷内蔵丞、此六人被仰付候条、任誓紙之旨、惣様動等之儀、日記を相付、善悪共ニ見隠聞隠さす、日々可令注進事」とあって、「目付」の任務として「日記」を付けて注進することが命ぜられている。大河内秀元の『朝鮮記』や慶念の『日々記』はそのような日記を素材としたものと考えられる。なお本書仲尾論文参照。

御養生一篇ならハ（三11） 井上鋭夫は「病気に無関心な僧侶では、村落での崇敬・信望をかちとることは困難であったらしく、真宗僧侶でも医薬に従事していたものもかなり認められる」（『一向一揆―真宗と民衆―』）という。またこの指摘を受けて神田千里は『一向一揆と真宗信仰』で『相良氏法度』の「男女によらず、素人の祈念・医師取いたし、みな一向宗と心得べき事」によって「「一向宗」が祈禱師、陰陽師など占い師、山伏、医者などの民間宗教者、あるいは呪術者の同類と認識されている」（二七三頁）とか、蓮如に仮託された『九十箇条制法』に「念仏ヲモテ一切ノ病者ヲイノル条」を禁ずる条項があることを挙げ、病気に関することに「広汎な門徒たちが関わっていたこともここから窺うことができよう」（二八三～四頁）と述べる。さらに有元正雄は『真宗の宗教社会史』で真宗地帯と売薬の親和性を問題にして真宗門徒の合理的精神にその理由を求め（二八八頁など）、また『相良氏法度』の条項から「真宗の毛坊主・辻本等は祈禱することを肯じなかった。しかし人が現実に病み傷ついたとき、……彼らは医薬を尊重し医薬を頼った」として、飛騨国の弘誓寺の医業の事例を紹介している（三〇八頁）。

また、朝鮮出陣にあたって医者が動員されている。『多聞院日記』文禄二年二月廿六日条に「ナラ中ノ医者之衆、ナコヤへ被召下了、五十以上ヲハ被指除了、京モ各下了ト云々」とある。慶念は専門の医者でもなくまた五十歳を越えているから、この医者動員とは関係がないであろうが、これによって医者が払底した結果と考えることもできる。

御掟（三12） 本書には以下度々「御掟」「御諚」という語が見えるが、これらは本願寺宗主の仰せを指す場合が多い。『蓮如上人御一代記聞書』では、蓮如の言葉はおおむね「仰せ」と表現されるが、希に「当年よりは夕の六どき朝の六どきをかぎりに、みな退散あるべしとの御文をつくらせて、かくのごとくめさるべきよし、御掟あり」（四十四条）のように「御掟」の語が見える。また「北殿様（実如）の仰に、夜前の御法談今夜の御法談とをひきあはせて仰候。ありがたさ〱是非におよはずと御掟候ひて」（二一条）のように、実如の言葉は「御掟」とされる事が多い。従って、実如以降の本願寺宗主の仰せが「御掟」とされた可能性が高い。

御出船（四2）　『朝鮮記』では、「一、（五月）廿二日。大将軍公ヲ初奉リ。諸将大阪ヲ出船シ。兵庫ノ湊ニ纜ヲトル。（中略）廿四日。備後鞆ノ湊ニ陣ス。（割註略）廿五日周防上ノ関ニ着。（中略）廿七日御領国筑前エ御入城有テ。朝鮮御渡海ノ御用意アリ。諸大将モ国元へ帰ケル。七人ノ御奉行。廿六日ニイワウト二十里ヲ乗渡シ。其後嵯峨ノ関ニ陣ス。廿七日ノ未明。大田飛騨守一吉嵯峨ノ関ヲ乗出テ。臼杵ノ居城ニ着船ス。〈其道七里也〉。廿八九日ヨリ。塩噌酒肴大豆扶持方数百艘ニツミ浮ヘ。先立テ壱岐国ヘソ出ケル」と大坂から臼杵への帰国を記し、次条は「一、飛騨守カ祇園丸権現丸ト云。（中略）六月廿五日。七頭ノ御奉行。在所々々ヲ乗出シ。嵯峨ノ関ニ集テ。豊後ノ内竹タツノ湊ニカ、ル。（中略）廿六日竹タツヲ出テ。長門下ノ関ニ着岸ス」とある。これによれば、六月二十五日に臼杵を出帆、同日中に佐賀関を経て竹田津着となって、二十四日臼杵出帆とする本書と一致しない。

土佐殿（四3）　前掲「出勢法度」に「一、六番　羽柴土佐侍従」〈他に、藤堂佐渡守・池田伊予守・加藤左馬助・来島出雲守がこの手に属する〉とあり、「陣立書」には「六番　三千人　羽柴土佐侍従」と見える。なお『長曾我部元親記』があるが、関連記事は見えない。太田一吉と元親の関係も未詳。

八郎（四6）　慶念の家族関係に関しては知りうる史料を欠いているが、『安養寺荘厳録』に次のように見える正西が、慶念の次の住職と思われるから、「子にて候八郎」に比定される。

高僧太子御影　　　　願主　正西
　慶長十九甲寅年七月三日
権大僧都宣旨　　　　願主　同人
　元和九年癸亥十二月廿七日
寺地併寺領百万石頂戴
稲葉民部少輔長江院殿様ゟ　同人

なお『稲葉家譜』では、正西は安藤玄寿と称して医師であったとされる。本書本多論文参照。

あしやの灘（五7）　芦屋は赤間関と博多津の中間に位置する湊として古来有名で、室町期の遣明使の寄港地。連歌師宗祇はこの地で「塩やかぬ芦屋の秋は哀なる月にけふりやいとひそめけむ」（『宗祇法師集』）と詠んでいる。また芦屋鋳物師が有名で、狂言『子盗人』には「あの釜はさだめて芦屋であろう」とみえる。

同廿八日ニ……（五9）　『朝鮮記』に「廿九日秀詮公御召船日本丸ヲ見奉レハ。遙ニ沖ニ召浮ヘサセ玉ヒケルカ。壱岐国御渡海之御下知ノ鐘ヲツキナラス。各兵船急キ押続奉リ。壱岐風本ノ湊ニ乗入ケル」と、二十九日出帆を記しており、二十八日とする本書の記載と一致しない。

御明日（五9）　恵空『叢林集』に「一、命日年忌ノ事　或ハ名日〈御文ニハ明日ト伝ヘリ、顕密共ニ此日勤二声明一即声明ノ日也、略云明日云々〉或ハ明日トモ書ク歟、義理ハ捨命日也、世人、捨ノ字ヲ忌略シテ、タ、命日ト云ヒ来ルナルヘシ」とある。戦国期本願寺での宗主命日については、例えば実悟『本願寺作法之次第』に「代々御命日」の勤行に関する記述があり、毎月歴代命日の法要が勤められていることが窺える。加えて二十五日の法然命日が重視されていたが、実如以降、同じ命日の蓮如と混同されたことが記されている。また『真宗故事成語辞典』の「両度の精進」の項に「毎月両度に会合法要を営み、またその日を精進日となすこと、蓮師以後の事なりといふ。（中略）廿八日は祖師の命日、廿五日は黒谷の命日、此二日を両度となす。蓮師の寂後は前住上人の御命日に、御講を勤むること、なれり」とあって、法然・親鸞の命日を毎月両度の御命日として御講が催されたことがいわれている。『御文』四―一二は「毎月両度講衆中へ」宛てられているから、門徒においても、二十五日・二十八日が特に重視されていたことが知られる。しかしながら、本書においては、そのような様相は見られず、親鸞命日と共に前住上人顕如・前々住証如の命日が重視されている。

御道場（五10）　『松浦記集成』の「安楽寺」（唐津市呉服町、真宗大谷派）に「京都本願寺譜代端坊者、太閤秀吉御定の名護屋六坊の中の瑞一也。（中略）名護屋端坊境内に六坊在、善海坊本勝寺・順海坊安浄寺・竜泉坊正円寺・了善坊行因寺・了休坊伝明寺、永元坊は還俗して今其末新町に在り」と見える。この端坊が現在の安楽寺である。また同寺の『縁起』には、「安楽寺ハ、濫觴ヲ尋レハ京本願寺譜代ノ端坊也、往シ文禄年中ニ大将軍秀吉公為征伐異国発向当国名護屋ノ刻、本寺ヨリ端坊明然下国シテ構一宇即号端坊、（中略）端坊境内ニ六房並居テ毎ニ守寺務、（中略）異国平治ノ比ニ及テ、寺沢志摩守広忠公ニ賜於唐津一城、其時順了斯処ニ移ル（中略）六房モ相続テ来ル（後略）」などとある。詳しくは本書草野論文を参照。

天守（五13）　名護屋城は、東松浦半島の北端の勝雄岳に築かれた平山城で、黒田孝高の縄張り、加藤清正・黒田長政・小西行長ら九州大名の作事負担によって、天正十九年に着工、文禄元年に完成した。狩野光信のスケッチになるという「名護屋城図屏風」（六曲一双、佐賀県立博物館蔵）が残され、甫庵『太閤記』の記述や城跡の発掘調査によってその様相が明らかになっている。大坂城に次ぐ規模の桃山様式の城郭で、本丸の西北隅に五層七階の天主があり、その東西に二の丸・三の丸など、北側山下に山里丸があって港に通じ、周辺に諸大名の陣屋と町屋が連なっていた。ここに下向した菊亭晴季は「名護屋之御要害、天主以下、聚楽ニ劣ルコトナシ（『菊亭家記録』二）」（岩沢愿彦「肥前名護屋城屏風について」）と述べている。また同じく城を見聞した朝鮮国人秋黄慎の『日本往還日記』には黄金瓦葺の天主の存在が記され、発掘調査でも本丸付近に集中的に金箔瓦が出土している。

からとまり（六1）　『万葉集』巻第十五に「筑前国の志麻郡の韓亭に至りて舟泊て三日を経たり。時に夜の月の光皎皎として流照す。奄ちにこの華に対して旅情悽噎し、各々心緒を陳べて聊かに裁る歌六首」があって、古くは韓亭と表記されていた。歌の一例を示せば「韓亭能許の浦波立たぬ日はあれども家に恋ひぬ日は無し」というような、望郷の歌がある。

城なんとも有り（六6）　『細川家近世文書目録』「年欠四月二十四日付秀吉朱印状」では、秀吉は細川忠興に風本に御座所普請を命じている。

かなへもおりされハ（七4）　『大漢和辞典』「鼎。船をつなぎとめるくひ。定・杙に通ず。「方言」所以制船、謂之杙、維之、謂之鼎」。『元亨釈書』巻一道昭伝に、入唐した道昭が帰朝するに当たって、三蔵玄奘から経論と共に「一鐺子」を与えられ、海上で暴風に遭った時、これを海中に投じて海神に捧げて難を逃れた話が見える。早くは『続日本紀』に見えており、そこでは「鐺子」はナベと訓じられるが、「小鼎」のこととされている。また三本足の鼎の類をいう。

同七日ニ……（七15）　『朝鮮記』七月六日条に「釜山海ヨリ三里沖ナル椎ノ木島ノ岸ニ至テ。朝鮮ノ大船数百艘乗浮ヘ。釜山海ノ湊口ヲ取塞キ。石火矢大筒ヲ打響シ。島ハ烟ニカスミケル。日本数万ノ兵船海上三里路ヨリ順題シ帆ヲサケ。波上ニウカヘ。甲冑ヲ帯シ。弓弦噛シメシ筒ニ薬ヲ込。槍長刀ヲ手ツケ。船軍ニ取結ヘキ旨各処存之処ニ。案ノコトク秀詮公日本丸。大田飛騨トカ祇園丸ノ大船ヲナリ《マヽ》相図ノ早鐘セメケレハ。味方ノ兵船鐘ノ下知ニ随テ。順風ニ梶ヲ取ツメ。帆ハ蟬口ニ引アケ少シモタメラハス。数ノ御大船ヲ乗敢シ。事故ナク釜山海ニ乗入ケル。少シ後タル鍋島信濃守カ船二艘。敵ノ番年（卒カ）ニ取レニケリ」とあって、六日に釜山入港を阻止しようとする朝鮮水軍との交戦があり、太田一吉軍も参加したと記すが、本書に言及がない。

同八日ニ……（八2）　本文に記すのは釜山から竹嶋へ移動しようとする薩摩軍への朝鮮水軍の攻撃であるが、『宣祖実録』三十年七月癸卯（十四日）条に「本月初八日、倭船六百余隻、自日本来泊釜山前洋、右道舟師、已於初七日、乗夜渡江、多大浦前洋列泊、初八日捕獲賊船十余隻」と見える。右の八日の海戦は、釜山から出撃した日本水軍を朝鮮水軍が大多浦沖で迎撃したもので、『脇坂記』に伝える七月七日または八日の海戦がこれであろう。すなわち「七月七日ノ夜半ニ。熊川湊ヨリ各船ヲ押出シ。唐島表へ馳向ヒケル。カヽル所ニ藤堂佐渡守高虎。加藤左馬助嘉明。二人早船ニ取乗抜駆シテ（中略）瀬戸ノ内ニ浮ヒタル数多ノ番船ノ中へ。安治ト嘉明ト前後ヲ争ヒ押カケテ。二人共ニ乗捕リケル。是ヲ初メテ諸手ノ大船小船ヲ押懸々々番船ニ乗リケレハ。半時ノ間ニ数十艘捕ケリ」とある。北島万次『朝鮮日々記・高麗日記』では、この記事によって「元均の朝鮮水軍が藤堂高虎・脇坂安治らの日本水軍に接したのは一五九七（慶長二、宣祖三十）年七月七日（朝鮮暦八日）」としている。「七日ノ夜半」の出陣であるから、海戦そのものは八日と考えられる。いずれにせよ、これらの史料には薩摩水軍は見えていない。

竹嶋（八2）　『朝鮮記』七月十四日条に「全羅道ノ内竹島ト云処

ニ渡ル。〈其海上十里〉」とある「竹島」がそれと考えられる。「全羅道」とするが慶尚道。

まいはい人（八9）　『言経卿記』文禄三年二月十三日条「高麗国に売買ニ罷向了」という用例がある。この言葉が直ちに人買商人を指すとはいえないが、小西行長・寺沢正成の相良頼房宛書状に朝鮮人を「日本子来在之町人以下買候」（「相良家文書」）、さらに本書十一月十九日条「日本よりもよろつのあき人もきたりしなかに、人あきないせる物来り」等のように、商人の中に人買がいたことが記されている。是永幹夫「慶念『朝鮮日々記』の研究」に「「朝鮮役」での「人身売買」や「強制連行」に関する」史料が列記されている。また藤木久志『雑兵たちの戦場』参照。

から嶋（八10）　『朝鮮記』に先掲補註「竹嶋」での引用に続いて以下のように見える。「竹島ヨリ十七八町ノ海路ヲ隔テ。唐島ト云島アリ。南北へ一里半路東西へ三十五里アリ。此唐島ト高麗ノ地。其間一里半路ノ海上ナルニ。十五日ノ早天ニ高麗ノ兵船尺寸隙モナク。所セキテ押双へ。石火矢大筒打ケル音。山海浦々ニ響タリ。敵番船ノ為体。頗日本ノ船ニ譬へクモナシ。（中略）唐嶋迫門ノ海上ハ。金鼓雷ヲ欺テ。天地モ崩ル計ニ同音ニ時ノ声ヲソ上タリケル。日本ノ諸将竹嶋ノ向ヒ海上三十六丁ヲ隔テ。安高麗《アンコウライ》ト云湊ニ乗渡リ。蜂須賀阿波守カ本舟ニ各集テ評議ス。（中略）大田飛騨守云リケル。（中略）加藤左馬介進出テ云ケルハ。（中略）嶋津又七郎我舟ニ飛乗。急キ碇ヲアケ。（中略）午ノ尅ノ頭ヨリ。未ノ尅ノ終マテ。二時余リノ舟軍ニ焼破。乗取タル朝鮮ノ番船一百七拾四艘也。軍士モ少々討取ヌ。（後略）」。この記事によれば釜山から竹島へは海上十里、竹島から十七、八町を隔てて唐島がある。唐島は南北一里半東西三十五里の東西に細長い大島で、本土とは一里半を隔てるというから、ぴったりではないにせよ巨済島はこの条件を満たす。

日向（八10）　「出勢法度」に「一、三番め黒田甲斐守、毛利壱岐守、嶋津又七郎、高橋九郎、秋月三郎、伊藤民部大輔、相良宮内大輔、可相備事」と見える内の嶋津・高橋・秋月・伊藤（伊東）が日向の大名である。『朝鮮記』では「一、十六日諸将竹嶋ノ城ニ集テ。七頭ノ御奉行軍功ヲ談議ス。抑昨日ノ舟合戦ニ乗出ス事遅カリケレトモ。敵船へ早ク乗付タレハトテ。嶋津又七郎一番ト定メ。乗出スハ早カリケレトモ。船遅クシテ敵船ニ少シ遅ク乗付ケルトテ。加藤左馬助二番トス。秋月三郎高橋九郎三番。（後略）」とあって、この海戦に参加していることが知られる。

藤堂殿（八12）　「出勢法度」では「船手之動入候時ハ藤堂佐渡守、加藤左馬助、脇坂中務少輔両三人申次第」とあり、藤堂高虎は水軍の将であった。『朝鮮記』では高虎の先陣藤堂仁右衛尉が「高虎舟一艘モ取得スシテ手ヲ徒ニスルコソ無念ナレ」と歎いて突進したことを記している。一方、『高山公実録』所引の「年譜」では「公十五日ノ夜船ヲ乗出シ敵船雲霞ノ如ムラカリタル中へ乗込大船百六十余艘ヲ乗取〈藤堂新七郎一番ニ乗取藤堂作兵衛二番ニ乗取原注〉敵兵数千人切捨或ハ海へ追入火ヲ放テ残レル舟ヲ焼払フ」と見える。

御道場（九1） 現唐津市に所在する高徳寺は、「釜山海」の山号を記した次のような裏書のある親鸞聖人御影を所蔵することで有名である。

大谷本願寺釈教如（花押）
慶長三年戊戌四月十三日
朝鮮国釜山海
高徳寺常什物也
本願寺親鸞聖人御影　願主釈浄信

本書草野論文所収の「高徳寺由緒書」には、信長の家臣奥村某が教如に帰依して浄信と名乗り、大唐弘法を志し、天正十三年朝鮮国釜山海で一宇を建立したが、秀吉の兵乱によって相続が困難になり、帰国して唐津城下に移ったという。この由緒では釜山海の裏書きの親鸞影像に関して特別な言及はないが、高徳寺の本寺山口端坊の「京都御本坊御由緒書」には以下のように見える。「文禄元年、朝鮮御征罰ノ節隆景卿モ御渡海ナリ、御軍勢御門葉アリ、明念（端坊）ヲモ召ツレラルヘキ旨上人（教如）ヘモ仰上ラル、上人御許容アリテ明念渡海ス。上人釜山浦ト御染筆御本尊百幅下サル、彼方ニテ隆景卿ヨリ道場御建立、念仏道場ト額ヲ掛ラレ明念弘法ス、道場守護ノ為メ前後三年足軽二組附ラル、右御本尊西国門葉ノ内所持アリ、肥前唐津光徳寺御本尊右御裏ノヨシ」（児玉識『近世真宗の展開過程』）、「釜山海（浦）」号は本願寺教如が染筆した百幅の一であるという。

また、小早川隆景の道場守護に関しては、嘉永元年に刊行された『蓮茎一糸』に次のような制札写が載せられている（児玉識「『蓮茎一糸』考」）。

○朝鮮釜山浦念仏道場額并制札
禁制　浄土真宗念仏道場
一、無益殺生之事
一、三宝誹謗之事
一、甲冑人等濫暴狼藉之事
右者於当仏場堅加制要畢、若於違犯之者可所厳科者也、
依下知如件
文録（マヽ）元辰五月　日本総大将輝元判
同　二巳五月同断　秀元判
其外禁札数品略之
○別達足軽両組日夜宜令守護道場之事

釜山の高徳寺については、林屋辰三郎『日本の歴史』一二（天下一統）、藤木久志『日本の歴史』一五（織田・豊臣政権）、などで言及されている。林屋は「高徳寺は釜山浦に建立された真宗寺院であって、全軍の撤収とともに唐津に寺籍を移したものであった。これから大明・朝鮮の各地につくられる予定の寺々には、日本の「山」号に対してこのような「海」号をつけるはずであったとも寺では伝えている」とのべている。

端坊（九2） 興正寺六坊の一で、九世明念が安芸に来って中国・

九州の興正寺門徒を統括し、毛利氏から寺地を請けて永禄六年山口に移った。興正寺系の末寺・門徒が西日本に多いのは堺商人と結びついて展開したからといわれる。『紫雲殿由縁記』に「端坊、堺ニ出テ西国商ヲシ渡世シタリケル」とあり、『大谷本願寺通紀』巻二に「興正寺蓮秀補二佐証宗主一（中略）与二端坊東坊等一相謀毎年遊二歴西国一」などと見えている。永禄八年に毛利氏が尼子氏の月山城を攻めた時、明念は門末と共に毛利氏に一味して、毛利氏との関係を深めている。児玉識『近世真宗の展開過程』参照。

同十五日二……（九13）　『朝鮮記』は九九頁補註「から嶋」参照。『宣祖実録』三十年七月辛亥（二十二日）条では、

十五日二更、倭船五六隻、不意夜驚衝火、我国戦船四隻、全数焼没、我国諸将、蒼皇動船、艱難結陣、鶏鳴、倭船不知其数、来圍三四匝、荆島等処、布満無際、且戦且退、勢不相敵、我舟師、退屯于固城地、秋原浦賊勢滔天、我国戦船、全被焼没、諸将軍卒、焚溺尽死、臣与統制使元均及順天府使禹致績、脱身下陸、元均老不能行、赤身杖剣、兀坐松下、臣走且顧、見倭奴六七、揮剣已到元均処、元均生死、不得詳知、慶尚右水使裴楔、玉浦安骨万戸等、艱難獲全、焚蕩諸船、火災漲天、倭船無数、向閑山島矣

とある。「浅野幸長高麗陣蔚山表覚書」（「浅野家文書」一二五四）に次の二通の文書が収録されている。

今度番船へ動ニ付而、加藤左馬助（嘉明）御法度之　御朱印状之旨を相背、又ハ両四人相定書物之旨をも相違、却而両三人又ハ奉行衆までも悪口被申候儀、無是非候、御為を存候故、各も奉行衆中も堪忍仕候、以来於
御前御尋之時ハ、有様ニ可申上候、為其如此候、以上、

（慶長二年）
七月十九日

早川主馬頭（長政）
太田飛驒守（一吉）
垣見和泉守（家純）
竹中源介（重利）
熊谷内蔵允（直陳）
毛利民部太輔（高政）

小西摂津守（行長）殿
藤堂佐渡守（高虎）殿
脇坂中務少輔（安治）殿

去十五日夜、於唐島番船之切取事、貴所一番ニ候、無其隠候、於　御前も具可申上候、為其如此候、恐々謹言、

（慶長二年）
七月廿三日

熊谷内蔵允
垣見和泉守
早川主馬守
竹中源介
毛利民部太輔

藤堂佐渡守殿
御陣所

太田飛驒守
福原(直高)右馬助

七月十五日の海戦に関して軍目付として太田一吉らが発給したもので、参考として掲げておく。

同十七日ニ……（一〇6）　『朝鮮記』に以下のように見える。

一、高麗国中働ク人数ヲ定ム。船手ニ働ク軍勢。御奉行熊谷内蔵允。早川主馬首。幷毛利宰相。九鬼大隅守。寺沢志摩守。長曽我部土佐守。池田伊予守。小川左馬介。中川修理太夫。伊東民部大輔。立花左近大夫。脇坂中務少輔。帰嶋出雲守。菅三郎兵衛尉。同右衛門八郎。毛利中納言輝元カ名代。宍戸備前守。安国寺。一、陸地三手ニ別テ働ク。北表ニ働軍勢。御奉行太田飛驒守。幷加藤主計頭。両人ニ向テ働之定メ也。

おたや（二12）　江戸中期の真宗故実書『真宗帯佩記』に日没・初夜・中夜・後夜・晨朝・日中の六時の内、「逮夜ト云ハ六時ノ中ノ日没ナリ」とあり、また「六時ノ鐘打テツトメタマフユヘニ、逮夜ト名ク」というように、日没の勤行を意味している。本願寺での用例としては、例えば『本願寺作法之次第』六十七条に「日没も昔ハ七時打ありし事本式也、日の没する時の声命（明）也。然を永正七八年の時分より八時になりたる」など多数ある。

また、報恩講をはじめとする真宗の法会は、前夜の逮夜、当日の晨朝・日中の三座で勤められる一昼夜法会が通例であるから、お逮夜は、前夜の法会を意味する場合がある。

今日の善知識さま（三1）　『浄土真要鈔』末に「惣シテイフトキハ真ノ善知識トイフハ諸仏菩薩ナリ、別シテイフトキハワレニ法ヲアタヘタマヘル人ナリ。イハユル涅槃経ニイハク、諸仏菩薩名知識、善男子譬如船師、善度人故名船師、諸仏菩薩亦復如是、度諸衆生生死大海、以是義故名善知識トイヘリ」とあり、また『御文』二―一一に「善知識といふは、阿弥陀仏に帰命せよといへるつかひなり。宿善開発して善知識にあはずば往生はかなふべからざるなり」とあるのが善知識の本来の概念を表している。初期真宗では各門流の祖師などを意味したので、蓮如はこれを知識帰命として排斥したが、本願寺教団でも、戦国期にはその宗主を指していうようになった。例えば『栄玄聞書』一六に「代々善智識ハ御開山ノ御名代ニテ御座候」とある。

其御すかた（三2）　『安養寺荘厳録』に「開基　慶念　遠州掛川之城主安藤某之子也。出家而上洛、自顕如上人、蓮如上人真筆六字名号・証如上人十字名号賜之」とあって、慶念は顕如に面謁していたと考えられるから、「其御すかた」とは顕如を指していよう。

赤国（三7）　『高山公実録』巻六［謹按］として「九州軍記に太閤秀吉公かねてより対馬の主宗義智に命じてくハしく朝鮮の絵図を求めらる。（中略）釜山浦に居住する日本人多かりける。

是を麗倭とす。亦倭戸ともいへり。彼をもって委細に図を作らせ、地理嶮夷路程の遠近を書し、五色をもって是を彩りて呈上す。太閤すなハち渡海の諸将にうつし賜はりて、その土地を諳せしむ。（中略）羽柴殿より公へ賜ハりし書に赤国の内南原とあり。古図をもって推せば、南原は全羅道に属し、すなはち赤国なり。豊臣実録に南原は慶尚道に属し黄国とす。彩色違へり。（中略）閑山島の戦ののち浅野長政より送らる書中に赤国はたらき相済候て」とある。これらによれば、宗氏献上の絵図の彩色による呼称に混乱があり、浅野長政は慶尚道に属する閑山島を赤国と表記している。さらに諸史料を検討するに、『武功夜話』巻十八「高麗の国地理の事、諸将陣所地明細の事」の次の記述が注目される（傍線原文のママ）。

（前略）文禄元年壬辰春、彼の地図国々を色付けなされ、各部将毎に三面宛遣わされ候。釜山浦の罷り在る処赤国と申し候。釜山浦より三里ばかり先とくねきという罷り在る処白国と申し候。（中略）釜山浦表より大河あり、赤国と白国と相分つなり。

一、大河より北辺を白国という、慶尚道という。

一、大河より南方を赤国という、全羅道という。

（中略）

一、釜山全羅道、赤国。

安芸宰相手の者、南方浦々、島々は島津九州衆、外に志摩水軍、脇坂、瀬戸内水軍と藤堂等。

一、慶尚道の諸城、白国。

（後略）

これによれば、赤国とは全羅道だけではなく、釜山浦から全羅道までの海岸部及び島嶼を含む地域を指し、釜山北方「とくねき」（東萊）以北の慶尚道を白国といったことになる。確定できないが、今はこれに従う。境界の大河とは洛東江《ナクトンガン》か。ただし洛東江は南流しているので「北辺」とするのは誤りか。

らんはうの物（一五7）　戦場で精一杯濫妨狼藉を働く者。藤木久志『雑兵たちの戦場』で、「戦場に押しかけた兵士たちは、放っておけば、勝手に敵地の村々に放火し、百姓の家に押し入って家財を乱妨取りする。戦場では村の放火と物取りは一体であった」（一一五―一一六頁）と、国内戦場での濫妨者の実態を生々しく描いている。なお略奪の様相については、一一七頁補註「財宝に火をいかけ」参照。

罪業深重も……すてられぬ（一五10）　『正像末和讃』三七、「願力无窮にましませば　罪業深重もおもからず　仏智无辺にましませば　散乱放逸もすてられず」。

子共をハからめとり（一五13）　朝鮮戦場における日本軍の朝鮮人掠奪・拉致行為や人買い商人の暗躍ぶりについては、他に八月八日条、十一月十九日条などに散見する。朝鮮の戦場から連行された人々の運命については内藤雋輔『文禄・慶長役における被擄人の研究』があり、前掲の藤木久志『雑兵たちの戦場』がその実態と本質を鋭く突いており、特に「朝鮮戦場での人取りが、実は日本国内の戦場の人取り習俗の持ち出し」(六四頁)だったという指摘は注目される。

してふのわかれ (一五15)　『孔子家語』顔回には「桓山之鳥、生四子焉、羽翼既成、将分于四海、其母悲鳴而送之」とあって、四羽の鳥が母に別れて飛び去った故事から、母子の相別れるさまを説明したもの。御伽草子『蛤の草紙』には「越鳥南枝に巣をかくる翼も、親のはごくみと思ひ、巣をたてられて、諸共に立つ時、四鳥の別れとて、母子の別れを知らぬ妄執の雲にへだゝれ共」、謡曲『隅田川』には「ここやかしこに親と子の、四鳥の別かれこれなれや」と見えている。

奥陣の御供 (一六4)　慶念が所属する太田一吉軍は固城《コソン》→露梁《ノリャン》(ウレン)→河東《ハドン》へと進み、「ウレン」または河東で上陸、八月十日まで滞留(本書仲尾論文参照)、それより「諸軍ウレンヲ立テ押前ノ形儀正ク。貝鐘ノ相図路次ノ手合堅約シテ。昼夜ノ境モナク。十八里ノ其程ヲ操ニ操テ急」(『朝鮮記』二七八頁上)ぎ南原に向かったと考えられる。

同十一日二…… (一六7)　『朝鮮記』には以下の如くに述べる。

翌十一日ノ寅ノ尅ニ。南原ノ城近ク乗ツメタリトイヘトモ。以ノ外ニ霧深テ。道ノ遠近ハカリカタキニ依テ。生捕ニ尋テ城ヨリモ三十余町カ外ノ坂ノ麓ニ旗ヲ立。霧ノ晴ルヲ待處ニ。未ノ刻計ニ四方明ニ成ケレハ。城十四五丁カ間ニ屯ヲナシ。明十二日ノ曙ニ。霧ヲ味方ニ。城際ヘ旗ヲヨセ。東西南北ヲ取囲ミ。惣軍ノヲモテニハ。柵逆茂木ヲ付マハシ。昼ノ馬カケ夜討ノ用心。カキノ番外聞ノ番張番ハ云ニ不及。篝ハ夜中焼明シケル。(中略) 東西未仕寄ノ用意モ見ヘス。然レトモ南表ノ三頭ハ十二日ノ夜ニ入テ。竹タハヲ付初テソ仕寄ケル。堀ノウメ草。登材《(梯カ)》。悉ク用意シ。十三日。十四日。十五日ニ至テ仕寄ヲシ。已ニ堀際マテ仕寄ヌ。(中略) 八月十五日ノ夜亥ノ刻計ノ事ナルニ。唯五人先乗シ。大音声ヲ挙テ。南原ノ城一番乗太田飛驒守ト名乗。面々我名ヲ名乗テ鬨音ヲソ上タリケル。飛驒守カ二幅紺地ニ白ク丸ノ内ニ大文字ヲ染付タル旗五本。城中ノ焼ル櫓ノ際ニ立双ヘ。西ノ夜風ニ翻シ。諸軍ノ鑑ト題シケリ。(中略) 飛驒守一吉。家中ノ士ニ下知シテ云ク。東西取寄ノ軍勢。人《本ノマヽ》ヲク盛ト乗入高名カセクト見エタリ。予カ軍士ハ一番乗ノ手柄サシテ高名ニカマイナシ。首数十五二十ノ外ハイラス(二七八頁上―二八四頁上)。

高山 (一六10)　智異山(チリサン)は小白山脈の南部に位置する名山。標高一、九一五メートル、山容の雄大さをもって知られる。『東国輿地勝覧』巻之三九によれば、白頭山の脈流がここに到るところから、頭流ともよばれるという。新羅時代には南岳としてまつられ、高麗・李朝とも霊場として神聖視された。また智異山麓は、李成桂が一三七七年(高麗辛禑三)五月、倭寇を破って名をあげたことでも有名である。東の天王峰、西の般若峰を最高とする山容は、「奇峰峭壁勝て算うべからず」という険しさで有名。『朝鮮記』八月十日条に「岩巌石ノ難所ノ道山坂ヲ云ス。一息モ助ヌ乗程ニ。或ハ乗殺シ。乗倒シ。死タル馬ハ数ヲ知ス」とある。

大明人五六万（二七1）　『朝鮮記』七月二十八日条に捕虜からの情報として「南原ノ城堅固ニ籠城ス。城主ハ南原ノ判官トテ。二万余騎ノ大将也。加勢トシテ慶州判官二万余騎ノ大将相籠ノ由（中略）雑兵十万ニ余ルヘシ」（二七七頁）とする。北島万次（前掲書）は「楊元の率いる明軍のほか、朝鮮軍は全羅兵使李福男・南原府使任鉉《けんげん》・助防将金敬老・光陽県監李春元・唐将接伴使鄭期遠らが率いていた（『懲毖録』）」（二九二頁）としている。

死人いさこのことし（二八5）　『朝鮮記』八月十五日条の末尾に「判官ハ大将ナレハ。首ヲ其儘。其外ハ悉ク鼻ニシテ。塩石灰ヲ以テ壺ニ詰入」（二八八頁上）と「鼻切り」を記している。また『高山公実録』六には、太田一吉らから藤堂高虎に宛てた「請取申鼻数之事」二通（慶長二年八月二十六・七日）が収録されている。このような日本軍が犯した「鼻切り」の残虐行為に、なぜか慶念は全く触れていない。

京よりの御つかい番（二八10）　この事実は確認できないが、「島津家文書之二」所収の諸文書によれば、この頃、秀吉の使者の到着が想定できる。すなわち、七月十六日に唐島海戦の報告（九六七号文書）がなされたのに対し、八月九日付で二通の朱印状（四三六・四三七号文書）が発せられているから、この朱印状を届ける使者が派遣されたであろう。

引陣の談合（二八11）　『朝鮮記』によれば、八月十九日から十日間、全羅道全州に逗留していた間に、「是ヨリ諸将手ヲ分。道ヲ替テ。三方ニ国中ヲ働キ。先ニテ一處ニ集テ相談ヲ極メ。帝都ヲ打破ルヘキト評議ス」（二九〇頁上）とあって、諸将の評議が行われたことが窺える。

ミやこのたひ（三〇1）　「ミやこ」には親鸞に「法性ノミヤコ」（『唯信鈔文意』）、存覚『持名鈔』に「涅槃ノミヤコ」、蓮如にも「法性真如ノ城（ミヤコ）」（文明十一年十二月付『御文』）の用例があって、浄土を意味することがある。これによって、この文言をめぐっては、二通りの解釈が可能であろう。①自分ではどうにもならない不本意な従軍ではあるが、とりあえずソウルまで進軍すれば、めでたく日本軍の勝利でもって戦いが完遂され、慶念は自身に課せられた任務からもようやく解放されて、念願の帰国が早まるのではないか、との期待を抱いた。②現世はまさしく「うき世」にほかならず、慶念の従軍は「うき世」の「うらめしき旅」ではあるが、もはや「信心決定のうえ」の身であれば、「ミやこ」＝浄土に往生する旅と思えば、それこそ無上のよろこびである。本書平田論文参照。

火宅（三〇4）　法華経譬喩品に「三界無安、猶如火宅」とあるのが出典。善導の『法事讃』に引かれ、『教行信証』行巻、化身土巻にも引かれ、『正像末和讃』では「火宅の利益は自然なる」、『歎異抄』では、「煩悩具足の凡夫、火宅無常の世界は、よろづのこと、みなもてそらごと」と引かれる。また蓮如の文明六年四月八日付『御文』では、法華経の右の文が引かれている。

みかけ（二〇10）　内藤雋輔は「僧慶念の『朝鮮日々記』について」註（38）で、「みかげ」を宗主の影像を意味する「御影」と仏祖の「御陰」の両方を包括したものと解しているが、ここでは後者と解すべきではなかろうか。

同三日ニ……（二一8）　太田一吉が加藤軍と行動を共にするのは、八月廿九日（日本暦廿八日）からである。この軍は毛利秀元の本隊と別行動をとり、忠清道へ向かうことになる。ここでの記述は、その行軍の状況を伝えたものである。『宣祖実録』宣祖三十年九月一日条によると、「忠清道防禦使朴名賢、日本軍（秀元・清正・長政ノ軍カ）ト礦山（全羅北道益山郡）・恩津（忠清南道論山郡）ノ地ニ戦フ」とあり、行軍には激しい戦闘があった。『朝鮮記』九月三日条に「三日全羅道ノ山合ヲ押ケルニ。敵兵ヲ伏置。一吉清正。二万ノ勢ヲ真中ニ取ツヽミ。鬨ヲ上。前後左右ノ荻原草ノ中ヨリ我劣ラシト駈出。切ツ剪レツ。組ツ組レツ火花ヲ散シテ戦ケル。（中略）一吉カ家中ニ首数十八。清正カ家中五十一討取ケリ」と述べるのが、その一端である。この戦闘は、『面高連長坊高麗日記』九月四日条にも「さるみ鼻の儀に付、奉行衆へ肥後加兵衛殿御使被参候」とあり、確かに行われたと考えられる。

夫丸（二二15）　藤木久志の指摘によると、この時代の「夫丸」の出自は、村々から狩り出されて物を運ぶ「百姓」である（『雑兵たちの戦場』、プロローグ、五頁）という。本文八月十五日の南原城攻防戦において、「しよりをめされ、明日の未明にせめて入らんとの事也」（一四頁一五行）とあるように、夫丸は、「しより」つまり城攻めにも駆りだされていた。朝鮮侵略に、こうした百姓がどれだけ動員されていたのか、必ずしも明らかでない。だが、「唐入軍役人数船数等島津家分覚書」（『島津家文書』一九六四）によると、文禄の役の際、夫丸は総勢一万二千四百三十三人のうち三千九百人を数える。実に三割弱にあたる。これに加子二千人を加えると、四割強の百姓が動員されている。慶長の役の動員数は定かにしえないものの、これに近い百姓が夫丸として動員されていた、といってよい。要するに、朝鮮侵攻には兵士の四割程度の百姓が、全国から徴収されていたのでなかろうか。

かうらゐの……瀬なれは（二三6）　この狂歌の趣意は、朝鮮の河は深く大きいと聞いていたが、この河はそうでもなかったという点にある。豊臣軍の朝鮮侵略において、多くの将兵は日本と朝鮮とでの地理・言語・風俗の相違にとまどったといわれるが、なかでも、朝鮮の河川の大きさには驚いたようで、文禄の役で小早川隆景に同行した安国寺恵瓊の書状（『厳島文書（巻子本）』）のなかに、そのことは、次のように記される。「朝鮮国広大之事、中々以日本譬申ことにてハ無之候、縦日本路々法六十四五里余、横二十日路余之絵図候者、日本ハ横十日路之所少々無之候、船の入候大河、淀川六ツ七ツ合たる程の儀等儀候、其河すち洛まていくすちも有之事候、大筋之事可有推量候」。

このことが慶念にも情報として入っており、このような狂歌が生まれたのであろう。

ふるきしろのありし所（三7）　古城の所在地について、『朝鮮記』九月七日条は「ユラン」と記すが、どの地に比定しうるか、定かにしえない。また、十五日条「少地ノ山城有」、十八日条「古城有テ」などの記事があって、この地域に古城が多いことが知られる。「ふるきしろ」の内容も定かにしがたいものの、西谷正の指摘によると、忠清南道天原郡の木川には、七世紀頃の神籠石式山城があり、その近郊にも多くの朝鮮式や神籠石式の山城がある（西谷正「朝鮮式山城」）という。「ふるきしろ」とは、そうした山城と見てよいのではなかろうか。

御名号御筆（三9）　名号とは、元来中国で「めいごう」と読まれ、地位や誉れといった意味の言葉である。それが諸仏それぞれの名を指し、「みょうごう」と表音されるようになったのは、仏教が中国に定着して以降である。わが国では、十世紀末の仏教説話集から用いられる。本文での名号とは、その系譜に連なるが、浄土真宗の開祖親鸞が阿弥陀如来の方便法身の尊号として、絹布に墨書したものに限定される。「帰命盡十方無碍光如来」という十字名号、「南無不可思議光如来」という九字名号、「南無不可思議光仏」という八字名号、「南無阿弥陀仏」という六字名号の四種類がある。蓮如が、本願寺門流を戦国期に「教団」として構築する過程で、絹地から紙地に変えられ、しかも六字の名号が大量に発給される（早島有毅「本願寺蓮如の名号本尊と戦国社会」）。慶念の所持した「名号御筆」とは、この紙本墨書の名号で、『安養寺荘厳録』によると、彼は顕如より証如筆の十字名号をもらったというので、あるいはそれに該当するのかも知れない。

くひにかけまはり（三10）　自己の首に名号を掛けるという風習について、これまであまり論究されたことがない。わずかに児玉識の「『蓮茎一糸』考」で、顕如が石山戦争の際の加勢の御礼として、「開山自筆首掛之名号」を送ったとの伝承を紹介したくらいである。だが、近世正徳年中に出版された石山戦争の伝承記録『石山退去録』にも、「現当二世ノ守リ本尊」として名号を首に掛け、参戦した例が記述されており、ここでの慶念の行動と並考するとき、この風習は事実といってよいだろう。この風習は、真宗の風俗として元来からあったわけでないが、『最須敬重絵詞』巻五に、親鸞の長子善鸞が義絶されて関東へ下った後のこととして「聖人ヨリタマハラレケル无㝵光如来ノ名号ノイツモ身ヲハナタレヌヲ頸ニカケ、馬上ニテモ他事ナク念仏セラレケリ」と見える。これによれば、異解者の行為となる。いつ頃から始まったのか現状では不明である。ただ、この名号は首に掛けたという点からすると、通例本願寺で本尊として発給される大幅のものでなく、「数の名号」という小幅のものといってよいだろう。近年の青木馨の「本願寺蓮如・実如名号比較試論」によると、これまで蓮如筆と伝来されていた「数の名号」のなかに、天文期の証如筆と断定してよいものもあるという。慶念の首に掛けられた名号は、十字名号と想定しうる。しかも『石山退去録』によると、首掛の名号は、「兼テヨリ敬ヒ奉ル聖人ノ御真筆、帰命盡十方無碍光如来ノ御名号」と記されるように、十字名号という。小幅の十字名号の伝存例は、まだ確認しえないものの、それが小幅の十字名号であった可能性はあろう。とすれば、この風習は天文期頃からのものといってよいのでなかろうか。

引ちん（三15）　この撤退が、どのような経緯で決定されたのか、慶念の日記は何も語らない。ただ、『朝鮮記』（二九一頁上）によると、九月八日から五日間鎮川に滞在し、この地で「角テ諸手ノ大将残スチンセンニ集リ」（二九一頁上）、京城に向かうか釜山に撤退するかの評定があったという。問題は、この文中に、島津軍と共に忠清道扶余《プヨ》から井邑《チョンウプ》へ全羅道を南下した蜂須賀家政の名が「蜂須賀阿波守豊勝」として、記されることにある。『寛永諸家系図伝』などにも蜂須賀豊勝なる人物は見出せず、明らかに誤記で、『面高連長坊高麗日記』によると、このとき、蜂須賀家政は全羅道井邑で開催された軍議に参列している。この軍議は「宇喜田秀家外十二名連署言上状案」（『島津家文書』一二〇六）の第一条に「去年赤国御働之間ニ、井邑と申処ニて各相談仕」とあり、確かな事実である。とすれば『朝鮮記』での記述は、もう少し検討を要しよう。ただ、慶念が「引ちんときけハすなはち太軍もよろこひいさむ駒のあしなミ」と詠うように、加藤清正と太田一吉との間で撤退について、何らかの相談があったのは疑問の余地がない。この撤退は、『朝鮮記』によると「諸将チンセンヲ立、此処富祐ノ地ト見ヘテ。家数十余万軒アリ。則放火シ。又各三方ニ別レテ帰陣ノ道ニ赴ケル」（二九二頁下）とあり残虐極まりないものであった。

同十八日ニ……（二四9）　ここでは、チンミン（咸昌カ）と慶尚道の尚州との間で野営した状況を詠う。だが『朝鮮記』九月十九日条では、「十九日山渓ヲ乗出シ。少キ原ニ押カヽル処ニ。地敵七八千出テ。清正カ先手加藤与左衛門尉ト合戦シ。与左衛門尉カ組下ノ軍兵野合ニ乗放シ置タル馬トモ二三十疋敵盗テ取テ山谷へ引入ヌ」という。「地敵」とは定かでないが、「地」に土地という意味があるので、慶尚道民衆の蜂起をいうのであろう。貫井正之の指摘によると、豊臣軍は九月中旬以降、全戦線から撤退したが、その要因に一、食料・兵員不足　二、明・朝鮮軍の反撃、三、冬季の接近などを挙げている（『豊臣政権の海外侵略と朝鮮義兵研究』、第Ⅲ章日本軍の動向（5）清正と蔚山戦、二〇四―二〇八頁）。それだけでなく、このような民衆による馬の略奪という戦術もあったことは、否めない。ちなみに、文禄の役の史料であるが、このような馬は日本から送られており、その輸送についても、秀吉は「馬ハ高麗へ罷渡候ても、普請之間ハ不入事候間、惣人数こしきり候て以後可越申事」（『豊臣秀吉朱印状』・「毛利家文書」八八五）と、兵員とならんで細かい指示をしており、いかに戦闘において馬が重要であったのかが分かる。慶長の役でも、『朝鮮記』七月八日条に

「八日ニ野陣ヲカケ。久々船中ニ立スクミタル馬ヲ陸下シ。身ヲスラセ。場駅湯洗シ。足ヲホクシ。軍士ノ息ヲ休ム」（二七二頁下）とあり、この段階では人と馬が同時に輸送されていたのである。

ふるミやこ（二四12）　『朝鮮記』は、この古都の様子を次のように描写する。「其日慶尚道ノ古都ニ着陣ス〈此道五里〉。往昔帝都ノ旧跡ナレハ。家風尋常ナル軒ヲ争フ。高屋三十余万煙有テ。大仏殿ヲ建置タリ。本堂ノ極ハ五階六階ノ石柱ニシテ。大キニ広キ事日本ノ堂塔ニ譬ヘクモナシ。三門ノ高キ事本堂ニ超タリ。其耳ニ非ス。大道ノ広事寺々ノ建様家居ノ作リヤウ。何ニ付テモ数人目ヲ驚ス計ナリ」（二九二頁下―二九三頁上）とある。事実、この時代の尚州は朝鮮の仏都として、華麗を誇っていたといわれる。

五六日ハ御逗留ときけハ（二四13）　この予定がはやまった理由について、慶念は記していない。だが『朝鮮記』によると、朝鮮軍は、すでに尚州近郊まで追尾していたのである。「廿日ノ《（マヽ）》朝。大河内茂左衛門尉陣場ノ未申ニ当テ。山中ニ入。此彼覘胎シ。道ニ蹈迷イ。夕日ニ及テ還ケルカ。知ヌ山路ノ事ナレハ。夜ニ入道ハ見ヘス。（中略）麓ニ陣燀ノ影多見ユル。味方ノ陣ト心得。火ヲシルヘニ出ケレハ。トアル柳原ニ敵漫々ト陣取居テ。人馬ノ食ヲ専ニ用意セシ真中ヘヲリ下リケル」（二九三頁上）とあるのが、その記述である。事実、『乱中雑録』九月十九日条に、「都元帥権慄・賛画使李時発、領西北精兵数千ヲ。以別将韓明連。慶尚左防禦使高彦伯為先鋒。追清正至比安。未及」とあり、慶尚道宣城郡比安にまで達しており、『朝鮮記』と併考すれば、このことが一つの要因と考えられる。

ふる都いてこし道（二五3）　『朝鮮記』は、加藤・太田軍の尚州撤退の様相について、「廿二日大仏殿ヲ先トシテ。洛中ノ在家三十余万間一宇モ残サス放火シケレハ。夜中ニ及ト云ヘトモ炵熖ノ先遠里迄輝テ唯白昼ニ異ナラス」とその破壊・放火の限りを尽くしたことを伝える。しかし、撤退の際の蛮行は、それだけであったのか。貫井正之「侵略と略奪文化財」（前掲『豊臣政権の海外侵略と朝鮮義兵研究』、二八〇―二九一頁）によると現存する仏画だけでも、その伝承からすると、朝鮮侵略の際に略奪してきたものが、かなり確認できるという。とすれば、尚州撤退にも、こうした文化財の略奪があった、と想定してよいのでなかろうか。事実、『朝鮮記』慶長二年十二月二十九日条に、日本右軍の本隊、毛利秀元が行軍で略奪した文化財として、「印子ノ釈迦。紺紙金泥ノ類ナキ能筆ノ法花経。其外弓。矢尻。籠。茶碗。硯已下色々様々ノ朝鮮道具」（三三二頁上）を挙げている。加藤・太田軍も日本右軍の先鋒として転戦しており、こう推定してもよいのでなかろうかと思われる。

一字千金の徳（二五11）　『史記』呂不韋伝の「有三能増二損一字一者、与二千金一」が出典。呂不韋が自著の一字でも添削できた者に千金を与えるといった故事。御伽草子『御曹子島渡』に「師弟の契約と名のるぞや。七生の契也。一字千金のことはり、師匠の恩は七百歳と説かれたり」、『童子経』に「一日学二一字一、三百六十字、一字当二千金一、一点助二他生一、一日師不レ疎、況数年師年、師者三世契」などの用例がある。

くわん音は……いたゝきたまふ（二五11）　『報恩講私記』では「然則報而可レ報仏恩、謝而可レ謝師長之遺徳。故観音大士頂上安二本師弥陀一、大聖慈尊宝冠戴二釈迦舎利一」、『報恩記』には「カノ二大士ノ利生ハ衆生ヲ引導シテ本師弥陀如来ノ浄土ニ生セシムルニアリ。ソノ中ニ観音ハ師長ノ徳ノ重コトヲ表シテ、宝冠ニ弥陀ヲイタヽキ」とある。

釈迦仏の……いらせたまひしも（二六1）　顕誓『今古独語』に「大聖世尊、（中略）檀特山ニコモリ、阿私仙人ニ仕へ、難行苦行十二年ノ功ヲツミテ、三十ニシテ成道シ、釈迦牟尼如来トアラワレタマフ」とある。

悉多太子……ためしもあり（二六9）　『平家物語』巻十に「むかし悉多太子の檀特山に入らせ給ひし時、しやのくとねりがこんでい駒を給ッて、王宮へかへりしかなしみ」とある。

御前に……めしおき候（二七3）　前掲内藤論文註（54）に「御前ニかんにん」とは「仏前にぢっとして念仏していることと思う」と解説するが、頭註で示したような意味である。このことは、慶念が僧侶や医者だけでなく、御伽衆として、従軍していたことを示唆しよう。御伽衆とは、『国史大辞典』によると、「室町時代末期から江戸時代初期に至る職掌。貴人の側近に侍して御相手を努める」という。この時代著名な御伽衆としては、

豊臣秀吉の軍記物『天正記』の作者としての大村由己（?〜一五九六）がいる。いずれも、博学多識の芸能をもった僧が当たる。慶念が太田一吉に伽の目的で召しだされた例は、この箇所でしか確認しえない。しかし、慶念の博識は、この日記のなかでしばしば窺えるので、こう想定しても大過ない、と思われる。

たのむへきかた（二八12）　本願寺八世蓮如の『御文』から見られる言葉の一つ。『御文』では「ナヲ、、フカク弥陀如来ヲタノミタテマツルベキモノナリ」とか、「阿弥陀仏ヲフカクタノミマイラセテ、念仏マウスベキモノナリ」とかいわれるように、浄土への救済を願う衆生から阿弥陀如来を観たとき、阿弥陀如来はこのように表現される。「タ、フカクネガフベキハ後生ナリ、マタタノムベキハ弥陀如来ナリ」（一―一一）

同廿九日ニ……（二八13）　この二十九日条と『朝鮮記』の九月二十六日条の記述は、酷似する。その第一は、山城の記述。第二は米などの食料調達があるからである。関係の記事は以下のところにある。「廿六日。シンネ陣取。〈此道七里〉。此ニ作事最中ノ山城アリ。麓ヨリ城マテ二里アリ。四面ノ石垣ノ高サ四間半也。此ニ二日逗留シ。城ヲ破。米ヲ際烘ス。然レトモ城中奘奕無辺ニシテ。二百間三百間ノ米蔵限リナケレハ。二万三万ノ勢ヲ以テ。廿日三十日ニモ焼盡シ難キ故ニ。城中家々蔵々ニ火ヲカケ。其儘ニシテ通リタリ」（二九四頁上）。「シンネ」とは、慶尚道の新寧を指し、氷川の近郊にあると思われる。日本軍がこうした山城を拠点にしなかった理由について、八巻孝夫は、

朝鮮の山城の様式が、日本の戦闘技術に合致しなかったことを指摘する（「『倭城』に探る近世の城郭史」）。『朝鮮記』の記述でも、これだけの食料があるにもかかわらず、逗留するだけであったのは、確かにその点に求められよう。

同晦日……（二九一）　『朝鮮記』では九月二十九日から十月一日にかけて、慶尚道の永川から永担で戦闘が行われたことを記している。「廿九日。シンネヲ出テ永川ニ屯ス。〈此道五里〉。爰ニ来レハ弓手ノ少山谷合ヨリ。小敵出テ清正カ先手ニ破向《マヽ》ヒ。矢ヲ射カケ。鉄砲ヲ打懸。ワツカニ時ヲ上ケレハ。清正カ先手ノ軍兵是ヲ見テ。アマサス討取ヘキト馬ノ足ニマカセテトバ《(ヲカ)》ヘ懸リシヲ。組頭ノ加藤与左衛門尉。留貝ヲ立ルト云ヘトモ。乗散シタル若者トモ。貝ノ音ヲモ聞ヱスシテ。武略ノ敵引色々《(ニカ)》ニスルヲ。誠逃ルト心得。山谷マテ追込ケレハ。谷合左右ノ岨ニヒキ上。伏置大敵一度ニ立上リ。時ヲ挙。サシトリ引詰射立打スクメケル」（二九四頁）といい、さらに「晦日ノ夜戌尅討ニ立出ル。諸人色々制止ケレトモ、曾テ思ヒ止ラスシテ。大河ヲ乗渡シ。ツユトモ知ラヌ山谷ヘタトリ行」（二九七頁下）と加藤・太田軍の有り様が具体的に記される。そして、十月一日には「永担ニ陣トル。〈此道六里〉。此処ニテ又野合ノ合戦アリ。両将一軍ニ成テ戦イ。敵少シ討取。味方モ少シ討死ス」（二九九頁上）という結果で永担に辿りついたという。これら三日間の戦闘で、かなりの戦死者がでたのであろう。

しやくわん（二九一）　「しゃくわん」とは、前掲内藤論文註（55）の理解によると、「にゃくわん」の転化でないかという。『日本国語大辞典』によって、その見解を確認すると、確かに「じゃく」＋「わん」は、「じゃく」は「若」、「わん」は「腕、働き」の意となり、若い働き手で若者を指すことになる。ここでの人取りの状況は、本文八月四日条、八月八日条にも記述される。この若者の実体については、十一月十九日条に「かくせいやてるま・たるミのしゃくわんとも」、といわれる。藤木久志の見解では、「かくせい」とは若い女性、「てるま」とは「下女にまかりなるべき一人」、「たるみ」とはハングルで人を意味する「サラム」の訛りと指摘する（『雑兵たちの戦場』）。「たるみ」を人だけでなく、若い男とすれば、「しゃくわん」とは、若い青年男女総体を指すのでなかろうか。

つきかね（三〇一）　『朝鮮記』十月三日条に、「此処モ帝都ノ旧跡ナレハ。内裏ノ殿中大仏殿イマタ睸カニ楞厳殊勝ノ寺々モ。共ニ甍ヲ双ヘ。洛中ノ高《(商カ)》屋洛外ノ民屋三十余万軒有テ。富貴ノ処ナリ。爰ニ十八階アル橦《(撞)》鐘アリ。鐘木ノ当ル蓮華ハ九尺四方ヲ丸メタル程アリ。」（二九九頁上）とある。慶州には、「楞厳殊勝ノ寺々」と記された新羅時代の古寺、仏国寺（五二八年創建。世界文化遺産）など多くの文化財があった。「撞鐘」（つきかね）は、現在国立慶州博物館に保存される国宝の名鐘、聖徳大王神鐘（七七一年完成。通称エミレの鐘）のこと。新羅第三十五代景徳王が黄銅一二万斤を費やして鋳造を命じた巨大な梵鐘で、美麗な飛天を鋳出するなどした名品。また、幼児を人柱として鋳込んだという悲しい伝承で知られる。聖徳大王神鐘閣に釣られ、今も清らかな音色を響かせる。

御ちうしん（三11）　『朝鮮記』に、「十月十日。上将軍秀詮公ヨリ。黒母衣ノ御使番大田小十郎ヲ以テ。蔚山大田飛驒守カ本陣へ下サレ……」（二九九頁下）とあり、小早川秀秋から太田一吉への感状が伝達せられている。さらに、蔚山を東とし、順天を西とする二城の築城が命ぜられる。また、「七月舟合戦言上セシ日本ヨリノ御返事。南原落城言上ノ御返事。小十郎今日持参アリ。飛驒守封ヲ開キ拝見ス」（同右）ともある。この感状などに付随して日本からの手紙などの伝達品がもたらされたと勘案される。

同十二日二……（三15）　『朝鮮記』は十月十日条に続いて「一、飛驒守主計頭蔚山ノ地形ヲ見立。急キノ普請ナレハ。吉日撰フニ及ハス。十二日縄張鍬初ス」（三〇〇頁下）と、十月十二日から蔚山城の築城が開始されたように記す。しかし、「浅野家文書」所収の「浅野幸長家臣某蔚山城籠城覚書」によると、「一、蔚山城十一月十日比ゟ御普請、肥後守様、幸長様、中国衆御三人として被仰付候、従　太閤様、為御横目、大田飛驒守殿御附被成候」と蔚山城普請は十一月十日頃よりとされ、太田一吉も横目として加わっている。『朝鮮記』は、ここに一カ月の経過があることが読み取りにくい記載となっていると考えられよう。

凡夫心（三15）　凡夫（ぼんぶ）とは、聖者に対してただの人、あるいはつねなみの人をいう。種々な見解や煩悩によって種々な業を起こし、種々な世界に生れる者を意味する。凡夫心は、凡夫でしかない心のありようのこと。『蓮如上人御一代記聞書』一〇九条には、「信のうへは崇仰の心あるべきなり。さりながら凡夫の心には加様の心中のおこらん時は、勿体なき事と想いすつべし……」とみえる。

そくわひ（三四2）　「往生の素懐」といういい方が一般的であるが、蓮如では「当年寒中にはかならず往生の本懐をとぐべき」（『御文』四―一五）とあって、「素懐」の表現がみられない。

きわくにより……輪廻せは（三四9）　『正像末和讃』六三には、「仏智疑惑のつみにより　懈慢辺地にとまるなり　疑惑のつみのふかきゆえ　年歳劫数をふるととく」などとみえる。また、『浄土文類聚鈔』には、「流転愚夫、輪廻群生信心無起、真心無起」「流転輪廻凡夫、曠劫多生群生、無清浄廻向心」とみえる。

無量おつこう……御法（三八4）　文明九年十月付『御文』に「ソレ曠劫多生ヲフルトモ、ムマレカタキハ人界ノ生。无量億劫ヲヘクルトモ、アヒカタキ仏教ニアヘリ」とあるのが出典カ。

王法をまほるおきて（三九9）　頭註の『御文』を含めて、蓮如は十一通の『御文』で王法と仏法との関係に言及している。『蓮如上人御一代記聞書』と『蓮如上人御遺言』でも、聞き書きとして収録されている。これらにより、蓮如の王法への態度は、頭註の御文の文言から、「王法為本」の為政者追従主義であるとの評価も見られるし、また蓮如以前の仏教が、おしなべて「王法仏法相依論」に立っていたことと比べれば、「王法は額にあてよ、仏法は内心に深く蓄よ」(『蓮如上人御一代記聞書』一四一)という表現は、仏教の自主性と、政治と宗教の区別を説いたもので、旧仏教秩序を否定する論理であるとの評価も見られる。しかしいずれにせよ、蓮如のこうした王法に対する言説は、次代の実如期に『五帖御文』が編纂され、『蓮如上人御一代記聞書』が普及するなかで、真宗教団の教団倫理として定着していく。とりわけ、石山合戦の敗北により、本願寺の教権が政治権力へ屈服させられて以降は、急速に為政者への従属を正当化する論理として機能した。

無仏世界（四三4）　『太平記』巻十八に「十禅師ノ宮ハ、無仏世界ノ化主、地蔵薩埵ノ応化也」、また謡曲『鵜祭』に「無仏世界度衆生。今世後世能引導の。誓ひを顕しおはします」、同じく『松山鏡』に「総じてこの松の山家と申すは。無仏世界の所にて。女なれども歯鐵漿をつけず」などと見られる。『教行信証』化身土巻には「無仏世界衆生、仏為二此重罪一不レ種二見仏善根一人」と見える。また、慶念と同時代では「教如上人消息」天正八年卯月十七日の書状に「御影像を、目の前に御くしをぬき、剰御筒体をつくし破却申さるゝ段、誠に無仏世界と申へき欤」と見えている。

不捨の御誓やく（四三4）　『御文』三―四には「もろ〳〵の雑行雑善をなげすてゝ、一心一向に弥陀如来をたのみまいらせて、ふたこゝろなく信じたてまつれば、そのたのむ衆生を光明をはなちてそのひかりのなかにおさめいれをきたまふなり。これをすなはち、弥陀如来の摂取の光益にあづかるとはまふすなり。または不捨の誓益ともこれをなづくるなり」と見られる。

同十二日ニ……（四五1）　『朝鮮記』十月十八日条には、「飛驒守。材木ヲ切テ。左京大夫幸長ニ合力セントテ。二千余ノ人夫ニ軍兵二十八騎ヲ奉行トシテ。旗七本差セ。鉄炮三百指添。毎日山へ入ニケル」(三〇一頁上)と見えている。また、これに続く十一月二十四日条には、蔚山の西北の大山に入って「望ニ叶材木思ノ儘ニ切出シ。先様陣所へ遣シ」(三〇一頁下)たところ、三千あまりの敵軍が現れたので、麓の芦の枯野に火を放って、ようやく逃れることができたという顛末が記されており、敵の来襲を極度に警戒しながらの材木調達作業が行われていたことがわかる。

夜すからの……（四六11）　『朝鮮記』によれば、この蔚山築城は小早川秀詮の「其辺然ヘキ地形ヲ見立。年内余日ナク寒天タリトイヘトモ。追付出来ル様」(十月十日条、三〇〇頁上)との命を受けた太田一吉が、加藤清正と共に選地し、「二万三百余人ノ人数ヲ以テ。風雨ヲ厭ハス急ヘキ」(十二日条、三〇〇頁下)という、大変急がせた普請であったことがわかる。作業が夜間に及ぶことも多かったであろう。

身つからも……ほうすルになる（五一3）　『浄土真要鈔』本の文は次のようである。

往生礼讃ニイハク、自信教人信、難中転更難、大悲伝普化、真成報仏恩トイヘリ。コ、ロハミツカラモコノ法ヲ信シ、ヒトヲシテモ信セシムルコト、カタキカナカニウタ、サラニカタシ。弥陀ノ大悲ヲツタヘテアマネク衆生ヲ化スル、コレマコトニ仏恩ヲ報スルツトメナリトイフナリ

此釈文の……きかん（五二15）　『持名鈔』末に、

法事讃ノ釈ニ不因釈迦仏開悟、弥陀名願何時聞トイヘリ。コ、ロハ釈迦仏ノオシヘニアラスハ弥陀ノ名願イツレノトキニカキカントナリ。タトヒマタ釈尊西天ニイテ、三部ノ妙天ヲトキ、五祖東漢ニムマレテ西方ノ往生ヲオシヘタマフトモ、源空・親鸞コレヲヒロメタマフコトナク、次第相承ノ善知識コレヲサツケタマハスハ、ワレライカテカ生死ノ根源ヲタ、ン

とある。

此文ノ……百歳せん（五三3）　『愚禿鈔』上「仏陀無量寿経言、（中略）当来之世、経道滅尽、我以二慈悲哀愍一、特留二此経一止住百歳」（当来ノ世ニ経道滅尽センニ、我慈悲哀愍ヲ以テ、特ニ此経ヲ留テ、止住スルコト百歳セン）

御舌を……守護したまふなる（五三12）　『阿弥陀経』六方段に「如是等、恒河沙数諸仏、各於其国、出広長舌相、偏覆三千大千世界、説誠実言、如等衆生、当信是称讃、不可思議功徳、一切諸仏、所護念経」の文が六回くり返される。

もしほんし……いかんとなり（五四14）　『浄土真要鈔』本に、

若非本師知識勧、弥陀浄土云何入トイヘリ。文ノコ、ロハ、モシ本師知識ノス、メニアラスハ弥陀ノ浄土イカンシテカイラントナリ、

とある。

よく一念……えたてまつり候（五七3）　『浄土真要鈔』では、

能発一念喜愛心、……コノ文ノコ、ロハ、ヨク一念歓喜ノ信心ヲオコセハ、煩悩ヲ断セサル具縛ノ凡夫ナカラスナハチ涅槃ノ分ヲウ、

とある。

弘誓の強縁ハ……得たてまつりかたし（五八1）　この文及び以下の「適獲信心遠慶宿縁」、「もしまた此のたひ……きやう暦せん」の文は『教行信証』総序の文でもあるが、『浄土文類聚鈔』とは若干の文言の相違がある。ここに引く文は、以下の引文も含めて考えると『浄土文類聚鈔』によったと判断される。なお、『教行信証』と『浄土文類聚鈔』は広本と略本の関係とされている。

二種の廻向（五九11）　浄土真宗の根本の概念で、『教行信証』教巻冒頭に「謹按二浄土真宗一、有二二種廻向一。一者往相、二者還相」と宣言されている。また『高僧和讃』三四では、「弥陀の廻向成就して　往相還相ふたつなり　これらの廻向によりてこそ　心行ともいえしむなれ」とあり、同三九に「無碍光の利益より　威徳広大の信をえて　かならず煩悩のこほりとけ　すなはち菩提のみづとなる」とある。本文の和歌はこの和讃を踏まえたも

のか。

おもふ事……うき世なれ（六六11） 謡曲『安宅』に「その忠勤も徒らに、なり果つるこの身の、そもなにといへる因果ぞや。（子方）げにや思ふこと、かなはねばこそ憂き世なれと、（地）知れどもさすがなほ、思ひ返せば、梓弓の直なる人は苦しみて」とある。また、慶長末期成立とされる仮名草子『恨の介』に「心の妄執を晴らし給へや神仏、叶まじくは中々に露の命を召されなむ、とは思へども思ふ事、叶はねばこそ憂き世なれ」と見える。その意味するところは、「萬につけて心に叶はず。ま丶にならねばこそ浮世とは言ふめれ」（浅井了意『浮世物語』）とあるごとく、万事につけてわが心の思いどおりにならぬがゆえに、今世は「憂世」であるとの現実認識を示す概念（大桑斉「近世民衆仏教の形成」、前田一郎「『浮世物語』の思想的性格」）。慶念が抱く「うき世」観も、こうした時代認識の思潮を自覚的に踏まえていることは明白である。

小町か……なり行かや（七〇14） 謡曲「関寺小町」。老いて零落した小野小町は、七夕祭の日、関寺（現、大津関寺町にある天台宗寺門派の寺。園城寺五別所の一つ。小野小町が晩年、庵を結ぶ）の僧に請われるままに歌物語をし、過去の栄華を語る。やがて関寺の僧に伴われて七夕祭に臨み、稚児の舞にさそわれて舞い、明方に庵に帰る、という話。

御帰朝の御朱印参候（七三6） 十二月二十一日のこの記事について、本書仲尾論文では「朝鮮南部の永久占領と明年陽春の反攻をめざすために恒久的防禦拠点としての蔚山城を普請しておきながら、他方で帰国命令を秀吉が出すわけはなく、また、そのような朱印状も現存していないことからみて（中略）デマであったとみる。また、いったんこのようなデマが流布すると、それは期待の高まりをよびおこし、日本からの早船が来たわけでもないのに、人びとの間に再度のデマが流布したものであろう」と推測している。

同廿二日の……（七三15） 『朝鮮記』に、蔚山城攻防戦開始の様子を伝える。「十二月廿二日。寅ノ刻終ノ事ナレハ。諸人一炊ノ夢未覚サル處ニ。大明ノ大軍不慮ニ出テ。左京大夫幸長輝元カ先手ノ大将宍戸備前守カ陣處ニ押入。散々ニ切巻ク。寝首ヲ取テ陣屋ヲ放火シ。山合へ引取ケル」（三〇六頁上）と。この記事によれば、蔚山城攻防戦は十二月二十二日未明四時前後、明・朝鮮軍による宍戸元続ら中国衆の拠る先手の陣所の焼き討ちから始まった。なお、慶念の記述からも窺えるように、敵軍の襲撃は突然の急襲であったようで、蔚山城内は大混乱に陥ったようである。『朝鮮記』はその戦闘状況を伝えている。右の明軍の攻撃に対して太田一吉・浅野幸長・宍戸備前守・加藤与左衛門尉らが明軍を追撃して討って出たが、明の大軍に遭遇して敗退、退却した。「浅野幸長蔚山籠城以下万覚書」（「浅野家文書」二五五）では次のように見える

十二月廿二日之次第

一廿二日之卯《ウ》之刻、唐人幷朝鮮之人数蔚山表へ打出、中国

衆先手之陣所へ取懸候事、
一廿二日中国衆先陣ヨリ、巳《ミ》ノ下刻ニ惣搆へ人数引入候事、
一廿二日之夜ハ、敵之陣取、城ヨリ一里半計東の山まきの島と申所へ引取候事、
一廿二日之夜戌《イヌノ》刻ニ加藤主計（清正）小性迄にて被参候事、
一廿二日之夜、加主計相談申、西生浦へ人数よひニ遣候、是ハ城中へ籠候儀不罷成事、
一中国衆陣取ハ、悉廿二日ニやけ申候事、

また、より詳しい記述が同二二五四号「浅野幸長高麗陣蔚山表覚書」にある。

中国の小屋（七三1）「浅野家文書」二二五四号では「廿二日うの刻ニ、たう（唐）人幷てうせん（朝鮮）の人数、うるさんおもてへ打出、中国衆さきてのちん（陣）所へとりかけ、やきはらい引取候」とある。

飛驒さま手おひたまふ（七三3）「浅野家文書」二二五四号では「ひだハ廿二日ニておひ申よし候て」とあり、『朝鮮記』では、討って出た太田一吉が城内へ退却する時、乱軍のなかで討死のうわさが流れ、大河内秀元らが「去ハ飛驒守カ骨ヲ拾ン」（三五二頁）と乗出したところ「飛驒守ハ馬ヲ切レ。歩立ニナッテ箭三本射タテラレ、堀ト柵トノ間ニ攻籠レ居玉」たのを救出したと記す。その後「一吉ハ三ケ處ノ箭ヲモ抜ス流ル血ヲモ揮スシテ。塀裏ノ役處ワリヲス」とある。

同廿三日の……（七三12）「浅野家文書」二二五五号は次のように記している。

同廿三日之次第
一廿三日卯《ウ》刻ヨリ、惣搆東のかたへ敵取懸候事、
一廿三日巳ノ下刻ニ、本丸へ引入候、其刻加主計ヨリ使三度来ル、村田市郎、うをすミ彦十郎、河原（瓦庄）勝九郎、
一廿三日之夜ハ、城中とりまき陣取候事、
一廿三日ヨリハ、日々ニたてにて少つゝよせ候事、
一廿三日未《ヒツジ》刻ニ、加主計小性組、船二三十艘にて西生浦ヨリ来ル、

また二二五四号文書は次のように激戦の様子を記す。

一廿三日とらの刻に、てきちんさハぎ、うの刻ニ惣かまへひかし、我等もちくち（持口）へとりかけせめ申候、てきにておひし（手負）人、ことの外仕出に付て、けんこに相かゝへ候故、しらミ申候、其時しゝどびぜん守、加藤清兵衛と申もの見まひに罷越、右之様子ねんころに見申候、かすへ所ゟも村田一郎と申もの、つかひに相越候、われらてまへてきせめしらミ、北西へ人数をまハし、せめかゝり候刻、又かすへ所ゟうをすミ（魚住）彦十郎相越申やうハ、北西やふれさうニ候間、我等本丸へ参へきやと申来候へ共、うけとり口かたく申付候とて不罷越候、ミの下刻ニ、いぬ井よりおしやふり申時、かすへ所ゟかハら（瓦庄）少九郎と申者相越、惣かまへやふり候間、早々我等城中へとりこもるへきよし又申来候、かすへ所ゟハ、両三度つかひ相越候へとも、ひだ所ゟハとかく不申越候、はや本丸二丸くち

〳〵へ、てきとりつめゐ申候間、うしろよりきりわりこもり申候、我等もち口より大手まてハ、六町あまり御座候、其刻加藤與左衛門せかれ十三ニ罷成候もの、てきて付候を、我等のりわり、城へめしつれ候てこもり申候、大てのもん口に加藤清兵衛、その外かすへ者、大田ひだものゐ申候、一たんたかき所、もんの見つけにひだ被居候、われらひだにあひ候て、かすへハとたつね候へハ、二丸ニ有之よし申候間、二丸へ罷越候、二丸ひかしの口、おしこミ候ところ、かすへじしんてつはうを以うちのけ候、西のもん口へてき付申よしニ付て又罷越、ミちにてあひ申候、我等ハまた本丸の口へ罷越候、かすへもの、ひだもの、われらもの、大手の口ゟきり出し候刻、ひだものくひ七ッ、かすへ者くび壱ッ、我等ものくび壱ッとり申候、もんわきニ、てきておひ死人御座候ニ付て、右のくびにもせんさく御座候、加藤かすへおとな加藤清兵衛なともきり出候、てきせめあぐミひきしさり、城中とりまきちんとり御さ候處へ、せつかいへよひに遣候かすへ人数、船二三十そうにて罷越おしのほせ、てつはううち申事、

八千たひと身をかへ（七四2）　『梵網経』巻下の「吾今此世界に来ること八千返なり」が出典。御伽草子『釈迦の本地』には、釈尊は今を始めて、仏に成給へるかと思へ共、五百ちんてんくおんこうより、あなたの仏にて、まし〳〵ける。かたじけなくも、無常しやうごんの浄土より、八千度まで娑婆に往来し、三千大千世界にけしばかりも、身命をすて給はさる所はなし

とある。

本丸へ……大手の請取（七四5）　参考に『朝鮮記』十二月三日条（三〇四頁）の後に付された図を掲げておく。

蔚山城ノ図

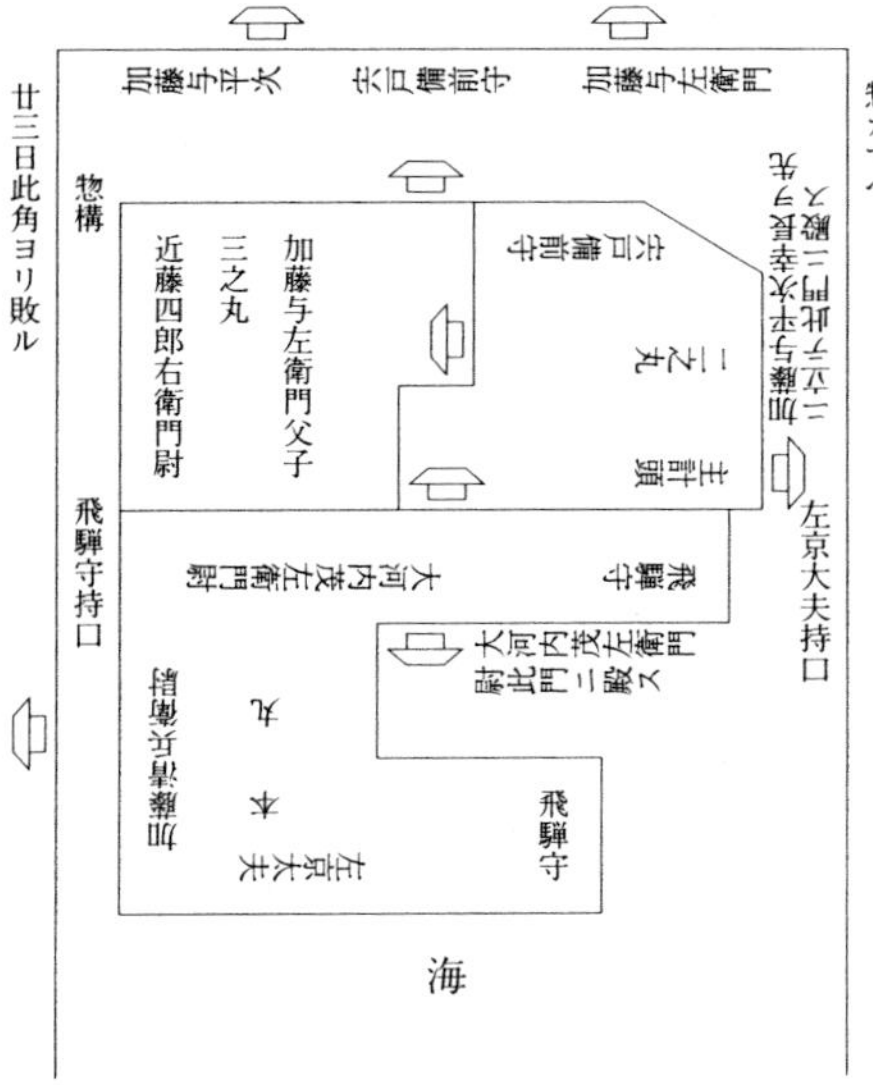

財宝に火をいかけ（七四8）　『朝鮮記』十二月二十九日条（三三二頁）に次のようにある。

奥国中押働ノ道筋ニテ。諸人大ニ濫妨ス。秀元モ。日本皈朝ノ土産ト思テ。綾綿。金襴。八糸。無綾。純子様々ノ巻物。日々撰テ。今日取テ又明日能ヲ見テハ。前ニ取タルトモ悪キハ焼ステ類ナキ計ヲヨクスクリ。三百七十巻取タリ。諸人悉ク心ニ任セ。取ケル跡ハ大成蔵トモニ皆焼散シテ通リケル。秀元母玄妙院ヘミヤゲニト心サシ。印子ノ釈迦。紺紙金泥ノ類ナキ能筆ノ法花経。其外弓。矢尻。籠。茶碗。硯已下色々様々ノ朝鮮道具ヲヨリ取テ。牛二疋ニツケテ。蔚山ノ小屋マテ恙ナク持来リシニ。八十万騎ニ追込レ。馬ナト蹈殺シタル躰ナレハ。小屋ニテ残ラス焼失ス。ソレノミナラス太閤殿下ヨリ拝領セシ。羽織。黄金。秀元秘蔵セシ備前兼光ノ脇差ニ至マテ。悉ク炎上シタリ。

同廿四日ニ……（七五7）　「浅野家文書」二五五号に次のように見えている「つうじあつかひ」がそれであろう。

　同廿四日之次第
一廿四日辰《タツ》之下刻ョリ敵せめかゝり、申ノ刻ニ引退候事、
一廿四日加主計右之船にて来者共、川へおしのほせ、鉄砲にてうちあひ候事、
一廿四日申ノ刻、つうじ《（通事）》あつかひとて来候事、

『朝鮮記』では、この日寅の刻に

敵方ヨリ日本人ト見ヘタル士一騎。城山ノ麓ニ来テ。大音上テ云ケルハ。城内ナリヲシツメテ慥ニキケ。少地少勢ノ蔚山勊ヲ移サス。唯今眼前ニ乗破テ。大将ヲ先トシテ。籠士悉ク生捕。大明国ノ禁中ヲ見物サセント。呼ハツタリ。（三一八頁）

とする。この日本人武将と投降勧告の使者の関係は不明。「あつかひ」については、一二〇頁補註「同廿八日ニ……」を参照。

水ハなし食物もなき事（七五8）　蔚山城外の水汲み場を明軍におさえられていた日本軍は、いよいよ「水にかつへてめいわく」の極限に向かいつつあったとき、それにつけこんで水売り商人が蔚山城内にあらわれたことを『朝鮮記』十二月二十四日条は次のように記している。

二ノ丸ノ門脇ニ。少キノ桶ニ盃取ソヘ。高声ニ水ヲ売ル。大河内立寄見テ。イカニト問ヘハ。ソノ盃一盞ノ水ヲ。代銀十五匁ト云。大河内各ニ水飲候ヘト云ケレハ。各代銀ナシト答エ。大河内代銀ハ某カ持タリキ。何モ飲玉ヘト云シカハ。皆人悦テ飲タリ。各ハ先ヘ帰リ玉ヘ。某ハ代銀遣シ行ヘシト。一人跡ニ残リ。大河内モ一盞飲ケレハ。正シク水ナリケレトモ。金ハナシ。マキラカシテ通ルヘシト思テ。已ハ物躰ナキ奴哉。歴々ノ士ニ尿ヲ飲ス。沙汰ノ限ト云捨テ。立帰ラントス。水商人大河内カ鎧ノ袖ニ取付。過分ノ金ニテ候ヘハ。被下候ヘト歎ケル。（中略）大河内忿テ。已ハ耳ノ穴モアカヌウツケメ。イテ金クレント云儘ニ。鑓ヲツ取テ見テ。商人以ノ外ニ取サワキ。二丸エ一カケニ北入タリ（三二〇頁下―三二一頁上）。

北島万次はこの記事を引用しつつ、「明日落城するとも知れ

ぬ運命の瀬戸ぎわにあって、死の商人はあくどい根性を発揮した」と特記している（『「朝鮮日々記」・「高麗日記」』三三二頁）。また十二月二十五日条には米五升を判金十枚で売る米商人の話がある。さらに城内の飢渇の状況については、十二月二十六日条に「城内食事飲水ヲ絶テ。已ニ五日ニ成ケレハ。上下餓渇ニ疲果テ。其人トモ見ヘス憔悴シケル」「城内既ニ米水ナク皆近キ内ニ飢死候ヘシ」（三二四頁―三二五頁）とある。

安楽の……飛行自在も（七五11）　『観無量寿経』三輩段上品中生に「深信㆓因果㆒不㆑謗㆓大乗㆒、以㆓此功徳㆒、廻向願㆔求生㆓極楽国㆒、行㆓此行㆒（中略）行者自見、坐㆓紫金台㆒、（中略）即能飛行、偏至㆓十方㆒、歴㆓事諸仏㆒」（因果を深信して大乗を謗ぜず。この功徳をもて廻向して極楽国に生ぜんと願求す。この行を行ずるもの、（中略）行者みづからみれば紫金台に坐す。（中略）すなはちよく飛行して、あまねく十方にいたり諸仏に歴事す）とあって、極楽に生じて紫金のように輝く蓮華の台座に住し、また飛行して十方に到ると説かれている。

からひと又手おいおゝく（七六4）　「浅野家文書」二五四号に、

一廿四日たつの刻、てきせめかゝり候處、てきにておひ死人事外有之ニ付て、さるの刻ニひきしりそき候、此うちにもかすへものとも、ふねおしのほせ、てつはううち申候事、

と見えている。

日本は神国なれハ（七六9）　十二月廿五日、まさしく「神国」日本の「あはれミ」の「雨になりて……城中諸人くちをぬら」すことができた　という。この和歌を引用したうえで藤木久志は、「中世社会の底に伝統的に根付いていた『三韓征伐』的神国意識が、中国から華夷《かい》意識に対置されるかたちで、豊臣政権の北京上洛を目ざす侵略戦をささえ、朝鮮侵攻をあおりたてるイデオロギーとして、ひろく民衆までも包みこんで動員されていったことは疑いない」（『日本の歴史』一五〈織田・豊臣政権〉、三七四―三七五頁）と指摘している。慶念もこのような神国・華夷意識から自由ではなかった、ということであろう。なお、この時期の日本神国観としては、天正十五年六月十九日に博多で発令された秀吉のキリシタン禁令の第一条に「日本ハ神国たる処」と見えるのが著名。

同廿六日ニ……（七六14）　「浅野家文書」二五五号に次のようにある。

一廿六日三ノ丸加藤与左衛門もち口へ、竹たばにてよせ申候。即その夜やきはらひ候事、

『朝鮮記』では「大責ノソノ間ニ。枯草ヲ山ノ如ク。二三ノ丸下ヱ持カケ積上置」いて焼払ったと見えている。

同廿七日ニ……（七七2）　「浅野家文書」二五四号に次のように見えている。

一廿七日むまの上刻、毛利壱岐守（吉成）、山口玄番（宗永）、ふねにて物見に相越、城中と馬しるしをふりあひ申候事、

『朝鮮記』では「蔚山向ノ入海ノ岸へ。黒縨武者二騎来テ。扇

ヲ挙テ城ヲ招」いて、援軍のことを伝えたとする。

同廿八日ニ……（七10）『朝鮮記』では以下のように見える。

古へ加藤主計頭ニ仕ヘシ。岡本越後守ト云者。去子細有テ日本ヲ出奔シ。年頃大明ニ住シテ。今度蔚山へ向ニハ八千騎ノ大将ニテ来リケルカ。彼ヲ二人ノ王ノ大使トシテ。今日巳ノ刻計ニ。扱ヲ入テ云ケルハ。城内数日ノ勇力比類ナキ次第ナリ。此上ハ城ヲ開キ渡シ身命ヲ助リ。永ク日本大王へ忠節アレカシトアリ。城内ヨリ田中小左衛門。大河内茂左衛門。九津見兵蔵三人出テ。越後守ト互ニ名乗合テ。右ノ口上ヲ聞大河内使番ナレハ。行テ三将へ申ヘシト。田中九津見云ケルヲ。大河内。岡本ニ向テイカニ越後殿。御辺日本ノ人タリシカ。ソモヤ命カ惜キトテ。敵ニ城ヲ渡シ。迯退法ヤ候ヘキ。唐士(士カ)ハイサシラス。我朝ニオイテハ此例ヲ聞ス。其旨大将へ申達セハ己カ命助リ度儘ニ法ナキ事ヲ申トテ。忿ヘキハ一定也。左ノ如ナル臆病沙汰。大将へ申シ覚悟ニ不及候。城内水兵糧ハ少モナク。玉薬サへ絶々ナレハ。大軍ヲ以責ラレンニ。何程ノ事カ候ヘキ。トク、、攻ラルヘシ。屍ヲ蔚山ニ埋ンテ。義命ヲ後世ニ授ントソ云ケル。越後守其ヲ聞テ是非ナク本陣ニ皈リシカ。又乗来リ二人ヲ招出シ。大河内ニ向テ。御辺御所存ニテ御返答両王へ申スノ処ニ。以ノ外ニ感シ両王ノ詞誤リ也ト後悔セリ。寒天ト云。大軍囲レ水ニ渇シ。食ニ飢タル労兵勇士ノ法ヲ立テ。大将ノ耳へタニ入玉ハサルト云事。尤感スルニ堪タリ。其人ノ名名字ヲ記スヘキトテ。両王則御辺ノ御名ヲ書止タリ。然ラハ大明二人ノ王ト。城内三人ノ大将ト互ニ小勢ニテ半途ニ出合会盟シ。其上異儀ナク引取。互ニ飢渇ノ労兵ヲ休ヘシトアリ。大河内其口上ヲ三大将へ披露ス。三将軍兵ヲ召集メ。面々ノ所存心ノ不残可申ト有ケレハ。異口同心ニ申ケルハ。迚モ此城ノ為躰五日三日ヲ出スシテ。悉ク餓死スヘク候。サアランニ於テハ。日本諸勢ノ弱リノミニ非ス。八ツノ城々モ力ヲ失ヒ朝鮮ト一和ノヤウモ候ヘシ。兎ニモ角ニモ。城ヲ責落サスシテ。大敵ヲ靡ケタルコソ。城内至極ノ勝利ニテ候へ。人質ヲ取替シ。堅約正シク御対面ニ於テハ。可然御事ト詞ヲツ、マス申ケレハ。三大将我々モサコソ思ヘトテ。上下一同ニ決定シ。三将ヨリ返答ニ両軍。人質ヲ取カハシ対面已後。異議ナク馬ヲ入ラル、ニ於テハ。両王望ニ任スヘシトアリ。大河内其旨越後守ニ云渡ス。少シ時ヲ経テ。又越後守来テ曰。人質ノ望尤至極ニ候ヘトモ。乍去城中ノ三大将証人トシテ。一人此方へ出城モ有マシク候。又大明大皇帝ノ名代ナレハ。此方両王ノ内一人入城モ成カタシ。然則ハ以下ノ人質ハ専ナシ。其上大国ニ偽リナキノ條。正月三日午ノ刻ニ会盟ト有ケレハ。城ヨリモ尤ト返事シテ。其赴ニ極リ使ハ皈リヌ。是ヨリ敵味方矢ヲ止ケレトモ。城内ニハ少シモ心ヲユルサスシテ。塀裏ヲ堅ク守リケル（三二八頁下—三三〇頁下）

また、北島万次著書に引用する「吉川家譜」にはこれを二十七日のこととして次のようにある。

二十七日（慶長二年十二月）ノ黎明ニ敵陣ヨリ騎馬ノ兵二人城近ク来リ、日本ノ言語ニテ我等ハモト岡本越後守ト称シ加藤殿（加藤清正）ノ家人、一人ハ田原七左衛門ト称シ浮田家（宇喜多秀家）ノ人ナリ、先年ユヘアツテ明ヘ遁ル、加藤殿ハ明・朝鮮ノ人、皆其勇ヲ知ルトイヘトモ、今城兵計ルニ二万ニ過ス、寄手ハ明・朝鮮ノ兵合セテ百万ニ余リ、何ソ城中利ヲ得ル事アラン、我等両人ハ昔ノ好ミニテ来ル、早ク和睦シテ城ヲ明渡サハ、城兵悉ク恙ナク帰スヘシト告ケレハ、清正、之ヲ聞テ、城兵兵糧乏シク、且ツ玉薬モ尽キ、援兵ノ来ル迄防戦シカタケレハ、先ツ偽テ和睦ヲナシ三五日モ戦ヲ止メハ、士卒モ休息シ援兵モ来ルヘシト城兵ニサトシ置キ、和睦ノ事ハ承引スヘシ、城ヲ明渡ス事ハ成カタケレハ、互ニ人質ヲ取テ陣ヲ引ヘシト答ラレケルニ、両人ハ一応帰リケルカ、再ヒ来テ是非城ヲ渡セト言ケレトモ、清正承引セサレハ、先ツ城外ニテ大将互ニ参会シ、和儀ヲ行フテ陣ヲ引ント言シカハ、清正、之ヲ承引シ、晦日ノ朝、互ニ小勢ニテ会セント約束ス、其日、両軍ノ間ニ仮屋ヲ造リ会盟ノ所トス、清正、已ニ会所ニ赴ントシケルカ、浅野左京大夫（幸長）、敵情量リカタシト止メラレケレハ、清正、之ニ同意シテ今日ノ会盟ヲヤメント敵ヘ告ラレケレハ、彼ヨリ種々ニ詞ヲカヘテ清正ヲ出サントシケルカ、清正、遂ニ出サリケレハ、敵、大ニ怒リ城ヲ攻ント用意ス、

しかるに「浅野家文書」二五四号では、一一八頁補註「同廿四日ニ……」のように二十四日に「あつかひ」が見え、この日は以下のようにあって和睦使者のことは見えていない。

一廿八日てきしばをよせ、三丸やくら（櫓）をやく（焼）へきてたて仕候へ共、不罷成候、此日もかすへもの川おもてへ船をのほせ、うちあひ申候、てきておひいてき候躰と、城中ゟ見申候事、

同廿九日ニ……（七八5）『朝鮮記』には次のように記す。

一廿九日敵味方互ニ物静カ也。サレトモ城内ニハ夜昼眼ヲ合セス堅メケル。城内此彼ノ矢蔵下道脇ノ日表ニハ。士足軽人夫等ニ限ラス。飢渇ノ上ノ寒難痛ニ。五十人。三十人ツヽ、後ヘモタレ。又其後ヘモレテ首ヲ低伏居ケルハ数ヲ知ラス。早二三日モ身動モセサリケレハ。塀裏廻ル軍士。鑓ヲ自カタケテ廻リシ幾日モ動カサリシカハ。鑓ノ石突ヲ以テ刎倒シ見ルニ。悉居スクミ或ハ氷ニトヂラレ死居タリ。爰トモ言舌ニハ述難キ籠城也（三三一頁）。

また「浅野家文書」二五四号には以下のようにある。

一廿九日あきのさいしょう（毛利秀元）、くろ田かいのかミ（長政）、竹中源介（重利）、かさねて山口玄番（蕃）、もの見に船にて相越躰と、馬しるしを城中ゟ見申候、そのよ二てにわけ、てきちんへ夜うちをうち申事、

正月一日ニ……（七八8）「浅野家文書」二五四号。

一正月朔日の夜、城中ゟつかいとして、我等もの二人、ひ

だもの一人、うしろまき衆へ書状をもたせ出し候事、

同二日二……（七六11）「浅野家文書」二五五号。

一二日巳ノ刻、主計人数せつかいヨリ、船にて川口へ参着候事、

同四日二……（七九3）「浅野家文書」二五四号。

一四日のミの刻ニ、川手の人数も山へひきあけ候間城中ゟひだもの二人、其後我等もの、かすへもの船てへつかひニいたし申候、てき大将ちんと見え候は、さるの上刻ニひきくづし候、四日の夜うしろまき衆大将分、何も城中へ相こし候事、

阿ミ陀寺（九一4）この寺院は、『平家物語』の普及により、次第に有名となり、参詣者を集めた。例えば、今川了俊『道ゆきふり』に次のように見える。

赤まの関のにしのはしによりてなへの崎とやらんいふめる村は。柳のうらの北にむかひたり。此関は北の山ぎはにちかく。家とならびて岡のやうなる山あり。かめやまとて。おとこ山の御神のたゝせたまひたり。其東に寺あり。阿弥陀だうといふ。安徳天皇このうらにてかくれさせ給て後に。知盛の卿女の少将のあまとかやいひける人こゝにのこりとゞまりて。平家の跡問けるを。のちにかの御菩提所になされて。安徳天皇の御尊影おはします。本尊は清盛公のふく原の持仏堂の阿弥陀仏と申なり。又小松のおとゞの本尊とて。さか仏もたゝせたまひたり。このたび安徳天皇の御事いつかゆめにみえさせ給ふことの侍しほどに。たびたび御菩提をとぶらひたてまつり侍りき。いかなる世々の契にてか侍つらんとぞおぼえ侍る。門司の関はこの寺にむかひたり。

また、宗祇の『筑紫道記』にも次のように見える。

かくて赤間関はやとものわたりにいたる。塩のゆきかひ矢のごとくして。音に聞しにかはらず。二の迫門を隔てむかひは豊前の国なり。そのあいだ十余町と見ゆ。此地のやどりは阿弥陀寺といへり。うしろに山高く巌そばだちて。落くる水いさぎよし。せきいるゝ砌のさまをのづからの境致にて。岩に生たる松のねざしも物ふりて。水におほひ軒にめぐり。御堂は星霜積りて檜皮所所破れたるも中々あはれふかし。鎮守の社の作りざまこまやかに。しかも風景を思へるにや。門司の松山ぞ向にみえて前に海水をながむ。次に安徳天皇の御影を見侍れば。御かたちみづらふたつにゆひわけて。御よそひさる事とみえて。紅の袴に笏を持給へり。御顔のにほひあひぎやうづき。うちゑみ給へるさまして。唯その代の御かたちとおぼえて。なき世のかげはわすれ侍る事也。あやしの身にも見奉るほど。涙をさへがたし。次に平家の人々の影有。新中納言知盛。修理大夫経盛。内蔵頭信基。宰相教盛。中将資盛。能登守教経等なり。女房には大納言のすけの局をはじめて四五人あり。中にも教経武勇の道すぐれたりけんもふしぎに覚えて。

梓弓八重の汐合に消ぬ名もあはれはかなき跡のしら波
君の御事はその哀ことのはに及び侍らでさしをきぬ。彼二位の尼君の波の下に極楽侍りとおしへ奉りけむも悲しさ浅からず偽のことのはに侍れど。唯心己身のこゝろをおもへば。いづれか浄土にあらざる。誰か仏躰にあらざらむ。此詞ぞ誠の道には侍べき。

さらに、各国の大名が肥前名護屋に参陣したとき、必ずのようにこの寺を訪ねている。慶念もそれに習ったのであろう。

なお、赤間神宮には、以下本文に見えるものの他、『平家物語』長門本（重要文化財）、「赤間神宮文書」（『阿弥陀寺文書』、重要文化財）、「源平合戦図十帖」などを伝えている。

安徳天王の御ゑい（九一4）　阿弥陀寺の安徳天皇御影堂（建久二年、勅定によって創建）に安置された等身大の木像。現赤間神宮の御神体。

御一門の御ゑい（九一6）　阿弥陀寺御影堂の安徳天皇木像を守護するように、周囲の障子に描かれていた。現存するものは室町時代末期に御影堂が再建された以後のもので、狩野元信作と伝え、軸装に改められている。天皇に仕えた廊御方（平清盛の娘）・大納言典侍（安徳天皇乳母、重衡の妻）・帥典侍（時忠の妻）・治部卿局（知盛の妻）の四人の女房と、知盛・教盛・経盛・資盛・教経・信基の六人の武将の画像。女性は十二単衣、男性は強装束の束帯姿である。本文では十二人とするのは誤りか。あるいは当時十二人であったことを示すか、不明。

安徳天王……かきあらハしたる（九一8）　安徳天皇誕生から壇之浦入水に至るまでの一代記を描いた絵図。もと阿弥陀寺御影堂の障子絵であったが、現在は軸装に改められている。土佐光信画、上部の色紙形の書は青蓮院宮の筆と伝え、『平家物語』にそって描かれている。第一巻「御誕生」、第二巻「後白河法皇御幸」、第三巻「後白河法皇還御」、第四巻「生田森合戦」、第五巻「一の谷合戦」、第六巻「屋島合戦」、第七巻「壇の浦合戦」、第八巻「御入水」、より成る。かつて絵解がなされた。

頭註・補註関係文献一覧

【史料（単行本）・辞典類】

安養寺荘厳録　安養寺所蔵
石山退去録　和泉書院、一九八六年
稲葉家譜　臼杵図書館所蔵
臼杵小鑑　文化三年編、明治二二年増補、一九三九年刊
大分県史（近世篇Ⅰ）大分県、一九八三年
寛永諸家系図伝　続群書類従完成会、一九八〇―九七年
高山公実録　清文堂出版、一九八八年
国史大辞典　吉川弘文館、一九七九―九七年
真宗故事成語辞典（復刻版）　法藏館、一九八二年
戦国人名辞典　新人物往来社、一九八七年
宣祖実録　学習院東洋文化研究所、一九六一年
大漢和辞典　大修館、一九五五―六〇年
大日本古文書家わけ第二・浅野家文書
　東京帝国大学、一九〇六年
第十六・島津家文書
　東京大学、一九五三―六六年
第八・毛利家文書
　東京帝国大学、一九二〇―二四年
第五・相良家文書
　東京帝国大学、一九一七―一九年
言経卿記　岩波書店、一九九二年
邦訳日葡辞書　岩波書店、一九八九年
日本国語大辞典　小学館、一九七二―七六年

【史料（叢書収録）】

阿弥陀経　『真宗聖教全書』一（大八木興文堂、一九四一年）
安宅　日本古典文学大系『謡曲集』下（岩波書店、一九六三年）
安心決定鈔　『真宗聖教全書』三（大八木興文堂、一九四一年）
伊勢物語　日本古典文学大系『竹取物語　伊勢物語　大和物語』
　（岩波書店、一九五七年）
和泉式部　日本古典文学大系『御伽草子』

一枚起請文　日本古典文学大系『仮名法語集』（岩波書店、一九五八年）
厳島文書（巻子本）『広島県史』古代中世資料編三（岩波書店、一九六四年）
（広島県、一九七八年）
鵜祭『謡曲大観』一（明治書院、一九三〇年）
浮世物語　日本古典文学大系『仮名草子集』（岩波書店、一九七〇年）
恨の介　日本古典文学大系『仮名草子集』（岩波書店、一九七〇年）
歌占　日本古典文学大系『謡曲集』上（岩波書店、一九六〇年）
栄玄聞書『真宗史料集成』二（同朋舎、一九七七年）
往生礼讃偈『真宗聖教全書』一（大八木興文堂、一九四一年）
大谷本願寺通紀『真宗史料集成』八（同朋舎、一九七四年）
御文（御文章、帖内）『真宗聖教全書』三（大八木興文堂、一九四一年）
（帖外）『真宗史料集成』二（同朋舎、一九七七年）
面高連長坊高麗日記『改訂史籍集覧』二十五（臨川書店、一九八四年復刻）
御曹子島渡　日本古典文学大系『御伽草子』（岩波書店、一九五八年）
観経四帖疏『真宗聖教全書』一（大八木興文堂、一九四一年）
閑吟集　日本古典文学大系『中世近世歌謡集』（岩波書店、一九六五年）
漢語灯録『真宗聖教全書』四（大八木興文堂、一九四一年）
観無量寿経『真宗聖教全書』一（大八木興文堂、一九四一年）
義経記　日本古典文学大系（岩波書店、一九六八年）
砧　日本古典文学大系『謡曲集』上（岩波書店、一九六〇年）
九十箇条制法　日本思想大系『蓮如一向一揆』（岩波書店、一九七二年）
教行信証『真宗史料集成』一（同朋舎、一九七四年）
教如上人消息『真宗史料集成』六（同朋舎、一九八三年）
口伝鈔『真宗史料集成』一（同朋舎、一九七四年）
愚禿鈔『真宗史料集成』一（同朋舎、一九七四年）
元亨釈書『国史大系』三一（吉川弘文館、一九三〇年）
源氏物語　日本古典文学大系（岩波書店、一九六二年）
高僧和讃→和讃
子盗人　日本古典文学大系『狂言集』下（岩波書店、一九六一年）
今古独語『真宗史料集成』二（同朋舎、一九七七年）
最須敬重絵詞『真宗史料集成』一（同朋舎、一九七四年）
相良氏法度　日本思想大系『中世政治社会思想』上（岩波書店、一九七二年）
紫雲殿由縁記『真宗全書』七〇（国書刊行会、一九七七年復刻）

七十一番職人歌合　新日本古典文学大系
（岩波書店、一九九三年）
持名鈔　『真宗史料集成』一（同朋舎、一九七四年）
釈迦の本地　『室町時代物語大成』第七
（角川書店、一九七九年）
拾遺和歌集　新日本古典文学大系（岩波書店、一九九〇年）
正信偈　『真宗聖教全書』二（大八木興文堂、一九四二年）
正像末和讃→和讃
浄土三経往生文類　『真宗聖教全書』二
（大八木興文堂、一九四一年）
浄土真要鈔　『真宗史料集成』一（同朋舎、一九七四年）
浄土文類聚鈔　『真宗史料集成』一（同朋舎、一九七四年）
浄土論註（往生論註）　『真宗聖教全書』一
（大八木興文堂、一九四一年）
浄土和讃→和讃
続日本紀　新日本古典文学大系（岩波書店、一九八九—九〇年）
新古今和歌集　日本古典文学大系（岩波書店、一九五八年）
真宗帯佩記　『真宗史料集成』九（同朋舎、一九七六年）
墨染桜　『謡曲大観』三（明治書院、一九五四年）
隅田川　日本古典文学大系『謡曲集』上
（岩波書店、一九六〇年）
関寺小町　日本古典文学大系『謡曲集』下
（岩波書店、一九六三年）

宗祇法師集　群書類従十八（群書類従完成会、一九一八年）
叢林集　『真宗史料集成』八（同朋舎、一九七四年）
太閤記　新日本古典文学大系（岩波書店、一九九六年）
太平記　日本古典文学大系（岩波書店、一九六七年）
多聞院日記　『続史料大成』三八—四二
（臨川書店、一九七八年）
朝鮮記　続群書類従二十下（続群書類従完成会、一九二三年）
長曾我部元親記　続群書類従二十三上
（続群書類従完成会、一九二四年）
筑紫道記　群書類従十八（群書類従完成会、一九一八年）
東国輿地勝覧（書景文化社（ソウル市）、一九九四年）
童子教『日本教科書大系』往来編5（講談社、一九六二年）
日本往還日記　『日本庶民生活資料集成』二七
（三一書房、一九七〇年）
鵺　日本古典文学大系『謡曲集』上（岩波書店、一九六〇年）
猫のさうし　日本古典文学大系『御伽草子』
（岩波書店、一九五八年）
鉢木　日本古典文学大系『謡曲集』下（岩波書店、一九六三年）
蛤の草紙　日本古典文学大系『御伽草子』
（岩波書店、一九五八年）
般舟讃　『真宗聖教全書』一（大八木興文堂、一九四一年）
船橋　日本古典文学大系『謡曲集』上（岩波書店、一九六〇年）
武功夜話　『武功夜話』（前野家文書）第三巻

（新人物往来社、一九八七年）
舟弁慶　日本古典文学大系『謡曲集』下
（岩波書店、一九六三年）
平家物語　日本古典文学大系（岩波書店、一九五九年）
弁述名体鈔　『真宗史料集成』一（同朋舎、一九七四年）
報恩記　『真宗史料集成』一（同朋舎、一九七四年）
報恩講私記　『真宗聖教全書』三（大八木興文堂、一九四一年）
反古裏書　『真宗史料集成』二（同朋舎、一九七七年）
細川家近世文書目録　『熊本県文化財調査報告』二九
（熊本県教育委員会、一九七八年）
本願寺作法之次第　『真宗史料集成』二（同朋舎、一九七七年）
松浦記集成　『松浦叢書』第二巻（松浦史談会、一九三八年）
松山鏡　『謡曲大観』五（明治書院、一九三〇年）
万葉集　日本古典文学大系（岩波書店、一九五七―六二年）
道ゆきふり　群書類従十八（群書類従完成会、一九一八年）
紅葉狩　日本古典文学大系『謡曲集』下
（岩波書店、一九六三年）
無量寿経　『真宗聖教全書』一（大八木興文堂、一九四一年）
山科御坊幷其時代之事　『真宗史料集成』二
（同朋舎、一九七七年）
唯信鈔文意　『真宗史料集成』一（同朋舎、一九七四年）
乱中雑録　『大東野集』第六輯～第七輯
（民衆文化文庫刊行会〈ソウル市〉、一九七二年）

蓮如上人御一代記聞書　『真宗聖教全書』二
（大八木興文堂、一九四一年）
蓮如上人御遺言　『真宗史料集成』二（同朋舎、一九七七年）
脇坂記　続群書類従二十下（続群書類従完成会、一九二三年）
和漢朗詠集　日本古典文学大系（岩波書店、一九六五年）
和讃（浄土・高僧・正像末）　『真宗聖教全書』二
（大八木興文堂、一九四一年）、（参考）『真宗史料集成』一（同朋舎、一九七四年）

【論著・論文】

青木馨「本願寺蓮如・実如名号比較試論」
（『仏教史学研究』三七―二、一九九四年）
有元正雄『真宗の宗教社会史』（吉川弘文館、一九六五年）
井上鋭夫「一向一揆―真宗と民衆―」
（『日本思想大系　蓮如一向一揆』解説、岩波書店、一九七二年）
岩沢愿彦「肥前名護屋城屛風について」
（『日本歴史』二六〇、一九七〇年）
大桑斉「近世民衆仏教の形成」
（『日本の近世1　世界史の中の近世』、中央公論社、一九九一年）
神田千里『一向一揆と真宗信仰』（吉川弘文館、一九九一年）
北島万次『朝鮮日々記・高麗日記』（そしえて、一九八二年）
北西先生還暦記念会『中世仏教と真宗』
（吉川弘文館、一九八五年）

児玉識『近世真宗の展開過程』（吉川弘文館、一九七六年）
児玉識「『蓮茎一糸』考」
（『中世仏教と真宗』、吉川弘文館、一九八五年）
是永幹夫「慶念『朝鮮日々記』の研究」
（『青丘学叢』三、一九九三年）
内藤雋輔「僧慶念の『朝鮮日々記』について」
（『朝鮮学報』第三十五輯、一九六五年、のち『文禄・慶長役における被虜人の研究』、東京大学出版会、一九七六年に再録）
中野学『豊臣政権の対外侵略と太閤検地』
（校倉書房、一九九六年）
西谷正「朝鮮式山城」
（『岩波講座日本通史』古代2、一九九四年）
貫井正之『豊臣政権の海外侵略と朝鮮義兵研究』
（青木書店、一九九六年）
早島有毅「中世社会における親鸞門流の存在形態」
（『真宗重宝聚英』八、同朋舎、一九八六年）
「本願寺蓮如の名号本尊と戦国社会」
（『京都市歴史資料館研究紀要』一〇、一九九二年）
藤木久志『織田・豊臣政権』（日本の歴史一五）
（小学館、一九七五年）
『雑兵たちの戦場』（朝日新聞社、一九九五年）
林屋辰三郎『天下一統』（日本の歴史一三）
（中央公論社、一九七一年）
前田一郎「『浮世物語』の思想的性格」
（『大谷大学大学院研究紀要』六、一九八九年）
八巻孝夫「『倭城』に探る近世の城郭史」
（週間朝日百科・日本の歴史二一、一九八六年）

Ⅱ　『朝鮮日々記』と慶念

『朝鮮日々記』の諸本

岡村喜史

一　『朝鮮日々記』の体裁と現状

この『朝鮮日々記』は、大分県臼杵市大字市浜の安養寺に所蔵されているもので、豊臣秀吉の第二次朝鮮出兵である「慶長の役」に従軍した僧慶念の従軍歌日記である。

安養寺には、『朝鮮日々記』が二本現存しており、その体裁は次のようである。

一本は、縦二三・五cm×横一八・八cm、厚手の楮紙を用いた袋綴のもので、表紙は表裏とも欠失しているため、外題・内題ともに不明である。現在最も表側にあたる第一丁表の部分には本文とは別筆の五行が仮名交じり文で本文より大きく書かれている。この部分については意味不明であり、おそらく反古紙が裏打ち紙として使用されていた部分の残欠で、当初はこの部分が表紙に貼り付けられていたものが、その後破損により表紙が欠失してしまったと考えられる。このため現在は表紙がなく外題も不明である。しかし、本文が現在の一丁目裏面からいきなり書かれていることから考えて、内題は存在しなかったものと考えられる。

本文は、流麗な変体仮名交じりの文字で、一頁に十〜十二行が墨書されている。

本文の形式は、和歌の上の句を頭出し、下の句を二字下げによって書く。この和歌の前にそれぞれ詞書が付けられ、これについても二字下げによって表記される。

他の一本は、縦二三・五cm×一七・五cm、楮紙を袋綴としたもので、紺色紙表紙を付け、四つ穴綴じとなっている。外題はなく内題のみ存在する。内題については『朝鮮日々記』の性格を分析するについて重要な問題があるため後で述べることとしたい。さらに本文の後に、先の一本には見られない記載がある。それは、

慶長二年六月廿四日ニ渡海仕ル。

同三年二月二日ニ帰朝候也。

と本文と同筆による書き込みがあり、その後に、

安養寺開基慶念狂歌也。

と本文とは異筆で書かれている。さらに次の頁には、

目もかすみ筆も叶わぬ身なれとも

しとふむかしに写してそおく

とある。この和歌は本文と同筆と見られる。

以上の二本が現在安養寺に所蔵されているが、本書の本文翻刻については古体である前者を使用した。

二　『朝鮮日々記』の成立について

そこで次に、現在安養寺に所蔵されている二本の『朝鮮日々記』についてそれらの性格を分析しておきたい。なおここ

では、仮に前者を「A本」、後者を「B本」としておくことにしたい。

安養寺に現存する二本の『朝鮮日々記』について、これまでに書誌学面から分析がなされたのは内藤雋輔氏である。内藤氏は「僧慶念の『朝鮮日々記』について」(『朝鮮学報』第三十五輯)において、A本を草稿本とし、B本を転写本としている。内藤氏は、原本を確認した村井強氏の、「かなり破損がはげしく又とじ込みも一回ではなく、何冊かまとめて一冊にとじたようである」という報告を受けて、「これこそ戦塵の間に携帯した草稿本であると考えてよいと思う」という評価を加えている。確かに何冊かをまとめた体裁で一冊の冊子が作られているところにこのA本の特徴がある。

しかしこのA本は、料紙を二つ折りした袋綴であり、これを何枚かまとめて大和綴に仕立てて一冊の冊子としており、村井氏が内藤氏に報告した、何枚かを携帯していたものを帰国後まとめて一冊にしたものであるとは考えがたい。さらに慶念が携帯するには料紙の大きさが大きくかさばるもので、もし携帯したならば、もっと小さなメモ用紙のようなものを戦陣に携帯していたものと考えられる。さらに墨色を見てみると、ほぼ一定しており、もし戦陣に携帯して毎日書き綴ったものならば、一日一日墨色が異なると考えられるはずである。ところが、A本についてはそのような状況を確認することができず、さらに比較的文字の乱れもないことから考えて、このA本は、慶念が朝鮮の戦地においてメモしていたものを帰国後清書したものと考えるのが妥当であり、これを「清書本」と見るべきである。

この件については、関連解説のなかで仲尾氏も触れているが、同じ太田一吉軍に属していた家臣大河内秀元の『朝鮮記』の記載内容と若干齟齬する部分があり、これはおそらく慶念が朝鮮の従軍から帰国した後に数少ないメモと自身の記憶を手がかりに清書したためであると考えられる。

そこで、B本についてであるが、B本について内藤氏はこれを「転写本」と位置づけており、その内容や書き方から考えて、A本の転写本と考えることは妥当であろう。ただ、A本に比べてB本のほうが圧倒的に漢字を使用している頻度が高いことはすでに内藤氏によって指摘されているとおりである。

次にB本がいつ転写されたかが問題となってくる。先にも触れたとおりB本の末尾には、「慶長二年六月廿四日」以下の二行の後に、「安養寺開基慶念狂歌也」とある後ろ部分の料紙が切り取られている。この不自然な部分をどう理解するかであるが、この部分には何か文字があったものと思われる。そこでこの部分にはなにが書いてあったのかであるが、この部分について、現在大分県立図書館所蔵の後藤碩田の「碩田叢書」に収められている、いわゆる「碩田本」を見てみると、これには「享保十三甲正月廿三日写之」という文字がある。碩田本はB本の忠実な転写本であることから考えて、B本のこの切り取られた部分には碩田本にある享保十三年の書写奥書があったものと考えられる。すると、安養寺B本の転写年代が享保十三年（一七二八）の書写である可能性がきわめて高いということになるであろう。さらにB本の転写目的については、次頁にある「目もかすみ」の和歌の下の句があり、享保の転写には昔を慕うあまりに写されたものであることが知られる。このため転写者は、慶念の日記を自分なりに解釈を加えて意味を取りやすくするために、仮名を漢字に改めたのであろう。そして碩田本が写された以降に、このB本を慶念の自筆の清書本と位置づける目的からか享保三年の書写奥書の部分を切り取ったものと考えられる。

次に、A本の筆者についてであるが、先にも触れたごとく、A本の表表紙及び裏表紙は欠失しており、元表紙の状態が不明であるが、現在転写本であるB本の内表紙（元表紙）には、

安養住職

慶念六十二才

伴僧了真

一僕又市郎

慶長弐年六月廿四日ヨリ
日々記

とあり、筆者が安養寺の住職慶念であることを示している。

そこで、この『朝鮮日々記』原本の筆者についてであるが、事実『朝鮮日々記』本文慶長三年正月五日条には、太田一吉の言葉として「慶念ハ早々船ニのり候へとおほせありし」とあり、筆者は慶念であることは間違いないと考えられる。

そこで転写本の表紙についてであるが、慶念の上に付けられている「安養寺住職」については、おそらく転写時の追加と考えられるが、それ以外については『朝鮮日々記』が慶念によって書かれた段階で存在した表紙の形態にきわめて近いものであると思われる。それは、中央に「慶長弐年六月廿四日ヨリ」と書き出された日のみが記されており、本全体を位置づけると考えられる『朝鮮日々記』の文字は左端に小さく書かれているのみであり、この状態こそが元の形態を最も忠実に表しているものと言えるのではないかと思われるのである。

これらのことから考えて、安養寺に現存する『朝鮮日々記』二本は、清書本は字体や料紙の特徴から、江戸時代初頭のものであり、転写本は享保年間のものと考えられる。現在慶念の筆跡として確かなものは現存していないので確実なことはわからないが、清書本については慶念自筆のものと考えうるであろう。

なお清書本の『朝鮮日々記』についても清書後若干の推敲が行われたようで、加筆修正と追加箇所を散見することができる。そこでその箇所について次に挙げておくこととする。

訂正箇所

日付	語句	本文箇所
六月二四日	いまをかきりの→いまをわかれの	(4-13)
	たらちねや→たらちねの	(5-1)
八月四日	目もあてあれぬ→目もあてられぬ	(14-13)
一〇月二九日	来りめるる人も→来りケるカ、ミル人も	(38-11)
一一月六日	ひけかミの→ひけかミに	(41-12)
一一月九日	いししゆうたん→いしぢうたん	(43-13)
一一月一〇日	かのう物なら→かなう物なら	(44-6)
一一月二八日	種々に善都方便→種々に善巧方便	(59-4)
一二月八日	おもろろかるらんに→おもしろかるらんに	(64-11)
一二月一六日	わかいのち→わかよはい	(70-2)
正月五日	くるしミおもひ→くるしミさらに	(80-1)
正月一五日	たかためとや→たかためにや	(85-4)
	しなはかわれる→しなのかわれる	(85-11)
	さめぬゑいかう→さめぬさかもり	(86-2)
	しゆめのゑひの→しゆめのゑその	(86-4)
	かいのさか月→かいつふり	(86-5)

	けんすなさ■■→けんすよきさかな	(86-11)
正月二七日	まち〳〵なりしなかになを→まち〳〵なりし其なかに	(90-8)
	ゑらひ〳〵て→ゑらひて	(90-8)

訂正箇所

日付	語句	本文箇所
八月二五日	秋なかし→秋ノヨなかし	(19-12)
九月二四日	報謝かたも→報謝ノかたも	(27-8)
九月二五日	しミ〳〵とありけれ→しミ〳〵とありけれハ	(27-14)
	かやう申侍る也→かようニ申侍る也	(27-15)
一〇月四日	夢見へて→夢に見へて	(30-3)
	身しめる→身にしめる	(30-4)
	夜のあらし→夜半のあらし	(30-4)
一〇月一九日	御本願のたふさ→御本願のたふトさ	(34-12)
一〇月二三日	御慈悲よりの→御慈悲ニよりての	(35-15)
一〇月二八日	ひろちかひにあへる→ひろきちかひにあへる	(38-9)
一一月一日	同前に申したてまつりたき→同前に御よろこひを申したてまつりたき	(39-5)

一一月一四日	くちハなれす↓くちハはなれす	(46-9)
一一月一六日	大さいもくとらせ↓大さいもくヲとらせ	(47-8)
	からくひきられ↓からくひヲきられ	(47-10)
一一月一八日	いそき〱なれ↓いそき〱はなれ	(49-3)
	くるしミあへる事↓くるしミにあへる事	(49-4)
一一月二〇日	よそ見る目も↓よそノ見る目も	(50-5)
一一月二一日	われか心中↓われラか心中	(51-1)
	真成報恩↓真成報仏恩	(51-3)
一一月二三日	われらことき凡夫↓われらことき ノ凡夫	(54-8)
一一月二四日	本願の雨露めくミ↓本願の雨露ノめくミ	(55-6)
	草木をやしたて↓草木をやしないそたて	(55-6)
	かやうニうたよミ↓かやうニうたによミ	(55-9)
	仏法よろこひ申候身↓仏法ヲよろこひ申候身	(56-1)
一一月二五日	申候ハん侍らん↓申候ハん事かんやうにて侍らん	(56-9)
一一月二八日	筆にませてきしるし↓筆にまかせてかきしるし	(60-1)
正月一〇日	御慈悲きハまり↓御慈悲ノきハまり	(81-11)
正月一二日	やるかたもなきま、↓やるかたもなきのま、	(82-10)
正月一五日	しなのかわれ↓しなのかわれる	(85-11)

正月一六日	垣本の梅→垣本の梅も	（87-1）
正月一七日	か丶る御慈悲→か丶る御慈悲ヲ	（87-5）

三　『朝鮮日々記』の公刊

『朝鮮日々記』は、慶念の「自筆本」と考えられるもののほか、享保十三年（一七二八）に書写された「転写本」の二本が安養寺に存在することについては先に述べた。この二本については、本来慶念が住持した安養寺に存在することから考えて、基本的に外にでることはなかったものと思われる。

慶念の『朝鮮日々記』を外部の立場で筆写したものとして現在確認できるものは、天保三年（一八三二）の後藤真守（碩田）によるものが最も古い。後藤真守は豊後国を中心とした史料の収集を行い、『碩田叢史』を編纂した中に『朝鮮日々記』を加えている。いわゆる「碩田本」である。この碩田本は、安養寺所蔵の転写本を忠実に写したものであり、最終丁の部分には奥書として後藤真守の自筆で、

> 此記者、嘗之臼杵城下安養寺（属西本願寺）所蔵。禁秘之一也。友人飛田在由亦稲葉公藩吏因得請け上人謄録焉。
> 不知其所。以秘果如何。
> 天保三歳在壬辰春月　乙津　後藤真守

とある。

しかし「碩田本」は、この後藤真守自筆の奥書と本文が明らかに異筆である。後藤真守の奥書の前頁には、享保十三年

の奥書の後ろに本文と同筆で、

天保四癸巳年正月十四日写之

という書写奥書が存在し、後藤真守の奥書と比べるとほぼ一年遅いものであることがわかる。このことをどのように理解するかは今のところ不明である。

さらに明治十二年には東京大学史料編纂所が『朝鮮日々記』の謄写本を作っており、現在東京大学史料編纂所に所蔵されているものは「碩田本」を謄写したものである。

『朝鮮日々記』全文について解説を付しつつ本文を公刊したのは戦後のことである。これを行ったのは、村井強・羽柴弘の両氏である（『朝鮮日々記』、佐伯史談会、一九六四年）。両氏の労苦によって初めて慶念の『朝鮮日々記』が紹介され、研究対象とされることとなった。ところがこれらの公刊は残念ながら、雑誌の性格上ほぼ大分県に限定された地域のみであり、またその底本はやはり転写本であった。

そして『朝鮮日々記』の全容を広く全国的学界に紹介したのは内藤雋輔氏の「僧慶念の『朝鮮日々記』について」（『朝鮮学報』第三十五輯、一九六五年、のち『文禄・慶長役における被擄人の研究』、一九七六年）であった。

内藤氏は、ここに初めて慶念の『朝鮮日々記』が安養寺に二本所蔵されていることを指摘し、その底本を清書本におき、さらに転写本によって校異を加え、転写本が圧倒的に漢字表記の多いことなどを明らかにした。

内藤氏による『朝鮮日々記』全文の紹介は、学会に大きな影響を与え、『朝鮮日々記』をもとにさまざまな角度で戦国期から近世初頭における日本社会の究明に取り組まれることとなった。

そしてここでは、内藤氏の成果を踏まえつつ、あえて『朝鮮日々記』の原点に立ち返って清書本の全文翻刻と頭註及び補註を付して公刊することとした。

慶念の生涯と文化的素養

早島有毅

一　『朝鮮日々記』の特色と史料的位置

豊臣秀吉による文禄の役、慶長の役と二度にわたる朝鮮侵略において、五山禅林の僧だけでなく真宗の僧侶も従軍していたことは、あまり知られていない。現在確認できるのは朝鮮慶尚道釜山に道場を建立した周防山口の端坊明念と、慶長の役に参軍し『朝鮮日々記』を著した、豊後臼杵の安養寺慶念だけである。だがこの他、石見でも真宗僧が文禄の役に従軍したとの伝承がある。さらに、草野顕之氏の史料紹介に見るように、肥前名護屋に本願寺の道場六坊が、朝鮮に向かう軍勢の宿所として建立された痕跡もある。とすれば、理由を定かにしえないものの、本願寺が何らかの形でこの侵略に加担した可能性は高い。

ところで朝鮮侵略のなかで、秀吉軍がどういった行動をとっていたのか、具体的に知る史料として当時の文書の他に、帰国の後に書かれた種々の記録が伝えられている。文禄の役での妙心寺僧天荆の『西征記』や加藤清正の家臣下川兵大夫の『清正高麗陣覚書』、慶長の役での太田一吉の家臣大河内秀元の『朝鮮記』、さらに島津義弘の家臣淵辺書右衛門の『島津家高麗軍秘録』、島津忠恒の供衆面高連長坊の『面高連長坊高麗日記』など多くある。慶念の『朝鮮日々記』も、こうした記録の一つとして著されたといってよい。

この日記が世に出たきっかけは、明治二十二年（一八八九）久米邦武氏が天保三年（一八三二）の後藤真守の書写本を紹介したことに始まる。その後、久多罹木儀一郎氏の「慶念の朝鮮日記」、さらに村井強・羽柴弘の両氏の「朝鮮日々記」が翻刻されたが、まだ広く学界の共有財産となるに至らなかった。やがてこの史料の価値に着目し、改めて紹介の労を取られたのが昭和四十年（一九六五）『朝鮮学報』に発表した、内藤雋輔氏の「僧慶念『朝鮮日々記』について」である。

この論考は、慶念によって帰国の後整理された草稿本をもとに、近世の転写本との異同を示しつつ新たに解読し、難解な地名や語句の註を施して、内容についての解説を詳細に加えた点に特色がある。ただ惜しむらくは、当時の研究状況に規定され、朝鮮の地名の比定や朝鮮語に由来すると想定される特異な語句、さらに真宗教義や古典文学などの解釈をめぐって、一部に齟齬が認められる。

しかしながら内藤氏の論考によって、この日記は秀吉の朝鮮侵略の実像の一端を照射する記録として、脚光を浴びることとなった。藤木久志氏の『日本の歴史　織田・豊臣政権』（小学館、一九七五年）で初めて活用された。それ以降、内藤氏自身の『文禄・慶長の役における被擄人の研究』（東京大学出版会、一九七六年）、さらに北島万次氏の『豊臣秀吉の朝鮮侵略』（吉川弘文館、一九九五年）などでも、基本史料の一つとして引用されている。内藤氏の日記の翻刻と解説は、この点で秀吉政権の朝鮮侵略研究の進展に大きく寄与したといえよう。

のみならず、その一方で『朝鮮日々記』自体の史料的研究も、内藤氏の解説を基礎に新たな研究状況のなかで進められた。北島氏の『朝鮮日々記・高麗日記・秀吉の朝鮮侵略とその歴史的告発』（そしえて、一九八二年）や、是永幹夫氏の労作「慶念『朝鮮日々記』の研究」（『青丘学叢』三、一九九三年）などがその成果である。前者は、日本だけでなく朝鮮の文献との突き合わせという地道な作業のもと、記述内容の虚実が正されていった。後者は、キリスト教の記録との対比のなかで、これまで顧みられることの少なかった宗教的視点から、民衆史にとって朝鮮侵略とは何かを知る恰好の史料として、記載内容の確認が図られたのである。

このような着実な研究の展開によって、この日記の重みは否応なく高まったといっても過言ではない。だが、改めて原本解読から内容総体を検討するとき、これまでの史料的研究による位置づけだけでは、不充分であると思われる。それは、これまでの史料論において、日記の基軸である叙述形式からの論究が少ないことにある。

いうまでもなく『朝鮮日々記』は、著者慶念が従軍中の生活を詠む狂歌主体に、真宗僧侶としての心情を、詞章に叙述する形式にある。日記の最大の特色は、この点に求められるが、この形式は、戦国末期から近世初頭にかけて流行した「乱世の文学」（沢井耐三「乱世の文学」、『岩波講座日本文学史』第七巻）の一形態といわれる。細川藤孝の『九州道の記』や『東国陣道記』、さらに豊臣秀吉の右筆、楠長諳の『九州陣道の記』などが著名であり、いずれも、狂歌と紀行文を組み合わせた、この時代独特の叙述形式をとっている。

では、従軍の記録として、慶念が狂歌主体の叙述形式にこだわったのには、こうした軍旅記と共通する点があったのであろうか。

このことを示唆するのは、慶念が日本の地に帰着し、下関の阿弥陀寺（現・赤間神宮）を参詣した際の、次の文（本書九一―九二頁）にある。

まことに〱うき世ハ、けふハあすのむかしになりて行事なれハ、かやうに申侍るつたなき物までも、ミな〱昔になりて、すたりゆかん事ハ、いかなる人のにも御座候ハん間、のちの世のために情をのこし、物ことにうわさにもなりたき念願御座候て、此老躰も連々かやうの事をのミおもひつらね候へハ、今日までの狂哥をつゝり侍る也。御覧せん人々ハ御心をつけて、此しるしおきたる物を、つねハ御披見有へし。

慶念によると、この世とは「うき世」つまり有為転変の激しい世界である。人間はその情況のもとで、後世の人々へ「情」つまり自己の気持ちを伝え、世の注目を浴びたい、と思っている。私も以前からそうした志があって、従軍中に狂歌を主体に記述してきた。だから、この日記を披見する人は、この気持ちを汲んでほしい、という。

一般にこの時代の狂歌とは、「ケ」つまり日常的な生活を詠む歌であり、だれ憚ることなく自由に、自己の心情を婉曲に相手に伝える道具といわれる。とくに、正面きっていいづらい本音を、笑いにくるんで伝えることができる属性があり、この時代の大名や禅僧などにも愛好されたといえる。とすれば、慶念の狂歌主体の記述形式にも、そうした性格があったのは確かであり、軍旅記と共有する叙述の形式にあったのは否めない。

しかも本書大取論文によると、慶念の狂歌には、それだけでなく、場の状況によって二つの使い分けが見られる、という。一つは、旅程で眼にした風景や戦闘のなかでそのときの心理状態について、率直に詠む場合である。この狂歌には、望郷の念にかられた者や老いゆく気持ち、さらに戦場での悲惨な光景などを詠んでいる。もう一つは、戦国期の本願寺や末寺道場で修されていた年中行事、つまり報恩講と親鸞や歴代宗主の忌日法要の日が、行軍中にあったとき詠む場合である。これは、通例釈教歌といわれ、仏教教典とくに真宗の聖教の教理について、平易に表現して詠むといわれる。

慶念が狂歌をこうして区分して詠んだ意味については、定かにしえない。だが日記の冒頭で従軍が領主太田一吉の命であり、正面きってそれを断れない（三頁）と記していたのを想起するとき、狂歌を使い分けたのは、自己の経験した状況について、聖・俗両方の視点から詠み、日記を読む人々に婉曲にその実情を伝えようとしたのでなかろうか、と思われる。

こうした慶念の日記には、視点を変えて見るとき、この他にも注目すべき特性が二、三認められる。その第一は、戦国末期において真宗の教理が、どのように理解されていたのか、その内実が窺えることである。日記に引用された真宗聖教は『正信偈・三帖和讃』を始めとして、『御文』や存覚の『浄土真要鈔』『浄土見聞集』など十数部がある。慶念は、これらの経典の意句を抜きだして釈教歌として詠んでいるが、大桑斉氏や平田厚志氏の関連解説に窺えるように、そこには狂歌を媒介に確かに、戦国期の真宗信仰の一端が示されていたのである。

第二は、古典とくに『源氏物語』や『伊勢物語』、さらに謡曲、『関寺小町』や『鉢ノ木』などからの引用が散見することである。この事例は、大取氏の関連解説に詳述されており、贅言を要しない。だがそこでは、その引用が単なる本歌取り的なものでなく、内容をよく理解して咀嚼している事実である。例えば、自己の老いを謡曲『関寺小町』に託して「小町かよミし心によせ、はしめの老をしのはれ候事」（四一頁）と述べ狂歌を詠じるのは、そのよい一例となろう。

第三は、戦国期の真宗習俗の特異なあり方が述べられることにある。それは、従軍中に本願寺の年中行事を修する際、慶念が自分の首に名号かけて行うとの記述が見られるからである。例えば、九月十三日の本願寺証如の命日に、「同十三日ニけふハかたしけなくも前住さまの御明日なり。殊更に御名号御筆をくひにかけまわり申候へハ、ありかたく侍りて」（一二三頁）というようにである。この習俗は、覚如の伝記『最須敬重絵詞』に見られ、さらに近世江戸時代の記録、『石山退去録』などにも記されるものの、信憑性が確かめられていなかった。だがこの日記によって、そうした習俗が中世の真宗にあったことの確認がとれたのである。

この日記には、この他に十六世紀中頃の朝鮮国の風土の情景が、簡略に記されている。しかし、遺憾ながら地理的比定などが困難であり、全てを確認することは充分できない状況にある。ここでは、その行程図だけを本書に記すだけに留めているが、いずれこの方面からの解明も新たに行う必要があろう。

慶念の『朝鮮日々記』には、従軍記という性格だけでなく、以上のような仏教関係や朝鮮国の地勢などの記述もあり、この意味においても史料的な価値が高い、と思われる。とすれば、この日記は他の大名家臣の記した従軍記と較べて、どういった位置にあるのであろうか。

本書仲尾論文によると、先に挙げた朝鮮侵略の記録の多くは、詰まるところ執筆者が主人である大名の軍功を記して、恩賞を得るための記録といった性格が濃厚であるという。そのせいか多くの場合、内容は大名やその家臣の武威を誇大に述べたり、日本軍の侵略の正当性を鼓舞する記述に終始し、侵略された朝鮮の人々の立場を斟酌する観点は全く窺えない。あろうことか、朝鮮の将兵や村々に住む民衆への虐殺、寺院などからの文化財の略奪、婦女子の強制連行などが誇らしげに述べられていたのである。

これに対し、慶念の『朝鮮日々記』は、他の記録のように、日本軍の侵略の正当性を記すことがなく、領主太田一吉やその軍勢の活躍も南原《ナモン》攻略や蔚山《ウルサン》攻防戦以外に、ほとんど述べられることはない。しかも、この記事のなかに、見聞した日本将兵の残虐行為、虐殺や連行される朝鮮民衆への同情、日本から来た商人のあくどい商売、とくに人買いなどの描写を狂歌と詞章のなかで述べたり、日本軍の諸大名への人物評価などが付け句で述べる箇所がある。これなどは、やはり狂歌主体の記述との関連性があると見てよいだろう。この日記は、こうした点でも大名家臣の記録とかなり異なった史料的位置を占めるのでなかろうか。

二　安養寺慶念の出自とその生涯

さて本願寺の一僧侶として、老齢に達しながら朝鮮侵略に従軍を余儀なくさせられた、安養寺慶念の生涯はほとんど不明である。生年は明らかでないものの、日記の慶長二年七月晦日条で「六十二そのとし月をかそへてもけふのこよひに似たる時なし」（一三頁）とあり、十二月十六日条に、「わかよはひハ六十三なり」（六九頁）とあるので、逆算すると天文五年（一五三六）の後半に誕生したことになる。

慶念の生まれた天文五年といえば、七月に京都で天文法華の乱が起こり、畿内のみならず、各地で戦国という時代の名の通り、「濫妨狼藉の世界」（藤木久志『雑兵たちの戦場』）が日常的に繰り広げられていたさなかである。慶念が従軍中にも関わらず忌日ごとに仏恩報謝のために修した証如・顕如の本願寺も、門徒百姓衆や傭兵を駆使し、自己の存亡をかけてその世界のただなかで、戦っていたのである。

ところで、慶念の出自については本多正道氏の考察にあるように、十八世紀後半から編まれた寺社の由緒のなかに、しばしば触れられている。慶念を安養寺の歴代のどこに位置づけるかは、後に検討するとして、『安養寺荘厳録』の末帳の冒頭に、

寺開基慶念、俗姓ハ遠州掛川城主安藤某之男、実名不詳、或ハ安藤帯刀ノ甥也ト云

と説かれるのが、地名の異同を除くと一般であろう。とすれば、この安藤帯刀とその一族とは実在したのであろうか。

寛永年間（一六二四―一六四四）の徳川幕府の編纂にかかる『寛永諸家系図伝』によれば、安藤帯刀の名は「清和源氏頼清流」として、次のように記される。

直次

彦四郎　彦兵衛　従五位下

帯刀　生国参河

生年は天文二十二年（一五五三）で、元和二年（一六一六）六十四歳のとき、それまでの功績により遠江掛川の城主となり、元和五年（一六一九）、徳川頼宣の紀伊転封にともない、田辺で三万石余を与えられた。寛永十二年（一六三五）五月に江戸で病死。享年八十三歳。法名崇賢。遺言で三河国桑子（愛知県岡崎市大和町）の真宗高田派寺院、妙源寺に葬られたという。豊後臼杵で文化三年以降に編纂された慶念の出自伝承は、確かに実在の一族を論拠としていたのである。

しかも、中世三河に展開した安藤氏の多くは、真宗の源海系太子信仰の集団に属し、十四世紀初頭河内より菅生郷に来住し、領主より寄進をうけて一宇を建立した。この集団の生業は、鋳物業で岡崎鋳物師の源流となった(岡崎市満性寺蔵『菅生満性寺縁起』)という。この縁起には一部錯誤があるものの、河内鋳物師がこの地に来て寺院を建立した経緯は、一定の事実性を踏まえて記述されており(早島有毅「中世社会における親鸞門流の存在形態」『真宗重宝聚英』第八巻)、確かなことと思われる。

やがて、この集団から武士化して松平氏の被官となるもの、鋳物師から大工などへ転身するものに分立していく(「勝蓮寺所蔵文書」六・八一、「安藤氏所蔵文書」一、『岡崎市史』史料古代・中世編)が、いずれも専修寺、本願寺と所属を異にしつつ、真宗道場の檀那として存立していた。安藤帯刀の一族が妙源寺の檀那となった時期は不明である。だが、文亀二年(一五〇二)十月に、一族と想定しうる安藤直之が妙源寺に田畠を寄進しており(「妙源寺文書」八、『岡崎市史』史料古代・中世編)、この頃には妙源寺の門徒としてあったのは確かであろう。

以上のように、『寛永諸家系図伝』に記載される安藤帯刀の一族が、親鸞を源流とする真宗に深く関与していたのは確かである。もとより慶念が、近世初頭に徳川家康の麾下として活躍した、安藤帯刀の子とか甥とかいうのは、荒唐無稽な話である。だが慶念と安藤氏との結びつきは、あながちに否定しえないと思われる。この理由は、史料を欠くため明示しえないものの、安藤氏の一族が、先述のように鋳物師集団として展開していたことに関係しよう。

いうまでもなく、親鸞の門流のなかに鋳物師だけでなく寺社造営に携わる大工、鉱山労働に従事する山の民、さらに漁業や河川交通に従事する海民など、多くの「芸能」の民が多く存在した(早島前掲論文)。こうした集団の多くは、鎌倉末期に幕府の政策で各地に定住する際、雇用関係にあった御家人武士の系譜をもとに、自己の集団の由緒つまり寺院の開基伝承を構築する場合がある。

このことは、例えば開基を佐々木三郎盛綱の子、佐々木俊綱、法名勝光房西順との伝承を持つ（塩谷菊美「寺院の開基伝承と教団内身分」、『和光大学人文学部・人間関係学部紀要　エスキス』九七）、真宗本願寺派の古刹大阪府茨木市の仏照寺の由緒に窺うことができる。

仏照寺は正治二年（一二〇〇）二月、源信系浄土教の「ヒジリ」真空により、摂津国能勢銅山の祈禱所として与野山に建立された（『壬生家文書』一三八二・一三八三）。やがて、十四世紀後半に常楽台存覚の教化で（勝福寺喚鐘銘文・『大日本金石史』四）、銅細工集団を基盤に親鸞門流に転じ、淀川流域の摂津国溝杭庄に一宇を構え、鋳物師を基盤とする関東の明光門流の近江日野牧興性寺などを傘下に収めた（『松原興敬寺文書』一・二）。仏照寺と佐々木氏との接点は定かにならないが、佐々木道誉が摂津国守護のとき、多田社の造営を多く行っており（『多田神社文書』二一・八二）、この造営を契機に雇用関係が生じ、佐々木氏の由緒を仏照寺に採り入れたと考えられる。

詳論は別に譲るとして、こうした事例は三河力石如意寺の寺伝や、信濃松本正行寺の由緒などにも窺えるので、確かなことと想定しうる。とすれば、慶念の出自を安藤帯刀の一族とするのには、彼が何らかの関係で鋳物師集団に属しており、それを基にしての伝承と断定してよいのでなかろうか。

慶念が本願寺の僧となった経緯は不明であるが、十八歳のとき、天文二十三年（一五五四）に死んだ宗主証如について、二年十一月十三日条で「いかなる人もよく〳〵御らんあれ。そんしのまへと申なから三悪ハた丶目のまへにありけんや」（四五頁）といっている。この「そんし」とは、この日が十世証如の命日であるので、「尊師」とは証如を指すと思われる。近世初頭までの本願寺の文献を一覧するとき、この称号が用いられるのは三世覚如と八世蓮如しか見られない。彼が証如を「そんし」というとき、そこには生涯を通して忘れられない人、つまり出家得度の師ということになるのでなかろうか。

こうして、慶念は本願寺の僧侶となったと思われるが、彼の日記において、特筆すべきことの一つは、七歳下の十一世顕如との関係である。例えば、七月二十四日条（一二頁）において、それは次のように記される。

同廿四日ニさても今日の善知識さまの御あハれミ、海山をかたふけてもあまり有りし御事なり。其御すかた片時も忘れ申候ハねハ、なをも有りかたくそんして、

面かけのたちそひいまにわすられぬそのあわれミハ四方にあまれり

これに類似する記述は、顕如の忌日の各月二十四日条にしばしば散見するので、慶念が少なくとも顕如に面謁していたことは、確かと思われる。

問題は、どういった立場で顕如に面謁しえたのかである。このことについて、示唆するのは彼の非凡な文化的素養である。彼が真宗教義のなかで多く引用するのは、先に見たように、『正信偈・三帖和讃』『御文』などを基本とし、存覚の『浄土真要鈔』や『報恩記』などまでに及ぶ。さらに、古典の引用は『源氏物語』『伊勢物語』はいうまでもなく、『土佐日記』や『和漢朗詠集』、果ては、謡曲をもとにした故事まで引用される。

この具体的な内容は次節に譲るとして、その素養は、戦国期の本願寺の文化的環境のもとで育まれたであろうことは、容易に想定しうる。現在まで伝来する『栄華物語』や『三十六人家集』を始めとして、多くの古典はこの時代に蒐集され、出版事業も『正信偈・三帖和讃』、さらに『御文』も始めて開版されていた。また一家衆や御堂衆、さらに内衆下間氏を中心に教典の読誦が盛んであったが、それだけでなく、寺内居住の人々をまきこんで、連歌、能楽・謡曲、茶道も、日常的に催されていたのである。

永禄七年（一五六四）八月、大坂本願寺で顕如とともに能楽を鑑賞した山科言継は、それを演じたのが「門跡内衆」、つまり下間氏であったと特に記し、そこでの「風流」についても、驚嘆していた（『言継卿記』永禄七年八月四・五日条）

が、それは本願寺における文化的環境の整備の伸長を示していたといえる。彼が七歳年下の顕如に、いかなる立場で接しえたのか定かにしがたい。だが、文化的素養の面から考えるとき、慶念は一家衆か御堂衆に昵近した僧として、永禄年間の大坂「寺内」に居住し、そこで顕如に面謁しうる関係を結んでいたのでないかと想定しうる。

慶念が豊後臼杵に赴き、そこに居を構えた年代など、それを示す史料はないが、天正二年（一五七四）三十九歳のとき、関白近衛前久が安養寺に逗留したとの伝承があり、それ以前であった可能性がある。

彼が大坂から豊後臼杵へ転じたのは、『安養寺荘厳録』によると、顕如の命で「真宗の弘通ト云」という。しかしこの地には、すでに永正三年（一五〇六）頃、本願寺の教線は及んでおり（「薩摩国千野湊　願主釈明心」宛方便法身像裏書）、近世の安養寺と本末関係を結ぶ豊後耳津正覚寺の開基慶西も、同じ時期に本願寺より方便法身尊像を与えられている（星野元貞「肥後国・日向国・薩摩国における真宗の展開」『講座蓮如』第五巻）。とすれば、彼の臼杵転出を真宗弘通のためと限定するのは、あまりにも通俗的である。

この問題を解く鍵は、どこに求められるのか。それは、慶念の豊後で属する慶西門徒の西了が、大坂「寺内」に居住していたことにある。『天文日記』二十二年五月二十六日条に、「為斎於日向国西了（今ハ寺内居住也）志、調備、仍五百疋出之云々」とするのが、それである。この斎には、証如だけでなく、一家衆順興寺実従と三十日番衆も相伴している。さらに、西了は二十八日の夕餉に返礼として、証如の接待をうけていたのである。

『天文日記』には、大坂「寺内」に宿所をもった地方の大坊主のいたことは、よく知られている。しかし、西了のように九州の慶西門徒が寺内に居住するだけで、このような歓待をうけることは寡聞にして知らない。そこには、何か理由があったのであろうか。

このことについて、着目すべきは正覚寺の開基慶西の出身が和泉国佐野庄であり（『正覚寺開基略縁起』）、慶念と同じく元来安藤氏を姓としていた事実である。確証を得ないものの、この安藤氏も、鋳物師集団を出自とする可能性が高い。網野善彦氏の指摘によると、応永年間には豊後や筑後・肥後に摂津の堺より往来する鉄商人を掌握し、太宰府鋳物師のもと、その船の課役徴収権を握る鋳物師が確認できる（『日本中世の非農業民と天皇』第三部第二章）という。

太宰府鋳物師のもとに、安藤姓鋳物師がどのように組織化され、この一帯でどのように活動していたのか定かにしえない。しかし、天文期この一帯に、太宰府鋳物師の下部組織として「番子衆」という集団が展開していた（網野前掲論著）。近代の正覚寺末寺の多くは安藤姓で、その近世での展開は、全て日向灘の海岸線にそっていた（星野前掲論文）という。とすれば、慶西門徒は「番子衆」と関連する安藤姓鋳物師を基盤とし存立していたといってよいのでなかろうか。西了は、慶西門徒のそうした経済活動の拠点として、戦国期の流通経済の中心の一つ、大坂「寺内」に居住しその経済力などで証如の接待をうけたのであろう。

以上のことから慶念が臼杵に赴いたのは、もとより真宗弘通の意味もあったであろう。だがそれだけでなく、そうした経済の活動関係を通した、人間的繋がりのなかに求められよう。『安養寺荘厳録』のなかで彼は、淀川の船中で臼杵の孫左衛門と師檀の契約を結び臼杵に到着の後、耳津正覚寺の門末となったと述べている。それはこうしたことを象徴しているのでなかろうか。

ところで、慶念の名が安養寺の開基として記されないのは、本多氏の紹介した由緒書で明らかである。これによると、近代になって編纂された寺社由来を除くと、一つは慶念の名を記さなく願西か願正の名を掲げる説、もう一つは『豊後国志』のように、太田一吉との関係で慶念の安養寺再興説、さらに『温故年表録』のように、慶念を慶正と同一とする説、また『安養寺荘厳録』のように、慶念を開基とする説に区分できる。

これら四説の妥当性については、遺憾ながら判断の史料がないものの、日記の二月二日条（九三頁）に、次のような記述のあるのは注意すべきである。

さてまた、わか屋につきしかハ、まつ〳〵仏前ニ参候て、本意をとけ申たる御事哉。か丶る宿縁にもあひたてまつりたる身かな。いよ〳〵道場の御造作も結構出来申候へハ、いやましの観（歓）喜のよろこひ、うちおきかたくて御座候。

この記述は、要するに慶念が朝鮮に従軍している間に、道場の建立がほぼ完成したことを示している。しかも、日記の十月七日条で「ふる里の御同行衆の法儀のたしなミ、いか丶御入有らん」といっており（三二頁）、その建立が門徒の手によって、行われていることが暗示される。断定はしがたいものの、この建立が事実とすれば、『豊後国志』のいうように、太田一吉との関係で慶念の安養寺再興説が有力となる。『安養寺荘厳録』で、顕如の御影が慶長七年（一六〇二）十二月三日、木仏寺号が慶長九年（一六〇四）九月三日に与えられたとあり、願主を慶念とするが、時期的にはそれが符号するからである。

慶念は時期は不明であるものの、妻帯し孫までいたようである。これは、日記の十月九日条に「ふる郷の妻子孫いつれも無事なるよしをきく」（三二頁）、との記述から確認できる。家族構成は、六月二十四日や十月五日条の「八郎」（四・三〇頁）、十二月二十日条の「老母」（七二頁）や二月二日条の「各々孫共をめしつれ来る」（九三頁）などより、母親と妻、子息の八郎とその孫となっていた。この他に、子供が若干名おり、それに孫のいたことが知られる。妻帯の時期などは判らないものの、おそらく二十代の永禄年中でないかと思われる。

慶念にとって、こうした家族への思いは強く、しばしば狂歌に託して詠じている。例えば、妻子へは（五頁）、

残しおく其たらちねの妻や子のなけきをおもふかせそ身にしむ

息子へは（三〇頁）、

めつらしとあひミつるかなおやと子のちきりそふかき夢のおしさよ

母に対しては（七一頁）、

今一と見まくほしきに母うへの其としなミをのふるよしかな

とである。こうした心情が、彼にとっての望郷の念の基底にあったことは、関連解説でも触れられるが、改めて注意を要しよう。

こうした慶念の生涯を要すると、「豊臣の平和」（藤木久志『豊臣平和令と戦国社会』）が訪れても、決して安穏な日々をおくったといえない。日記の二年七月晦日条で「六十二そのとし月をかそへてもけふのこよひに似たる時なし」（一三頁）と、狂歌を詠じているように、晩年に至っても「濫妨狼藉の世界」から脱することができなかったからである。

没年については『安養寺荘厳録』に、「同十六年辛亥九月十三日　七十八歳」と記される。この記述は、彼の生誕から算出すると、二歳の違いが生ずる。ただこの年代に着目すると七十六歳ころの慶長十六年（一六一一）に、死去したといえるのでなかろうか。

三　日記に引く聖教と慶念の文化的素養

戦国末期から近世初頭にかけて、その生涯をおくった慶念は、本願寺末寺道場の僧侶として珍しく真宗の聖教に精通し、のみならず文化的な面でも、広汎にそれを享受した人物であった。こうした素養は、先に述べたように大坂「寺内」に居住していたときに習得したと想定しうるが、日記に引用される聖教や文化的な教養には、どういった特色が見られるのであろうか。解題の最後に、このことについて、述べておきたい。

慶念の引く聖教は、『無量寿経』『観無量寿経』『阿弥陀経』といった真宗の基本経典を始めとして、本願寺歴代宗主のものにまで及ぶ。その著者別の分類は、次の通りである。親鸞の『教行信証』(『正信偈』を含む)、『三帖和讃』『愚禿鈔』『浄土文類聚鈔』、覚如の『口伝鈔』『報恩講私記』、存覚の『持名鈔』『浄土真要鈔』『浄土見聞集』、蓮如の『御文』、さらに著者不明の『安心決定鈔』などである。

真宗の基本経典、三部経や『御文』を除くと、これら聖教にはある傾向が認められる。それは、戦国時代に本願寺蓮如が書写して、末寺僧侶に授与した聖教と、重複する事実である。蓮如書写聖教の実態については、平松令三氏の優れた論考、「蓮如の聖教書写と本願寺の伝統聖教」(『講座蓮如』第二巻)に譲るとして、そこで平松氏は、その特色を古聖教、つまり古聖教とはこの場合、親鸞の『高僧和讃』に述べられた、インド・中国・日本の七人の浄土教高僧の著述の疎外と、『安心決定鈔』の重視にある、と指摘している。

こうした特色は、日記に引用される聖教にも窺えるのであろうか。例えば十一月二十一日条に、善導の『往生礼讃』が引用されたり(五一頁)、この他に『法事讃』や、『般舟讃』などの古聖教が登場する。だが、これは『御文』や『持名鈔』『報恩講私記』に記されたものからの孫引きであり、直接古聖教からの引用ではない。とすれば、最初の特色はここで貫徹している。さらに『安心決定鈔』の重視は、引く度合いが四例しか確認しえないものの、『浄土真要鈔』とそう変わりなく、このことも確かなことと思える。

とすれば、この事実はなにを示しているのであろうか。このことについて、日記の本文から窺うことはできない。この手掛かりは、どこに求められるのであろうか。それは慶念が、蓮如の『御文』をしばしば引くことに関係しよう。

慶念の典拠とする『御文』は、現行の『五帖御文』と対比すると、若干の異同が認められるものの、その系統本と想定しうる。『五帖御文』の成立について、小山正文氏の指摘によると、本願寺九世実如の晩年に至って、それが「五帖之文」として「教団」内で聖教化していった(『実如判五帖御文の研究』解説)という。このことは、要するに慶念の時代にあっては、元来蓮如によって法語文書として発給された『御文』が、聖教の一つとして捉えられていたことを意味していよう。蓮如の書写聖教が、この時代までにどのように本願寺で位置づけられていたのか、定かとならない。しかし、日記にこれらの聖教が引用されていることからして、書写聖教は『御文』と同じく、この頃まで「教団」の聖教として、多くの末寺僧侶に認識され、流布していたことになる。

とすれば慶念の引用した聖教には、このような当時の「教団」で使用されていた、聖教の実態を投影していたといってよいのでなかろうか。

ただ留意すべきは、慶念の引用する聖教の文言や典拠に、若干の誤写が見られることである。例えば、『法事讃』の一節で「自信教人信、難中転教難」（五一頁）とするが、「教」は「更」が正しく、『持名鈔』の釈文（五二―五三頁）にも、読みに若干の異同があったりする。これは、推定の域をでないものの、典拠とする聖教について、慶念が文言を暗唱していたか、あるいは、手許にあった聖教が善本でないことを示唆している。

以上のように、慶念の引用する聖教には、若干の問題を含むものの、彼は当時の末寺僧侶として、聖教にかなり精通していた僧侶といってよいだろう。しかし慶念の住した安養寺には、これまで見た聖教は伝来しておらず、手許にあったかどうかは遺憾ながら定かにしえない。今後の課題の一つとなろう。

ところで、冒頭で述べたように、慶念は文化的な面でも、かなり素養のあった人物であった。次に、この内実についてできうる限り確認しておこう。

彼の日記に引かれる古典や和歌集、謡曲など出典の確認できるものは、かなりの量に上るが、それはおおよそ、次のようである。『源氏物語』『伊勢物語』『平家物語』『義経記』などの古典、さらに『和漢朗詠集』『拾遺和歌集』などである。また『隅田川』『関寺小町』『鵺』『舟弁慶』『砧』『鉢木』『安宅』『墨染桜』などの謡曲も見られる。これに、若干の御伽草子なども加えることができる。

これらはどれをとっても、中世後期の公家社会で『源氏物語』を中心に確立された古典学に関連する典籍や謡曲の類といってよい。とくに、『源氏物語』は、三条西実隆による初めての注釈書が完成して以来、彼のもとに出入りする肖柏や宗祇、玄清などの連歌師によって『伊勢物語』の書写、『平家物語』『義経記』などの講釈書などが生まれ、それらが古典の知識を求める地方の戦国大名などに伝えられていく（伊井春樹「室町期の貴族文学と教育」、『岩波講座日本文学史』第六巻）といわれる。

戦国期の本願寺においても、山科「寺内」にあった一家衆顕証寺蓮淳や興正寺経豪などの大坊主が、三条西実隆や中御門宣胤を招いて連歌の会を開催したり、その中尊としての天神名号の執筆を求めている（『実隆公記』明応四年九月十四日条、『宣胤卿記』永正三年十二月十一日条）。さらに、大坂「寺内」や枚方「寺内」でも、天文から永禄年間にかけて、しばしば、一家衆や大坊主、寺内衆で連歌の会が催されていたのである（『私心記』永禄二年十月二十二日条、永禄四年六月九日条など）。

こうした事例は、戦国期の本願寺においても、公家社会での古典学が連歌を通して浸透していたことを示唆していよう。この徴証となるのが、龍谷大学図書館に大永年間の識語を持つ『源氏物語』の注釈や、応安三年（一三七〇）の識語を持つ『平家物語』が襲蔵されている（『龍谷大学図書館善本目録』）ことである。これは、かつて戦国時代に本願寺に伝わった古典を集めた、写字台文庫旧蔵のものであるが、これなど、断定を避けたいものの、そうした古典学との関連で考えるべきであろう。

慶念の素養は、こうした戦国期本願寺「寺内」での文化的雰囲気のなかで、醸成されたと考えてよい。ただ、問題は彼の引く典籍や謡曲が、実際に全てを読み、それを援用したのか、ということである。例えば、八月十四日条に激しい雨が降ったことから、『伊勢物語』第六段の「鬼一くち」のことを連想して記述する（一七頁）が、これなど本文を読んでのことであろうか。他にも、こうした箇所があり、彼が何か故事成語として、その文言を知っていたとしか考えられない。とすれば彼の素養には、中世後期の文化に貫流する、博識の土台ともいうべき典籍が、影響していたのでなかろうか、

こうした問題について、初めて言及したのは大田昌二郎氏の「『四部ノ書』考」（『歴史教育』第七巻七号）である。この論考において、大田氏は本願寺覚如の伝記、『最須敬重絵詞』第一巻第三段に、

仍文永十一年秋ノ比、光仙御前五歳ニテ、始メテ朗永集ヲウケ給ケルヨリ、イクハク日月ヲヘス四部ノ読書ノ功ヲヘ、其外ノ小文ナトモヨミ給ヘリ、

という「四部ノ読書」といわれる幼学書つまり幼児のうける学問のテキストがあり、中世文化に多大の影響があったとの認識を持つべきである、と指摘している。

「四部ノ読書」とは、四種一組からなり、『千字文』または『新楽府』『百詠』『蒙求』『和漢朗詠集』を指している。覚如が、こうした教育を幼児から受けていたことは、山田雅教氏の「初期真宗における公家との交流」（『仏教史学研究』三八・二）によって、覚如自身公家社会の構成員であったことからも明白となっている。しかも、彼が和歌を嗜み、歌集『閑窓集』を編じており、『最須敬重絵詞』の記述は信憑性が高い。

四部の読書の特色について、大田氏によると、（一）故事、成語を学び覚えるもの、（二）詩の形態つまり毎句の字数が定まり、韻があって、暗唱に適する。（三）本文を手掛かりとして、詳細は注として説明されるので本文の内容を簡便に知ることができるという。しかも、重要なのは中世文学で引用される『蒙求』や『和漢朗詠集』は、それが有名な古典であるだけでなく、その背後に幼学の書があり、中世の文化が幼学の書を基盤に、いわば重層的に構築されていることを看過すべきでない、と指摘してある。

戦国期の本願寺において、宗主や一家衆などが、こうした幼学の書で教育を受け、自己の素養を高めた痕跡は明確な文献がない。しかし、蓮如が和歌を好み『古今集』の注釈書を書写したり、狂言などを山科「寺内」で開催していたのは事実である。一家衆や大坊主も、和歌や連歌を嗜んでいたのは先に見た通りである。とすれば確証はないものの、覚如からの公家の一員として、幼学の書を学ぶ伝統は、確かに大坂「寺内」の文化的環境のなかに存続していたと見てよいのではなかろうか。

このような幼学の書は、黒田彰氏の指摘によると四部の書だけでなく、「三注」つまり『千字文』『蒙求』『胡曾詩』の注釈も広く行われるようになった（「注釈から創造へ」、『岩波講座日本文学史』第六巻）、といわれる。慶念の居住した大坂「寺内」で、幼学の書のテキストが、どういったものであったのか定かにできない。しかし慶念の日記には、九月十八日条に、

同十八日ニ山の谷あひ右もひたりもおそろしき岩尾なりけれは也。此躰おりしも林間に酒をあたゝめ石上に詩を題してといつしハかく哉らん。

と、『和漢朗詠集』所載にかかる白居易の「送王十八帰寄題仙遊寺詩」の一節（一四頁）がある。この詩の一節「林間に酒をあたゝめ石上に詩を題して」は『和漢朗詠集』だけでなく、『平家物語』巻六や謡曲『紅葉狩』にも引かれる著名な文言である。これは、おそらく覚如が五歳のとき「始メテ朗永集ヲウケ給ケル」と、『最須敬重絵詞』に記されていたものと関連すると思われる。とすれば、それと同一でないにしろ、類するテキストから引用されたのでなかろうか。

この他にそうした幼学の書に基づいたと想定しうる箇所がある。それは、慶念の引用する古典や謡曲の文言が決して長文でなく、むしろ故事成句的な短文であり、暗唱して記載されたと思える節がある。これなど、大田氏の指摘した幼学の

書の特色と一致する点が多いからである。

以上のことから、慶念は四部の書に類するテキストに基づいて、自己の素養を習得したのでなかろうか。もとより、彼の文化的教養がそれだけでなく、直接的に典籍に触れて学んだこともあったのは、想像にかたくないものの、幼学の書を基盤にした教養であったことは、否めないだろう。

慶念の文化的素養の問題については、これからの研究の進展にかかる面が多いものの、その特色が、これまで述べた点にあるのは確かなことと思われる。

Ⅲ　『朝鮮日々記』を読む

丁酉・慶長の役戦場と慶念

――『朝鮮記』と対比して――

仲尾　宏

はじめに

豊臣秀吉が発動した朝鮮「出兵」が現代の用語でいえば「侵略」にほかならないことは近年ようやく研究者の間で行きわたりつつある。そしてその戦乱や戦乱の時期の国内外の社会情勢についての検討も進みつつある。しかしその戦場の細部の実相についてはなお多面的な論究が必要と思われる(1)。

本書では豊後臼杵安養寺の慶念による『朝鮮日々記』(以下『日々記』と略記)の叙述を通じて従軍僧の思想＝生死観、宗教観、戦争観を総合的に捉えようとする試みがなされる。本稿では『日々記』ののべる戦場がどのような戦況下で闘われ、朝鮮半島のどの地域で多くの朝鮮軍民が犠牲となったかを『日々記』と慶念の従軍した太田一吉麾下の部将・大河内秀元『朝鮮記』およびその他の日・朝双方の史料で補いながら糾明したい。

慶念の『日々記』については戦場の悲惨さを克明に記したものとして今まで多くの研究論文や一般書に引用されてきた。また慶念その人もそのような叙述により、秀吉の侵略に批判的であり、かつ厭戦ないし反戦思想の持ち主とも評される論潮もみられた。しかし慶念の出発から帰国までの『日々記』における叙述を克明に読んでいくと、慶念は必ずしも一貫した厭戦・反戦論者ではなかったことに気づかされる。慶念はみずから進んで従軍したわけではなかったことは明白であるが、主君太田一吉の側近として戦況の推移に一喜一憂しつつ、戦闘が自己の周辺に危機を及ぼしてくる恐怖と、一日も早い帰国への願望、そして陣中にあって信仰への憧憬と身の安全を願う利己心などが混然となった慶念自身の思いを正直に語ったのがこの『日々記』といえよう。

それらは本書の他の論者の論稿と重ねてみればより明らかな筈である。

なお、本書に引用した史料はいずれも後補の述作も含まれるため、正確な日付、地名、場所などに異同があるが、本稿でもそのあたりの若干の齟齬はご海容いただきたい。

大河内茂左衛門尉秀元の『朝鮮記』（2）については『群書解題』および『国書解題』で大要次のように記されている。大河内秀元は三河国出身の太田飛驒守の家臣で、一六六三（寛文三）年の奥書により、また巻頭の自序で「予大（太）田飛驒守藤原一吉出在幕下得遂馬塵、故記処親見一事、以貽子孫者也」と書かれている。この奥書にしたがうと成立は丁酉・慶長役より六十六年を経過しており、秀元が戦時二十歳だったと仮定すると八十六歳時の著作となる。しかし後にみるように寛文三年または二年はこの書の成立年代ではない。秀吉の侵略については同じく自序に「亦欲通異域富邦境。而遣使於朝鮮而後蛮国出《ママ》主聊有不敬義殿下発兵征伐之、軍少在利。故慶長丁酉発関西之兵亦大征之」とあり、当時の武将同様「朝鮮不敬」説にたち、秀吉の海外侵略を肯定的にみている。本文中においても日本軍の軍功をかなりの誇張的修辞を交えて叙述する一方、犠牲となった朝鮮軍民に対してはいささかの同情もみられない。ただし巻末には「右此書ハ予其戦場ニ至リ、或朋友ノ語無偽ヲ記者ナリ、譬敵ノナス事。亦ハ父兄ノ悪事タリトモ、有ヲ無トシ、無ヲ有トセンヤ。因茲日本国中大小之神祇・殊氏神八幡三所誓テ一言ノ詐偽ナキ事ヲ顕スモノ也」とあり、記述の真実性を宣伝しているが、これはあくまで自著の正当性を訴えようとしているにすぎない。ただ個々の戦闘場面の人名や場面描写も詳細であり、若年時の記憶をたどってのみ書いたものとも思われず、なんらかの記録が下敷きとなっているか、秀元自身が筆録に長じていたか、また周辺でそのような役目も務めていた者の存在がいたかと思われる。それを推測させるのが一五九七(慶長二)年末の蔚山《ウルサン》城攻防戦中の一節である。

関山派ノ勤首座ト云出家。書物ノ望有テ、大河内ヲ頼ミ海渡ス。一吉ノ右(祐)筆通シ叶ハサルコト多カリケレハ、大河内一吉ニ角ト申ス。一吉殊ニ喜感シ、本陣エ呼取置シニ通シ明カナリ。此勤首座一吉ノ仕置、武道ノ指引ヲ見テ、天晴小名ノ大名不学ノ大智者、文武両道ノ名将哉(3)

この文中の「書物ノ望」を朝鮮書籍の略奪と読むこともできるが、そうだとしても「祐筆」役をこの僧が担ったことがわかる。

すなわち朝鮮陣の記録係を務めようとして渡海したか、書物を手中に入れようとしていた勤首座という僧が大河内秀元を頼ってきたこと、一吉の祐筆が記録についてとかく不向きなので秀元が一吉に勤首座の願いを代弁し、一吉もその趣旨をよく了解したことがわかる。これによれば太田一吉も秀元も共に記録係の職務を理解していた人物であることがうかがえる。したがって『朝鮮記』の叙述も誇張や自己宣伝の部分を割り引いた上で、他の軍記物や朝鮮側史料と突き合わせていくと事実を確かめていくために有用な記録ということができよう。とりわけ慶念の『日々記』の記述をそこへ突き合わせていくことは、より具体的に戦場となった朝鮮半島の山野と犠牲者、そして戦闘の局面、局面をうかびあがらせていく上で効果的かつ有用である。

なお内閣文庫には『朝鮮記』の二種の写本が現存する。その一つは『朝鮮物語』(三巻本)で一八四九(嘉永二)年に東都書林・本町三丁目の和泉屋善兵衛の手になる木版本で徳川家達よりの献本とある。もう一つは『朝鮮日記』と題された異本で「田藩文庫」の刻印があり内閣文庫では田安家旧蔵としている。すなわち両者とも田安家より出たものである。前者は蔚山城攻防戦で終わっているが後者はその後の軍議、太田一吉、小早川秀秋らの帰国後の秀吉らに対する報告、その報告をめぐる石田三成の讒言と秀吉の激怒、家康のとりなし、そして最終日は一五九九（慶長四）年四月十八日の秀吉遺骸の豊国社への埋葬までを記している。したがって『続群書類従』本は後者の田安家旧蔵本を底本としているが、冒頭の「慶長二暦丁酉三月十八日」の日付は田安家旧蔵本になく、田安家旧蔵本では慶長三丁酉年三月十八日の日付が序文にある。『続群書類従』本はこの日付の誤転記であろう。あるいは、この箇所だけが『朝鮮物語』本から引用しているかのいずれかである。

また双方とも序文または大尾に清和天皇――多田源氏に始まる大河内氏の系図を掲げている。『朝鮮物語』は系図の末尾に「大河内友大膳大夫入道成也斎」「従五位下諸大夫　源秀元（花押）寛文二年壬寅八月吉日　右相伝之所　同造酒秀連」とあってさらに次の記述がある。

右此書巻者翁父高麗国へ渡海せし時の日記を集て朝鮮物語と号く。自筆の判形を以て予に相伝の処なり。然るに八幡山下誉上人より是を望まれて父の菩提所なりつれば幸と是を納奉る者也　大河内造酒允　秀連（花押）寛文十二壬子正月吉日　正福寺伝與上人願阿知部大和尚

右によれば秀元死去後、子の秀連は造酒允と名乗っていたことがわかる。そして近江八幡の正福寺（知恩院末・開基は安土宗論仕掛人の霊與上人『近江與地史略』）に秀元が葬られたこと、もとの原本は秀元の自筆の日記体であったこと、寛文十二年に秀連は正福寺にこれを納めたが、その後、何者かが現行刊本のような書体に編集して江戸で出版されたこと、その時期は表紙裏に「大河内秀元陣中日記　朝鮮物語全部三冊　東都書林誠格堂梓　嘉永二己酉夏閏四月弘菴陣人大雅」という識があることから、幕末とみられる。

一　太田一吉とその軍勢

太田小源吾美濃守一吉はもと丹羽長秀とその子長重の家臣であった。『寛政重修諸家譜』によれば『寛永系図』に先祖が美濃国太田村に所領があったので家号とした。一吉（別名宗隆）の父・宗清は織田信秀に仕え、一吉は丹羽家改易ののち、秀吉幕下に入って美濃国で一万石を領したとあるが確実な史料はない。『武家盛衰記』は太田一吉（政之）を「秀吉小性（姓）」と伝えている。また『伊達文書』によれば小田原攻めの際、太田小源吾（一吉）が三百騎の陣立てで名をつらねている。国内戦で太田一吉の参陣が伝えられる唯一の史料である。

第一次朝鮮侵略の壬辰・文禄役に際しての陣立てに太田一吉の名はみえない。しかし従軍していたことはたしかで同年六月の第二次晋州城攻略戦には大谷刑部少輔吉継の一手として「太田小源吾　八十人」の名がみえる。(4) しかしその人数からみても小部隊長クラスの陣立てにすぎない。

ところで太田一吉が大身に出世することができたのはこの第一次朝鮮侵略の直接的な武功ではなかった。

一五九三（文禄二）年一月、平壌《ピョンヤン》で小西行長などが明将李如松などの軍に敗れ、平壌城を放棄して南方へ総退却したとき、漢城府《ハンソンフ》との中間にあって補給路を確保していた豊後府中城主・大友吉統がその拠点・黄海道鳳山《ヒョンヘドポンサン》城を放棄して退走してしまった。原因は平壌陥落の報におびえた将兵の逃亡だった。そのため大友吉統は帰国後直ちに改易され、大友宗麟以来の豊後四十二万石をうばわれ、山口の毛利氏に預けられる身となった。空いた大友領は太閤検地ののち、早川長敏が代官として入部、領地一万三千石と公領預かり四万七千石で府内藩が成立した。一方、臼杵城のある豊後南部の海部郡と大野郡域は福原直高が一旦所領したが、一五九七（慶長二）年、府内に移り、そのあと太田一吉が「大野郡日向境五万三千二百石八斗之御代官」となり内一万石を自分領とされた。太田一吉は入部に際し大野郡全域に再度検地を実施した。その検地帳は「飛驒帳」として現存している（『大分県史』近世篇一）。この時期の検地は壬辰・文禄役に際しての年貢確保・兵糧米調達・陣夫徴発のために苛酷であったこと（是永幹夫「慶念『朝鮮日々記』の研究」註(1)参照）からみても、文禄につづく再度の太田一吉の慶長検地もまた苛酷な誅求であったことは容易に想像される。

太田一吉はここではじめて「万石大名」となった。同時に他の諸大名と共に豊後の豊臣蔵入地の代官として豊臣政権の吏僚的役目を分担した。

なお前掲の『大分県史』によれば、一五九四（文禄三）年の検地は秀吉の命を受けた山口玄蕃頭宗永が担当したが、当時の豊後の大友領は「あけ散り」「失人」が多く農民の逃亡によって荒廃が進んでいたこと、また中野等の論文によれば、大友改易は朝鮮での戦線逃亡の罪だけでなく、こうした大友氏の領国経営の失政から文禄役後もその領国経営に不安があり、まして秀吉の構想にあったとされる九州大名による朝鮮南部経営の資格なしと判断されたという。(5) いずれにしても太田はこの大友旧領の農民の還住・領国再建・代官として秀吉政権を支える年貢確保という重要な任務を担当することになった。一方、大河内の『朝鮮記』が引用している秀吉の朱印状は次のようにのべている。

其方働于今不限。天正十年五月、備中国巣雲山之城主、松内左近将監討取、同十八年武蔵国八王寺城一番乗仕。依之、豊後国臼杵ノ城付三万五千石御知行被下。

拾万石ノ御代官ヲ被仰付、其後慶長二年七月、高麗唐嶋表之海上ニ臨ンテ、団扇ヲ取テ諸軍ヲ進メ、舟軍ニ得勝利。若干大船ヲ焼破。翌八月南原ノ城一番乗仕。慶州判官二万騎之大将ヲ討取、国中ノ働、数度野合ノ合戦ニ切勝。十二月蔚山表ノ大敗軍ニ殿仕。諸軍ヲ助。同廿四日、本丸大手之門外ニ切出首数九討取、雖為小身十六万騎之軍中第一。数度無類之働御感不斜。依其手前御代官処ノ内、四万石御加増被成。本知三万五千石、都合七万五千石。内壱万石無

役、残而六万五千石、軍役可仕候。猶徳善院（前田玄以）浅野弾正少弼、増田右衛門尉、長束大蔵大輔可申也。

慶長三年戊戌

正月廿六日

秀吉御朱印

大田（ママ）飛驒守

とのへ[6]

右によれば秀吉の国内統一戦では一五八二（天正十）年の中国攻め、ついで小田原の北条攻めで武功をたてて一五九〇（天正十八）年豊後臼杵城主および秀吉直轄地五万三千石余の代官となり、吏僚としても出世していたことになる。しかし豊後臼杵が大友吉統の改易によって空いたのは一五九三（文禄二）年正月以降、検地終了が閏九月であるから、一吉が臼杵に入ったのはそれ以後の筈である。[7]そしてまだ領内の支配もかたまらないまま、再度の出陣となった。ついで丁酉・慶長役の戦功に対しては以前より代官をさせていた公領四万領を支配地としてそれに報い、さらに一万石の軍役を免じて負担を軽くさせた。

さて丁酉・慶長役で太田飛驒守一吉は七人の軍奉行（目付）の一人として出陣する。あとの六人は毛利豊後守重政、竹中源介隆重、垣見和泉守一直、毛利民部大輔高政、早川主馬首長政、熊谷内蔵丞直盛でいずれも「先手の衆」の目付である。彼らは、

此六人被仰付候条、任誓之旨、惣様動等之儀、日記を相付候而、善悪共ニ見隠聞隠さス、日々可令注進事。諸事かうらいニての様躰、七人より御注進申上儀、正意ニさせられるへき旨、被仰聞候間、存其旨、縦縁者親類知音なりといふ共、ひいきへんはなく、有様ニ可注進事、[8]

と命ぜられていた。

すなわち太田一吉をふくめ、七人の目付衆は戦場と戦闘の結果の忠実な記録係ともなり、秀吉への報告も目付衆が行う役目とされ、公正に注進することとされた。

なお、これらの目付衆がいずれも豊後の豊臣蔵入地の代官のみで構成されていることは注目に値する。

そして太田一吉は「釜山浦城筑前中納言（小早川秀秋）御目付太田小源吾在番仕、先手之注進無由断可仕事」と総大将小早川秀秋付の目付として特別の任務が課せられた。このような目付衆の役柄からみれば、太田一吉が朝鮮各地を転戦しつつも毎日の戦況を部下にたえず記録させていたことは疑いえない。そしてその記録をもとに筆記能力のある大河内秀元かその周辺の人物がのちに『朝鮮記』を仕立てあげ、また従軍僧の慶念は、戦中に綴っていたメモをもとに『朝鮮日々記』をまとめたと推測することができよう。

次に再侵時当初の陣立ては以下のように決定された。

三そなへ　加藤主計頭（清正）
　　小西摂津守（行長）〈以下略〉
四そなへ　合　壱万四千七百人
此両人先手二日替、但鬮取、非番ハ二番目ニ可
三番　黒田甲斐守（長政）〈以下略〉
　合　壱万人
四番　鍋島加賀守（直茂）信濃守（勝茂）
　　壱万人
五番　羽柴薩摩侍従（島津義弘）〈以下略〉

六番　羽柴土佐侍従（長宗我部元親）〈以下略〉
　合　壱万三千三百人
七番　蜂須賀阿波守（家政）〈以下略〉
　　壱万千百人
五そなへ　とうせい
三万人　安芸宰相（毛利秀元）
壱万人　備前中納言（宇喜多秀家）
　ふさんかい（釜山海）の城　　壱万人、此内三ケ所之城々へ見計可加勢也
　　筑前中納言（小早川秀秋）
　　　御目付　三百九十人
　　　　太田飛騨守（一吉）
あんこうらい（安骨浦）の城　五千人
　羽柴柳川侍従（立茂宗茂）
かとく（加徳）の城　此両人先陣かハリ
五百人　高橋主膳正（直次）
五百人　筑紫上野介（筑柴廣門＝黒田如水）
竹嶋之城（金海）　　千人
　羽柴久留目（米）侍従（小早川秀包）

せつかい（西生浦）の城　　三千人

浅野左京大夫（幸長）

三そなへ

壱万人　とうせい

備前中納言（宇喜多秀家）

城々在番衆

合　弐万三百九十人

惣都合拾四万壱千五百人(9)

（カッコ内は筆者）

以上にみるように太田一吉は三百九十人をひきい、総大将・小早川秀秋に属する目付として軍監の役割を果たしながら、情勢に応じて「加勢」すなわち遊撃支援の役目を受け持つこととなった。事実、後節でみるように、当初太田一吉は釜山《プサン》に在城していたが、まもなく竹島《チュクド》海戦、南原《ナモン》、蔚山《ウルサン》と主要戦場を転戦した。のちには小早川軍を離れて独立小部隊として働き、やがて加藤清正と共に転進して蔚山城に入る。この間、太田一吉の働きは軍目付であるよりも先鋒の一番乗りをめざす将校であったことが部下の大河内秀元の『朝鮮記』で知ることができる。また加藤清正の部下であった加藤清兵衛（もと桑原平八郎、のち本山豊前守安政と称す）の『本山豊前守安政父子戦功覚書』にも太田一吉が登場する。それによれば一五九七（慶長二）年七月二十五日に、清兵衛が西生浦《ソセンポ》より出発するとき、息子の大介（十五歳）について太田一吉から「大介を飛騨守殿そはに置度由被申、供を仕候様にと、被申付其日一日は供仕候て、其夜に先手へ罷越、親と一所に罷在候」という話があった。また蔚山戦のときは、太田一吉が蔚山城外の古城で苦戦していたところを大介が殿軍をつとめて太田一吉の危機を救い、また籠城戦のとき、本丸の西之口の持ち場で、本山大介が浅野幸長、太田一吉らの大名にかわって鉄砲で奮戦したことがみえる。(10)

ここで丁酉・慶長役後の太田飛騨守一吉の動静についてふれておきたい。一吉に対する秀吉の帰国許可は非常に早い時期に出されている。『浅野家文書』所収の「秀吉朱印状」によれば一五九八（慶長三）年正月十七日付で加藤主計頭（清正）、浅野左京大夫（幸長）、太田飛騨守（一吉）宛に、去る四日の注進状が今日十七日に到来し、蔚山城から敵軍が撤退したというので毛利輝元、増田長盛、九鬼父子らの援軍派遣を取り止め次のように命じた。

然者蔚山を始、諸城普請丈夫に申付、兵粮玉薬沢山ニ入置、少も無機遣様ニ令覚悟、在番可仕候、玉薬兵粮已下、不足事候ハハ可申上候。即可被仰付候、将又敵之様子弥聞届、仕置城々右之分ニ申付候てヨリ、左京大夫、飛騨守者可令帰朝候、猶徳善院、増田右衛門尉、長束大蔵大輔（正家）可申候也(11)

一方『朝鮮記』によれば同年一月五日まで蔚山では激戦が繰り返され、明・朝鮮軍は六日に慶州方面へ撤退したと記している。(12)

朝鮮側の史料研究では作戦開始以来第十三日目にあたる正月四日を総攻撃の日として攻勢をかけた。しかし、この日は毛利秀元らの日本側の援軍の攻勢をみて撤退を始めた日としている。(13)

また日本側の史料と史料研究においても四日の総攻撃と明・朝鮮軍の当日撤退は動かしがたい。(14)その四日の前後に『清正高麗陣覚書』では本陣・西生浦に「正月十八日に飛脚着船候て蔚山よりの到来御座候」とあり、明軍の撤退が始まった直後に飛船が日本へ向けて仕立てられたことをのべている。(15)

その結果、正月二十一日付で秀吉から安芸宰相（毛利秀元）宛へ感状が届けられるのだがそれに先立って浅野・太田二将の帰国許可が出されたことは、この間の浅野幸長と太田一吉の負傷が先の注進状で伝えられていたからであろう。けれども太田一吉の帰国は即座に実行されたわけではなかった。慶念の『日々記』において、一吉の帰国に触れている箇所はない。『朝鮮記』によれば、感状と太田飛驒守および加藤左馬助ら宛加増の朱印状（正月二十六日付）をのせた船は二月四日に西生浦に入っている。そして秀吉のあらたな陣備えの指令を早速諸将が確認し、蔚山城の普請をひととおり終えたのが三月十三日。総大将・小早川秀秋は十七日に帰国船の出立を許可して当日未明、秀秋も乗船して四月四日大坂に着船した。そして翌五日、秀吉と対面した。

　七人ノ御奉行左馬介苦労仕リタルトノ上意アリ。太田飛驒守蔚山ノ城上意ヲ以テ取直シタル絵図ヲ持参シ、御上覧ニ奉リケレハ、三国ニ無双城タルヘシト、御機嫌不浅シ御諚有ケル(16)

太田一吉が花道を飾ったのはここまでであった。加増決定直後、在朝鮮諸将の軍議にもとづき蔚山・順天《スンチョン》を放棄し西生浦（加藤清正）、泗川《サチョン》（小西）、固城《コソン》（島津）に戦線を縮小することを正月二十六日付で備前中納言（宇喜多秀家）、安芸宰相（毛利秀元）、蜂須賀阿波守（家政）ら出陣した十三大名が石田三成、長束正家、増田長盛、前田徳善院に連署状を提出していた(17)。この連署状には加藤清正、加藤嘉明、そして太田一吉の名はない。『朝鮮物語』（内閣文庫本）によれば両加藤は、死守した蔚山城の放棄に反対で加判せず、清正はみずから残留、太田一吉自身も戦線縮小に大反対であった。しかし石田三成は秀吉にこの案を一蹴するようけしかけて、宇喜多秀家を越前へ国替え、その他の諸将の処分を示唆した。この処分は徳川家康のとりなしによっても中止されなかった。

そして軍監（目付）であった太田一吉に対しての処分は一旦次のように行われた。すなわち、

　政之（一吉）為軍賞三万五千石（マヽ）、後七人目代有異論。非分故領地没収被改易、後有評免賜旧領(18)

とされた。この時期、やはり出陣していた宇都宮国綱も所領を没収された。その記録『宇都宮高麗帰陣軍物語』はその弁明のために朝鮮での戦功をのべたものである。してみれば大河内の『朝鮮記』も慶長三丁酉年三月十八日という序文の日付を正しいものとすれば、朝鮮での太田一吉軍の戦功の証として急遽書かれたものということもできよう。

しかし、どういう経過をたどったものか、太田はやがて罪を許されて旧領を回復した。

次に太田一吉が戦史に登場するのは関ケ原役である。山鹿素行の『武家事紀』は次のように記している。

（十月）四日、豊後臼杵城は太田飛驒守在城す。飛驒守上方にあって逆徒に組しければ、臼杵より佐賀関までとりつづけて海陸を持堅む。中川修理大夫（隣領岡城主）同国星崎より発向して臼杵を攻めんとす。（中略）両日の戦に双方手負人甚だ多し。中川自ら臼杵を攻むれども、屈竟の要害なれば力及ばず、その内に逆徒敗北の事聞えければ太田城を明渡し去るなり(19)

太田一吉の関ケ原役での実際の役割は諸説あって定かでないが、以上のように西軍に属し、臼杵城は中川秀成軍に攻められて、開城・退去したことは事実のようである。その部将・大河内秀元の武将としての運命もこのときに尽きたといえる。

太田一吉は以後出家剃髪して京都周辺に居住していたらしい。『鹿苑日録』には一六〇〇（慶長五）年二月三日条に「太田飛単（驒）殿ニ有午会。万里小路殿・勧弁殿三人ト云々」、また一六〇七（慶長十二）年四月廿八日条に「於大（太）田飛驒殿有会・不能対顔。御内儀御局依御所労。見廻ト云々」とあり、これらの会はおそらく法会と推察される。しかしこの記録にあるように、貴紳権門との交際もあって必ずしも落魄たる境遇でもなかったようである。

太田の没年については金地院崇伝の『本光国師日記』に次のいきさつが記されている。

一六一七（元和三）年九月、京都二条城に滞在していた藤堂和泉守（高虎）へ太田宗善（一吉）が遺言を申し残したいと使者を通じて金地院へ申し出てきた。

内々承候ツル太宗善御煩ニ付而、跡之事以下、藤堂和泉殿へ、万御申置有度由之事候間、御城にて具に申候（以下略）九月五日　金地院

そして崇伝は藤堂に使者をたてその旨を通じた。藤堂高虎は「御内存能候而」とそれを引き受けることとなった[20]。かくして太田一吉（宗善は剃髪後の名）はおそらくこの年を限りとして世を去ったとみられる。ただし『本光国師日記』に太田一吉死去のことそのものは記されているわけではない。

さて豊後臼杵安養寺の慶念はいかなる役割を果たすことを命じられて丁酉・慶長役に従軍したのであろうか。この従軍が慶念自身の本意でないことは本文冒頭に、

抑此たひ太田飛州さま高麗へ召つられるへきよし承りしかは、さても不思議なる御事哉。此老躰ハ出陣なとハ夢にさへも知らす。其上習なき旅の事ハ中〳〵難成候也。御養生一篇ならハ若き御旁々をもめしつれ候へかしと申上候へ共、是非共御供候ハてハいかゝ、との御掟（諚カ）なれハ、迷惑無極躰也（傍点筆者、以下同、本書三頁）

とあることで明らかである。しかも「御養生」のため、すなわち医僧であるならば、若年の医者を召し連れられては如何、と進言しているから、医療行為のみを期待されていたとは思えないが、本文中には施薬・治療の記述も南原での負傷兵に対する施薬、負傷した太田一吉の傍につききりだったことなど少しは見受けることができる。

また次のような史料もある。

ナラ中ノ医者之衆ナコヤへ被召下了。五十以上ヲハ被指除了。京モ各下ト云々、迷惑ノ由也[21]

つまり医者の出陣にあたっては五十歳以下と限定された上での京都・奈良地方の総動員であった。したがってまだ医・僧分離が進んでいない豊後地方であったとしても当年六十二歳の慶念への出陣要請は医僧への扱いとしては例外的であっ

た。前出是永論文は慶念の従軍を「一医僧としてのもの」と強調しているが慶念は「御養生一篇ならハ若き御旁々をもめしつれ候へかし」とのべ、一吉はそれでも「是非共御供候ハてハいかかかとの御掟」と命じているから、一吉は医僧以外の役割も期待されていたとみるべきであろう。そこで他の役割として戦場での戦没兵士の埋葬・読経などのために僧侶が必要とされるという考えが成り立つが、こと慶念に関してはそのような行為に関連する記述はいっさいない。あるものは自己のある種の「信仰告白」だけである。

なお、壬辰・文禄役には第一軍の小西行長軍に従軍した妙心寺天荊、宗義智軍に従軍した博多聖福寺の景轍玄蘇、第二軍の鍋島父子軍の泰長院是琢、第六軍の小早川隆景軍の安芸安国寺の恵瓊、第七軍の吉川広家の宿蘆俊岳など著名な僧侶がいる。彼らはそれぞれの主君の命にしたがって部分的に朝鮮軍との交渉に加わったり、朝鮮人民に対する榜文を起案したりした。また安国寺恵瓊のように独立した軍指揮官の役割を果たしつつ、朝鮮書籍の略奪・朝鮮人民への教化（同化）策を実行したりした。しかし丁酉・慶長役についてはそのような政治的役割を果たすべき僧侶の従軍はみられない。これは戦闘の性格が朝鮮半島の占領・支配から、空地・略奪へ変わったことを証明している。しかし次のような例もある。

『島津家高麗軍秘録』には丁酉・慶長役に島津又八郎忠恒のおもだった「御供之衆」の名が二百十三名記載されているがその中に市来大日寺、志布志大慈寺、平田大休坊殿、面高連長坊殿、慶垣坊、八木良三学坊、萩野三住坊など少なからぬ僧侶の名がみられる。(22)

これらは僧侶であると同時に、他の部将と列記されていることからみて島津軍中の戦闘部隊指揮官として編成されたとみてもよいだろう。その中で面高連長坊は詳細な『面高連長坊高麗日記』なる記録を日記として残しているがこのような戦場での書記方の役目を受け持った者もいたとみてよい。慶念もそのような記録者としての任務を課せられたかともみられる。そのために、慶念は無理矢理に従軍させられた自己の立場を韜晦して、あるいは戦場での記録やメモを再編して

「歌日記」風に残したもの、とみることもできる。いずれにしても慶念は出陣後、つねに太田一吉の側近にあった。そしてときには医療行為をし、ときには伽衆のような役目を果たしながらその動静を間近に見聞しつつ、戦場の実相をつぶさに観察し、その実相を心のままに記録したものであろう。なお慶念の『日々記』は大河内の『朝鮮記』と比較すると当然のことながら実戦場面の記述は僅少で戦闘後の戦場跡の描写が主である。また日付、地名などもズレやあいまいなところが目立つが、それでも歌日記風の原メモが存在し、それを帰国後に加筆したものが現存の稿本ではないかと思える。

二　釜山から南原へ

太田一吉の軍船は六月二十六日、竹田津を出発、慶念は七月五日、対馬に到着して翌六日対馬豊崎にて一吉の軍船と合流して七日早暁に釜山《プサン》に到着した。総大将・小早川金吾中納言秀秋をはじめ毛利秀元、長宗我部元親らもこの前後、相次いで釜山に到着していた。

八日には釜山から日本軍の拠点であった竹島（洛東江《ナクトンガン》中洲の金海《キメ》附近・『日々記』では竹嶋）へ太田一吉・慶念らは船で移動しようとするが、慶念『日々記』にあるように、朝鮮水軍に阻まれて再び釜山にもどることを余儀なくされた。趙慶男『乱中雑録』三では熊川海岸附近での遇戦という記事がある。これより同月十四日まで慶念は釜山に上陸して滞留することとなる。慶念が見た釜山の町は、

　ふさんかいの町へあかりて見物しけれハ、諸国のあき人を見侍りて、
釜山浦のまちハしよ国のまいはい人貴賤老にやくたちさわく躰（八頁）

とあって、はや日本軍の侵略前進基地となり、軍船と前後して渡海していた日本商人が活動していたことが描写されてい

る。この「まいはい人」とは朝鮮民衆の奴隷的連行にかかわる商人であろう。

『日々記』および『宣祖実録』宣祖三十年七月癸亥条などによれば日本軍は朝鮮水軍の夜襲を警戒し、十日に加藤・島津・蜂須賀・長宗我部の諸軍が朝鮮水軍を撃破して、ようやく釜山港周辺の制海権を確保する。このとき太田一吉の軍も海上戦ながら参加しているが、大河内の『朝鮮記』にその叙述はなく、「野陣ヲカケ」「軍士ノ息ヲ休ム」とのべている。

さてこの再度の出陣に際しての陣立ての諸将、とりわけ太田一吉の任務は次の通りであった。

まず先鋒は先にみたように加藤清正、小西行長両人がくじ取りで二日ごとの交替とし、三番から十八番までの編成とした。沿岸の諸城の守将も前述の通りである。太田一吉関係に関する記事には次のようなことが認められる。

一釜山浦城　筑前中納言、御目付太田小源吾在番仕、先手之注進無由断可仕事

（以下、各城守将の分担は前節既出の史料註(9)の通りのため中略）

一先手之衆為御目付、毛利豊後守、竹中源介、垣見和泉守、毛利民部大輔、早川主馬首、熊谷内蔵丞此六人被仰付候条、任誓紙之旨惣様動之儀、日記を相付て、善悪共ニ見隠、聞隠さす、日々ニ可令注進事

一諸事かうらいニての様体、七人より御注進申上儀、正意ニさせらるへき旨被仰聞間、存其旨、縦縁者親類雖為智《ママ》恩、ひいきへんはなく有様ニ可注進事

一先手働等之義、各以相談之上、多分ニ付（脱アルカ）可随其候、ぬけかけニ一人・二人として申やふり候者、可為曲事事

一何方も、野陣たるへき事

一赤国不残悉一篇に成敗申付、青国其外之儀者、可成程可相働事

（後略）[23]

また「御目付　太田飛騨《ママ》正」の軍勢は小早川秀秋の一万人とは別に「三百九十人」とあるが[24]一万石相当の軍役としては

重いとはいえない。

右によれば太田一吉は総大将小早川秀秋が在城する釜山城にあって城中軍務の事を司り、先手の諸将の報告・連絡を受け、日本との連絡にもあたる役目を受け持ったことになる。また先鋒諸将に従った六人の目付が日記を書くことを義務づけられていることからみて、遊軍の太田一吉にも同じく日記を付けることを命ぜられていたとみてよい。このことと慶念の役割、および『日々記』の成立については推断の域を出ないが、太田一吉が慶念になんらかの記録を命じていたこともあり得たであろう。

『浅野家文書』二五七によれば、目付としての太田の任務の一端として七月十九日加藤嘉明が「御法度之御朱印之旨を相背」その上「奉行衆までも悪口被申儀」があったので、他の奉行と連名で小西行長、藤堂高虎、脇坂安治に報告かたがた注意を喚起していることが記されている。

だが太田一吉はその後目付として在城せず、十五日以降後手の役割から脱け出して戦闘指揮にあたった。唐島（巨済《コジェ》島《ド》）北面の漆川梁《チルチョルリャン》附近の海戦である（なお、七月十日の「唐島のくち其外」の海戦にも太田が参戦していた〈『日々記』〉。ただしこの海戦は他の記録になく、十五日の戦闘の誤記かとも思われる）。さてこの漆川梁附近の海戦で太田は朝鮮水軍の大量の軍船をみてひるむ蜂須賀阿波守らを叱咤し、加藤左馬介（嘉明）、島津又八郎（忠恒）の先駆につづいて、

飛驒守舟ノ矢倉ニ馳上テ、五尺ニ余ル熊ノ棒七幅ニ白キノレン附タル馬験フリ上テ左馬介又七郎討スナ続ケ兵船ト、大音ノ下知ニ随テ（『朝鮮記』）

という指揮ぶりであった。この海戦は朝鮮水軍の指揮官元均の作戦ミスもあり朝鮮水軍は固城《コソン》方面に退却し「賊勢滔夫我国戦船全被焼没諸将軍卒焚溺尽死」(25)という惨状となり元均は戦死、日本軍は慶尚道《キョンサンド》南方沿岸の制海権を一時的に確保した。

慶念はこの間十四日に釜山を出発、十五日に竹島（金海）に到着している。

十六日、諸将は竹島の城でまず軍功を検分し、頭（頸）数七百十一と確認し、日本へ軍船で報告すると共に負傷兵の看護、兵船の補充、修理を行った。ついで秀吉の指令にもとづく「赤国入り」について諸将の分担を定めた。「船手」は毛利、九鬼、寺沢、長宗我部以下、「陸手」は三手にわけ「北表」は「御奉行太田飛騨守、幷加藤主計頭、両人ニ向テ働之定メ也」（『朝鮮記』）、「陸中筋」は加藤左馬介、蜂須賀、生駒、毛利壱岐、毛利豊前、島津又七郎《ママ》ら「一手に成テ東ニ向テ働ノ極也」、「陸手南筋」は浮田（宇喜多）中納言（秀家）小西、藤堂らとした。これによればこの時点で太田一吉は釜山在城の任務を解かれ、加藤清正の軍に目付奉行として参陣していたことになる。しかし、現実には太田一吉は加藤清正の東萊《トンネ》―陜川《ヒョプチョン》―黄石山城《ファンソクサンソン》―鎮安《チンアン》―全州《チョンジュ》の行軍には参加していない。慶念の『日々記』では、

同廿九日ニ竹嶋を出、殿さまハ船手の御目つけニ御なりて、御船より赤国のやうニ御はたらきなり（一三頁）

とあるから、十六日の評議のあと、再び任務分担の変更があり、太田は全羅道《チョルラド》入りまでは船で西進、のち上陸して南原《ナモン》へ向かうこととされたとみられる。

二十九日（『朝鮮記』では二十八日）、竹島（金海）を出発した日本軍は「唐島の迫門」（巨済島と本土との瀬戸）を通過、「こしょうの湊」（固城）沖を経て「赤国の川くちに入れハ、はてもなき大川也」に八月三日到着する。この「大川」は『朝鮮記』では「アヤン川」と記されているがこの「川面十八九丁の大河」とはその河口近くに岳陽面《アヤン》（『新増大東輿地誌略』、また趙慶男『乱中雑録』にも八月六日「賊船進海岳陽、自嶺海五六十里之間船艦弥漫、似乎海渇無水」とある）がある蟾津江《ソムジンガン》のことであろう。その蟾津江をさかのぼり、

忠清道《（マ　マ）》ウレン（露梁《ノリャン》か）ト云処ニ著陣ス。ソノ道六十里。陸手船手の惣軍ウレンニ取上リ、野陣ヲ取テ五日滞留シ、船中立スクミタル馬ノ足ヲ休メ、陸陣の用意ス。下々山谷ニ乱入リ。男女僧俗生捕余多取来ル（『朝鮮記』）

この「ウレン」の語音、語意は不明であるが島津軍に従軍した面高連長坊の日記によれば、

八月三日（混陽《ママ》）固城より六里御越被成候て野陣にて候（後略）

八月四日、右の陣より一里御越候て光陽と中城へ其より五里御越にて御陣取候（後略）

八月五日（河東）右之御陣より御打立巳の刻雨も暁より晴申候、風はにし御陣は南向光陽より七里御越候て川東《ママ》へ御着候、同武庫祢御寄合候大殿様は舟より御廻被成候[26]

とあって川（河《ハ》）東《ドン》（慶尚南道《キョンサンナムド》）に八月十日まで滞留、一方慶念の『日々記』では場所を特定しないまま十日に「船よりあかり、四十日をおよひし苦屋を出て、駒に乗り奥陣の御供申し侍る也」とある。したがって、島津軍は昆陽《コヤン》—光陽《クワンヤン》—河東と進み、河東で上陸、太田軍は固城沖—露梁—河東と進んで「ウレン」あるいは河東で上陸、十日まで滞留したものと考えられる。また八日には島津軍から「飛驒守殿」へ使者が書状を届けているので[27]、両陣が近接して野陣を張っていたことは間違いない。なおこの「ウレン」、河東はなお慶尚道に属しているが、慶念は全羅道に入ったと誤解している。

この「ウレン」または河東滞留中に大規模な日本軍の侵掠、略奪、放火が行われた。

慶念が記録した次の場面はこの地域での出来事であった。

同四日にはや〳〵船より我も人もおとらしまけしとて物をとり人をころし、うはひあへる躰、なか〳〵目もあてられぬ気色也。

とかもなき人の財ほうとらんとて雲霞のことく立さわく躰（一四頁）

同五日、家〳〵をやきたて、煙の立を見て、わか身のうへにおもひやられてかくなん。

赤国といへ共やけてたつけふりくろくのほるはほむらとそ見る（一四～一五頁）

同六日ニ野も山も、城ハ申におよはす皆々やきたて、人をうちきり、くさり竹の筒にてくひをしハリ、おやハ子を

なけき子ハ親をたつね、あわれなる躰、はしめてミ侍る也。

野も山も焼たてによふむしやのこゑさなから修羅のちまた成りけり（一五頁）

同八日にかうらい人子共をハからめとり、おやはうちきり、二たひとみせす。たかひのなけきハさなから獄卒のせめ成りと也。

あわれなりしてふのわかれ是かとよおや子のなけき見るにつけても（一五頁）

秀吉の「赤国不残悉一篇に成敗申付」という軍令はこのような地獄絵図となって全羅道およびその周辺の人民の上に展開された。非戦闘員に対する略奪、子どもの略取、放火、略奪は日本軍が上陸の直後、先を争って村々に押し入り働いた暴掠であった。また大河内の『朝鮮記』では先にみた如く「下々山谷ニ乱入リ。男女僧俗生捕余多取来ル」とあり、下級武士が勝手放題に暴虐を行ったことを示唆している。この時点ですでに侵入した日本軍は正常な軍規をもっていなかったというべきだろう[28]。

八月十日、河東を出立した諸軍は蟾津江を溯り、全羅道の求礼《クレ》附近を経て南原をめざした。途中智異山《チリサン》西方の山岳地帯を馬を乗り潰しながら北上するが、その道中でも慶念は「夕暮て人家の煙の立を見れハ、万の五こくのたくひ、財宝を焼うしな」った人家跡に野陣を張ったことを記録している。

南原城攻防戦は八月十三日、日本軍の包囲網が完成し、翌日宇喜多、藤堂、加藤嘉明、島津、長宗我部、黒田、浅野、鍋島ら総勢五万の大軍がここに結集して、総攻撃を加えた。十四日の激戦を経て十五日には明将揚元が脱出、朝鮮軍は指揮官以下殆ど全員が戦死して落城した。『乱中雑録』によれば「城中前後死者幾至五千余、賊尽焚城内外公私家舎」とある。この間太田一吉は楢原献物と共に一旦は小西行長の使者として守将の明軍・揚元に直ちに退去して空城とすること、即ち降伏を説諭するが揚元はこれを拒否、という一幕をになう（『清正記』正、『乱中雑録』『朝鮮陣古文』ほか）。

しかし大河内『朝鮮記』によれば太田一吉は実戦では「一番乗」をあげるべく宇喜多秀家軍の遊撃隊として三百九十名を従えて、南原城南正面に陣を張った。そして十五日夜亥の刻に南大手の門へ真っ先に乗り入れ、

家中の士ニ下知シテ云ク、東西取寄ノ軍勢、人ヲク《ママ》盛ト乗入高名カセクト見エタリ。予カ軍士ハ一番乗ノ手柄サシテ高名ニカマイナシ。首数十五二十ノ外ハイラス

と下知した。これにより大河内秀元も「慶州判官二万騎大将」の首をふくむ三将の首をとり、太田軍は一番乗りに加えて首数百十九、二番藤堂軍は首数二百六十、その他全軍あわせて「惣頸数三千七百二十六」「判官ハ大将ナレハ、首ヲ其儘。其外ハ悉ク鼻ニシテ塩石灰ヲ以テ壺ニ詰入。南原五十余町ノ絵図ヲ記シ、言上目録ニ相添テ日本へ進上ス」（『朝鮮記』）という働きぶりであった。しかし『高山公実録』の編者によれば、南原城の先登は藤堂高虎軍で太田は軍奉行であれば「一番に城乗りすることあるまじき」とのべ、『朝鮮記』については後年、源君美（新井白石）が「実録といへとたしかならさる事多く」とのべていることを紹介しているように、太田一吉軍の軍功はかなり誇張されているとみるべきだろう。

南原でそがれた鼻は直ちに伏見の秀吉のもとに送られ、九月十三日の日付で島津義弘宛「其方手前首数四百廿一討捕、即鼻到来、粉骨至候」、同じく忠恒宛「其方手前首数十三討捕申候、則鼻到来候」(29)などという秀吉の朱印感状が出されている。そもそも鼻斬りが秀吉の指令で行われたことは次の史料で明らかとなっている。

手に礙る者ハ悉く切捨たるか、後は鼻討りを取て命を助る様にと御朱印下されける間、男女を云わず、皆鼻を斬たり(30)

このようにしてこの南原戦で「鼻斬り」が開始された。現存の「鼻請取状」はこの南原戦をはじめとして繰りひろげられたことを物語っている。吉川家文書や鍋島家文書にある「鼻請取状」はいずれも慶長二年八月中旬以降、十月初旬のものであり、その合計数だけでも二万九千以上にのぼっている。これに長宗我部、島津、太田、脇坂、加藤らの諸部隊の数を加えるならば、その数は十万を優に超すにちがいない。しかもこの行為は「さるみ」と称された民間非戦闘員を対象と

した残虐行為であったことは「さるみ鼻の儀」とたびたび記されている面高連長坊の記録がよく物語っている。(31)

琴秉洞『耳塚』によれば太田飛騨守軍もまた二十九人分の鼻を斬りとったことを『中外経偉伝』を引いてのべ、その日付が八月十五日付であるからまさにこの南原戦で諸将とともにこの残虐戦に加わっていることが明白であるとしている。

さて、この南原戦で太田一吉は竹中伊豆守、毛利民部ら他の目付奉行と共に諸軍の軍功を実検し、「軍忠ノ品々委細」を記録したのであった。


十六日ニ城の内の人数男女残りなくうちすて、いけ取物ハなし。され共少々とりかへして有る人も侍りき。

むさんやな知らぬうき世のならひとて男女老少死してうせけり（一七～一八頁）

戦闘が終わったあと、生け捕り人は表向き見られなかったが、内々に隠匿している武将もいたことがうかがえる。しかし首実検などに用いた明・朝鮮軍の生け捕りだけでなく、この南原戦では多くの非戦闘員が被虜とされた。

宇喜多秀家の一部将であった戸川肥後守によれば南原戦で「小西行長猛勇を震ひ本所乗破生捕千余此内女多しとなり」(32)

とある如く、城中城外の非戦闘員男女が被虜とされた。


同十八日に奥へ陣かへ也。夜明て城の外を見て侍れハ、道のほとりの死人いさこのことし。めもあてられぬ気色也。

なんもんのしろをたち出見てあれハめもあてられぬふせい成りけり（一八頁）

慶念は城外の惨状もまた目にすることとなった。

この地方における殺掠はのちになっても続く。趙慶男『乱中雑録』三によれば、井邑軍議のあと、南下した柳川調信（対馬宗氏の重臣）は次のような殺掠を行っている。


賊酋調信由南原向求礼時、以其兵四百余名、留置山洞、刈稲備粮、右賊屯干院内村、設伏兵干院下川辺、日々収穫、兼捜山谷、殺掠人畜、不可勝計

全羅道東南部はこの丁酉・慶長役でもっとも日本軍の暴虐が詳しく記録されている地域である。

三　北方転戦

南原《ナモン》攻防戦で朝鮮・明連合軍は大きな打撃を受けた。守将の揚元（明将）はかろうじて脱出したものの、兵使李福男、防禦使呉応井、助防将金敬老に加えて別将申浩、府使任鉉、判官李徳恢、求礼県監李元春らが壮烈な戦死をとげ、明軍では中軍李新芳以下が城と運命をともにした(33)。

その打撃は大きく「南原既陥、而全州以北瓦解(34)」という戦況となった。すなわち、南原救援を命ぜられた全州《チョンジュ》の守将陳愚衷は救援を実行しなかったばかりか、全州城も放棄し、州民もそれとともに逃亡するもの多く、日本軍は南原を八月十八日に出陣し、任実《イムシル》を経てはやくも二十日に全州に無血入城した。

同十九日、此所（任実）も城かまへの家躰と見へたれ共、山野へにけ入ける也。
けふハまたしらぬ所のあき家にひとよをあかす事をしそおもふ（一八頁）

全州では約十日間の逗留となり慶念は南原戦での負傷兵に対する施薬にあたっているがその間も剽掠は続いている。大河内『朝鮮記』では「諸勢ヲ以テ城ヲ毀也」（なお、『朝鮮記』では全州を宣州と誤記）と記され、また「京衆（日本よりの上使）一人切参れ候てさるみ弐人きられ候。右の人江銀弐拾枚給候(35)」といった行為もみられた。

朝鮮側の趙慶男『乱中雑録』によると「賊兵入全州尽為焚蕩、毀夷城濠」、黄石山城《ファンソクサンソン》より全州へ向かった清正軍は八月二十日、「向全州所経村落山谷、焚蕩殺掠、不可勝言」。また全州の良正浦《ヤンジョンポ》に屯した小西行長などの兵は「南原所得唐物」を誇示して市を開いた(36)。

この全州逗留中に先に黄石山城を攻略した加藤清正軍が合流し、軍議の結果次のように作戦方策を立案した。

①忠清道《チュンチョンド》へ向かい北進する右軍本隊

　毛利秀元、加藤清正、黒田長政（礪山《レイサン》―恩津《ヨンチン》）

②同じく北進左軍

　宇喜多秀家、小西行長の一隊と島津義弘、蜂須賀家政（益山《エキサン》―龍安《ヨンアン》―石城《ソクソン》―扶余《プヨ》）

③全羅道《チョルラド》支配を固めるため南下する左軍

　宇喜多秀家、小西行長の一隊（求礼《クレ》―順天《スンチョン》―光陽《クワンヤン》へ）(37)

この新作戦は秀吉の当初の第二次侵略計画に沿ってまず全羅道支配を固め、余勢で忠清道を攻略するという方針を忠実に実行しようとするものであった。またこの軍議には日本よりの「上使」が到着し、この上使が秀吉の朱印状と「御服一〇」が島津勢に届けられている。(38) 先の「京衆」とはこの上使一行の一人かと思われる。

太田一吉はこのときから加藤清正の目付として右軍に加わることとなった模様である。大河内『朝鮮記』では「飛驒守一吉、主計頭清正、両軍雑兵トモニ二万余ノ勢、廿九日宣州（全州）ヲ立テセンクンと云所ニ着陣ス、其道九里」とあり、また「毛利秀元・加藤清正・黒田長政と軍監太田一吉・竹中重利の五将は兵四万余人を率いて八月二十九日に全州を出発、北進して公州《コンジュ》に到着した。（中略）日本軍は公州で二つに分かれ、加藤・太田の二隊は九月六日に清州《チョンジュ》に着き、秀元は黒田隊を先鋒として、同じく六日に天安《チョナン》に着いた」とのべている記録(39)もある。

しかし大河内『朝鮮記』によれば、清正・一吉の軍は全州より礪山―恩津―石城を直進する本隊とは離れやや東方を迂回して清州に向かったとみられる。今、同書および慶念の『日々記』をあわせてこの間の侵攻の経路をたどると次頁の表のようになる。

日付	『朝鮮記』	『日々記』
八・二八		夜半よりして此陣引やふりて、おお国へ手つかいなり
八・二九	センクン（不詳）	宿陣ハなし
九・朔	クンサン（錦山か）	
九・二	クムイ（不詳）	
九・三	チンソン（不詳）	
九・四		青くにのくわん（関）
九・五	フンキ（文義）	
九・六	尚州（清州の誤記）	かうらいの川（錦江カ）
九・七		古きしろのありし所にちん取めして

全州から清州にかけての進軍中も残虐行為は続けられた。

　さる程に此府中（全州）を立て行道すから、路次も山野も男女のきらいなくきりすてたるハ、二目共見るへきやうなき也（二〇頁）

同四日に青国のうちの屋作を見テあれハ、おひたゝしけなる家躰也。五こくのくら、色々のなくさミ所、まことにふひんなりし事也（二一頁）

また九月二日、山間部で山中に潜んでいた朝鮮軍兵士（義兵かと思われる）と戦闘があり、太田一吉軍は「首数十八、清正カ家中五十一討取ケリ」、そして清正軍の先鋒足軽大将山内治衛尉ら二十八の軍兵が討死、大河内秀元も、敵大兵ニ組敷レ、既ニ危キ処ニ、乗タル敵ノ、（腋カ）へ両手ヲ入テハ返サントセシカ、巧マサルニ少スカノ柄手ニ当リン（シ）カハ、引抜テ鎧ノハツレヨリ差通シ、シタ、カニクリタリケレハ、敵堪兼テ立上ルヲ、便チ敵ニ引ヲコサレテ終ニ其大兵ヲ討取ヌ

という間一髪の状況であった。

この忠清道への北進の過程で日本軍に厭戦気分が出はじめていることが注目される。全州滞留中の軍議が諸将の間で開かれているとき、その軍議は帰還と誤伝され、兵士たちが一時喜んでいたさま、それが誤報で忠清道への侵攻と知ったときの落胆ぶりを慶念は記録している。

さて又此陣所にて各々御集会有りて、船戸のやうに御出候ハんとのしゅうひょうあひすミ、諸軍もよろこひ申候也。

帰らんとおもふ心のよろこひは飛たつはかりうれしかりける（二一〇頁）

同（八月）廿八日ニ夜半よりして此陣引やふりて、あを国へ手つかいなり。さても〳〵御明日なれ共、御よろこひも申かたくて也（二一〇頁）

同（九月）五日ニ明日の御陣かハりとふけれは、此所ハよし有る所なれハ、夫丸も馬のあしをもやすめんに、せめてハ一両日御とうりうなくてと、いとなミ侍りけるなり。

あすのまた御陣かわりときくからに人のなやミをおもひこそやれ（二一一〜二一二頁）

加藤・太田軍はやがて忠清道の主邑清州占領ののち、木川《モクチョン》（内藤の註「目前」は誤り）を経てちんせん（鎮川《チンチョン》）へ二日かけて進んだ。このころになると、漢城府《ハンソンブ》へ攻勢をかけることなどはありえず、まもなく撤退かとの噂が流れたらしく、

同九日ニちんせんにおして御行候とやうけたまハり候へハ、少も船戸へちかく侍る也。さてハ一しほうれしくおもひ侍りて（二一二頁）

と慶念は正直にその心情をのべている。

鎮川では加藤・黒田のほか蜂須賀家政らの諸将が会同して以後の作戦計画を練った。なおこれより先、前進地点の稷《ショク》山《サン》でも、明・朝鮮軍と九月七日の接近戦ののち毛利秀元、黒田長政と協議して以後の前進を見合わせることをきめていた。(40)その軍議の内容はそのころ忠清兵使李時言の捕虜となった加藤清正の部下・福田勘介が訊問によって供述したところでは次の通りである。

南原既破之後、全州間風先潰。故行長入空焚蕩。当初行長清正之意欲、分三道直衝京城。関白遣人伝令。勿犯京城九月限。随廝殺、十月内還来西生浦釜山等窟穴云。故到京城三日程施即還帰。全羅道亦無留住之意、勿論老少男女能歩者擄去、不能歩者尽殺、以朝鮮所擄之人送于日本、代為耕作、以日本耕作之人換、替為兵、年率侵犯仍向上国矣。十月内清正新陣于蔚山、而今明年似（以）無更動之意。(41)

すなわち①全州占領後、清正・行長はともに三路にわかれ漢城府を直接衝くべく北進したが、しかし全州で秀吉からの上使に九月限りと時日を限定され、十月には西生浦《ソセンポ》・釜山《プサン》の沿岸拠点に兵を還すことを指令されていた。②そのため漢城府へ三日行程の稷山で兵を還すことに決したこと——このことの背景には稷山ではじめて再度の明東征軍と接触し、明・朝鮮連合軍の首都防衛体制が強固なものになりつつあることを覚ったことがある。③全羅道もまた無住の地とすべく労働力として価値ある者は日本へ連行し、残余はことごとく殺すとしている。この指令から秀吉の丁酉・慶長役のねらいは、先の講和交渉で拒否された「南三道割譲」を武力で確保し「無住之地」とした朝鮮南部を論功行賞の対象地として軍役に動員した諸大名に与えることであったという推論が成り立つ。

①に関連して大河内『朝鮮記』では鎮川での軍議で目付として太田一吉は次のように発言した。「諸手ノ大将残スチンセン（鎮川）ニ集リ、評定未極リ難キ処ニ蜂須賀阿波守豊勝」が「是ヨリ帝都へ押寄、洛ヲ打破ツテ、当年三度（漆川《チルチヨン》

梁《リャン》海戦・南原戦及び漢城府攻略）ノ御吉事ノ言上可然ト云ケレハ」、太田は、全州攻略もこれ三度目の吉事、漢城府南郊の大河（漢江《ハンガン》）を寒天に渡河することは無益、くわえて漢城から一騎の軍監も現れないのは先方に深慮があるとみてよい。したがって今これ以上前進することは「先ハ上意其趣ニ非ス、只命ヲ全クシテ、勝利ヲ得ルコソ本意ナレ。是ヨリ引取テ、数日ノ長陣苦労ノ人馬ヲ休メ、来春陽気ニ向テ、諸勢ヲ進メ、直ニ帝都へ押入打破ヘキニ、何ノ子細カ有ナン」とのべた。

実は太田一吉は清州五日逗留の間「少知ノ士下々等、処々山間ニ分入テ濫妨シ、生捕余多連来ルニ依テ、帝都ノヤウヲ尋聞ハ」、明軍提督麻貴以下の反撃体制を確認していたのであるが、『朝鮮記』ではこの一吉の決断と説得を「アッハレ文武両達ノ剛将哉」とほめそやしている。

ともかく加藤・太田軍は鎮川よりもう一度清州を通過して撤退、南下を始める。鎮川より蔚山までの撤退の道程は『朝鮮記』のカタカナ地名が正確でないこと、漢字名もこれまで同様に思いちがいが多く『日々記』もまた聞き誤りがひどく、不明のところが多いが大略次頁の表の通りである。(42)

撤退が決定と発表されたとき、慶念は全軍兵士のよろこびを率直に伝える。

同十四日に此陣よりハ船本へ引ちんときけハ、諸人のよろこひハいふにおよはす、牛馬にいたるまてもいさむと也。

引ちんときけハすなはち大軍もよろこひいさむ駒のあしなミ

（中略）

うれしくも本のとまり（清州）につきにけり船戸もちかく成るとおもへは（二三～二四頁）

一方、慶念や無名の兵士・夫丸《ぶまる》（雑兵）たちの思いとは別に、この撤退戦の道中においても加藤・太田軍は徹底的に焚蕩・殺掠を行った。

以下、大河内の『朝鮮記』による。

日付	『朝鮮記』	『日々記』
九・一四	チンナン（清州ヵ）	
九・一五	府中ホラン（清州）	
九・一六	ホキン	
九・一七	召ウ（「アロヵ」と注記あり）	
九・一八	チンミン（中牟《チュンモ》ヵ。烽所あり）	古城ありて
九・一九	慶尚道《キョンサンド》の古都（尚州《サンジュ》）	ふるミやこと申所（尚州ヵ）
九・二一		しやぐちう
九・二三	ユキヤウ（歴任《ヨクイム》）	
九・二四	クノイ（軍威《クノイ》ヵ）	
九・二六	シンネ（新寧《シンネ》）	
九・二九	永川《ヨンチョン》	見事の山城にて 「ゑぐてん」（永坦《ヨンタン》）
一〇・三	慶州《キョンジュ》	せぐしう
一〇・七	キラン	蔚山《ウルサン》につき侍らんとする道
一〇・八	蔚山	船戸に今日は御つき

まず九月十四日、鎮川出立に際して、

此処富祐（裕）ノ地ト見ヘテ、家数十余万軒アリ。則放火シ、又各三方ニ別レテ帰陣ノ道ニ赴ケル

十五日全羅（忠清）道ノ府中ホラン（清州）一着。此処古府ナリケレハ、在家二十万余有、又少地ノ山城有、城主明退タレハ、城中宿城在家放火ス

十九日山渓ヲ乗出シ、少キ原ニ押カカル処ニ、地敵（義兵か）七八千出テ、清正カ先手加藤与左衛門尉ト合戦シ、与左衛門尉カ組下ノ軍兵野合ニ乗放シ置タル馬トモ二三十疋敵盗ミ取テ山谷へ引入ヌ

清正ノ軍兵トモ、思ヒノ儘ニ討スマシ、馬モ余多盗東シ首数少々討取テ勇進テ帰リケル(43)

廿二日（尚州）大仏殿ヲ先トシテ、洛中ノ在家三十余万間一宇モ残サス放火シケレハ、夜中ニ及ト云ヘトモ烙焔ノ先遠里迄輝テ唯白昼ニ異ナラス

廿六日シンネ（新寧）陣取。（中略）此ニ二日逗留シ、城を破。米ヲ際烘ス。然レトモ城中奘奕無辺ニシテ、二百間三百間ノ米蔵限リナケレハ、二万三万ノ勢ヲ以テ、廿日三十日ニモ焼尽シ難キ故ニ、城中家々蔵々ニ火ヲカケ、其儘ニシテ通リタリ

三日慶州ニ著陣ス。此処モ帝都ノ旧跡ナレハ、内裏ノ殿中大仏殿イマタ瞐カニ楞厳殊勝ノ寺々モ、共ニ甍ヲ双へ。洛中ノ高屋洛外ノ民屋三十余万軒有テ、富貴ノ処ナリ。爰二十八階アル橦鐘アリ。鐘木ノ当ル蓮花ハ九尺四方ヲ丸メタル程アリ。此ニ三日逗留シ、禁中殿ヲ先トシテ、一宇モ残サス放火ス

清正軍が鎮川より南下しはじめてからの侵掠と朝鮮軍の反撃については朝鮮側にも若干の記事がある。

賊犯全羅忠清也、分三路深入及其退還亦分路散掠、故諸将或設伏帰路、或乗夜掩襲、皆自戦其他頗有斬獲(44)

兵数万焚蕩湖西右路、因流下全羅右道尽為焚蕩、分屯列邑、給牌誘民貶米、困民争入(45)

また慶念の『日々記』では慶州近辺では「はん米なともとのへけるなり」とあるように食料の略奪も行われた。

以上にみるように加藤軍は各地で侵掠を繰り返し、朝鮮側は明軍の到来以前に各地で義将・義兵が待ち伏せ、夜襲などで日本軍を迎撃した。九月晦日には清正家中の「討死あまた」、十月一日の清正軍の「うちまわしなりければ」も義兵との闘いであろう。

一方、慶念の『日々記』はこの間の戦闘や残虐行為についてほとんど触れていない。尚州や慶州での仏寺の堂塔伽藍の焼亡についても心を動かされることがそれほどなかったのか、わずかに九月晦日に「しやくくわんお、くうち取いけ取かすしらす也」とあること、および慶州で「又此所に一しお見事のくわんも有り、城も有つれ共、皆々にけけれハ、あとをハやき破うちつくたり」とのべているだけである。また加藤清正軍の義兵掃討作戦についても、

十月一日にこゝもとに殊外唐人おゝしとて、かすへ殿うちまわりなりけれハ、いたつらに此日を送り（し脱カ）ける事よ。はやくして船戸に御座なくてと、わたくしのいとなミ諸人もいゝける事共也。山々谷々をさか出して侍る也（二九頁）

『日々記』の前半にみられた朝鮮軍民の惨状をみすえることもなく、早く帰国の目途がつかないものかとする願望のみが目立っているのがこの時期の『日々記』の特徴である。

十月八日に蔚山に到着すると、

同八日にハ船戸に今日ハ御つきとて、諸軍のよろこひハ申つくしかたし。わか身のうれしさハさら〳〵たくひなかりしに、道にてはや古郷よりの御ちうしん、飛州さまへ御留守よりのいんしんとて、早船参候よしきゝ、まいらせて、道をいそきとく〳〵此文を拝見申さはやと、心のいそく事ハかきりなかりける也（三一頁）

蔚山帰還に軍兵たちの喜びを伝えてはいるが、慶念もまた同次元での個人的な喜びのみを記し、ここでは記録者としての任務が忘れされているかのようである。

四　蔚山島山城普請と籠城戦

蔚山《ウルサン》で帰国の船を待つばかりと思っていた慶念の期待は到着直後にたちまち裏切られた。十月十日、釜山《プサン》の総大将小早川秀秋から使者大田小十郎がもたらした「上意」は「此度奥国中之働ニ、飛騨守・主計頭数人ニ抜出、忠節ノ段勝計ヘカラス」と褒賞、特に南原《ナモン》城先乗五人に秀吉から判金二十枚と羽織が届けられると共に「セメテ東西ノ先手ニ新地ノ取出ヲ云付ヘシ、其辺然ヘキ地形ヲ見立、年内余日ナク寒天タリトイヘトモ、追付出来ル様ト申付ヘキノ旨」であった。太田一吉は、「誠ニ有難御諚ニテ候。御先手ノ城被仰付ノ赴畏リ奉ル由御請申ケル」と承知した。以上は大河内『朝鮮記』の記事であるが、その他の史料においても太田が普請奉行を拝命したことは確認できる。(46)

太田一吉と加藤清正は早速「蔚山ノ地形ヲ見立、急キノ普請ナレハ、吉日撰フニ及ハス。(十月)十二日縄張鍬初」を行い浅野左京大夫幸長と毛利輝元の先手宍戸備前守元続、安国寺恵瓊に「丁場ヲ渡シ、各二万三百余人ノ人数ヲ以テ、風雨ヲ厭ハス急ヘキ旨」を厳命した。

その分担は「蔚山之御城出来仕目録」(浅野家文書)によれば、本丸石垣の大半は「中国衆」(毛利家中)、一部を浅野・加藤が担当、本丸門塀矢蔵は中国衆と浅野勢、一部に加藤、二の丸石垣は中国衆(一部浅野)、同居矢蔵・塀・冠門も中国衆(一部浅野)総構芝土手も三分の二が中国衆、一部は浅野であった。こうして十二月二十三日に守将加藤清正が請取った蔚山城は次のような構えであった。

合石垣　七百六十六間弐尺　本丸二三ノ丸

合居矢蔵大小拾弐　　但門矢蔵共ニ

合塀　参百五十壱間弐尺　　本丸二三ノ丸
合惣構塀　千四百参拾間　　同門ニ土手有
合柵　千八百六拾四間半　　本丸総構共ニ
合かふき門　四ツ　　二三ノ丸
合総構き戸　七ツ
合かりこや　大小四ツ　　二三ノ丸(47)

この本格的な城構えの普請が本格化したのは十一月中旬で慶念の『日々記』にはその工事に使役された人びとのすさまじい労役の現場を伝えている。

同十一日ニ、みきもひたりも、かち《(鍛冶)》と番匠のかなつち《(金槌)》のおと、ちやうな《(手斧)》をからころりとして、いと、暁ハすさましくして、いねられさるに、夜半時分よりうちた、きあへるを（四四頁）

同日に、たれかうへにもくるしミハある物なれ共、殊さらあのことくにハ精もこたへてある物よと、うち詠し候也。たれとてもしなこそかわれくるしミののかれん物かこくそつ《(獄卒)》のつえ（四四頁）

同十二日ニ、さてもてつほう・のほりの衆・かち・ほろ・船子・人足にいたるまても、きりをはらいて山へのほりて材木をとり、夕にハほし《(星)》をいた、きてかへり、油断すれハやませられ、又てきにくひ《(首)》をきられ、さしてもなきとか《(咎)》なれ共、百性《(姓)》のかなし《(さ脱カ)》ハ、事をさうによせて、くひをきりてつし《(辻)》にたてらる、も侍る也（四五頁）

とにかくあやまりの有る物こそ、らう《(牢)》におし入、水をのませ、くひかねにてく、りしはり、やきかね《(焼金)》をあて候事ハ、此うき世に殊更御座候。あひかまえて油断有ならハ、のちの世ハかやうのおそろしきせめ《(責)》にあわんすらんとおもひとるへき也（四五頁）

夜すからの人をせめて石をつませ、しろふしん《普請》もさらニよ《余》の子細ハなし。人の物をうはひとらんとのたくミ、とんよく《貪欲》のほかハなし（四六頁）

よるひるのさかひもなくて、人のかとをつけ《付》さらし《曝》て、すこしもあやまれハ、やかてとかにおこなゐて、く丶りしはり、ちやうちやく《打擲》せられ候事ハ、とかくざいごうの物ノめいわくとこそ見えて侍る也（四七頁）

同十六日ニ、まへのよミたる心に、山へおゐのほせてハ大さいもくヲとらせ、とりたる木かほそけれハとりなをせとて、又ハおゐやり、とりにあかれハ唐人からくひヲきられ、おもひのほかに死にけり。又ふようなる物あれハ、かくれ《隠》にけ《逃》はしり《走》なとしたる物もありけり（四七頁）

以上にみるようにこの急ごしらえの築城工事は迫りくる厳冬期を前に、昼夜兼行、徒士、足軽、夫丸から船手、鉄砲手まであらゆる労働力を総動員して行われた。しかも少しでも過ち・落度などの命令違反があればみせしめとしての入牢・拷問、ときには斬首がまちうけていた。また十一月下旬になると猛烈な寒気が現場を襲った。大河内『朝鮮記』によると、

堪難キ大寒国ナルニ依テ、大工手伝ノ者トモ寒ニ当ラレ、手足ノ向悉ク膿ヌケル故ニ、城内家々ノ作事ハ延タリキ。

これらの残虐・苛酷な労働現場を指揮した者は毛利・浅野・加藤の上層武将たちであり、目付としての太田一吉とその軍勢であった。『朝鮮記』では、

蔚山の新城、飛驒守急テ未明ヨリ極晩ニ至テ、普請場ヲハナレス下知アリケレハ飛驒守、材木ヲ切テ、左京大夫幸長ニ合力セントテ、二千余ノ人夫ニ軍兵二十八騎ヲ奉行トシテ、旗七本差セ、鉄炮三百指添、毎日山へ入ニケル。清正幸長宍戸備前守、安国寺等カ人夫モ付従テ、薪切ノ山入ス

とのべている。したがって慶念も非戦闘員ながらつぶさにこの地獄を見聞することになった。

注目すべきことは、この築城普請に対して近辺の山中に入りこめば「唐人からくひをきられ」た者が意外に多かったこ

ととあるのは、義兵がすぐ傍まで来て活動していたことである。『朝鮮記』では十一月二十四日蔚山東北方で「敵三千余山中ヨリ付出シ」合戦となり、日本側は三騎を失い、翌日から薪をとるための山入りは中止となった。また「ふようなる物（者）」や「かくれにけはしりしたる物（者）」もあり、隙をみて逃亡する者も少なくなかった、とある。逃亡のみが強制労働からの唯一の抵抗手段であったわけである。

また次のような記述もある。

同十九日ニ、日本よりもよろつのあき（商）人もきたりしなかに、人あきないせる物来り、奥陣ヨリあとにつきあるき、男女老若かい取て、なわ（縄）にてくひ（首）をくゝりあつめ、さきへおひたて、あゆみ候ハねハあとよりつへ（杖）にておつたて、うちはしらかすの有様ハ、さなからあほうらせつの罪人をせめけるもかくやとおもひ侍る（四九頁）

かくのことくにかいあつめ、たとへハさるをくゝりてあるくことくに、牛馬をひかせ荷物もたせなとして、せむるていは、見るめいたハしくてありつる事也（四九頁）

奥陣――忠清道《チユンチヨンド》、慶尚北道《キヨンサンプクド》など北方で加藤・太田軍が展開し、通過した経路に日本から渡海した商人が朝鮮人民衆を「人買い」し、日本渡海のためにこの蔚山までそれらの被虜人を連行してきたのである。彼らはやがて西生浦《ソセンポ》・釜山から九州・瀬戸内方面へ連行したことであろう。この行為も各武将の公認または黙認下で堂々と行われていたわけである。

さらに注目すべきことはこの蔚山城築城工事のさなかに慶念が二度にわたって「帰朝の御朱印」についてのべていることである。

同（十一月）十七日ニ、天下さま（秀吉）よりの御朱印のおもむきは、帰朝の日よりをよく〳〵しらへ、人夫一人もとりのこし候ハぬやうに念を入候て、船をのり候へとのおほつかハし候事なり。さても〳〵かたしけなき御定とて諸人よろこひ候也（四八頁）

同（十二月）廿一日ニ、御帰朝の御朱印参候と二三日まへより到来風聞有り。しかれ共今日まてハ早船も渡海あらす候へハ、いと、心もあこかれうかれて、人こと（毎）にき、まほしかる事ハかきりなき事にて侍るなり（七二頁）

一方で朝鮮南部の永久占領と明年陽春の反攻をめざすために恒久的防禦拠点として蔚山城を普請しておきながら、他方で帰国命令を秀吉が出すわけはなく、また、そのような朱印状も現存していないことからみて、この朱印状の一件は「早晩の帰国」をエサに苛酷きわまる労働に人びとを駆りたてるためのデマであったとみる。また、いったんこのようなデマが流布すると、それは期待の高まりをよびおこし、日本からの早船が来たわけでもないのに、人びとの間に再度のデマが流布したものであろう。

このような奴隷的労働の末にようやく完工した蔚山城——島山城《トサンソン》であるが決して堅牢な城ではなかった。浅野幸長と太田一吉、それに中国衆物頭が立て籠った本丸は「本丸とハ中候得共、東北かこい一重ニ御座候」「二ノ丸をハ肥後守殿（清正）御持被成候、是も西南塀ひとへニ而御座候」「三ノ丸をハ中国衆、肥後守殿御衆として持申候、是も西北塀ひとへにて御座候」(48)という状態であった。また戦闘終結後、加藤・浅野・太田が日本の徳川家康・前田利家の奉行に送った報告書でも十二月二十三日に明軍の総攻撃を受けた際、

卯ノ刻より、総構へおしよせ候処、巳ノ下刻迄雖防戦候、寒天の御普請にて御座候へハ、やりも無之、どてかこい不首尾ニ付而、不及是非城中へ取籠、本丸二三ノ丸堅固ニ相かかへ候(49)

とあり、同城が厳冬と明・朝鮮軍の到来が切迫したただ中での不完全工事であったことが露呈されている。

蔚山城攻防戦は明の「東征軍」（経理・楊鎬、提督・麻貴）四万余名、朝鮮軍（都元帥・権慄）一万名（水陸共）をむかえ、日本軍は加藤清正、浅野幸長、太田一吉、宍戸元続ら約一万名(50)の対決として開始された。一五九七年十二月二十二日、城外の陣地にいた毛利の部将たちの陣が明軍に急襲された。急報を受けて救援に赴いた浅野幸長、太田一吉らは宍戸

元続を助けたが再び明軍に包囲されて危機に陥った。このとき追撃を呼号した浅野幸長を太田一吉が諫め、城中に退却することをすすめたがその渦中で「飛驒守ハ馬ヲ切レ、歩立ニナツテ箭三本射タテラレ、堀ト柵ノ間ニ攻籠レ居玉ヘリ」（『朝鮮記』）という状態になりあやうく大河内らに救助された。「然ルニ一吉ハ三ケ処ノ箭ヲモ抜ス流ル血ヲモ揮スシテ塀裏ノ役処ワリヲス」という武勇談が語られている。この朝慶念は夜明けの鉄砲の音に驚いて起床し、

あさめしの時分、猛勢なるにより、城へ籠て可然といへハ、我も人も籠らんとて取乱わけ入けるニ、はや飛驒さま手おひたまふと申けれハ、身つからやかて城へ参、見廻申候処ニ、御いた《（傷）》ミなりける。以外ニそんし候て、其まゝに御そは《（側）》にして御ようしやう《（養生）》申候ける（七三頁）

ことになった。その夜は主君太田一吉の傍で伽をして徹夜で介病をする。

翌朝、蔚山城は明・朝鮮連合大軍の猛攻を受け太田一吉も本丸大手へ立て籠もり、敵軍の乱入に必死の防戦につとめる。

門のとひらもいまたなきに、から《（唐）》人乱入し、おひたゝしくへいのきわ石のかきのしたにて火やをいつ《（射）》けられ、殊更、中国衆・左京太夫殿・飛驒殿御物かすしらす、家中の衆のあるひハ番袋はさミ箱いろ〳〵の財宝に火をいかけ候へハ、悉くやけあかり候煙ハ目口もあけられす。其火にて城へおそく入候物《（者）》ハ、人足侍に数千《（十カ）》人やけて死けり（七四頁）

火矢あるいは焼けた家財を城中から投下して防戦したが、それらの財宝はこの日以降も次々に焼亡する。しかしその財宝とは次の大河内『朝鮮記』によれば、朝鮮上陸以降に各地で略奪を重ねてきたものばかりだった。

奥国中押働ノ道筋ニテ、諸人大ニ濫妨ス。秀元モ。日本帰朝ノ土産ト思テ、綾錦、金襴、八糸、無綾、純子様々ノ巻物。日々撰テ、今日取テヌ明日能ヲ見テハ、前ニ取タルモ悪キハ焼ステ類ナキ計ヲヨクスクリ、三百七十巻取タリ。諸人悉ク心ニ任セ、取ケル跡、大成蔵トモニ皆焼散シテ通リケル。秀元母玄妙院ヘミヤケニト心サシ、印子の釈迦、

紺紙金泥ノ類ナキ能筆ノ法花経、其外弓、矢尻、籠、茶碗、硯已下色色様々ノ朝鮮道具ヲヨリ取テ、牛二疋ニツケテ、蔚山ノ小屋マテ恙ナク持来リシニ、八十万騎ニ追込レ、馬ナト蹈殺シタル躰ナレハ小屋ニテ残ラス焼失ス

二十四日の戦闘で太田一吉の軍勢はまた戦功をあげた。清正、幸長軍が首一つを挙げたのに対し一吉軍は九個を数え、「一吉僅ノ小身ニテ九ツ取タル事ヨ。能勇士ヲハ持ヘカリケル物哉ト、讃嘆セヌハナカリケル」と大河内は自賛している。

このころから城内の食料・水は欠乏が甚だしくなり、慶念は「味方ハいよ〳〵水ハなし食物もなき事なれハ、軍兵ふせくへきやうハあらし。必定明日ハ城落候ハんと心ハかりに存候て」（七五頁）と心細くなってきている。僅かの雨水に口を濡らし、馬を食い、「死タル馬ノ股ヲ切取テ、矢ノ根ニ貫キ射込シ矢トモ薪トシ焼テ食シケル」（『朝鮮記』）ところに寒気が加わり、「此城の難儀ハ三ツにきわまれりさむさひたるさ水ののミたさ」（七七頁）と慶念はいう。

また、

此籠城の儀ハ俄之儀ニ而御座候付而、兵糧一円無之候てつまり申候、加藤清兵衛所より清正と浅野左京大夫殿江ハ五人ヅツの弁当を毎日二所江一日ニ二度ツツ上ゲ申され候、され共清正も左京大夫殿も自身ハ鳥の玉子程も不参、手廻りの小姓其外ひだるそうなる者ニ分候て被遣候(51)

という史料からも深刻な状況が窺われる。

蔚山城の食料と水不足は、明・朝鮮軍の急速な南下に籠城の準備が整っていなかったこと、さして広くない城中に備蓄する場所とてなかったこと、一万名の軍勢に対する兵糧の調達がおぼつかなかったこと、などによる。

また、次のような史料もある。

城中糧粟不多、且近郷之商人民黎驚明兵之大至、攜其妻子皆入城中、故穀粟尤乏(52)

つまり近郷の朝鮮人商人たちの家族が明兵を恐れるあまり日本兵と共に城中に入った、というものだが、大河内『朝鮮

記』にも二ノ丸門脇に「少キノ桶ニ盃取ソヘ、高声ニ水ヲ売ル」者がいたり「商人米五升持出テ、高ラカニ売、加藤与平次是ヲ見テ、買ヘシト聞ケレハ、米商人判金十枚ニテ候ト答ユ」という記述がある。後者は明らかに日本人の商人とみられるが、それとて近郷近在の朝鮮人商人や農民から買い入れたか略取してきたものであろう。

牛馬を食うことは籠城以前から行われていた。

なかにも殊におそろしきハ、船戸よりも奥陣ことく〳〵おもき荷物をほうらいのやうにとりつけて、引めくり来て、やう〳〵と本の陣所につきけれハ、いも牛ハいらさる物よとい丶て、さてうちころし、かわをはき、食物とする事ハ、た丶ちく生道にてハあらすやとおもひ侍るはかり也（五〇頁）

そもそもこの戦争については兵糧の補給が当初より現地まかせであった。のち義兵による補給路の寸断、朝鮮水軍が李舜臣指揮下に入ってからは制海権を奪還されて本国よりの物資輸送が絶望的であったこともこのように飢餓地獄を現出せしめた要因であった。

進退きわまった清正は金銀財宝を城外に投じて進撃軍の鋭攻を遅らせようとする。

日夜攻城、賊兵大困、加以粮尽井渇、死者日積、清正将欲自決、毎投金銀雑宝于城外、以緩我兵(53)

一方、日本軍からの投降者、すなわち降倭も続出する。明・朝鮮軍に投降した者に銀と掛紅を与え、駿馬でこのことを誇示させた。

其後出降者相属。清正厳守。城門不許出入

我国別将金応瑞令票下降倭、埋伏於井傍、倭人来汲者、輒拿致之、一夜獲甚多、経理賞紅段一疋白金五両(54)

他方、清正は降倭将・岡本越後守との出城・講和の交渉に応じ、両将会盟のもと場所を設定して時間稼ぎを計る。当初、岡本越後守と交渉に当たったのは大河内秀元と、同じ太田一吉の配下・田中小左衛門、九津見兵蔵の三人であった。

大河内は熊本城二の丸に押し籠めてある岡本越後守の妻子の生命を加藤清正に保障させ、

若此赴ヲ主計頭同心セサルニ於テハ、公方（小早川秀秋）へ言上シ奉リ、嫡子ハ上へ出スベシ、女子ハ某カ居城豊州臼杵へ呼取テ、予カ娘トナスヘシ

とまでいう。

これらの交渉は慶念の耳にも入ってきた。

此ほと四五日ハから人もあつかいになし候ハんとて、いろ〳〵加藤殿につき候て、あつかい申候へ共、今日（正月三日）ハはや〳〵あつかいもきれけれハ、とりもあへすニ、

此ほとハ日本からの和談とてあつかいなれとけふハやふれぬ（七八〜七九頁）

すなわち加藤以下の籠城軍が和談をひきのばしているうちに西生浦をはじめ各地からの援軍が近付いてきていることがわかった。

其上手おい数万人有候て、人数もうすく罷成候、折節一昨日二日、うしろまきノやりさきを見うけ、其手あてを仕、昨日三日之夜、子ノ刻ヨリ今日辰之刻迄、諸手ヨリせめ候といへとも、各自身手をくだき相働ニ付而、手おい死人其数を志らす候ニ付而、則今日巳ノ刻より引取申候(55)

交渉決裂を受けて、三日夜から四日にかけて再度の激戦となったわけだが、援軍来り、明・朝鮮軍の撤退模様が明らかとなると慶念の目からも憂色がとれる。

すハはや破軍そといへハ、城のうちもきおひ、うしろまきの人数ものほりをなをしておつかけ行けれ共、さすかに足をみたしてもにけ行す。たゝすかしてなり共にけたにゆかは、まゝにしてにかせとの御衆評なり。まことにうれしさたくひハなかりけれハ、

はいくんと見れハいよ〱うれしくていまこそおもへありし古郷（七九頁）

翌日夜、慶念の期待は意外に早く実現した。蔚山戦の終結を確認した太田一吉は慶念に早速帰国の許可を与えたのである。

同五日ニ、夜ふけかたに飛驒さまおほせけるハ、慶念ハ早々船ニのり候へとおほせありしかハ、あまりのうれしさに、夢ともおほへす、うつゝかとわきまへかたくて、了真に手をひかれ城をおり候時ハ、涙をなかしてよろこひ候て、物語もうハの空なる事たくひなし（七九頁）

かくて慶念の六カ月余におよぶ苦難と自己韜晦の戦場生活は終わりを告げたかにみえた。しかし同月八日の慶念の日記によれば、

殿さまいまほとハ御在陣にて、御家中之衆ハ過半御もとしなされ候。わか身事ハ其人数之由、ある時ハさた中候（八〇頁）

と残留組に組み入れられたとの風聞があり、「さあらん時ハいきてもかひなし」と慶念の心中は乱れる。その後太田一吉が釜山での戦後処理に関する合議を終えたのち、同月十七日、

夕かたに、帰朝つかま（つ脱カ）り候へとのよしそとうけたまハり候て、さても〱かたしけなや（八七頁）

と最終的な帰国決定が下され、慶念はそこで心底から安堵する。

思うに太田一吉は、非戦闘員で高齢の慶念はこれ以上最前線に留めおくのは無意味と考え、また蔚山戦後の戦線縮小も見通して、早々に帰国許可を告げたものであろう。そして一吉自身の帰国と蔚山戦後の戦線縮小論が諸将の間で合議された時点で、慶念の帰国実行のゴーサインを出したわけである。

まとめ

丁酉（慶長）役の戦場は苛烈凄惨という以外の言葉をもたない。古今の戦場は常にそうであったといえばそれまでだが、この戦役は異なった民族の住む大地を侵掠し、また子ども、女性をはじめとする大量の非戦闘員の殺害、劓刑、生け捕り――奴隷化を生んだという点で日本史上、類がない。後半の戦場においてはさらにあらゆる村々、宮殿、大寺などの破壊と焼亡が繰り返された。それはこの戦役自体が義兵と明・朝鮮軍の反撃にあって当初の戦略目的の達成（朝鮮半島南部の実力略取）に失敗したことによる。

最後は蔚山倭城の築城や三戦略拠点の確保など日本からの秀吉の命令にやむなく従うが、それ自体にも大きな犠牲が出た。そして慶念自身が厭戦気分を告白しているように、士気の低下と苦戦の連続は比例していった。それが逆に朝鮮の城邑への放火・略奪、民衆への残虐行為をよびおこしていったともいえる。

慶念の『朝鮮日々記』はこの間の見聞と彼自身の心情を率直にのべたことによって赤裸々な戦場の姿をあぶりだす史料となりえた。

また彼自身の迷い、利己心などをあるがままに書き綴ったことによって『日々記』の叙述の真実性がより深まったともいえるのである。

註

（1）豊臣秀吉の朝鮮侵略史については第二次大戦以前から多くの研究が世に出ている。江戸時代においても林羅山『豊臣秀吉譜』、堀杏庵『朝鮮征伐記』、小瀬甫庵『太閤記』、頼山陽『日本外史』などがみられるが、それらは出兵させられた諸将の

「軍記」物を素材としていたので、必ずしも史実に沿ったものではなかった。明治年間に入って旧陸軍参謀本部が編纂した『日本戦史』（本篇・補伝）（偕行社、一九二四年）において、やや精密な戦史が描かれ、また山路愛山の『豊臣秀吉』において、評伝をかねて戦場の場面がより活写されている。これらはいずれも『懲毖録』や『朝鮮王朝実録』などの朝鮮側史料・記録に部分的にやや踏みこんで編纂した結果であろう。実証史家の立場からは池内宏の『文禄・慶長役の研究』（正篇第一・別篇第一）（南満鉄道・東洋文庫、一九一四年）と徳富蘇峰『近世日本国民史』（民友社、一九二一年）をその嚆矢とするが、ここにおいても前二書をはじめ趙慶男の『乱中雑録』などをはじめとする朝鮮側史料によって戦況が裏付けられている。さらに中村栄孝『日鮮関係史の研究』中（吉川弘文館、一九六九年）において、精密さは一段と進んだ。戦後の史学界においては上述の中村栄孝をはじめ、内藤雋輔『文禄・慶長役における被擄人の研究』（東大出版会、一九七六年）がこの両乱の過程で生じた具体的事象についての論究がなされた。琴秉洞『耳塚』（二月社、一九七八年）、貫井正之『秀吉と闘った朝鮮武将』（六興出版、一九九二年）、李進熙『倭館・倭城を歩く』（六興出版、一九八四年）、藤木久志『戦国史を見る目』（校倉書房、一九九五年）、同『雑兵たちの戦場』（朝日新聞社、一九九五年）所収の両役にかかわる論述もそうである。

侵略の全体史としては北島万次『豊臣政権の対外認識と朝鮮侵略』（校倉書房、一九九〇年）とそれに先立つ『朝鮮日々記・高麗日記—秀吉の朝鮮侵略とその歴史的告発』（そしえて、一九八二年）および『豊臣秀吉の朝鮮侵略』（吉川弘文館、一九九五年）がある。また鈴木良一の『豊臣秀吉』（岩波新書、一九五四年）などの一連の著作は戦前の史家が総じて秀吉の英雄視＝対外武威・皇威発露論に立っていたことに対して、侵略と抵抗の歴史と読みかえ、それが上述の一連の壬辰・丁酉役の研究をうみだす成果となっていった。

韓国では一九七四年に李炯錫『壬辰戦乱史』全四巻（韓国地方自治研究院）が刊行された。解放後の研究の成果であり、日本側の史料もふんだんに用いられた大著である。また是永幹夫「慶念『朝鮮日々記』の研究」（青丘学叢三、一九九三年）は慶念研究の先駆である内藤雋輔校註・解説『朝鮮日々記』（『朝鮮学報』第三五輯、一九六五年）をうけつぐ唯一の『日々記』研究である。近年ではこのほか崔官『文禄・慶長の役—文学に刻まれた戦争』（講談社、一九九四年）、貫井正之『豊臣政権の海外侵略と朝鮮義兵研究』（青木書店、一九九六年）など意欲的な論著も見出すことができる。

（2）大河内秀元の『朝鮮記』は『朝鮮物語』『大河内秀元朝鮮日記』ともよばれ乾坤二巻、「続群書類従・続合戦部二〇、続巻第五九〇」、刊本としては続二十輯下に所収されている。なお本稿はその「続群書類従本」によった。

(3)『朝鮮記』慶長二年十一月二十四日条。
(4)徳富蘇峰『近世日本国民史』第十四章五九「もくそ城とりまき候衆」。
(5)中野等『豊臣政権の対外侵略と太閤検地』(校倉書房、一九九六年)。
(6)『朝鮮記』慶長二年正月廿六日条。なお、この朱印状の真偽はここでは問わない。
(7)『駒井日記』によれば文禄二年閏九月豊後大野郡五万三千二百余石を加増されたとある。しかしこれは豊臣蔵入地の所領高で太田一吉の自領ではない。したがって加増ではなく小田原攻めの後、戦功によって小禄で報いられたあと大友氏改易後の文禄二年に臼杵に入ったとみるべきである。朝鮮側の史料でもこのことは確認できる。「事大文軌」「皇明実録」「明史」を引用している李烱錫『壬辰戦乱史』下巻では大友吉統の旧領分割を次のように紹介している。
「中川秀成—岡城七万石에転封、毛利高政—佐伯城二万石、福原高直—杵築城二万石、垣見一直—富来城二万石、太田一吉—臼杵城三万五千石、早川長政—府内城一万石、熊谷直盛—安岐城一万五千石、寺沢正成—波多信時의旧領全部」(同書下巻、一二九四頁)
そしてこの新領に入った武将のうち、太田、毛利、早川、垣見、熊谷の五人がいずれも丁酉・慶長役の目付奉行として任命されている。秀吉は大友旧領を輩下の「目付」役を担える武将に配分して、あらたな任務に忠誠を尽くさせることとしたのであろう。秀吉は目付七人に起請文を書かせている。(『島津家文書之二』所収「豊臣秀吉高麗再度出勢法度」)
(8)『島津家文書之二』四〇二(大日本古文書家わけ編)「豊臣秀吉高麗再度出勢法度」なお註(23)も参照。
(9)同右四〇三「豊臣秀吉高麗再度陣立書」。
(10)『本山豊前守安政父子戦功覚書』(『続群書類従』第二十輯下)。
(11)『浅野家文書』八二(大日本古文書家わけ編)。
(12)『朝鮮記』慶長三年一月五日、六日条。
(13)李烱錫『壬辰戦乱史』下、一〇五五—一〇五六頁。
(14)旧参謀本部編『日本の戦史・朝鮮の役』(徳間文庫、一九九五年)二九七—二九八頁、『清正記』巻三(『続群書類従』巻六百五十二下)。
(15)『清正高麗陣覚書』「蔚山籠城之事、附かくなミ人城中へ石火打かけ候こと」。

(16)『朝鮮記』慶長三年三月二日―四日、閏六日、および三月十三日以下条。
(17)『島津家文書之三』一二〇四。
(18)『武家盛衰記』巻二一「附秀吉小性連朝鮮目付七人」。
(19)山鹿素行『武家事紀』(新人物往来社、一九六九年)一〇五九―一〇六〇頁。
(20)『本光国師日記』第四之二十三、元和三年九月五日―六日条。
(21)『多聞院日記』四十、文禄二年二月廿六日。
(22)『島津家高麗軍秘録』淵垣昼右衛門覚書(「続群書類従」巻五百九十一)。
(23)「朝鮮征伐御条目」佐伯毛利高棟文書(大分県史料・「条々」〈『鹿児島県史料旧記雑録』後篇三〉)、「韓陣文書」(『古事類苑、外交部八・朝鮮一』慶長二年二月廿一日御朱印条)、また『高山公実録』四にも同文が収録されている。
(24)前出「条々」(『鹿児島県史料旧記雑録』後篇三)。
(25)『宣祖実録』巻九〇、宣祖三十年七月辛亥条。また『高山公実録』五にも藤堂軍の活動ぶりが詳説されている。
(26)『面高連長坊高麗日記』慶長二年八月三日―八月十日条。鹿児島県史料旧記雑録後編巻三九所収の『朝鮮日々記』には「惟新(島津義弘)様・又八郎(忠恒)様、七月八日(二八日か)ニ赤国之内波頓与申所江御着被成、比波頓へ大川有之候付、其河を御船ニ而御登被成、波頓之在所江御着而候」とあり、波頓《ハドン》は河東の音を意味する。『島津家高麗軍秘録』にも、「波頓」が登場する。
(27)同右、八月八日条。
(28)趙慶男『乱中雑録』によると閑山島海戦のとき「焚蕩鎮幕而島中男婦未及渡避者、倶被斮殺」と緒戦から非戦闘員の虐殺が行われていたこと、また八月四日「(島津)義弘等共進泊昆陽金鰲山下露梁等処、捜山殺掠、公私家尽為焚蕩」と島津軍も同様であったことが述べられているが『面高連長坊高麗日記』では一言もこの地域での殺掠については触れられていない。
(29)『鹿児島県史料旧記雑録』巻四〇(自伏見台章慶長二年九月十三日付)。
(30)『吉川家臣略記』九。
(31)『面高連長坊高麗日記』慶長二年九月四日、九月八日、九月十一日各条。
(32)『戸川記』下(「新加別記」第六五、六七二頁)。
(33)李炯錫『壬辰戦乱史』下一〇一五頁。

(34) 申炅『再造藩邦志』四(『大東野乗』第九輯所収)。
(35)『面高連長坊高麗日記』八月二十五日条。
(36) 趙慶男前掲書、丁酉年八月十九日―二十日条(『大東野乗』第六・第七輯所収)。
(37) 李烱錫『壬辰戦乱史』下九八六―九八七頁、趙慶男前掲書、八月二十日条。
(38)『面高連長坊高麗日記』八月二十日、二十五日条。
(39) 旧参謀本部編『日本の戦史・朝鮮の役』(徳間文庫、二八一頁、一九九五年)。
(40) 同前掲書、二八三頁。なお、朝鮮側の研究ではこの稷山での戦闘を重大な反撃戦の勝利と高く評価している。例えば趙慶男『乱中雑録』では「初六日、天将副総兵解生等、大敗賊兵于稷山金烏坪、清正等退遁流下嶺南。翌(七日)日平明賊兵斉放連炮、張鶴翼以進、白刃交揮。殺気連天、奇形異状、驚惑人眼、天兵応炮突起、銕鞭之下。賊不措手。合戦未幾。賊兵敗遁。向木川清州而走(中略)麻貴不許跟追、休兵分道追下。其後賊還巣、称朝鮮三大戦。平壌、幸州金烏坪云」。
(41)『宣祖実録』巻九三、宣祖三十年十月庚申条。
(42) 趙慶男『乱中雑録』の清正軍南下路は次の通りである。
「清正等賊至清州分道而下、一運過青山黄澗、由星州流下、一運自咸昌尚州歴仁同大邱而下、一運由聞慶軍威比安而下、皆入旧巣」。
(43) この戦闘は『壬辰録』丁酉年九月条によれば忠清北道報恩県赤岩での義兵将・尚州牧使鄭起龍軍との遭遇戦である。
翌二十日にも大河内秀元は夜襲準備中の朝鮮兵と遭遇している。
(44)『宣祖実録』巻九四、宣祖三十年十一月丁酉条。
(45) 趙慶男『乱中雑録』丁酉年九月十五日条。
(46)『浅野家文書』二五七、慶長三年正月四日「浅野左京より金森法印(長近)他宛書状」、ほかに「於蔚山主計頭取出候新城、大飛(太田飛驒守)奉行にて申談普請申付候処」とある。
(47)『浅野家文書』二五六、慶長二年十二月二十三日「蔚山之御城出来仕目録」。
(48)『浅野家文書』八〇「浅野幸長家臣某蔚山籠城覚書」。
(49)『浅野家文書』二五七「浅野幸長蔚山籠城後書状案紙」。

(50) 李炯錫『壬辰戦乱史』下、一〇四五―一〇四六頁。
(51)『清正高麗陣覚書』「蔚山籠城之事」。
(52)『鹿児島県史料旧記雑録』後篇三、三四〇「義弘公御譜中」。
(53) 趙慶男『乱中雑録』丁酉年十二月二十七日条。
(54)『再造藩邦志』丁酉年十二月二十六日条、二十七日条。
(55)『浅野家文書』二五七「浅野幸長蔚山籠城後書状案紙正月四日付、清正、長慶(幸長)、一吉」。

慶念の系譜を探る

——豊後・日向・三河——

本多正道

はじめに

秀吉軍の朝鮮国侵入は、文禄・慶長の役、すなわち壬辰《イムジン》・丁酉倭乱《チョンユウェラン》として特筆すべき惨事であり、かつ戦国時代の終焉を予感させた歴史的事実である。この遠征軍は、略奪・殺戮の限りを尽くした。その一連の史的事実の解明については、すでに諸分野で先行研究がなされ、重き教訓として深刻なる内省と示唆を投影して止まない。

とりわけ、豊後国臼杵の従軍僧、真宗安養寺慶念の綴った『日々記』[1]は、慶長の役における関連史料の中でも異彩を放つ陣中日記として知られ、その人物像についてはすでに高い評価がなされている[2]。いわば、力ない庶民の檄文とも受けとれる本書は、思いがけない主命に当惑しつつ、慶長二年（一五九七）六月二十四日より翌三年の二月二日までのほぼ八カ月間、非戦闘員として領主太田一吉に仕えた貴重な従軍体験記である。一部に厭戦的とも読み取れる記述がなされているものの、慶念は敬虔な念仏者の一人であり、医僧とされる点にも特異性を見出せる。その意味では、全編の随所に赤裸々な信仰の告白がなされ、殉教者としての一面を窺うこともできる。

従来右の研究は、写本として天保三年の後藤真守「碩田本」、明治二十二年の久米邦武博士の謄写本にはじまり、戦後の論稿では「慶念の朝鮮日記」と呼称された久多羅木儀一郎氏[3]が初見であろう。その後、当日記の全文を解読し謄写の労をとられたのは郷土史家の村井強・羽柴弘の両氏[4]であったが、その全容を広く学界へ紹介されたのは、他ならぬ岡山大学の内藤雋輔氏[5]である。

とくに『日々記』のもつ史料的価値は、一庶僧の体験談のみならず戦国社会の実情を浮き彫りにしているだけに、当時従軍の諸将とつながりをもつ諸山林下の登用[6]と対比して、再評価すべき史料として着目されてはいたが、慶念という真宗僧侶の従軍が一般的に認識されるようになったのは、藤木久志氏の『日本の歴史15—織田・豊臣政権—』[7]（小学館版）以降のことだと記憶している。氏の筆運びは、一向宗の朝鮮布教の端緒を九州唐津高徳寺の裏書にみた林屋辰三郎氏の中公版『日本の歴史12—天下一統—』とともに、秀吉軍の大陸侵略を跡づけられた貢献度の高いものである。

爾来、その玉稿に強烈な感動を覚えた私は、のちに内外史料を駆使された北島万次氏の著作[8]によって、日本側の状況と明朝の対応が次第に解明されつつあることを知った。しかし慶念の消息を証す史資料がほとんど見出せず、しかも彼の遺品はおろか墓碑銘さえ残っていない現況に啞然となった。その後、市浜安養寺（住職安藤昭寿）を再び訪れたのは、〝日々記研究会〟が発足された平成八年、先輩のお供をして本格的調査に同行させていただき、幸いにも慶念の自筆本と収蔵品の一部を拝した。加えて、現・東大阪市寿町の真宗安養寺の開基が当寺歴代住持と縁戚関係にあると知らされ、翌年、現・八尾市久宝寺の近郊旧蛇草村を訪れ、得るところ感ずるところもあった。

また最近、臼杵市立図書館所蔵の初期の寺誌『臼陽寺社考略記』[9]の初稿本に邂逅し、さらに同朋大学仏教文化研究所客員所員の青木馨氏が三河真宗門徒との係わりから思わぬ史料を寄せてくださった。

本稿では、既刊の先学論文を手掛かりとして、当地の社寺録を整理、検討し、慶念を取り巻く人間関係からその出自のルーツを探り、ひいては戦国期真宗門徒の交流史について豊後・日向・三河の地に解明の糸口を求め、門徒集団の実態に迫ってみたい。

一　豊後臼杵の慶念をめぐる人々

朝鮮従軍記の筆者慶念は、当該の史料からみて天文五年（一五三六）、のちに慶念と係わりをもつことになる関白太政大臣の近衛前久（晴嗣）と同じ年に誕生している。『日々記』七月晦日の条に「六十二」、十二月十六日の条に「わかよはひハ六十三なり」と記し、翌正月五日の条に「慶念」と自署している。また彼の没年は、『安養寺荘厳録』に「同（慶長）十六年辛亥九月十三日七十八歳」と誌し、『臼陽寺社考略記』『温故年表録』に「行年九十一」としているが、『日々記』の自筆より逆算すれば前者にほど近く、数え年で七十六歳を是とすべきであろう。つまり、慶念（一五三六―一六一一）は、本願寺証如・顕如・准如の三世代を生きぬいた人物なのである。

1　安養寺慶念の関連史料

さて、慶念の行状について、豊後国臼杵への来駕、安養寺居住の経緯および人間関係などの関連史料を次に掲げ比較検討してみよう。

〈史料A〉『臼陽寺社考略記』（以下『略記』）は、寛保元年（一七四一）、臼杵藩郡奉行太田重澄の編纂。

安　養　寺

一、一向宗本願寺派日向国耳津正覚寺派下本尊弥陀木仏安阿弥作

昔時開基歳月不レ詳、前大守大友氏帰二邪□（宗）一時退院、寺号札等自二本寺一所レ出也焼失。後城主太田飛驒守一正命二慶念一而欲

レ令二再興一。依二寺号□□(之札カ)焼失一。再難レ気二于本寺一、故日州耳津正覚寺□(有カ)二肉縁一故、称二正覚寺之門徒一。達二本寺一寺号如前免許也。自二飛驒守一正一寄二附寺領百石一。三世正西自二稲君(稲葉氏)一通公一賜二寺領百石一。一通君賜二山荘地一移二寺于今地一。旧地者寺裏門海道之側西北地享保頃小川左門季重山荘之地也。

宝物近衛関白前久公筆和漢朗詠集正親町院天正三乙亥年前久公下二向薩摩一経二二年一帰京。時逗二留当寺一而書レ之賜レ之、尋二清水一用二天神川井水一此本山代々筆跡蓮如上人三幅対之名号、実如上人九字名号、顕如上人十字名号、法然上人之心経一行此寺代々国庇縁也。

長五尺四寸
今畳屋町有之所図之通 石敢当 何成ヲ金尺
横壱尺三寸五歩

開基、願正生国紀刕也安藤帯刀二男也、其弟願得於肥刕求二石敢当一立二市浜一、其後建二畳屋町一于今存

二、慶正、慶長二丁酉年六月廿四日従二一正一慶念赴二朝鮮一。同三戊戌年二月二日帰朝先一正帰朝於二朝鮮国一覚書于レ今存。慶長十六辛亥年九月十三日寂、行年九十一。

三、正西、有二一通君寵遇一。元和十九年十二月廿七日任二権大僧都法印一綸旨今存私曰元和九年改之綸旨文十九年者可二筆誤一疑是九年歟、本文如二綸旨一一通君命而為レ医号二安藤玄寿一直賜二寺領百石玄寿一。以二寺職譲二其子慶誓一

四、慶誓。五、慶周。六、慶空。七、慶雲。八、慶応。

〈史料B〉『豊後国志』は、享和三年(一八〇三)、岡藩の儒者唐橋世済の編録。

安養寺　在二臼杵荘市浜村一。不レ知二其創一。大友宗麟信二耶蘇一之日寺廃。太田重正命二僧慶念一再興。

〈史料C〉『安養寺荘厳録』は、宝永年中の記事を載せる「縁起」ならびに文化元年(一八〇四)までの「什物目録」とに分かれ、天保七年(一八三六)以降は歴代住持の加筆目録となるが、末帳に別筆異文の「縁起」を添付。

開基
慶念

遠州掛川之城主安藤某之子也。出家而上洛自顕如上人蓮如上人真筆六字名号証如上人十字名号賜之。其後欲ニ西国ニ而建ニ立一寺ヲ一、淀川舟中ニ而豊後臼杵孫左エ門ト申者ト乗合、語ルニ右之志願ヲ一処尓吾可シトニ貴僧之檀那トナル一、為ニ師檀ノ約束ヲ一、同船而下ニ着当国一、市浜村ニ居住也。其後太田飛騨守一正命シニ慶念一、令ニ安養寺ヲ建立一、寄ニ附寺領百石ヲ一。其後日向耳津正覚寺開基山伏云云。此僧蓮如上人為ニ弟子一、下着之砌当寺ニ為ニ一宿一、蓮如上人ノ大筆授ケニ名号一、為スニ本末之約束一者也。

天正二甲戌年近衛関白東求院前久公三十九歳、御嫡男信尹公拾歳後慶長十年任関白号三藐院薩州下向之砌逗ニ留当寺ニ三十日也。台所者以ニ恐多一本堂北余間掛翠簾起ニ臥此処一、且本堂後ニ開ニ新道一、従レ之常出行玉フ。時ニ欲レ書ニ和漢朗詠集一、求ニ諸方之清水一。然ルニ田舎之水悪而筆端難レ運云云。此時戸室天神宮下ノ流水奉之、此水名水ニ而与ニ京師柳井清水一同姓也ト云々。用ニ此水一、書ニ朗詠集一賜レ之。其後宝永年中当寺没落ニ付上巻二冊紛失スト云云。其起臥処ヲ名ニ翠簾間ト一、出入之処村民今称スニ堂上口一。

其後慶念慶長二酉六月廿四日随ニ太田飛騨守一正一、趣ニ朝鮮国一、同三年戊二月一正帰朝、同十六年辛亥九月十三日七十八歳ニ而寂ス。今ニ有ニ朝鮮日記一。

〈史料D〉『臼杵小鏡』は文化三年、藩内出身の国学者鶴峯戊申の編纂。同十一年に再考して『臼杵小鑑拾遺』となるが、明治二十二年に春藤倚松の増補をもって両書を合本し『臼杵小鑑大全』と題簽。ただし鶴峯の自筆本はなく、三種の写本に異字が認められる。

〈史料E〉『温故年表録』は、天保六年（一八三五）、藩内の史家加島英国筆録となる慶長五年（一六〇〇）以降の編年体史料である。

〈史料F〉『寺社考―仏の部―』（以下『寺社考』と略記）は、右の『略記』をのちに加島英国が加筆した増補版らしく、さらに昭和七年に加島家蔵本を板井直氏が筆写したものが同五十六年の自家本である。

〈史料G〉『本多家御館旧跡絵図』は、加島英国筆の『本多家御館旧跡伝説幷愚考』を抄出し、弘化四年（一八四七）に絵図化したものである。

〈史料H〉『寺院明細帳』は、明治二年および同二十三年の写二本が大分県立図書館にある。

〈史料I〉『南豊教区臼佐組明細帳』は、明治三十二年に本派本願寺へ提出した法物目録である。

〈史料J〉『稲葉家譜』は、臼杵藩の治政要録で、第三代稲葉一通の在任期が寛永四年（一六二七）から同十八年の間に当たる。

〈史料K〉『安養寺鐘銘』（佚亡鐘）は、万治三年（一六六〇）四月の月桂寺大安智端の誌文であり、のちの軸丸楓江「臼杵鐘銘録」（『臼杵史談』第四・五・六・七号所蔵）は、『臼杵史談』第一巻（歴史図書社、一九七八年）に所収されている。

右記の史料はすべて慶念没後の社寺録であるが、今回の調査で安養寺に次の蔵品が確認された。
〈史料L〉紙本墨書「六字名号」草書体、一幅（縦九二・二㎝、横三七・一㎝）、後日に名号分類B―1との示唆を得た。[10]
〈史料M〉紙本墨書「正信偈文」[11]草書体、双幅、ともに流麗な筆致で蓮如筆と思われる。
〈史料N〉絹本著色「親鸞像」裏書、一幅（縦七〇・〇㎝、横二七・八㎝）。

慶長十四年己酉四月十三日書之
釈准如（花押）

正覚寺門徒豊後国海部郡

和朝親鸞聖人御影

市村安養寺常住物也

願主釈□□

このほか、近衛前久筆と伝わる『和漢朗詠集』や法物すべてを拝する状況ではなかったが、『御文章』証如証判本一帖、『荘厳録』の「太子・七祖像」[12]二点、のち岡村喜史氏再調査の「親鸞像」裏書からみて、後世の目録記事はほぼ信拠すべきであろうし、また慶長七年十二月三日付の「顕如像」および同九年九月三日に得た「木仏寺号」も慶念が住持の時期だったと考えられる。しかし、肝要な開基考となると諸説異論の孫引きが伝承されているのみである。

そこでまず以上の諸史料の説文を大要整理してみると、当寺の開基は『略記』に紀州安藤帯刀の二男願正、『小鏡』には願西とあり、『寺社考』では慶念とする。これをうけた『国志』は慶念再興説を採り、のちの『明細帳』は『荘厳録』の慶念を当てる。また慶證寺玄智の『大谷本願寺通紀』巻六によれば[13]、専修寺門下諸侯の安藤帯刀は紀侯（徳川頼宣）の執政中に田辺に居住し三万五千石を禄むとあるので、開基は真宗高田門徒の安藤帯刀直次の二男となり、氏系の慶念は縁故を頼って当地へ来住したことになる。さらに慶念は、『荘厳録』の縁起に遠州掛川の城主安藤某子で出家後に上洛し、顕如より二点（または数点）の名号を授かり[14]、西国へ赴く途路、たまたま淀川の船中で臼杵の孫左衛門（または筒井孫右衛門）と師檀の約束を結び、豊後へ下向し市浜村に居住した。その後、時の領主太田一吉の帰依を受け寺領百石を与えられ、のち日向耳（美々）津正覚寺の門末に加わり、主命により慶長の役に従軍した、というのが大方の要約である。なお史料のA・C・D・F・Gには天正三年（一五七五）関白近衛前久の安養寺逗留記事を伝えているので後述する。

さて命題の開基考であるが、当該の『荘厳録』の縁起が由緒書にしてはあまりにも簡略すぎるのはなぜか、という問題点について、慶念没後の万治三年の『臼杵鐘銘録』に「豊之後州海部郡臼杵庄安養精廬者、正西法印曾建立之念無量寿仏之道場（後略）」とあり、ここに願西はおろか慶念の記名さえないことへの疑々をも派生させている。すなわち、後年の『略記』『寺社考』の筆者は「昔年開基年月日住僧不詳、前大主大友氏帰邪宗時、退院、寺号札等（自本寺所出也）焼失」と述べ、『国志』の編者も「不知其創、大友宗麟信耶蘇之日寺廃、太田重正命僧慶念再興」と安養寺を誌さざるをえなかったのであろう。

事実、慶念の存在は、『日々記』の慶長三年二月二日の条に「わか屋につきしかハ（中略）いよ〱道場の御造作も結構出来候へハ、いやましの観（歓）喜のよろこひ」（九三頁）と綴っている点などからして安養寺住持職と認めてよく、その後の寺歴も後継者正西（一五七一―一六五四）の代に寺運の興隆をみて、長子慶誓（一六一五―一六七七）の代にその安定期を迎えたと考えられる。ところが『荘厳録』の目録に天和三年（一六八三）の本堂再興、続く撞楼・台所再興と誌しているのは、その間に堂宇等を再建せねばならぬ状況下におかれ、しかも「縁起」の後継者慶周（一六三九―一七一〇）・慶空（一六五四―一七〇七）・慶雲（一六八四―一七〇九）の三世代の住持が一七〇七年から一七一〇年のわずか四年間に相次いで死去したこととともに留意すべきである。「縁起」の中で、「書朗詠集賜之。其後宝永年中当寺没落、対上巻二冊紛失云云」と誌さねばならなかったのは、上述の経過を暗示しているものと推察される。

これらの寺歴を踏まえ、改めて歴代の住持の記名を見直すと、当初の『略記』は「開基願正（中略）其弟願得於肥州□□求[15]石敢当立市浜」とし、二代「慶正」は「慶念」、三代が「正西」とする個所を、後年の『寺社考』では願正を抹消して「開基慶念」、二代「正西」と改竄している。のちの『小鏡』いわゆる『小鑑』に見える開基は、草稿写本で「願西」、清写本は「願正」とする。西（サイ）と正（ショウ）の音韻は異なるが、ともに「セイ」の共音をもち発音の訛や誤写などをも考え、帰結として安養寺の開基は願西および願正、再興の二代は慶念あるいは慶正、三代は正西と推察しておくことにする。

したがって、後世に異論を生じた要因の一つには、『寺社考』[16]や『耶蘇会通信』[17]で伝える暴徒の社寺破壊、[18]その煽りを受けた安養寺の荒廃期があり、しかも天正六年の宗麟受洗と遠征先の日向耳川の大敗以降、領内は統治上混乱状態にあったわけで、少なくとも慶念来住の二十年間は「不知其創」廃寺同様の安養寺があって、それを領主の太田氏が「慶念ニ命シテ今ノ地ニ移ス、慶念一開山願西カ跡ニ続行」(『小鏡』下)との推移をみるのである。

2　慶念の人間像

時に慶念は、しばしば『日々記』の中で郷里に残した家族の安否を気遣っている。

たとえば、出発の六月二十四日の条で、「残しおく其たらちねの妻や子のなけきをおもふかせそ身にしむ」(五頁)と嘆き、八月二十二日の条では、「過し夜ハふる里の人あるひハ旧妻その有さまをこま〳〵と夢にミつるなり」(一九頁)と懐古した。十月八日の条には蔚山で「古郷の子とものふミを見るそうれしき」(三二頁)と述べ、同九日の条でも「ふる郷の妻子孫いつれも無事なるよしをきく」(同頁)と、「うれしくて夜もいねられす、よろこひのなミたハかきりなし」(三二頁)と記し、「たまさかに古郷人のおとつれをきくにつけてもなをそ恋しき」(同頁)と、自身の感情を露骨に表わしている。また、十二月二十日の条では、「老母ハいかならん。もし〳〵往生もや有りつらん。今一たひハ見まくほしさよ」(七一頁)と願望し、明くる一月十二日の条でも、「あまりの恋しさのまゝニ、さても孫子たらちね妻子いかゝ有やらんと、忍はしく、やるかたもなきのまゝに」(八二頁)との心境を綴っている。

これらの記述から、慶念には齢八十歳前後の実母が存命し、おそらく妻子との同居、あるいは複数の家族の存在を垣間見るのであるが、それは同時に従軍した人々の胸中をも代弁した切々とした思いの丈であったと思われる。いわば、厭戦的とも評される所以の一端を窺える慶念の人間像がそこにある。

一方、冒頭の「子にて候八郎」（四頁）は、『日々記』の末尾に「各々孫共」（九三頁）とあるので、即「正西」とは断定しかねる。ただし慶念の医療的行為の相伝という面でみれば『稲葉家譜』に「医師安藤玄寿（玄寿幼名正西為二安養寺住持一）〈中略〉一通亦寄二付其山荘一乃今寺是也。其後命メ為二医師一与二知行百石一号二安藤玄寿一、乃使下其子慶誓一為中住持上）」とあることからも首肯される。また陣中同道の「了真沙門」および「又市郎」（九月二十二日の条）の二人も素性こそ判明しないものの、情的な慶念の感化に浴した人々なのであろう。

ところで、『略記』等に見える太田氏寄進の「旧地」(19)は、現在安養寺歴代墓所のある呑碧《どんぺき》の台地に当たる。この舌状の呑碧は、『旧跡絵図』に臼杵河口の嶮崖として描かれ、中世より薩摩国往還の折、船寄せした「異船交易湊三津」の一つ市浜「京泊」にほど近く、近衛前久逗留の地とされている。『旧跡伝説并愚考』の言葉書きに従えば、前久はこのころ「暫寓居於安養精舎」とあり、洗礼以前の宗麟が「於別荘茶亭、献茶及饗膳」し、これに応じた前久が自ら「呑碧亭」と命名して彼に与えたという。その折に書写した自筆の『和漢朗詠集』が秘して安養寺の収蔵品になったと伝える〈史料A・C・D・F・G〉。

周知のごとく、前久は当時関白で、信長の意を受けた本願寺教団との講和の使者、九州では大友・島津・相良氏などの和睦の斡旋までこなし、公家の身ながら文武両道に闌《た》け、その交流は名だたる戦国大名はおろか真宗高田派専修寺とも因縁浅からず、実に華麗な経歴の持ち主である。

天正三年（一五七五）といえば、前久・慶念ともに四十歳のころ、顕如を宗主と仰ぐ本願寺教団は、越前一向宗徒の敗退、また武田氏の三河長篠での敗戦によってそれらの援助を断たれた苦境の年に当たる。また豊後国内では、十八年前の宗麟舎弟の周防大内義長掩撃事件以降、イエズス会の布教本部を府内に移す事態となり、領国統治に多大な犠牲が生じ、領民の動揺を招いていた。[20] 少なからず、宗麟と本願寺を関連づける史料は、一般的に元亀三年（一五七二）九月七日付の「顕如上人文案」、秀吉時代の天正十三年（一五八五）五月および同十四年三月三十日条の「宇野主水日記」の記事三点が知られ、双方の仲介に興正寺端坊が関与している。[21] この端坊の介入はすでに証如の『天文日記』[22]にも見え、『大友興廃記』[23]には石山戦争前後の永禄末年と天正三年二月の間、信長・宗麟の修好が述べられ、それなりに双方の政治的・軍事的意図をも推知できる。前久はこの混迷の時期に十二人[24]の供奉衆を従え、豊後・肥後・薩摩へ下向し、のちに宗麟手配の便船土佐ルートで帰京して石山戦争講和の労をとったのである。[25]

ここに近衛家と本願寺の係わりを述べれば、すでに宗主証如期より前久の父稙家と親しい間柄にあり、前久自身もまた永禄十一年（一五六八）のある時期に本願寺へ身を寄せていたことから、顕如の長男教如を猶子とし、これまた交流も深い。[26] つまり前久と慶念の出会いは、このような状況のもとで宿命的に進行したのではなかろうか。

今のところ、両者を結びつける確たる拠証は見出せないが、前久逗留の地とされる呑碧の丘陵より約二百メートル西方に中世の館跡「本多郷」がある。この郷は『豊後国志』[27]にも紹介され、かつて南北朝時代の足利尊氏麾下に属した本多氏の居館であった。けれどものちに尾張・三河の地へ移行したその本貫地であることを知る人は少ない。『寛政重修諸家譜』第四輯には、当世遠州浜松に滞在中の前久が交流した家康の臣、本多広孝（一五二七―一五九六）を訪問した際の天正十一年（一五八三）の逸話[28]が紹介されている。広孝は前久の官途斡旋については、家康より本多嫡家代々の受領名「豊後守」を名乗るよう指示され辞退したらしい。この広孝は、三河国土井を本貫地とし、曾祖父秀清の代の明応六年に碧海郡土井村を恩給され、代々豊後守の家系を継承していたとある。時に次第前後する天正六年（一五七八）、日向を逐われた伊東義祐は豊後の宗麟を頼った。その十一月十一・十二の両日、大友・島津軍の双方は日向児湯郡新納院の高城と小丸川の周辺で激突した。ところが右の「新納院」は、鎌倉時代より近衛家領島津庄の寄郡で近世に引き続く広域名称であって、前掲社寺録史料のA・C・D・F・G・H・Nに見える臼杵安養寺の本寺耳（美々）津正覚寺の所在地なのである。しかも新納高城は山田有信の守り城[29]であったから、慶念の『日々記』八月九日および翌年一月二十日の条に登場する「佐土原の山田才介（助）殿」は、高城の山田氏に相応する人物なのではなかろうか。ことさら佐土原の地には、現在真宗の崇称寺（住職安藤慶法）があり、かつて応永十五年（一四〇八）一月十六日造立の本尊阿弥陀如来像には「日向国島津院安養寺」との刻銘を有していたものの、当寺はその後に廃絶し由緒も詳らかでない、と『庄内地理誌』は伝えている。

3　領主太田一吉と興正寺端坊

次に問題の太田一吉および端坊との係わりを述べねばならない。
慶念は『日々記』の冒頭で、「抑此たひ太田飛州さま高麗へ召つれらるへきよし承りしかは、さても不思議なる御事哉。此老躰ハ出陣なとハ夢にさへも知らす（中略）是非共御供候ハてハいか丶、との御掟《詑カ》なれハ、迷惑無極躰也」（三頁）と、自身に降り懸った突然の従軍命令に「前代未聞なる事」と驚き、戸惑いをもって悲嘆述懐している。いわば、他の兵士・商工農民の徴用とともに強制連行されたのである。

一般的に、慶念の渡航は太田氏の侍医僧、あるいはその目的が負傷者の手当てと死者の弔いにあったとする見解も少なくない。しかし右の供述等をもってして、単に領主の保健衛生のみを担ったのであれば、それこそ「若き御旁々《方々》」（三頁）もいたわけで、僧侶の従軍にしても陣中に妙心寺の禅僧「関山派ノ勤首座ト云出家、書物ノ望有テ、大河内ヲ頼ミ海渡ス」（十一月二十四日の条）[30]と『朝鮮記』の筆者大河内秀元も述べているから、慶念の使命は別にあったのではなかろうか[31]、との疑問が生じてくる。まして太田氏の臼杵在任は、慶長二年の二月以降わずか三年半の領主であっただけに、なおさら慶念を恣意的に登用したと見るべきであろう。

ちなみに太田一吉（飛騨守重正）は、若狭国福井の清水山合戦で戦死した太田美作守貞（定）敏の子孫、小源吾宗清の子と伝えられている[32]。天正十三年（一五八五）以降、丹羽長秀の家臣から秀吉の馬回り衆となり、のち美濃国領内に一万石を封禄され翌年の九州討伐、文禄の役では軍監として渡航し、翌二年には宗麟の息義統への叱責につづき、除国四十二万石の分割によって豊後国大野郡の代官となっている。実のところ太田氏は赴任以前に領内を見聞し、通称『飛騨守検地帳』を作成しており、これらが慶長の役に備えた兵糧米の確保を目的[33]としていただけに、少なくとも臼杵入封の五年前からの来豊となる。また一吉は、右の軍歴とは別に神仏崇敬の念に篤い人であった、と諸誌[34]は伝えている。

それゆえ、慶念への思いも自ずと推知すべきであろうが、当時の情勢からして単に彼のみを同行させたのではなく、むしろ諸軍同様の徴兵、従軍の一人であった点をも勘案せねばならぬであろう。が、それにしても太田氏は、豊後臼杵治政の間、なぜ領内鶴崎の大坊真宗専想寺へ妹娘を入嫁させたのであろうか。

近世文書『開基出誕来専想寺要用記』[35]に拠るところ、当時、興正寺端坊系の住持唯念は、内室に一吉の妹安子を迎え、また七世祐円の室として幼少の娘満寿をも受け入れたと誌している。この満寿は逆算して慶長六年の生まれ。すなわち関ケ原の合戦を契機とした太田氏[36]一行は、十月四日に臼杵を脱出し伊予国に身を寄せ、のちに高野山へ逃れた経緯からして、身重な内室とともに妹安子の寺での隠蔽であり、後年成長した娘を祐円[37]の室として迎え入れたものと考えられる。ことに右唯念の父唯明（一五四八—一五八六）は、周防国山口端坊明芸の子で明念の弟に当たり、専想寺善海の娘富子の入婿として永禄四年（一五六一）に十四歳で五世住持となっている。その点で太田氏は専想寺の妹婿唯明を通じ、文禄の役で小早川隆景に従軍した端坊明念[38]を知っていた可能性が生じてくる。のちの『京都御本坊御由緒書』[39]には、「豊後高田専想寺ハ明念弟唯明相続ス、（中略）唯明子唯念後住ノ事ヲ申付ラル」と誌され、文禄元年（一五九二）の項では、「朝鮮御征罰ノ節隆景卿モ御渡海ナリ、御軍勢御門葉アリ、軍略弘法アリテ然ルベシ、明念ヲモ召ツレラルヘキ旨上人ヘモ仰上ラル、上人御許アリテ明念渡海ス、上人釜山浦ト御染筆御本尊百幅下サル、彼方ニテ隆景卿ヨリ道場御建立、念仏道場ト額ヲ掛ラレ明念弘法ス、道場守護ノ為メ前後三年足軽ニ組附ラル、右御本尊西国御門葉ノ内所持アリ、肥前唐津光徳寺御本尊右御裏ノヨシ」とある。今日これらの左証は、天正十五年（一五八七）八月十日付専想寺福松（唯明）宛の「大友義統感状」として、また光徳寺の「親鸞像」に「大谷本願寺釈教如（花押）、慶長三戊四月十三日、朝鮮国釜山海、高徳寺常住物也、願主釈浄信」とあって現存するので、後者は全軍の撤退とともに寺籍を移したと思われる。加えて秀吉の御伽衆端坊下安楽寺を拠点とする六坊[40]も、名護屋在陣ののちに唐津城下へ移行したという（『安楽寺縁起』）。したがって、端坊輩下の釜山入りについては、当然ながら慶念も風聞していたであろうことが千思万考されてくる。

右述の視点に立ち、改めて『日々記』を見直してみると、慶念は七月七日の昼ごろ釜山海へ到着した四日後の「十一・十二日の条」で、わざわざ端坊の道場を訪れ、同朋の人々と親しく法談を交わしたと誌すその理由もあったことになる。おそらく領主太田氏の許可を得てのことであろうが、それにしても端坊[41]の明念は、前述の小早川また毛利氏の使僧、さらに興正寺の密使として諸国へ派遣された人物であるので、慶念が安藤帯刀の庶子系だとすれば、当然ながら高田専修寺系であるべきなのに、なぜ対峙する本願寺系の人脈と交流できたのか、新たな疑問が生じてくる。

そこでこれらの関係史料を求め、仄聞ながら次に日向美々津の正覚寺史料を検討し、その手掛かりを探ることとする。

二　日向慶西門徒について

臼杵安養寺の手次となる正覚寺は、豊後水道を南下する日向灘の西海岸に面し、中世の主要良港であった細島に近く、瀬戸内航路と太平洋ルートとの接合地点に位置している。かつて明治初年の廃仏毀釈に遭遇した当寺は、昭和八年の宝物庫建設以来その法物類を秘蔵扱いとしていた。縁あって未公開史料を拝した折、意外にも現住職は河野氏の姓を名乗っているが、三世代前の住持願応までは元来臼杵安養寺の歴代と同姓の「安藤氏」を継承していたことを知らされた。

1　正覚寺慶西の関連史料

安養寺慶念に関係すると思われる当寺収蔵の史料群は次のとおりである。

〈史料O〉『縁起』（表紙）、内題は『正覚寺開基略縁起』、和綴本十紙、（縦二五・〇cm、横一六・五cm）。十二世願慶代の天保十二年までの歴代住持・継職期・法物などの由緒書。

〈史料P〉『記録』（表紙）、和綴本三十一紙、（縦二五・〇cm、横一五・五cm）。見開きより『縁起』を写本し十三世願好代とするが、奥付に慶応二年写とある。什物類と末寺二十四カ寺・道場名を列記し、後半部から『覚』書きとして領内寺社奉行所との往復書簡の手控えを集録。

〈史料Q〉絹本著色「金泥十字名号」籠文字、一幅（縦一〇七・八cm、横三四・一cm）、「尋」より四十五条の光明を放ち、蓮台は新しい。裏書はなく『縁起』『記録』に「聖人六（十の添え字）才」と誌す。非本願寺系の本尊仏であろう。

〈史料R〉絹本著色「阿弥陀如来絵像」、一幅（縦九七・六cm、横三八・五cm）。

表紙の保存は良好だが、裏書（縦三八・五cm、横二一・〇cm）は、「□（方）便法身尊□、釈□□（実如ヵ）（花押）、［　　　］新納院□（美）々之津、願□□（主釈）□□」としか読めない。『縁起』『記録』とも開基慶西が蓮如より拝領の品[42]とするが、筆致は実如筆。

〈史料S〉絹本著色「親鸞像」、一幅（縦六二・二cm、横四二・二cm）。表面は落薄がすすみ保存状態もよくない。裏書には「和朝親鸞聖人御影、釈准如（花押）、慶長十一年午酉八月十八日、日向国美々津浜正覚寺常住物也、願主釈願正」とある。『縁起』『記録』に四世願正の在職を慶長四年以降の四十二年間とする。

〈史料T〉「蓮如上人御所持」と伝える硯・金犀水入・青地筆洗の計三点を所蔵している。

このほか、『縁起』『記録』に見える法物のうち、蓮如筆という虎斑の六字名号と「正信偈文」の各一幅は見当たらなかったが、宗内史料の中に「日向慶西門徒」の存在を確認できる。

〈史料U〉『天文日記』[43]―抄出のみ―

天文十一年十一月五日の条―斎を日向国慶西門徒、同国西了為志令調之候。仍汁三、菜九、茶子種也。相伴者兼智、常住衆、番衆又主一人計也。

天文二十二年五月二十六日の条―為斎於日向国西了（今ハ寺内居住也）志、調備之。仍五百疋出之云云。斎者汁三、菜八、茶子七種也。相伴兼智、卅日番衆、西了計也。（中略）毎月廿八日予夕飯申請度之由、望之由候。所得其意也。

天文二十二年五月二十八日の条―今夕之飯、日向西了へ就引（マヽ）之、二汁三菜ニ可調出之由、対馬ニ所申付也（使宗五郎）。

以上の史料に拠って、日向国内の慶西門徒が本願寺証如期（一五二五―一五五四）に結成され、本願寺の寺内町に宗主・一家衆兼智（順興寺実従）・三十日番衆と相伴する立場の西了が止住し、宗五郎を使者として上山交流をはかった点が知れるとともに、絵像の裏書から宗主実如期（一四八八―一五二五）の間、開基らしい願主の存在をも窺知できる。

そこでひとまず『縁起』『記録』に戻り、由緒の概要を述べてみよう。

2　開基・歴代考

正覚寺の開基慶西（一四五二―一五三三）は、もと天台宗の浄泉坊という。諸国巡行中の二十二歳時分、泉州佐野庄で一宿した折の夫婦が熱心な真宗信者であることに感じ入りさっそく上京。寛正年中（一四六〇―一四六六）大坂天王寺の傍に居住のころ蓮如に謁見し、問答のすえ弟子となり、法名釈慶西を賜った。時に笈を焼き捨て、その後七年間上人に給仕したところ、西国教化の使命を帯び多数の法物を授かった。すなわち十字・六字名号、正信偈文、弥陀絵像、御伝鈔、安心決定抄のほか、蓮如随従の「慶門（聞カ）房・慶念房等」の「真筆正信偈・御和讃、歩船抄等、其数廿九余ノ御聖教ヲ拝領」したとある。彼は下向後に当寺を改宗して、のち再上洛して本願寺に給仕した。再び帰国の途中、豊後沿岸南部の安養寺・西教寺・福勝寺・真宗寺などの寺々を改宗させ、各寺へ拝領の名号を付属して帰居した、というものである。(44)

右に見る通り、よくできた作文と言えばそれまでだが、上述の史料より実如・証如期にその形跡を残し、近世初頭以降にかけて二十四カ寺の末寺・道場をもち、日向灘の沿岸部から南端の串間までその配下に治めるだけの勢力を鼓舞することができたのであろうか。しかも左証の串間正国寺に比定される永正三年（一五〇六）二月十九日下付の絵像は、(45)「薩摩国千野湊願主釈明心」との裏書に「大谷本願寺釈実如（花押）」の名を見るのである。

また、当該の由緒書にある「慶門房」は御堂衆の一人で蓮如常随の慶聞房龍玄だとしても、「慶念房」の名は佐々木芳雄氏の「門弟考」(46)の中に見当たらず、慶恩坊の誤記もありうるが、これほどの由来を誌すには本来古老の手控えをもとに相伝された可能性が高い。のちの『正覚寺開基敬西師略歴』の筆者は、慶西を「敬西坊」、泉州佐野庄を「紀州の飛路」と紹介し、四国経由の便で帰国ののち天文二年（一五三三）三月十日に八十一歳で示寂と述べている。(47)それはともかく、右記の慶西誕生を逆算すると、享徳元年（一四五二）。二十二歳の頃となれば蓮如五十九歳の文明五年（一四七三）。寛正年中に謁したのであれば慶西は九歳から十五歳の頃、すなわち蓮如が四十六歳より五十二歳の時分となるから、記述に若干の齟齬をきたすものの総じて認めておこう。

その後の住持は善明―願応―願正―願了と継職しているが、由緒書を見る限り、当初より山城国興正寺系であったとは考え難く、むしろ新納院領主美々津を拠点とする「慶西門徒」の存在があったと考えねばならない。ただそうなると、安養寺慶念の出自安藤姓を名乗る両寺は、当然ながら高田専修寺系であるから、『日々記』記載の端坊との係わりは一体どうなるのか、疑問を生じるが、次に掲げる史料は、右の疑々を若干なりとも解消するのではなかろうか。

〈史料V〉「本願寺内衆井上若狭守書状」

為御初尾御進上之通□□□□□（剥落）遂被露、委細御返事被申候、次私へ十□被懸御意候、難有存候、将又此方公私何事無御座候間、可御心安候、恐々謹言

八月廿八日　井上若狭守

慶□（花押）

ヒウカ

善明御房

御返事

〈史料W〉「興正寺御印書」

（黒印）〇印文「精」

木仏之儀連々御理被申付候而、可被成御心得候由被仰出候、別而難有可被存事専用候、為其意被顕御印候者也

下間美作法橋（下間美作法橋）
下美作

十月廿八日　　　　　　　　　　　　　　　　　　頼亮（花押）

日向

願応殿

まいる

右の史料Vは、当寺二世善明が本願寺への贈物した際の返礼で、坊官配下の井上若狭守の書状に当たる。『縁起』に見える善明（一五三二―一五五九）継職中の書簡であるから、天文十一年以降の証如期より顕如期初頭の礼状となろう。また史料Wの興正寺御印書は、三世願応（一五五九―一五九九）在職中のもので、顕如期の奏者興正寺の筆頭坊官下間頼亮（明芸）が発給した木仏免許状である。美作頼亮の書状は、すでに天正六年（一五七八）八月二十九日付の「阿波国安楽寺・安養寺門徒衆中」宛のものが知られており、[48]『縁起』に書き留めた天正二十年（一五九二）二月二十三日付を是とすれば、木仏許可の事例としては九州圏内でも早期のものとなろう。

奇しくも征明軍の編成に始まるこの年の末、顕如は五十歳で世を去り、息男教如を法嗣に仰ぐと間もなく文禄と改元。翌二年、突如秀吉の勘気を被った宗麟の息義統の改易に続き、教如もまた本願寺宗主の座を追われた。さらに教如と親しかった前久の息信尹も勅勘を蒙り薩摩へ配流の身となった。『三藐院記』[49]に拠ると、信尹の一行は文禄三年（一五九四）の四月十五日、山城国淀川を下り、摂津国尼崎から日向国細島までを航路、五月一日には当地高城の耳川を渡り美々津を経て新納院内の津野、信尹の狂歌「角ノ松原」ルートと称する豊後街道の南下であったという。

いずれも断片的な傍証に過ぎないが、上記の凡例から見て慶念を取り巻く人々は多彩であって、臼杵・美々津を結ぶ「慶西門徒」の末裔は、本願寺証如・顕如および近衛前久親子に関与し、しかもその祖伝が遠州・紀州の真宗寺院の系譜「安藤姓」に連なっていることが想定されるのである。

三　慶念の出自と三河の真宗

総じて慶念出自のルーツを課題とせねばならないが、残された一面的史料を再検討してみると、正覚寺・安養寺の縁起を手掛かりにするしかない。すなわち、前者の開基が慶西房との房号を名乗り（史料O・P）、後者の開基が願西あるいは願正、その弟願得に係わる慶念は、遠州掛川で出家し、紀州安藤帯刀の子ないしその庶子系とする（史料C・F）が、一説に帯刀の二男を願正・願西とし、その子が慶念とする表記もある（史料A・D）。いずれにしても慶念は、正覚寺を法流とする安養寺に止住し、双方開基の流れを汲む門徒の一員であり、その後継者が安藤姓を名乗っていることにある。

この「安藤姓」に係わる真宗寺院の開基伝については、すでに先学の所見の中で、鎌倉末期に三河の地へ入った親鸞門流の一つ、真仏・源海系に連なる太子信仰の集団や、十四世紀初頭に河内から菅生郷へ定住した満性寺の集団が岡崎鋳物師安藤氏の源流に関係している（『菅生満性寺縁起』）ことが指摘されている。[50]

右述の地三河は、かつて親鸞とその門流が「東関の堺を出て花城の路」を歩まれた矢作柳堂を基点に伝播の旧址を残している。その系譜は、『三河念仏相承日記』に見える専修の徒をはじめ、有力寺院の縁起にも種層に伝えられている。それら拠点化の祖伝は、岡崎桑子の妙源寺開基念信を筆頭に、慶円・蓮行・了海の三徳を生んだ三河三カ寺、すなわち野寺の本證寺、佐々木上宮寺、針崎の勝鬘寺へ継承されたという。[51] ことに右の寺々は、矢作川河畔の岡崎周辺に集住し、本證寺の小山氏を除く歴代の苗字がすべて「安藤姓」であった。しかしながら、蓮如期に登場した如光以後の上宮寺は代々佐々木氏を名乗り、所属の宗派も高田系の妙源寺を除き共々に本願寺系となったのである。

1　上宮寺史料の検討

今日上宮寺には、『如光弟子帳』（内題「上宮寺門徒次第之事」）と呼ばれる周知の史料が現存している。それは如光の十七回忌に当たる文明十六年（一四八四）十一月一日の奥付をもち、三河・尾張に点在の百余カ寺の道場・門徒名が記され、門徒組織の広がりを物語る本願寺系の末寺帳としては最古の史料となっている。[52] また、当寺所蔵の『別本如光弟子帳』という増補版は、一部に遺漏した門末道場の由緒が誌され、近世初頭の住持教祐までの展開をも知れる貴重な史料である。次の記事は、臼杵の安養寺開基考に係わる左証の史料[53]と目される。

〈史料X〉『如光弟子帳』（天正十九年）

遠州、一、者満まつ願西

（中略）

紀州志んくう

一、願西

〈史料Y〉『別本如光弟子帳』

岡崎祐欽ニハメイム子也

渡村善秀、文禄二年ニ、遠州浜松下茱ニテ安養坊、今ハ江戸神田受教寺ト申候、弟智慶死候後、無住寺成申候、後ニ受教寺を弟子ニゆつり、同山ノ手へ参、安養坊となり、今ハ願正寺と申候

御馬西善、遠州浜松下茱願西ト申、今ハ記州（ママ）タナベニテ、正恩寺ト申候、

弟祐西御馬ニノコリ、ソノ弟浜松ニ居申候、鳥居俄（ママ）左衛門室蓮華院妙光、為菩提、招願西、結庵故ニ号蓮華寺

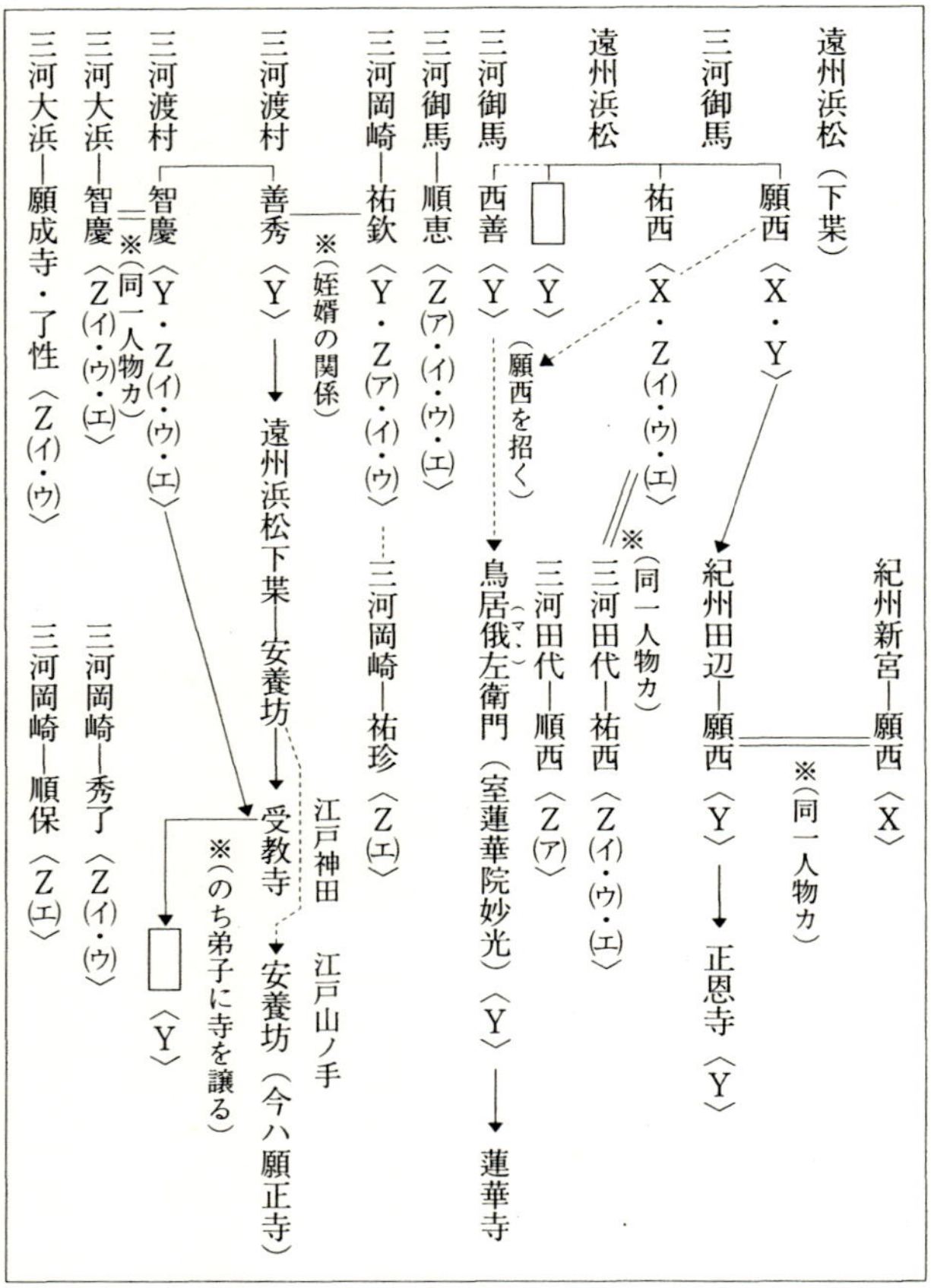

ここに所引の記録は、ことさら安養寺開基考の核心へ触れるだけに少々煩雑ながら概述しておこう。まず、『如光弟子帳』（以下『弟子帳』と略す）に拠ると、慶念出家の地「遠州掛川」（史料C・F）にほど近い浜松に願西という門徒を比定できる。この二カ所に明記の願西について『別本』では、遠州浜松下菓の願西が天正十九年（一五九一）当時に紀州田辺で正恩寺を称したとする。その願西の弟祐西は、岡崎の南東方面に位置する御馬、現在の愛知県宝

飯郡御津町に居住し、そのまた弟は浜松にいるという。当文面からみると、願西が御馬西善の招来に応じたのは、鳥居俄左衛門の妻蓮華院妙光尼の菩提を弔うためであって、その時の結庵がのちの蓮華寺（現在浜松市の真宗大谷派）になったと解される。

一方、『別本』の「渡村」は現在の岡崎市渡村、矢作川下流左岸の上宮寺・妙源寺にほど近い。当地居住の善秀は岡崎祐欽の姪婿に当たり、文禄二年（一五九三）遠州浜松の下棐では安養坊と称していた。上宮寺教祐が追記の時分は、すでに江戸表神田へ受教寺を創立したのであろうか、当時の弟智慶の死後無住化した。そのため善秀は受教寺を門弟に譲り、同地山ノ手へ安養坊を構えた。のちの願正寺はその前身であるという。

『別本』以外の関連記事を既刊史料『上宮寺文書』、すなわち天正十七年、十九年、慶長二年、十一年の「末寺連判状および写」四本(54)（史料Z）の中から当該の人脈を抄出すると、おおよそ前頁の表のとおりである。

右の系譜から、豊後来訪の慶念との関係を述べねばならないが、究極のところ慶念は史料Xの浜松・新宮の願西の子ではなく、日向の慶西とも孫ほどの年齢差がある。それを念頭に、次なる概括を許されたい。

2　願西門徒の存在と慶念

九州の地、臼杵来駕の慶念と日向美々津へ留錫の慶西は、ともに関東系真宗門流の一つ三河岡崎上宮寺の門末に連なる「願西系門徒」であったと考えられる。ことに慶西の場合、文明三年（一四七一）に蓮如の弟子となった寺伝の拠証は得られぬが、遅くとも実如就任期には美々津の道場へ本尊絵像が下付され（史料R）、証如期にも宗主に相伴の慶西門徒・西了の存在が確認できる（史料U）。また顕如期には、正覚寺二世善明宛の文書（史料V）本願寺坊官下の井上若狭守書状、および三世願応宛の木仏免許（史料W）興正寺の奏者下間頼亮書状が現存し、准如期の慶長十一年（一六〇六）に四世願西願主の親鸞像が下付され（史料S）、遅くとも慶念入寺の安養寺は「正覚寺門徒」として同十四年に親鸞像を得た（史料N）といえる。

しかも双方の寺歴の中で、正覚寺住持は三代以降「願」を通し字とし（史料O・P）、山号は近衛前久の法号を思わせる「瑞龍山」。一方の安養寺歴代も「慶」を通し字とし（史料A・C・D・F）、山号の「清音（しょうおん）山」は紀州田辺の願西「正恩（しょうおん）寺」（史料Y）と同じ共音をもつ。これらの点で、慶念は少なくとも遠州・紀州の願西および三河渡村・浜松の安養坊善秀と深く係わり、しかも浜松から岡崎を結ぶ真宗門徒の人々と交流したことが想定されよう。ところが当該の安藤帯刀系は、元来非本願寺系の高田専修寺に属する三河妙源寺門徒の一員であるから、話も余計にややこしくなる。

というのは、蓮如就任期の寛正二年（一四六一）以降、上宮寺如光の登場によって三河安藤氏系の由緒寺院は相反関係を生じ、永正九年（一五一二）専修寺真慧没後の真宗教団は、爾後高田系の分立により本願寺系優位の体制でもって近世へ至った経緯がある。[55]なかでも、妙源寺境内に永眠する安藤帯刀直次（一五四四―一六三五）[56]は、逆算して慶念の父親とは考え難いが、慶證寺玄智が帯刀を専修寺門下諸侯の一人に取り上げている以上、慶念出自の派脈が上宮寺門徒願西系というのは当然疑問視されてくる。

この点に関して、本願寺史料研究所の探訪ファイル『岡崎上宮寺資料』の「雑録」の中に、三河本多氏（本貫地は豊後国本多郷）を旦那として、太田氏（本国は三州志賀須里藤野）と右の経歴が列記され、永禄五年（一五六二）一乱の節に、安藤対馬守信成と帯刀直次が桑子の妙源寺へ移行したと述べている。すなわち慶念二十七歳、永禄一揆の寺替え以前までは上宮寺との関係が濃厚であったことになる。

3　『荘厳録』の縁起と『寛政譜』

のちの『寛政譜』に拠れば、直次系の墓所は家重以来基能―帯刀直次―直治―帯刀義門の歴代合葬の地を前述の妙源寺としていたが、帯刀直清より菩提所を紀州和歌山の崇賢寺へ移行した[57]。直次の室は本多光勝（平八郎忠勝祖父の弟）の孫信俊の娘であり、その信俊の弟正盛の室が安藤対馬守重信の娘という間柄にあるが[58]、右忠勝の二男忠朝が元和元年に大坂天王寺あたりで戦死した家臣の中に「臼杵七兵衛某」を見出せる[59]。

この臼杵という特殊地名ないし氏姓に関して連想させられるのが、『荘厳録』（史料C）見開きの縁起「臼杵孫左ヱ門」である。かつて久多羅木氏は、同末帳の異文縁起に拠ったものか、臼杵市久保泊の『筒井氏系図』によって、当該「豊後臼杵の筒井孫右衛門なる人」とされた[60]。つまり、直次系の安藤氏慶念がのちに淀川の舟中で奇遇した人物は右の筒井氏であり、豊後へ移封の太田氏領臼杵へ来住したことになる。この従説を検討する準備はないが、当事者の筒井氏を手掛かりとすれば、次の『寛政譜』における太田氏・安藤氏関連の記事しか模索の余地は残されていない。

袖手傍観ながら、のちの藩政氏録には一吉の太田氏系図を見ないが、『寛政譜』に『寛永系図』の家伝を引いて「先祖は美濃国太田村を領せしより家号とす」と記し、曩祖より三河上宮寺を墓所としている[61]。同寺資料「雑録」に見える太田善太夫吉正は、『寛政譜』五輯に拠ると、石川数正の配下で、天正八年（一五八〇）大坂石山戦争後に家康に謁見しているが、遠州二俣城攻戦の折、その武人の中に安藤次右衛門正次と筒井次左衛門などの名が見当たり[62]、あるいは慶念に関係する人物の可能性も出てくる。ことに右の安藤正次は、先の『上宮寺文書』天正十三年（一五八五）二月朔日付の八木重仍書状[63]に見える安藤与十郎正次と結びつく人と思われる。

一方、直次と係わる人物を再度『寛政譜』より拾えば、天正四年（一五七六）の遠州勝坂城攻防の時、安藤九右衛門定正が鳥居元忠旗下の足軽組頭として力戦したと述べられ[64]、ここに以前浜松の西善が紀州田辺へ移行した願西（正恩寺）を招聘した際、内室の菩提を弔った鳥居氏の姓が登場してくる（『別本』）。

元来この鳥居氏の一族[65]は、紀州新宮にほど近い修験者の聖地熊野から中世に三河矢作庄へ移住した「ワタリ」の一員との伝承がある（『参河聡視録矢作村記』）。その本拠地渡城は、現在の渡町東浦に碑が建ち、西に妙源寺と上宮寺、南西河畔に野寺の本證寺を垣間見る。一説に、鳥居党の浄心は農商を業とする富裕の者（『参州一向宗乱記』）、分際宜き買人（『永禄一揆由来』）であったらしい。またこの「ワタリ」の語源にしても、渡り者・渡守などを意味する遠融交易に従事する商的水運業種の人々、との指摘[66]がなされて久しいが、おしなべて『別本』の善秀（文禄二年浜松へ移行した安養坊）の居住地が「渡村」とあるのは、右の鳥居党止住の矢作渡村であろうし、慶念関与の願西系門徒に移住がみられるのは、上述の経緯から言って決して不自然なことでもなかろう。

つまり慶念は、たとえ時世の波に翻弄されたとはいえ、結果この「ワタリ」の性格をもち、多彩な人々と交流を重ねたものと考えられる。畢竟するに、文明十六年（一四八四）以降、一世紀を経た戦国期真宗門徒の動向については、半専業的ともいえる道場主の移動性は高く、しかも法名を有し、あるいは俗名のままの彼らの出自が在地の領主また農商工業者であり、必ずしも血縁相続によって維持されたものではなかった[67]、との主張は是とすべきであろう。

それにしても、三百三十余首にも及ぶ『日々記』の撰者、慶念の和歌の素養と信仰心の篤さは一体どこで培われたのであろうか。むすびにかえて、次に考えてみたい。

むすびにかえて

おおよそ三河国の荘園の一つ、矢作川筋の岡崎と上・下佐々木町を含む安城から碧南・高浜の市域は、もともと摂関家近衛領として十四世紀に至っている(68)。しかし戦国期の前久の時分すでに摂関家の手を離れ、本能寺の変後には剃髪逼塞していた前久は、のちの天正十年（一五八二）十一月の初旬頃、家康を頼って菅生の満性寺から浜松の西来院へと宿次している（『岡崎満性寺文書』）。ともに真宗高田系の有力寺院であり、前久と満性寺寂玄（室は家康の従妹）との親交は右既刊文書、同十年の前久書状、年次未詳の女房・近衛信尹書状等に拠って証される(69)。この満性寺と三河安藤鋳物師については、十三世紀以降の河内丹南鋳物師来住説とを勘案すれば、和泉堺を起点とする廻船ルートは瀬戸内を経由して九州へ下り、さらに山陰・北陸へと船を走らせた慶念時代の状況を想定することもできよう。

ただただ筆者は、慶念が従軍の折も実母の生存（『日々記』十二月二十日の条）を思う一人ではあるけれども、ひたむきな慶念の家族への心情とは裏腹に、実父への憶いが語られていない点に注意したい。慶念の思想信条は、あたかも宗祖親鸞が自らの私生活を述べなかったように、何かしら父親に対する感情移入が乏しく、そこに綴れない理由が成長期にあったのかもしれない。ともあれ『日々記』の表出には、家族の安否を気遣う慈父の姿があり、一面的に医僧として、もしくは文学青年としての日々、また仏教説話や聖典類に救いを求める聞法者のひととなりが漂っている。その点、慶念の母への憶いは尋常でなく、あるいは蘊蓄を傾けた和歌への関心が母親の影響であったとも考えられなくはない。

後年、慶念が顕如の使命を帯びて豊後へ下向したとする『縁起』や『日々記』表出の「善知識さま」を二十四日の命日に当たる顕如に見立て、「其御すかた（姿）片時も忘れ申候ハねハ」（七月二十四日の条）という面謁に至るまでの経緯を考慮せねばならない。また十一月十三日の条に見える「尊師」が証如を指す称号とするならば、慶念は、少なくとも天文二十三年（一五五四）証如の死去以前、早くとも日向慶西門徒・西了が相伴の『天文日記』同十一年の間、証如に拝謁していたことになる。その機会は、当世寺内町居住の西了を縁者とみてもよいが、証如以来顕如・教如が摂関家近衛家の猶子である点から、後年の前久と慶念の出会いはすでにこの頃よりあったとも考えられる。仮に、右の関係から慶念が証如のもとで得度したとなれば、当然ながら慶念以前の偏諱あるいは法名・房号をも考索せねばならない。

たとえば、遠州浜松へ移行した三河渡村の安養坊、あるいは浜松願西の名跡を担った一人として、さらに右記の某女書状で「近衛前久ニ仕える女房[70]」と註記するごとく、法談・聴聞を慶びとする女性の影響下に居た人物をも想定することができよう。

時に信長の死後、慶念四十七歳の時、前久は翌天正十一年（一五八三）二月二十日付の島津修理大夫（義久）宛書状[71]の中で、

去年六月二日、於京都信長公不慮之刻、拙者事随分手前成気走候処、（中略）彼佞人共又企讒訴、悪様ニ申成、虚名虚説、沙汰之限、口惜次第無是非候、（中略）遠江国へ令発足、徳川三河守家康を憑申分候処、（中略）天下之姿破滅之時節登相見候条、善悪貴方を憑入、行々可令下国心中候、拙者気遣之刻、此持明院・安養坊彼寺中ニ相拘、無比類忠節共候、両人口状ニ具申含候、被召出、直ニ御尋所仰候（後略）

と、その心中を明かしている。この中で「比類なき忠節共」とする「安養坊[72]」は、前久にとって手足となる使僧の一人であるから、『別本』の岡崎渡村善秀（浜松安養坊）ないし菅生満性寺の安藤氏関連の人物、あるいは慶念自身であった可能性も出てくる。

沙汰すべき慶念の生涯については、ほぼ以上の試論に尽きてしまうが、彼は大きく転換する激動の乱世に翻弄されなが

らも、一僧侶として身命を賭して生きぬいた求道の姿勢に学ぶところが大きい。それはまた視点を変えれば、前に筆者が述べてきた方向とはまた別の見方もありうるので[73]、のちのち関連史料をもとめつつ博雅の御示教を仰ぐこととする。

註

（1）内藤雋輔「僧慶念『朝鮮日々記』について」（『朝鮮学報』第三五輯、一九六五年）、同「『朝鮮日々記』追考幷に正誤」（『朝鮮学報』第四一輯、一九六六年）、のちに同『文禄・慶長役における被擄人の研究』（東京大学出版会、一九七六年）所収。辛容泰・오용식共訳「壬辰倭乱従軍記—軍医官인日本스님의現場目撃記—」（『日本学』一四号、東国大日本学研究所、一九九五年）。

（2）平田厚志「「うき世」から「ミやこ」への旅路としての従軍—秀吉の第二次朝鮮侵略に従軍した医僧慶念の心の軌跡—」（『季刊日本思想史』第四八号、一九九六年）参照。「老境の域に達した一真宗僧が自ら遭遇した悲惨な従軍体験を詞書と短歌に託して淡々と綴ったものであるが、おそらく人間の蛮行を後世に告発せんとの思いを込めて書き残したものとも読みとれる」（一一一頁）。

（3）「安養寺慶念の朝鮮日記」（『臼杵史談』第四四号、一九五六年）。

（4）『朝鮮日々記』〈孔版〉（佐伯史談会、一九六四年）。

（5）前掲註（1）。内藤氏郷里の真宗福泉寺は、島根県金城町にあって慶長年間に教清が創立したという（『島根県の地名』、平凡社、一九九五年）。氏の研究の動機については、側聞ながら同町組内に慶念ゆかりの安藤氏建立と伝える真宗安養寺（慶安三年に智円創建）があり、また近郷の矢上村真宗安楽寺の初代慶誓が、恩人須佐惟景の身代わりとなり、文禄の役で小早川隆景軍に配属されて出征した、との伝承を敬聴されたのではなかろうか。白須浄真編『玉蓮山安楽寺創建四百年記念誌』（私家版、一九九六年）参照。

（6）たとえば、外文書の起草者相国寺の西笑承兌、南禅寺の玄圃霊三、東福寺の惟杏永哲。従軍僧としては、小西行長に妙心寺の天荊、宗義智に博多聖福寺の景轍玄蘇、鍋島直茂に肥前泰長院の是琢、小早川隆景に安芸安国寺の瑤甫恵瓊、吉川広家に宿蘆俊岳など（西尾賢隆「秀吉を智略で支えた外交集団、五山僧」）が知られ、加藤清正は法華宗日真を陣僧とした（『文禄・慶長の役』歴史群像35、学習研究社、一九九三年）。

（7）昭和五十年（一九七五）発刊以降、当初臼杵人の反応に稀薄さが残るものの、同五十三年の私家版で郷土史家高橋長一の『臼杵物語』、紙上では同五十九年三月二十三日付の『統一日報』の尹達世「壬辰倭乱の痕跡を訪ねて」、同六十年『大分合同新聞』連載の村上あや「続うすきの花びら」での発表もなされた。のちに大分市出身の是永幹夫「慶念『朝鮮日々記』の研究」（『青丘学叢』三）の労作が平成五年に発表され、同十年（一九九八）には慶念従軍渡韓四百周年の戦跡ツアー・追体験への参加募集が紙面に登場し、翌十一年五月一日のシンポジウム「沙也可と慶念」では、両子孫の対談が実現した。

（8）『朝鮮日々記・高麗日記―秀吉の朝鮮侵略とその歴史的告発―』（そしえて、一九八二年）。『豊臣秀吉の朝鮮侵略』（吉川弘文館、一九九五年）。

（9）現在東大阪の寂静山安養寺（住職臼杵尚義）は、昭和二十一年の大震災後に再建され、主要な資料は現存しない。旧堂の造営は安永年間の頃といわれ、初代住持は豊後臼杵安養寺の七世安藤恵春と伝える。明治初年に蛇草小学校と女子教育施設の女紅場がおかれ、旧本堂の規模は写真で大きく見える。享保年中の『五畿内志』および安永五年の「河内国細見図」に記載され、その草創は古く遡るものと考えられる。また寺域周辺には、韓国渡来系子孫の人々が少なからず集住し、当地旧蛇村の南部に隣接して衣摺・大蓮・久宝寺村がある。この久宝寺跡については、かつて蓮如の十一男実順の入跡後に大津・赤野井顕証寺の六男蓮淳が再入寺した関係上、本願寺との係わりもかなり古い土地柄と思われる。

（10）青木馨「本願寺蓮如・実如筆名号比較試論」（『仏教史学研究』三七―二、一九九四年）。同朋大学仏教文化研究所研究叢書Ⅰ『蓮如名号の研究』（法藏館、一九九八年）。

（11）臼杵市安養寺蔵「正信偈文」双幅

本願名号正定業　至心信楽願以因　成等覚証大涅槃　必至滅度願成就
（縦九五・一㎝、横三六・三㎝）

如来所以興出世　唯説弥陀仏本願　五濁悪時群生海　応信如来如実言
（縦九五・〇㎝、横三六・一㎝）

（12）臼杵市安養寺蔵「太子・七祖像」裏書、二幅

本□□（願寺）釈准如（花押）
（縦六八・三㎝、横二九・〇㎝）

上宮太子御影

慶長十九年甲寅七月二日
正覚寺門徒豊後国海部郡
市浜村安養寺常住物也
願主釈正西
（縦六四・五㎝、横二九・二㎝）

□□□《本願寺》釈准如（花押）
慶長十九年甲寅七月二日

三朝高僧真影

□□《正覚》寺門徒豊後国海部郡
市浜村安養寺常住物也
願主釈正西

（13）細川行信編『真宗史料集成』第八巻（同朋舎、一九七四年）四四七頁。

（14）『荘厳録』には「自顕如上人、蓮如上人真筆六字名号・証如上人十字名号賜之」と誌すが、『略記』では「蓮如上人三幅対之名号、実如上人九字名号・顕如上人十字名号・法然上人の心経一行」と記す。

（15）「石敢当」の初見は、『略記』の開基右註で「今畳屋（臼杵）町有之所図之通、長五尺四寸・横壱尺三寸五歩、何成可金尺」とし、弟願得が肥前某所で求め市浜に建てたとある。のちの『国志』は「蓋聞天正三年、明朝商船来于此、献物義鎮、有虎豹孔雀鸚鵡麝香、及古書画等、以請互市、許之、来船之人使教造之」と編み、『小鑑』は両書を載せて「一説には大明の人書てこれを建てるといふ」と述べ、さらに『旧跡絵図』では「為鎮市書石敢当之三字、鐫石建。陣文龍書也云」と記している。詳論は、久多羅木儀一郎「臼杵石敢当の研究」（『臼杵史談』第四号、一九二九年）を参照のこと。ただし、現在畳屋町八幡社内の石敢当は慶応・明治初年の兵火破損で失った後の復元品である。

（16）『寺社考』では、臼杵山庵の要福寺、市浜安養寺、海添の東光寺、津久見門前の解脱寺などの寺々に廃仏毀釈の波が押し寄せたと誌す。

（17）『大分県史料』14切支丹史料之一には、天正七年頃のキリシタンが社寺破壊・焼却の理由を挙げている。小泊立矢「中世末期の二豊文化」（『大分県史』中世編Ⅲ、一九八七年）四五一頁。

(18) 大分市専想寺蔵「森町専想寺ノ縁由」では、慶長十三年の頃にキリシタンが夜討ちをかけ鯨声をあげて脅したと誌している。
(19) 「旧地者寺裏門往還之側西北之地也、享保頃小川左内季重山荘之地也」と『略記』は誌す。
(20) 拙稿「戦国期における九州の真宗」（福間光超先生還暦記念『真宗史論叢』、永田文昌堂、一九九四年）。
(21) 北西弘編『真宗史料集成』第三巻（同朋舎、一九七九年）所収。「取次ハ両所へ臼木《杵カ》越中守也、此時之御使ハ端坊下坊主」一一五八頁、「本ノ使ハ芸州毛利家ノ安国寺也」一二二〇頁、「御使淩雲軒」一二二九頁。
(22) 前掲註(21)に同じ。天文六年七月十日の条に「豊後国端坊下勧物廿五貫来候」とある。一一一二頁。
(23) 『大分県郷土史料集成』戦記篇一（臨川書店復刻版、一九七三年）二六一―二六四頁「切々御中合の使者到来す」。
(24) 近衛前久下向の天正三年頃の豊後臼杵領内では、宗麟の二男親家と甥の土佐一条兼定らの受洗騒動（『フロイス日本史』7豊後編Ⅱ、第三三章）、善法寺の住持可心が本山下知の下間法橋成敗に背反した罪咎をかぶり自害している（『寺社考』）。
(25) 谷口研語『流浪の戦国貴族近衛前久』（中公新書、一九九四年）。前久の一行は、豊後の大友・肥後の相良氏を経由し、天正三年十二月には島津義虎の本拠地出水専修寺に逗留し、越年の翌四年三月鹿児島へ至り宝持院を宿所としたが、翌五年早々豊後から土佐経由で帰洛した。『臼杵小鑑』大全には、この頃の前久が詠んだと思われる次の和歌を載せている。「せみの羽のうすき衣はきぬれどもつくしおしとてとまられもせず」。わけても、前久の鷹狩り好きと西国日向の係わりについては、天正十七年卯月仲旬編の自詠の和歌集に窺え、この『東求院殿龍山公鷹百首』は編録の当初より諸将の噂にのぼったらしく、のちの『続群書類従』第一九輯中（巻第五四九）は宗麟の重臣田原紹忍が同年六月十七日付の書き写しを底本としている。たとえば、「巣鷹、鳥屋日向鷹なるべし。西国鷹奔走也。西国は大略巣鷹也。綱懸稀也」（四七六頁）。「西国たか東国鷹によらず双半双こがんぎまさごりんせいと云事鷹の秘事。見所肝心としるし置と也。口伝在之」（四七九頁）。「西国日向巣の大鷹は毛をはやくする物也」（四八四頁）。
(26) 『本願寺史』第一巻（浄土真宗本願寺派、一九六一年）。「陽明家（関白近衛稙家）」（四二二頁）、「九月二十九日付前久宛顕如書状案留」（四八七頁）（前掲註(21)「近衛殿へ御返礼、御牢人ニテ当所ニ御逗留」一一四八頁）。
(27) 『豊後国志』巻之五、文献出版、「本多助秀」の項、一三二頁。
(28) 『寛政重修諸家譜』第四輯・巻第六九一・藤原氏兼通流「本多広孝」の項（六九五頁）。「(天正)十一年従五位下右兵衛佐に叙任す。しかれども仰により名をあらためずして豊後守と称す。このとき近衛前久公より其姓氏を尋ねらる、により、古代より伝来せし系図を見せ参らせしに、叡覧に備へられ、且前久公別に其系図一巻を写して贈らる」。

(29)『日本歴史地名大系』第四六巻、平凡社、一九九七年。「新納院」二三四頁、「高城跡」二六七頁。

(30)『続群書類従』第二〇輯下・合戦部二〇、一九七四年訂正版、三〇三頁。

(31)本書仲尾論文「丁酉・慶長の役戦場と慶念」参照。氏は『多聞院日記』四〇、文禄二年二月二十六日条の史料に拠って、医者の出陣が五十歳以下と限定されていた点に着目され、「一吉は医僧以外の役割も期待されていたとみるべきであろう」と、単なる慶念医僧説に疑問を投じておられる。

(32)渡辺武男「町内古城跡・館跡物語―清水山城・太田飛驒守一吉物語」3―6(機関紙『清水の文化』八―一一号、福井県清水町文化財研究会、一九八三・四年)。

(33)秦政博「臼杵藩制の成立」(『大分県史』近世編Ⅰ、一九八三年、二五九頁以下)。大閤蔵入地となった豊後国は、山口玄蕃頭宗永と宮部善祥坊法印継潤の文禄検地に続き、慶長二年に三百九十人を率い目付として釜山浦城に詰めた太田一吉もまた、臼杵入封直後に海部・大野郡内の総検地を実施。現存する二百二村分の検地帳写本(『渡辺家文書』)は後者太田氏の『飛驒帳』であるが、双方検地の直接の目的は朝鮮出兵に向けての領内の生産力の把握にあった、と氏は指摘されている。

(34)前掲註(32)に同じく、『越前地理指南』『福井県神社誌』『福井橘家文書』『朝日町天王八坂神社文書』、『寺社考』『小鑑』などで毘沙門堂・賀茂・八坂神社等を保護したとある。また太田氏の人物像について、慶長五年三月十六日(一六〇〇年四月十九日)、豊後「Xativai(シャチヴィ)」に漂着したザ・リーフデ号の乗員ウィリアム・アダムス(三浦安針)は、のち家康に迎えられ日蘭交易に貢献したのだが、その書簡の中で一吉の厚遇を綴っている。ディオゴ・デ・コウト『亜細亜誌』第一二旬年史二巻二章。レオン・パジェス『日本切支丹宗門史』上巻(岩波文庫版、一九六〇年)。岡田章雄『三浦安針』(『岡田章雄著作集』五、思文閣出版、一九八四年)所収。『臼杵市史』下巻「寺院と神社」、一九九二年。

(35)大分市森町専想寺蔵、編年体史料。

(36)太田氏は、石田三成の妹婿福原直高に替わって転封された経緯から、俗に一吉の室は三成ないし蜂須賀小六の娘とも伝えられ、後年の命運はそこにあろうと考えられる。

(37)真宗専想寺の祐円は、同寺の『縁由』にかつて臼杵多福寺の雪窓禅師の供をしたと誌す。しかもこの雪窓は、もと二王座の真宗善正寺開基願了に随伴の弟子であったという(「善正寺伝文」)。また善正寺蔵の慶長十六年五月二十日下付の聖徳太子画像裏書には、「真宗寺門徒豊後国海部郡仁王座善正寺常住物也、願主釈願了」とある（大桑斉編『史料研究雪窓宗崔―禅と国家とキリシタン―』、同朋舎、一九八四年、三一七頁）。

(38)『萩市誌』一九五九年、四八六頁以下。

(39) 児玉識『近世真宗の展開過程』、吉川弘文館、一九七六年、七〇頁。同「『蓮茎一糸』考」（『中世仏教と真宗』吉川弘文館、一九八五年）二五二頁。

(40)『唐津市史』一九六二年、一二五一頁。いわゆる名護屋六坊とは、善海坊が本勝寺、順海坊は安浄寺、了善坊の行因寺、了休坊は伝明寺、龍泉寺が正円寺、永元坊は養託寺の呼称名とされる。

(41)『松林山端坊の歴史』〈私家版〉、一九七五年。

(42) この真向きの絵像で唯一特徴的な点は、光背光輪内部の紺彩色が龍谷大学蔵品と類似している。かつて蓮如が文明二年に、和州吉野郡下渕円慶門徒の十津川河野長瀬鍛冶屋道場へ与えた本尊仏とよく似ており、当像もあるいは絵像様式手本の原品ではなかろうか。

(43) 前掲註(21)に同じく、三二〇・五一一頁。

(44)『浄土真宗本願寺派大分教区臼佐組寺院史』〈私家版〉、一九九八年。

(45) 宮崎圓遵「カヤカべの系譜」（『宮崎圓遵著作集』第七巻、永田文昌堂、一九八九年所収）。和歌山市立博物館編『鷺森本願寺の歴史と寺宝』、一九九〇年。

(46)『蓮如上人伝の研究』（中外出版社、一九二六年）。慶恩坊（釈蓮慶）への消息および法名は加賀小松の本光寺蔵品に見える。

(47) 大正十二年の由緒書。ただし『略歴』の筆者が述べる「紀州の飛路」はいずれの出典に拠ったものか不明ながら、あるいは紀州佐野（現・和歌山県新宮市）の地に比定し直したのではなかろうか（『日本歴史地名大系』第三一巻〈和歌山県の地名〉、平凡社、一九八三年、『角川日本地名大辞典』三〇〈和歌山県〉、角川書店、一九八五年）。昭和八年の「宝物庫建築」趣意書でも同様の解説を誌している。

(48) 千葉乗隆編『安楽寺文書』上巻（同朋舎、一九九〇年）所収、「八月二十九日付御書添状」。

(49)『史料纂集―三藐院記―』一九七五年、一二一―一五頁、一八九頁。四月二十四日豊後佐賀関に到着後、翌日暴風のため逗留中の二十六日の早朝に、太田一吉は来信の使者として二人を差し向けている。

(50) 早島有毅「中世社会における親鸞門流の存在形態」(『真宗重宝聚英』第八巻、同朋舎、一九八八年、一二三七頁)。
(51) 『新編岡崎市史』2—中世—、新行紀一「三河真宗のはじまり」一九八九年、一九二頁以下。水野孝文「三河の真宗」(『講座蓮如』第六巻、平凡社、一九九八年)。
(52) 青木馨「中世末期における三河上宮寺の本末関係」(『近世仏教—史料と研究—』所載、一九八〇年)。図録『親鸞聖人と三河の真宗展』、真宗大谷派三河別院編、一九八八年。
(53) 『新編一宮市史』資料編八、一九七〇年、四五九・四六一・四七〇頁。『上宮寺文書』(『新編岡崎市史』6—史料古代・中世—、一九八三年、六四一・六四二頁)。
(54) 『新編岡崎市史』6所収文書(ア)、一〇四「天正十七年九月二十八日付末寺連判状」、五八〇頁。(イ)、一七九「天正十九年正月二十日付末寺連判状写」、六二二頁。(ウ)、一七八「慶長二年八月二十四日付末寺連判状写」、六一九頁。(エ)、一一八「慶長十一年二月十一日付末寺連判状」、五八八頁)。
(55) 前掲註(51)所収、新行紀一「三河本願寺派教団の形成」四八八頁。
(56) 『寛政重修諸家譜』第六輯・巻第一一一三・藤原氏支流「安藤直次」の項、七八九頁以下。
(57) 前掲註(56)、七九一頁。
(58) 前掲註(28)、六五三頁。
(59) 前掲註(28)、六五一頁。
(60) 前掲註(3)、六頁。この久保泊は、豊後水道の沿岸部・臼杵半島部北端の久保浦に当たる。当の『筒井系図』は所有者転居のため実検できなかったが、現在筒井家が二戸、隣接の柿ノ浦には安藤姓が八戸も集住している。
(61) 『寛政重修諸家譜』第五輯・巻第八五七・藤原氏秀郷流「太田氏」の項、四八四頁以下。
(62) 前掲註(61)、四八五頁。
(63) 前掲註(54)、五三一頁。
(64) 前掲註(56)、七八九頁。
(65) 前掲註(51)、四〇二・一一六二頁。矢作川や舟運とに係わる同様の事例は、安城市川島町の太田屋敷にも伝わる。
(66) 井上鋭夫『一向一揆の研究』(吉川弘文館、一九六八年)八三頁。同『蓮如・一向一揆』(岩波書店、一九七二年)六二〇頁。

（67）前掲註(55)、四八三頁。
（68）前掲註(25)、一六五頁。
（69）『満性寺文書』、前久書状（天正十年）十一月七日・十三日・二十七日、同写十二月十二日付四通、某女書状二通（『新編岡崎市史』6、八九七頁以下）、信尹書状十月二日付一通（平松令三編『真宗史料集成』第四巻、同朋舎、一九八三年、三八七頁）。
（70）前掲註(69)所収の近衛家女房書状には、発信を京より「ち」および「な」と草名し、書中「けいうんへもははにも御ことつけ申まいらせ候」とある。ただ『日々記』十月五日の条で、「たらちねのかうはこ（香箱）よりしろかね（白銀）を取りいたしてまひらせてみる」との暁の光景は、当時庶僧の夢として逸脱したものではなかろうか。
（71）『大日本古文書』家わけ一六―二所収、（六六九）近衛龍山前久書状（切紙）二九頁以下、一九五三年。
（72）前掲註(71)所収文書、同日付の島津兵庫頭（義弘）宛（六九八）前久書状では、ほぼ同文面ながら「安養房」とある。五八頁。
（73）金龍静「菅生の願正考」（『蓮如上人研究』、思文閣出版、一九九八年）。

善知識と「あさまし」の思想

大桑　斉

はじめに

医僧として、豊臣政権末期の第二次朝鮮侵略に、南原から蔚山へと激戦場ばかりを従軍し、極限状況ともいうべき厳寒と飢餓と苦戦をへて、あくる年に故郷臼杵に帰り着くまでの日々を、一冊に書きとめた（中略）全編は、ほとんど厭戦と信仰告白の書といってよい。

安養寺慶念『朝鮮日々記』を紹介した藤木久志（小学館『日本の歴史』15、一九七五年）は、このようにこの書に「厭戦と信仰告白」を見た。ここにいわれる慶念の「信仰」と「厭戦」を検討するのが本稿の目的である。

はじめに、『朝鮮日々記』の慶念の信仰を捉える視点について考えておかねばならない。〈侵略〉戦争という状況の内で発現された信仰の様相とその特質を問うことになろうが、その場合にこの戦争を国内統一戦争と異質な戦争と捉えることは避けられねばならない。それによって、発現された信仰もまた特異化される危険性があるからである。そうではなく、戦国期の真宗信仰者が戦場に臨んだ時、どのような信仰的立場を告白したのかを問題にすべきと考える。

そのために、〈侵略〉といわれるこの戦争が特異なものかどうかを、まず考えねばならない。私見ではこの戦争は、特異な事柄ではなく、〈戦国〉という時代の、あるいは秀吉の天下統一という事柄の、帰結としてあったと考えている。すなわち戦国争乱とは、侍—封建領主階級と、百姓—侍以外の全民衆とが、民族形成をめぐって抗争した戦争であり、結果的には侍による百姓の〈征服〉に帰結した、言い換えれば、封建領主階級による百姓〈征服〉戦争であった、と考える。具体的には、領主の結集体である戦国大名とその統一権力である織豊政権と、百姓の結集体である一向一揆との対決であり、前者が後者を〈征服〉して生まれたのが豊臣政権及びその後継の徳川政権であり、従ってそれらは、征服王権であり軍事政権であるという特質をもっている。近年の高木昭作の「兵営国家」論（『日本近世国家史の研究』、一九九〇年）や、ヘルマン・オームスの「ギャリソン・ステート（占領体制国家）」論（『徳川イデオロギー』、一九九〇年）、あるいは前田勉の「凍結された軍事体制」論（『近世日本の儒学と兵学』、一九九六年）などは、観点は異なるにしても同様な性格において近世国家を捉えている。このような列島内部での〈征服〉戦争が朝鮮半島に及んだのが、秀吉の朝鮮〈侵略〉であったと捉えたい。

そのことは、日本が当時の東アジア世界においては野蛮な軍事国家と見られていたことからもいいえよう。明の万暦三十年（一六〇二）に刊行された世界地図「坤輿万国全図」には、日本について「今有六十六州、各有国主、俗尚強力、雖有総王、而権常有強臣、其民多習武、少習文」（入間田宣夫「比較領主制論の視角」『アジアのなかの日本史1』、一九九二年所収、による）とあって、「強力」・「武」を尊重して「文」を軽んずる国、つまり野蛮な軍事国家であるとの認識が示されている。百年に及ぶ戦乱と二度に亙る大陸への軍事行動が、このような認識を生んだのであろう。日本は、その軍事力で〈征服〉戦争を挑んでくる野蛮国であったから、その軍事行動は〈侵略〉よりも〈征服〉と呼ぶのがふさわしい。

〈征服〉戦争は、先進文化と後進文化の対決の中で現れる現象で、先進文化に対して後進・野蛮の側がしかける戦争は、文明破壊・文化収奪を行うことを本質としている。列島内の戦国戦乱において、領主側が略奪・人狩り・虐殺をこととしたことは、藤木久志の研究（『雑兵たちの戦場』、一九九五年）に明らかであるが、それはこの戦争が文化破壊を伴う〈征服〉戦争であったことを示している。このような〈征服〉戦争の在り方は、そのまま朝鮮へ向けられる。本書に慶念が生々しく描き出しているように、日本軍によるすさまじい朝鮮文化財の略奪となって現れるが、その戦争を仕掛けた秀吉政権が築き上げたいわゆる桃山文化は、例えば秀吉の茶の湯趣味に示されるように、文化的に遅れていた領主達が、発達した町人文化を収奪したものに他ならない。朝鮮から収奪した文化は、例えば朝鮮の陶磁器のように、この桃山文化の重要な構成要素であった。また〈征服〉戦争は、全ての力を軍事力として編成することによって遂行されるから、勝利した後には、過剰な軍事力が残され、この過剰軍事力はさらなる〈征服〉を求めて自己運動し、ここに列島内〈征服〉戦争は外部に向けられ、アジア全域をその対象とするに到る。これが秀吉の〈唐入り〉構想なのだろう。

〈征服〉戦争は、最初の目的を達成すると、内部に先進文化を抱え込むことになる。その文化は新たな〈征服〉戦争に向けて編成され、動員されねばならない。列島内〈征服〉戦争の終結は、大量の真宗門徒を被征服民として抱え込むことをも意味した。武力的に制圧されたとはいえ信仰そのものが屈服したかどうかは、未だ明らかではない。このような危険な被征服民は、新たな〈征服〉戦争に動員され、その信仰が試されねばならないのである。被征服民にして真宗信仰者の安養寺慶念は、かつて戦った征服者の軍隊の一員として〈征服〉戦争に従軍を強いられる。征服者との抗争の内で形成された信仰が、新たな〈征服〉への従軍においてどうなるのか、このような視点が、慶念の信仰を考える上で、不可欠なのである。

従って、慶念の信仰を考えることは、それが〈征服〉戦争下での、言い換えれば石山戦争期における真宗信仰を考えることになり、真宗信仰史において石山戦争とは何であったかを考えることになろう。おそらく、護法戦争と意識されたであろう石山戦争、そこでの真宗信仰が、一転して征服者の側に参加させられ、「護法」という価値を失なった時、「厭戦」

が生まれるのではないか。そこに、慶念の「厭戦」を捉える視点があると考える。

一　研究史——慶念の信仰

さて、『朝鮮日々記』には既に一定の研究蓄積がある。それらの内から、特に慶念の真宗信仰の捉え方に焦点を当てて、問題点を析出したい。

学界に本書を初めて紹介した内藤雋輔（『朝鮮学報』35、一九六五年）は、その解説で本書の特質を指摘し、あわせて慶念の真宗信仰にも言及している。まず本書の和歌に関して、全体で三百三十余首の内、「真宗僧侶として深く信仰に生きる歓びを詠じた歌が七十余首」、望郷の歌が七十余首、そして「戦争の悲惨さ、苛烈さ、残忍さと戦争状態における人間の野獣性とでもいうべきものを直視して、今更ながら人間の恐ろしい残虐性の一面と、露骨な貪欲心とに我ながら深い悲嘆にくれたその嘆息が、謂ゆる戦争批判の形となり、戦争を厭い、平和な世界への祈念を込めた日々の感想」の歌が九十余首、と分析しているが、ここから、第一に、本書に慶念の信仰の歓びが見いだせること、第二に人間の野獣性・残虐性・貪欲心への悲嘆が戦争批判となって厭戦観を形成している、という内藤の指摘が知られよう。これを受けるかのように内藤は「慶念の思想なり信仰なりを規定するものはかれの熱烈な親鸞教徒としての信仰である」といい、「この信仰の基調の下に現前する全ての出来事が悲しきにつけ、嬉しきにつけあらゆるものを自分を含めた人間の業縁の深さに於て反省するとともに、いよいよ弥陀の救済の確かさを改めて確信」すると慶念の信仰を規定し、「宗教者として、その崇高さに襟を正さしめる」、「慶念のゆるぎない信仰の深さ堅固さに私は深い感動と尊敬とを禁ずることが出来ない」とこれを讃仰し、「真の宗教者として始めてなしえた戦争観」という。このような讃仰の部分は別として、内藤の慶念の信仰観を言い換えれば、自己（人間）の業縁の深さを知って、いよいよ弥陀の救済を確信するという真宗信仰の特質をつかみだしているということができ、これが内藤の指摘の第三点である。つまり内藤の慶念の信仰観は、自己の罪業性への悲嘆を弥陀の救済の確信へと転じ、それを歓ぶという、親鸞的な質をもつということになり、罪業性への悲嘆が厭戦観を形成しているというようにまとめることができよう。そうであれば「真の宗教者」として讃仰に値しようが、このような信仰構造の析出自体に問題があり、にわかに賛同しがたい。本稿全体を通じて明らかにすべき課題である。

このような「真の宗教者」という内藤説と一線を画すのが藤木久志の説で、先にも見たように、内藤と共通するかのように、「厭戦と信仰告白の書」としながらも、そのあり方の問題性を指摘する。すなわち、慶念が釜山に到着して一向宗の道場に参詣したことを取り上げ、「一向宗の侵略荷担というめくるめく思いにとらわれ」たというのであるが、その一方に「統一権力とまっこうから敵対しつづけた一向一揆」を対置する時、「この逆説とも言うべき二つの史実」をどう理解するかととまどったというのがその理由である。このような藤木の捉え方は、一方に〈反統一権力の一向一揆〉をおき、他方に〈統一権力の侵略荷担の真宗〉をおく、という図式であり、統一権力に敗北し従属した真宗の堕落、という答えが予想されている。はたして藤木は、蔚山籠城戦における城内の水不足に関しての慶念の「日本ハ神国なれハあはれミのあめ」（12・24条、本書七六頁）という言葉を取り上げ、これを華夷意識に対置される形で侵略をあおりたてるイデオロギーである神国意識とみなす。また撤退命令が出たという噂に慶念が、「さても〳〵かたしけなき御定とて諸人よろこひ候」（11・17条、四八頁）と記したことについて、民衆を憐れむ「天下さま幻想」に捉われたものと考え、さらにそこから、異国の戦陣にあって報恩講に参詣できないことについての「王法をまほるおきてと御座あれハ、なけきなからも、さてやミ申侍る也」（11・1条、三九頁）という言葉を捉え、「いまは「天下さま」の戦いという「王法」を護る定めに従っているのだから」という慶念のいいわけと考え、ここに「王法・仏法は車の両輪という教説のみごとな再生」をみる。

このように藤木は、敗北した一向一揆＝真宗、そして慶念も「天下さま幻想」の内に包み込まれ、これを王法為本の教説で受けとめ、侵略荷担に転向した、というのである。しかしながら、この藤木説は信仰構造の分析を欠いており、また信仰自体と侵略荷担の関係も問われていないのであり、簡単に納得できるものではない。

さて、内藤・藤木の両説を念頭に置きながら、「信仰の内実に踏み込んだ内容分析」が必要と指摘し、それを試みたのが平田厚志（「『うき世』から「ミやこ」への旅路としての従軍」〈『季刊日本思想史』48、一九九六年〉）である。本書に見える慶念の「心の軌跡」をたどることを課題とし、強制従軍という不条理を慶念はどう納得し、どう意味づけたかと問う。その一つとして、慶念が王法為本の教説に安易に乗ったという藤木説を批判し、藤木の引用した言葉を「慶念は王法を守ったのは宗門の掟であるから遵守したのであり、彼自身はそのことをくやしく思っていた」と解釈する。確かに「なげきながらも、さてやみ申侍る也」という言葉からは、平田説のような解釈ができよう。しかし、藤木説の根幹は「天下さま幻想」に捉われた念仏者という点にあるから、慶念の信仰に関してこの点を明らかにしなければ批判として有効性をもたない。

そこで平田の慶念の信仰構造論をみるに、その根幹は、内藤と同様に自己の貪欲心の自覚と弥陀の救済の確信におかれている。秀吉軍の略奪行為を目撃した慶念は自分もまた同じ心を持つことに気づいて、「かくなる貪欲心の沸き起こるわが心の危さを浅ましく思い、これ程までに妄念に覆われた身ではとても往生はかなわぬことと、深く慚愧する心を持ち合わせ」、「深い罪業の自覚に立ち、その罪業の鉄鎖を自ら背負うていくほかないとの覚悟を持った」のであり、それ故にこそ「罪業深重のわれを救わんとする弥陀の本願の呼び声が彼にははっきりと聞こえたのであろう」という。自己の罪業性を自覚させ、その我を救うものとして弥陀の本願があった、強制従軍という不条理はこれを知らせる弥陀の働きであったと自分を納得させたというのであろう。

ここから慶念の「うき世の旅路」という思いが生まれると平田は見る。従軍の人夫を酷使し、抵抗する者を虐殺する侍（11・12条、四五頁）、財宝略奪にしか関心がない貪欲心の固まりのような侍（11・14、15条、四六〜四七頁）、その侍達も「六道のしての《（死出）》山路のざいごう人」（11・15条、四七頁）であるといい、高麗までの出陣も「たゝ一身をうき世を御すこし候ハんとのため、たかきもいやしきもさらにかわる事ハひとつもなし」（11・18条、四八頁）と、責める侍も責められる百姓も共にこの「うき世」を生きていくためであり、自分もまたそのような「うき世の旅路」にあって、それはどうにもならない事だと嘆いている、という。とすれば慶念の「厭戦」もここに立脚するのであろうか。しかし平田は「厭戦」を問うのではなく、「かやうのうらめしき旅なりとも都に参候ハんハ、うれしかるへき也。此うきをミやこのたひとおもひなはさこそうれしく」（8・26条、一九〜二〇頁）と、「うき世の旅路」が同時に「ミやこのたひ」であると心の転換を行うことで精神の自由を獲得した、と考える。これが平田説の重要な論点で、慶念の信仰はこのように、全ての苦難を、都＝浄土への、往生の旅路と逆転するところに特質があると考えるのである。そうであれば、往生の旅路へいざなう従軍は「天下さま」の御恩ともなり、「天下さま幻想」に捉えられてくるのではなかろうか。その時、慶念に見られる善知識への報恩観念が問題になる。

平田は「うき世の旅路」から浄土への旅への転換の精神的緊張を高め、維持するものとして善知識のお逮夜・ご命日の報恩行の実践を位置づける。戦陣の中でそれが叶わぬ時、慚愧とともに自己点検がなされ、信心が確かめられていくが、それは「厭戦」ではなく、「非戦」・「不戦」という慶念の特有の戦争への関わりを生み出すことになると、平田は考えている。つまり慶念の善知識への報恩行の実践は緊張を高める機能において理解されているだけで、彼の信仰構造の内にどのように位置づけられるのかが明確ではない。それが「非（不）戦」という実践を生み出したと評価するなら、この点の解明がなされねばならない。本稿では、それを一つの目標としている。

二　「あさまし」の構造

先行研究において、慶念の信仰の特質は罪業性の自覚において捉えられていることがいえようから、これらに従って、慶念の罪業性の自覚を再検討してみたい。慶念が「あさまし」という言葉を多用していることに着目して、その内容を分析することから始めたい。

幾つかの用例によりながら検討していく。その第一の典型的なものは、

これにつけてもいよ〳〵弥陀の御本願のありかたき事ハ、諸仏のをしへにもましまさす。ゆへいかにとなれハ、かやうにあさましき凡夫なり共、一念たのむ信心まことならハ、たのしミめてたき国にむかへ取たまひて、（傍線筆者、以下同、11・8条、四二頁）

というように見える「あさまし」で、信心まことならば迎え取るという本願の対極に「あさましき凡夫」がおかれているような用例である。このような場合、「あさましき凡夫」の内容は特に示されておらず、その意味では公式的な慣用句としての「あさまし」の用例である。

そこから一歩進んで、「釈迦弥陀ハ慈悲の父母」の和讃を引いて、

われらかやうなるあさましき物に信あたえまし〳〵候て、上もなきさとりをたまハり候事ハ、かへす〳〵もありかたき御事なるを、つたなく信せさるハ、木石よりもおとりたる事共にて候。（11・28条、五九頁）

というような場合も、釈迦弥陀の方便をも「つたなく信せさる」自己が「あさましき物」とされているように、第一の用例に内容が与えられているけれども、それは「つたなく」も（おろかにも）、本願を信じようとしない人間という、真宗

信仰としては紋切り型の言葉であり、個別的な、特有の内容を持った「あさまし」ではない。

むしろここに見えている「つたなく」という言葉において、慶念特有の罪業性の自覚が示されている。すなわち、

いろ〳〵人ことのらんはうの物を見てほしくおもひて、わか心なからつたなくおもひ、かやうにてハ往生もいか丶とおもひ侍りて、

はつかしや見る物ことにほしかりて心すまさるもうねんの身や

同日にあまりに〳〵わか心をかへり見てつたなくおもひ（8・7条、一五頁）

などは、自分の貪欲心を慚愧する表現としての「つたなく」の用例である。このように慶念の「深い罪業の自覚」といわれるものは、「あさまし」ではなく「つたなく」と表現されている。

さらに、特有の内容を持った「あさまし」を求めていくと、

さても〳〵今夜ハわか国にあらんにハ報恩の御いとなミ申候ハん物を、情なくかやうの所にてあさましくて、

（8・23条、一九頁）

というような「あさまし」が見出される。これが第二の用例である。慶念がかつて仕えた本願寺十一世顕如の命日が二十四日であるから、そのお逮夜にあたっての報謝の営みが、戦陣故にできないことを「あさましく」というのである。我が身が「あさましい」のではなく、自分のおかれた状況が「あさましい」のであり「情なく」思われている。しかもその対極にあるのは、弥陀や本願ではなく、善知識顕如である。

こうした「あさまし」は他にも多くの用例を挙げることができる。

未明に御陣替なりけれハ、御よろこひ御報謝ノかたも油断申なり。かやうに候てハ、かならす悪道へこそおもむき侍らん。あさましやとうちおとろき申候て、（9・24条、一一七頁）

と善知識への報謝行が実践できないことが「油断」であり、その結果「悪道」へ堕ちることになると畏れ、これを「あさましや」と嘆いているのである。自分のおかれた状況によって、自分の責任でもないのに地獄へ堕ちることが「あさましや」であるが、その根底には善知識への報謝が実践できない状況を「あさまし」と受けとめる心情が働いている。

夜もすからハ御定をあんし出しつゝけ侍れ共、凡夫心にて候へハしつねんのミにて侍りけれハ、あさましくおろかやな。いかてか此ふんにしてハ往生のそくわひをとけ候ましきとおもひまいらせて、（10・16条、三三～三四頁）

というのは、善知識の「御定」（仰せ）を思い出せないことが「あさましくおろか」なのであり、それは往生を妨げるほどの重要な意味を持っていたのである。こうなると、「あさまし」は罪業性には違いないにしても、善知識の仰せを失念するという罪業性である。同様に、

無量おつこうにもあひたてまつりかたき御法なり。すこしのうき世をすごし侍らんとて御定にもれ申さん事ハ、返す〳〵もあさましき事也。（10・28条、三八頁）

というのは明確に善知識の仰せに「もれる」ことが「あさましい」の内容になっている。善知識は御定に「もれる」ものを許さないのであり、許されず、従って救われないことが「あさまし」と認識されている。

以上のように、慶念に特有の「あさまし」は、救済者であり善知識である本願寺宗主への絶対的信順を前提にして、自己の置かれた状況や、それによって報謝行が実践できないことを意味し、さらには善知識の御定にもれ地獄へ堕すること、へと展開していることが明らかになった。罪業性の自覚と見えるものも、かかる善知識帰依の信仰との関連で考えられねばならない。

三　「あさまし」の道宗と才市

「あさまし」という言葉から、慶念より先に蓮如時代の赤尾の道宗、ずっと遅れて明治期の浅原才市が想起される。この両者の「あさまし」と慶念のそれを対比することで、自ずから慶念の信仰の性格が明らかになろう。

赤尾の道宗には有名な二十一カ条の覚書（『日本思想大系　蓮如一向一揆』所収）があるが、その中で「あさまし」が連発される。「あさまし」を含む条項を列挙しておこう。

一仏法より外に心にふかく入事候はゞ、あさましくぞんじ候て、すなはちひるがへすべき事。（2）

一仏法にをゐてうしろぐらき利養心あらば、浅間敷存候て、手を引思をなし、たちまちひるがへすべき事。（4）

一仏法をもつて人にもちゐられ候はんと思候事は、かへす〴〵あさましき事にて候。其心出来候ば、仏法信は、たゞ此度後世之一大事をたすかるべきため計にてこそ候へと思候て、ひるがへし候べき事。（8）

一これ程のあさましき心中をもちたるよと、思召候はん事こそ、返〳〵も、あさましく、かなしく、つらくぞんじ候。今までの事をば、一筋に御免を雖㆑所㆑仰、かやうなる心中なる者よと思召候はん事、返〳〵身のほどのつたなさ、かなしさ、あさましく存候。先生もか丶るつたなき心中にてこそ、于㆑今かやうに候らめと、申かぎりなくあさましく存候。もし〳〵つゐに懸㆓御目㆒候ても、爰をあさましく存候。あら〳〵冥加なや。今日までうしろぐらきをば、ひたさら御免を所㆑仰候。仰にまかせ、まいり候べく候。（10）

一浅間敷の我心や、後生の一大事をとげべき事ならば、一命をも物のかずとも思わず、仰ならばいづくのはてへ成共、そむき申間敷心中なり。（後略）（21）

初めの三カ条（2・4・8）の「あさまし」は仏法との関わりにおいていわれており、仏法以外に心が深入りすること、仏法を利養心で用いること、というような世俗的な名聞利養へかたむく自分の心が「あさまし」であり、それを「ひるがへす」ことが問題となっている。（10）では「あさましき心中」、（21）では「浅間敷の我心」というように、「あさまし」はもっぱら自分の心のありように関わってのことである。従って、このような道宗の「あさまし」は、状況を「あさまし」とする慶念のそれとは大きく異なっている。しかしながら、その一方で、（10）では「あさましき心中」を持った者と「思召候はん事」がまた「あさまし」と認識されているから、道宗を「あさまし」き者とみなす善知識としての蓮如が対極に存在している。善知識蓮如から「あさまし」とみなされることが「かなしく、つらく」と思うのが道宗である。その前提には、（21）で「仰ならばいづくのはてへ成共、そむき申間敷」というように、善知識蓮如への絶対信順がある。この点では慶念と同じ位相にあるとせねばならないし、慶念の善知識帰依は道宗のこのような心情に出発点を持っているといってよい。

琵琶湖を一人で埋めよといわれて「かしこまりたる」といったという逸話（『蓮如上人御一代記聞書』一九二条）が、このような道宗の絶対信順を裏付けるが、道宗にとってその善知識は自己の「あさましき心中」を「ひるがへす」ことを促す人であり、その仰せにもかかわらず、依然として「あさましい」心を持つ自分が「あさまし」であった。言い換えれば、道宗の「あさまし」が仏法・善知識の「仰せ」に背く者としての自己の罪業性の自覚であるなら、慶念のそれは善知識の仰せに背かざるを得なかった状況や、その結果「御定」にもれることが「あさまし」であった。

このような、道宗と慶念の「あさまし」の差異は、それ自体が真宗信仰史の展開を示している。しからば「あさまし」はその後どのように展開するのか。近世真宗においては「あさまし」は、問題的な言葉としてはほとんど見出せないように思う。そして近代に至って、浅原才市において噴出する。鈴木大拙『妙好人』によれば、

あさまし、あさまし
あさましわ、どこにおる
あさましわ、ここにおる、このさいち。
あさまし、あさまし、
あさましが、くよくよと
あさまし、あさまし、あさまし。

とあって、「あさまし」は自己以外の何者でもない。その意味で才市の「あさまし」は道宗的であるから、その中間にある慶念の「あさまし」は特異なものといわねばならない。それは石山戦争という〈時代〉の信仰なのであろう。

四　善知識信仰

慶念の信仰の中枢に善知識崇拝があることを見てきたのであるが、その具体相を析出したい。『日々記』には、毎月十二・十三日の証如、二十三・二十四日の顕如、二十七・二十八日の親鸞の、お逮夜と御命日に、「きょうはおたや」とか「御命日」とあって、何らかの御恩報謝の記事がある。ちなみに、蓮如のそれは（二十四・二十五日）、一日顕如と重なることもあってか全く意識されておらず、その名も見えなければ、若干の用語や取意の文を除けば、『御文』等からの引用文もないというように、蓮如は存在感がない。中興上人蓮如という現代の位置づけからすれば、この時期に全く姿が見えないことは実に不思議で、そのこと自体問題にされねばならないことである。ここではただ、慶念において蓮如は問題になっていないという事実を示しておくにとどめる。

さて、慶念にとって、この親鸞・証如・顕如が善知識で、それぞれ御開山宗祖聖人・前住上人・現住上人という意味を持っている。慶長二年段階では、現住上人は准如でなければならないが、顕如の面影を偲ぶという文言がある（7・24）ことから、慶念は顕如に仕えていたと考えられ、彼にとっては顕如こそいつまでも現住上人であり、第一の善知識であった。このことは「同十三日ニけふハかたしけなくも前住さまの御明日」（9・13条、一三三頁）とあって、前々住の証如が「前住さま」とされていることからもいいうることである。そしてこの日には、

殊更に御名号御筆をくひにかけまはり申候へハ、ありかたく侍りて、
あほひてもつきせさるハちしきのおん弥陀のくとくをさつけたまへは

とあって、おそらく証如筆であろう名号を首に「かけまはる」という行為をとっている（十月十三日にも「御名号さまをくひにかけまはり」とある）。補註に示したように、近世のものであるが『石山退去録』という説教の筆録に、石山戦争において門徒が顕如から授与された名号を首に掛けて守り本尊とした事が見えるから、おそらく石山戦争期には、このような行為が一般的に見られたのであろう。ともあれ慶念にとっては、証如は前住上人であるだけでなく、首掛け名号と関連した特別な善知識であった。

その善知識は、右に引用した和歌によれば、「弥陀のくとくをさつけ」（功徳を授け）る人であった。慶念はその第一の善知識顕如の命日に、

同廿四日ニさても今日の善知識さまの御あハれミ、海山をかたふけてもあまり有りし御事なり。其御すかた片時も
忘れ申候ハねハ、なをも有りかたくそんして、
面かけのたちそひいまにわすられぬそのあわれミハ四方にあまれり（7・24条、一一二頁）

と忘れられない面影を偲び、その御恩に報謝を捧げている。このほか、

たゝいまの善知識さまの御勧化にあひたてまつらすハ、いかゝしてわれらことき丿凡夫ハたやすく往生つかまつり候ハん哉。（11・23条、五四頁）

とか、

まことにくちの凡夫の身か、われとハ何にしてさとりをひらき申さん事ハあるましき事なるに、かたしけなき善知識さまの御勧化のほとをありかたくそんしたてまつり申侍る也。

さてもしも知識のすゝめなかりせは弥陀の浄土へいかていらまし（11・24条、五四〜五五頁）

というように、「善知識さまの御勧化」こそが往生へ導くものと観念しているのである。親鸞もまた善知識であった。「当月ハ開山の御しやうつき」（11・1条、三九頁）というようにもっぱら「開山」の名で見えているが、「しん実のちしきにあふハまれそかし」（8・27条、二〇頁）というように真実の知識ともされている。

こうして三人の善知識のお逮夜・御命日、その日における報謝の営みが慶念の信仰生活に重要な意味を持っていた。なかんずく、顕如の二十三・二十四日がその中心になっている。このことは開山の祥月といっている十一月においても確かめられる。すなわち二十一日からの一週間の報恩講の期間には、毎日経典や聖教の文言を引いてその意味を敷衍する記事が見られるのであるが、二十四日の顕如命日までは次第相承の善知識という観念を展開するような書き方になっていて、後半の弥陀への御恩報謝の文言を中心とする部分と差違を見せている。詳しく見ていくと、二十一日には『往生礼讃』の「自信教人信、難中転教（更）難、大悲伝普化、真成報仏恩」の文と、それに続いて、

身つからも信し人をもおしへ信ぜしむることかたきかなかに、うたゝさらにかたし。大悲をつたへてあまねく衆生をけする事、まことに仏恩をほうすルになルへし（11・21条、五一頁）

という釈文が引かれる。これは『浄土真要鈔』が『礼讃』の文を引きながら「次第相承の善知識」の恩徳と報謝を語る文

の一部である。さらにこれに続いて、

御文に、霜月廿一日よりこれをよミ申て人々に信をとらすへき物なりと御座候。

とある。この「御文」は、蓮如の『御文』四帖目第十五通の末尾に「明応七年十一月廿一日よりはじめてこれをよみて人々に信をとらすべきものなり」とあるのを受けているが、ここでは特に蓮如が意識されているわけではない。「人々に信をとらす」という「自信教人信」の実践が善知識への報謝となることを明らかにしようとしたのである。

「自信教人信」の善知識への「真成報仏恩」が明らかにされたから、次には善知識の次第相承が明かされねばならない。二十二日には「不因釈迦仏開悟弥陀名願何時聞」という『法事讃』の文言が引かれ、続けて、

此釈文の心ハ、しやかふつのかいこによらすハいつれのみたのミやうくわんいつれの時にかきかんとあそはし候を、此うたに、

釈迦仏のおしへによらぬ物ならは弥陀の名号いつかきかまし（11・22条、五二〜五三頁）

と、おそらく『持名鈔』からと思われる釈文と、それを受けた和歌が記される。弥陀の教説を最初に開いたということによって、釈迦仏が最初の善知識として示されたのである。次いで二十三日には、

五祖東漢に生れて西方の往生をおしへたまふとあそはし候所をとりてよミ申侍る也。五祖とハ法照・少康・曇鸞・道綽・善導、此五人ノ祖師を申侍る也。（中略）

同日ニ、これハ源空・親鸞、これをひろめたまふことなくハと有る所を申候也。

師のおしへおゝき中にもことになをふかしきなりしいまの知識は

同日ニ、次第相承の善知識、これをさつけたまハすハ、われらいかてか出離のみちをわきまへんやとあそハし候ところを、此うたによミ申候也。さても〳〵たゝいまの善知識さまの御勧化にあひたてまつらすハ、いかゝしてわれ

らこときノ凡夫ハたやすく往生つかまつり候ハん哉。（11・23条、五三～五四頁）

と記している。やはり『持名鈔』によるものであるが、言わんとするところは極めて明瞭で、法照・少康・曇鸞・道綽・善導から源空・親鸞、そして次第相承の善知識、そして「たゝいまの善知識」という善知識の系譜とその勧化の御恩を現している。かくして二十四日の顕如命日には、

若悲（ママ）本師知識願弥陀浄土云何入トあそはし候ところを取てやはらけ申候也。此心ハ、もしほんし知識のすゝめにあらすハ弥陀のしやうといかんしていらんとなり。（中略）かたしけなき善知識さまの御勧化のほとをありかたくしそんしたてまつり申侍る也。

さてもしも知識のすゝめなかりせは弥陀の浄土へいかていらまし（11・24条、五四～五五頁）

と、『報恩講私記』に引かれ迦陀として詠われる『般舟讃』の文から「本師知識」の語を取り、「かたしけなき善知識さまの御勧化」と展開してその御恩がいわれている。

以上のように、二十一日から二十四日は、善知識の系譜とその勧化の御恩をいうことに費やされている。これに対して二十五日からの後半は、もっぱら弥陀への報謝の引文が続く。要点だけにとどめるが、二十五日は「如来所以興出世」、二十六日は「能発一念喜愛心」と『正信偈』の文が、また二十七日は「弘誓の強縁ハ多生にもまふあひかたく」という『教行信証』総序の文が、そして二十八日には「他力の信心うる人を」の和讃が、それぞれ引かれて展開されているのである。このように見れば、報恩講の一週間が二十四日の顕如命日を境に二分されていることが明らかになろうし、それが顕如をいまの善知識と仰ぐ慶念の信仰の在り方を示していることも、明らかであろう。

五　「あさまし」と厭戦

そこで考えねばならないのは、慶念の善知識信仰を前提とした「あさまし」と「厭戦」の関係である。内藤は、「人間の恐ろしい残虐性の一面と、露骨な貪欲心とに我ながら深い悲嘆にくれたその嘆息が、謂ゆる戦争批判」となったといい、平田は、惨劇を目撃したことが慶念の良心に衝撃をあたえ、「深い罪業の自覚に立」ったことが弥陀の本願の呼び声を聞き取る契機となり、また顕如への報謝行は浄土往生を遂げることと、死を覚悟し「非戦に徹」したというように、先行研究は「厭戦」「非戦」を慶念の信仰そのものから考えているからである。その慶念の信仰の特質を善知識信仰を前提とした「あさまし」の観念に求めた以上、それがいかにして「厭戦」に結びつくのかが、より厳密に考えられねばならない。

十一月十日頃から、苦境に立った日本軍が蔚山に築城を始め、それにまつわる様々な出来事が慶念の心を悩まし、先に考えたような、折からの御開山祥月の報恩行となっていくのであるが、この一連の事柄がこの問題を考える手がかりを提供してくれる。十二日には従軍の百姓達が用材集めに動員されて山へ入るが、朝鮮軍の襲撃を受け、監督の日本軍からも責めたてられる。十三日、このありさまを慶念は、「三悪ハた、目のまへにあり」、信心に油断するなら「のちの世ハかやうのおそろしきせめ」に逢うと知るべきであるといい、十四日にも侍達は財宝略奪に狂奔する者であり、「とんよくのほかハなし」と批判する（四五～四六頁）。十五日に至ると、再び百姓虐待を見て、

かやうの事をあんし候へハ、地こくハよそにあるへからす。やかてめに見へてある事を、後生のなけきハ夢にさへもしらすすくる事ハあさましき也。（四七頁）

と、自分の後生が地獄であることを現前に見せつけられながら、それにまったく気づかずに過ごしていることを「あさま

しき也」と記しているのである。先に慶念の「あさまし」の観念を分析して、自分の置かれた状況によって報謝行が実践できないことの意味があると指摘したが、ここでは、その状況が自分の後生のありさまと気づかないこと、それもまた「あさまし」の重要な意味であることも付け加えておかねばならない。

略奪・虐待・虐殺、あるいは人狩りなどの現前の地獄のありさまを記した箇所には、慶念の深い溜息が感じられ、読む者に「厭戦」の感情を惹起せしめる。しかしそれは、慶念の意図したところではなかろう。十六日に、百姓達が材木を取りに山に入り、襲撃されて多くの死者が出たことを記し、それを「たゝわれかなせる心のとかよりほかはなし」「とかのあれはそせめらるゝ」というのは、人間の心の咎、罪業性がこの世に地獄を生み出すと指摘することで、それに気づかないことを嘆いているのである。従って、そこには「あさまし」の語は用いられていないが、気づかないそのことを「あさまし」とする前述の用例のように、この記述もまた「あさまし」と嘆くものと読み解くことができよう。心の咎の現れとしての地獄のごとき現世、そのことに気づかない「あさまし」さ、慶念の根底にあるものがこのようなものであれば、それは「厭戦」を超えた「厭世」観というべきであろう。

こうした嘆きの中にある慶念にとって、十七日に「天下さま」より帰国の仰せがあったと聞いた時には、まさに地獄に仏の思いであったろう。それは「人夫一人もとりのこし候ハぬやうに念を入候て、船にのり候へ」との仰せであったから、「さても〳〵かたしけなき御定」と喜び、「百性をハふひんにおほしめ」す「天下さま」と観念され、これに対して、百姓を飢えさせ「山におひやりすて物」にすると侍達が批判される。結局この帰国命令なるものは誤伝であったようであるが、現前の地獄から救い出すものとしての「天下さま」が幻想されたことはまちがいない。その意味で藤木久志のいうように「天下さま幻想」にからめとられたのであるが、それには、現前に地獄を見せしめ往生を勧める善知識への絶対的信順の心情が前提となり、「天下さま」がこれに重ね合わされたからであろう。

こうして「天下さま＝善知識幻想」が生まれると、悲惨な現実は、それによる救済を気づかせる場として受け入れられる。十八日、この出陣は「た丶一身をうき世を御すこし候ハんとのため」と「うき世」を過ごす以上受け入れざるを得ない定めであり、そのことに関しては「たかきもいやしきもさらにかわる事ハひとつもなし」「百性も大名小名おしなへてくちゆへにこそほねハおりめせ」と、身分にかかわらず人間の愚痴心がこの苦労を招き寄せたとすることになる。現実の苦労が自分の愚痴心の現れであってみれば、それはそのまま受け入れ、そして「とかくはや〳〵くるしミの世界をいそき〳〵はなれたきのそミはかりなり」と、世を厭い往生を待望するしかない（四八〜四九頁）。十九・二十日と慶念は人買商人の地獄の阿防羅刹の如きありさまを記録し、買われて行く人々に「見るめいたハしく」「殊におそろしき」と同情するが、「た丶〳〵人界ノさほうほとおそろ敷つたなき物ハなかりし」と人間界の定めと受け入れてしまうのである（四九〜五〇頁）。

こうして慶念は二十一日からの報恩講を迎える。報謝を心に懸けよとの善知識の仰せに従い、油断なく心にかけている信心を共に語り合う同行もいないままに、また帰国できるかどうかも不定である故に、故郷の人々に知らせるために書き付けたというのが、先に紹介した善知識への報謝の諸々の言葉であった。それらには、地獄を現前に見せられ、往生を切望した慶念が、歴代の善知識並びにいま善知識の勧化に逢うことによって信心決定して往生を定められた歓喜があふれている。

以上から、慶念の「厭戦」とは、むしろ世を厭う＝「厭世」＝厭離穢土欣求浄土の思いが根底となり、彼の記録した戦場の悲惨なありさまそのものが訴えかけてくる情念であった、といえるのではなかろうか。あまりにも悲惨な戦場のありさまが地獄の如くであり、それが自分の逃れがたい罪業性にもとづくものと知らされた時、それを記録する慶念の筆は、自ずから悲しみに満ちてくる。「さしてもなきとかなれ共、百性のかなしさハ、事をさうによせ、くひをきり」（11・12条、四五頁）というような文章にその悲しみを見ることができよう。ここに慶念の「厭戦」＝「厭世」がある。

おわりに

最後に、以上のような慶念の信仰、とりわけ善知識信仰は、慶念一人の、あるいは朝鮮〈征服〉戦争下における、特殊な信仰の在り方なのかどうかを考えねばならない。しかしながら、これと対比すべき、戦国期の真宗信仰に関する史料は、全く存在しないといってもよい。

わずかに、江戸期の説教筆録である『石山退去録』などが材料に残されているだけである。これらは、江戸という時代性からの相当の潤色がなされているので、そのままでは対比することはできないが、先にも触れたように、慶念と同様に宗主授与の名号を首にかけるという、江戸期には失われたであろう風習を伝えており、あるいは、石山の城壁に顕如が出座すると、寄手の織田勢の門徒兵は戦意を失って退却したというような、善知識信仰のありさまを伝えている。このことから、慶念の善知識信仰は決して孤立した特殊なものではなく、むしろ戦国期真宗信仰にかなり普遍的なものであったことを予想させる。

一向一揆研究の成果からすれば、神田千里（『信長と石山合戦』、三九〜四〇頁）が以下のように破門権に言及していることは、この問題を考えるに、大いに参考になる。

本願寺が武装蜂起について門徒に求めたのは、（中略）後生救済の道を教えてくれた親鸞への報恩である。（中略）ただ、後生の救いの道を教えた宗祖に恩返しするために、親鸞の家や子孫すなわち本願寺が立ち行くように身命を賭して奉公せよ、（中略）だから本願寺は、奉公しない門徒は地獄に落ちる、などといったわけではない。単に忘恩の徒として破門するといったにすぎない。だがこれは、地獄に落とすというにも等しい宣告であった。本願寺宗主一族が、箇々の門徒の往生如何を思いのままに左右できる、と信じこんでいた門徒たちにとっては、破門とはまさに堕地獄そのものだったからである。

このような破門の在り方は、慶念の善知識信仰と対応したものと見ることができる。本書に多出する善知識の「御定」「御諚」、あるいは「仰せ」、それに「もれる」というのはまさに破門を意味したであろう。そのように善知識の仰せに背反し、その結果往生が不定となることが「あさまし」でもあった。

このことを逆から見れば、本願寺宗主は人々を地獄のような現実から救済すべく、弥陀の本願を人々に伝える善知識であって、人々はその慈悲の下で石山戦争を戦ったといえる。これを「善知識幻想」というなら、同じく人々の現世安穏後生善処の願いに対して、例えば信長が安土の総見寺に参詣する者には現当二世の利益があると説き、秀吉が刀狩令で大仏への結縁がやはり現当二世の利益を受けると説いたように、統一政権の権力者たちも人々の救済を説いて「天下さま幻想」をふりまいたのであった。従って石山戦争は、民衆救済をめぐる宗教権威と世俗権力の決戦、「善知識幻想」と「天下さま幻想」の決戦であった。敗退し征服された「善知識幻想」＝宗教権威とその支配下の民衆は、征服者の「天下さま幻想」＝世俗権力に吸収され、それに奉仕することを求められる。〈征服〉戦争が国外に転じた時、慶念が「日本は神国」といったような、国家イデオロギーにくるまれた「天下さま幻想」に「善知識幻想」は吸収され、「天下さま＝善知識幻想」として一体化するのである。

このような二重の幻想のもとで、一向一揆の子孫たちも〈征服〉戦争に従軍を強制された。朝鮮〈征服〉戦争は、「天下さま」と善知識が人々の現当二世の救済を実現する戦争とされることによって、それが可能となった。しかるに〈征服〉戦争としての現実があからさまになり、現前の地獄と感じられた時、この二重の幻想は破綻し始める。「天下さま幻想」が救済幻想としての力を失うなかで「善知識幻想」がこれを補うように浮上してくる。慶念は現前の地獄を「うき世」として厭い、ひたすら往生を求めて善知識への報謝行に徹することで生をまっとうしたのである。慶念は善知識信仰を再生産し、それへの報謝行にすがり、その困難さゆえに「あさまし」を連発した。これが「厭戦」＝「厭世」であった。

「うき世」から「ミやこ」への旅路

平田厚志

はじめに

豊後国臼杵安養寺慶念の記した『朝鮮日々記』（以下、『日々記』と略称）は、老境の域にあった一真宗僧が朝鮮での従軍体験を詞書と短歌（狂歌）に託して綴ったものである。但し、慶念にとっては、それが強いられた従軍であるとの不条理感を引きずってのものだったこともあって、絶えず揺れ動く心の葛藤が随所に刻み込まれており、慶長の役（丁酉倭《チョンユウェ》乱《ラン》）に関する史料のなかではひときわ異彩を放つ、極限状況下での人間の赤裸々な心理状態を窺わしめる、貴重な心の記録といえよう。

ところで、『日々記』を学会に広く公開する労をとられたのは内藤雋輔氏であるが（「僧慶念『朝鮮日々記』」、『文禄・慶長役における被擄人の研究』東大出版会、所収）、内藤氏は『日々記』の内容分析も試みられ、とくに慶念の戦争観を中心に考察された論文（「秀吉の朝鮮役に従事した一日本僧の戦争観について」同書、所収）では、戦争呪咀に徹した「当時としては珍しい平和主義者」であったと評価されている。また、慶念の人間観についても人間の罪業性への反省と自覚が踏まえられている点に、深い共感を示しておられる。しかし、内藤氏の論考をもって慶念の全体像が明らかにされたとは言い難い。『日々記』を読み進むうちに気付かされることは、藤木久志氏が指摘されたように（『日本の歴史』15、小学館）、「全編は、ほとんど厭戦と信仰告白の書といってよい」性格を内包しているということである。従って、慶念の「厭戦」観や信仰のありように踏み込んだ内容分析をしなければ、『日々記』の全貌やその歴史的意義の解明に迫ることはできないのではなかろうか。

さて、慶念が臼杵城主太田飛騨守一吉軍の一員として従軍を命ぜられた経緯と、その時の彼の反応ぶりについては、『日々記』の序文に当たる冒頭文にて窺うことができる。

抑此たひ太田飛州さま高麗へ召つれらるへきよし承りしかは、さても不思議なる御事哉。此老躰ハ出陣なとハ夢にさへも知らす。其上習なき旅の事ハ中〳〵難成候也。御養生一篇ならハ若き御旁々（方々）をもめしつれ候へかしと中上候へ共、是非共御供候ハてハいかゝとの御掟（諚カ）なれハ、迷惑無極躰也。殊更此高麗ハ寒国といゝ、波渡（濤カ）をしのき万里の海路なれハ、二たひと帰らん事ハ不定なり。老身のためにハ前代未聞なる事なれハ、いさやはしめて日々記と哉らんをつくり、こしおれ（腰折）の狂哥をつつり、後の世わらい草のたね共ならさらん哉とおもひ候也。一覧ののちハ火中へやりすて有へく候也。（本書三〜四頁）

太田一吉は軍目付として出陣する際に、慶念に医僧として従軍することを命じた。慶念は老体を理由に強く固辞したが、城主の命令には抗しえず、不本意にも侵略軍に加わることを余儀なくされた事情が記されている。しかし、やむなく下命に応じたとはいっても、それは十一月一日条（「わか身わかまゝ（我が儘）ならす、王法をまほるおきてと御座あれハ、なけきながらも、さてやミ中侍る也」三九頁）からも察せられるように、蓮如教説に淵源する証如・顕如宗主の王法観に依順してのことと思われ、世俗的主従関係の論理を無限定に受け入れてのことではなかったであろう。事実、「是非共御供候ハてハいかゝとの御掟（諚カ）なれハ」との太田一吉の再度の従軍命令に対し、「迷惑無極躰也」と明白に不快の意志を露《あらわ》にしているのである。しかも上掲冒頭文後段において、慶念への出陣命令は「老身のためにハ前代未聞なる事」といい、また十一月十八日・二十一日条ではそれぞれ「老後ニか、るくるしミにあへる事ハ、くちおしき次第也」（四九頁）、「老躰の此高麗の陣立ハめつらしき事共也」（五〇頁）と記していることなどから察して、老齢の身の慶念を冬期厳寒の戦場に駆り立て、「うき世」の苦しみの世界を老いてもなお味わわされることの理不尽さを恨めしく、口惜しく思っていたことが窺えよう。とはいえ、いったん従軍命令を受け入れたからには、彼の立場が非戦闘員としての従軍とはいえ、「二たひと帰らん事ハ不定なり」と懸念しているように、死の覚悟も必要であった。つつましくも家族をこよなく愛し、同行《どうぎよう》とともに念仏するよろこびを分かち合いながら六十過ぎまで生きぬいてきた真宗僧の慶念が、不本意にも異国の戦地で戦禍に巻き込まれ、独り果てることになるかもしれないのだ。慶念はその不条理さに困惑・悲嘆しながらも慶長二年六月二十四日に郷里を出帆し、翌年二月二日にやっとの思いで自坊に帰着するまでの七カ月間、侵略軍と行動を共にしたのである。その間、慶念は朝鮮半島南部各地での日本軍による掠奪・殺戮行為を目撃することになるが、その惨状は念仏者慶念にはどのように映り、どう受けとめられたであろうか。また、不本意ながらも従軍の事実を彼自身どう納得し、どう意味づけようとしたであろうか。さらにまた、蔚山《ウルサン》籠城時の危機的局面に直面して死を覚悟した際、己の死をどう納得せしめ、どのように意義あらしめようとしたであろうか。

以上のような諸点に留意して、慶念の心の軌跡を辿り、彼の信仰世界を垣間見んとするのが本稿の目的である。

一　掠奪・殺戮を目撃して

慶念はその従軍期間中、日本軍の掠奪・殺戮行為を目撃して驚愕し、人間の底知れぬ罪業の深さを思い知らされ、暗澹たる思いに沈む局面が幾度もあった。なかでも、①全羅道露梁《チョルラドノリャン》（「ウレン」か）または河東《ハドン》滞留中（八月四日～八日、本書所収、仲尾論文参照）、②全羅道南原《ナモン》守備の明・朝鮮軍を撃破し、南原城を陥落せしめたとき（八月十一日～十八日）、③蔚山《ウルサン》築城普請の際、動員した人夫を昼夜の突貫工事に駆り立てたとき（十一月上旬～下旬）の日本侵略軍のおぞましい行為は、ことさらにそれを目撃した慶念の脳裏に深い傷跡を残したようである。彼はその時々の惨劇を、言葉少なくも生々しく証言しているが、それだけにその記述には迫真性があり、四百年の時を経てなおわれわれの心に深い疼《うず》きを感じさせるものとなっている。①②の局面においては朝鮮民衆、明・朝鮮両軍に対する日本軍の残虐行為についての目撃証言、③のそれは日本軍内における従軍人夫に対する侍身分の残虐行為について目撃したことが記されているが、慶念の目線は加害者の側に身を置きながらも、可能な限り被害者・弱者の心情にも思いを馳せんとする姿勢が、以下の引用文からも読み取れよう。

同四日（慶長二年八月）ニはや〳〵船より我も人もおとらしまけしとて物をとり人をころし、うはひあへる躰、なか〳〵目もあてられぬ気色也。

とかもなき人の財ほうとらんとて雲霞のことく立さわく躰（一四頁）

同六日ニ野も山も、城ハ申におよはす皆々やきたて、人をうちきり、くさり竹の筒にてくひをしハり、おやハ子をなけき子ハ親をたつね、あわれ成る躰、はしめてミ侍る也。

野も山も焼たてによふ（酔）むしやのこゑさなから修羅のちまた成りけり（一五頁）

慶念が所属した太田一吉軍は、釜山《プサン》より海岸沿いを西進して八月三日に全羅道蟾津江《ソムジンガン》の河口（固城《コソン》の付近）に辿り着いた。河口には数千艘の河船がひしめき合っていたが、日本軍兵士はわれ先にと軍船を降り立ち、人に負けじと掠奪に走り、朝鮮民衆の財宝を奪い取った。それればかりか、野も山もことごとく焼き払い、必死に泣き叫ぶ親子を容赦なく切り殺したのである。②の全羅南道《チョルラナムド》〝南原城の戦い〟（北島万次『豊臣秀吉の朝鮮侵略』、吉川弘文館に詳しい）においても、慶念は明・朝鮮軍の兵士や男女老少の朝鮮民衆の虐殺現場に遭遇し、その惨状は「夜明て城の外を見て侍れハ、道のほとりの死人いさこのことし」（八月十八日、一八頁）という光景であったと証言しているが、こうした無惨な掠奪・殺戮行為を目の当たりにした慶念は、「めもあてられぬ気色也」（八月四日・十八日）と、しばし絶句するほどであった。しかし、そこは医僧を生業とする彼のこと、目の前で繰り広げられる「さながら修羅のちまた」の惨状をしっかりと見届け、しかも「焼たてによふむしやのこゑ」と日本軍兵士の暴走ぶりを活写しているように、掠奪・放火・殺戮行為が人の道に悖《もと》る罪業の極みであることの自覚を喪失したとき、人は苛虐的残忍性に掻《か》き立てられ、快感すら覚えてしまう、魔性的本性に突き動かされる生き物だということを鋭く見抜いてもいるのである。

ところで、人間の野獣的欲性の暴発によって引き起こされたこの「めもあてられぬ」惨劇は、加害者の側に身を置く慶念の良心にどれほどの衝撃を与えたであろうか。

同七日（慶長二年八月）ニいろ〳〵人ことのらんはう（濫妨）の物を見てほしくおもひて、わか心なからつたなくおもひ、
かやうにてハ往生もいかゝとおもひ侍りて、
はつかしや見る物ことにほしかりて心すまさるもうねん（妄念）の身や（一五頁）

同日（同右）ニあまりに〳〵わか心をかへり見てつたなくおもひ、され共罪業深重もおもからす、さんらんほういつ（放逸）もすてられぬ御ちかひなれハ也。
おそらくハ弥陀のちかひをたのますハ此悪心はたれかすくはん（一五頁）

慶念は日本軍兵士の掠奪・殺戮行為にしばし絶句し、蛮行に及ぶ人間の業深さに暗然たる思いを募らせながらも、己の心のどこかに「見る物ことにほしかりて」という貪欲心が棲みついていて、掠奪兵士につられてそれがいまにも暴発しか

ねない衝動にかられている自分でもあることを正直に告白しているのである。しかしその半面、かくなる貪欲心の沸き起こるわが心の危うさを浅ましく思い、これほどまでに妄念に覆われた身ではとても往生はかなわぬことと、深く慙愧する心をも持ち合わせているところが、いかにも慶念らしいところでもある。いずれにせよ、深い罪業の自覚に立ち、その罪業の鉄鎖を自ら背負うほかはないとの覚悟を持つ慶念だからこそ、罪悪深重のわれを救わんとする弥陀の誓いの呼び声が、彼にははっきりと聞こえたであろう。

次に、慶尚南道《キョンサンナムド》蔚山の島山《トサン》の倭城を築城普請する際、日本軍侍身分のものが、従軍人夫を牛馬のごとく強制的に酷使し、場合によっては打ち首にすることも容赦しないほどの残虐行為について、慶念の証言するところを窺ってみよう。

同十二日（慶長二年十一月）ニ、さてもてつほう・のほり(幟)の衆・かち・ほろ・船子・人足にいたるまても、きりをはらいて山へのほりて材木をとり、夕にハほし(星)をいたゝきてかへり、油断すれハやませられ、又てきにくひ(首)をきられ、さしてもなきとか(咎)なれ共、百性(姓)のかなしハ(さ脱カ)、事をさうによせて、くひをきりてつし(辻)にたてらるゝも侍る也。さし(然)もけ(実)に夜白きらわすつかへつゝうち(打)さい(苛)なむは鬼神かそも（四五頁）

築城普請に入用の材木を切り出すために、動員された人足（百姓）が、毎日長時間の強制労働に駆り出され、彼らに少しでも油断があれば侍身分の者から厳しく咎められ、また山野に潜む朝鮮ゲリラ兵士に斬殺されてしまうケースも少なくない。そのうえ、百姓たちに罪過もないのに、抵抗する彼らを打ち首にし、辻に立て掛け、みせしめの晒首《さらしくび》にするという惨《むご》さである。かく百姓を「うちさいなむは鬼神かそも」と、語気を強めて鋭く指弾してやまない大名・小名を含む侍身分の者に対して、慶念は彼らの心のうちを見透して次のようにいう。

同十四日（慶長二年十一月）ニ、とかくこと〳〵く人界の有さまハ三毒のつミよりほかハ、へつ(別)のなす事とてハなしと見えたり。侍をはしめて物をほしかり、むりに人の財宝をうはひとらんとのたくミよりほかハ、子細ハさら

〱なかりしなり。

侍のあすをしらすとのたまへととんよくしん《貪欲心》のくち《愚痴》ハはなれす（四六頁）

同日に、かやうにあす《明日》しらすうき世にて、まつ〱楽をいたせなと、あれ共、心中ハミな〱悪心のたへ《絶え》ハハなかりしなり。夜すからの人をせめて石をつませ、しろふしん《普請》もさら二よ《余》の子細ハなし。人の物をうはひとらんとのたくミ、とんよく《貪欲》のほかハなし。

夜もすから石をひかする城ふしんたゝとんよくのはしめ成りけり（四六頁）

（中略）

同日（十一月十五日）に、かやうの事をあんし候へハ、地こく《獄》ハよそにあるへからす。やかてめに見へてある事を、後生のなけきハ夢にさへもしらすすくる事ハあさましき也。

六道のしての《死出》山路のざいごう人おもきくひ《頸》木をもてとせめける（四七頁）

侍身分の者たちは、人の財宝を掠奪することしか関心のない、貪欲・愚痴のかたまりのような連中で、「六道のしての山路のざいごう人」こそ、誰あろう侍たちのことではないか。さすれば、彼らにとっては「地こく《獄》ハよそにあるへからす。やかてめに見へてある事」なのに、この「うき世」を無為に過ごしている彼らこそ浅ましく、哀れにみえる、と慶念は憂慮する。

それにしても、百姓を酷使・虐待する侍身分の者も、好き好んで秀吉の朝鮮侵略に加担しているわけでもあるまい。「かなう物ならハ、いかほとの大名も、世にくるしけなる事ハ此かうらい《高麗》の陣にきわまりたる躰と見る也」（十一月十日、四四頁）と、慶念も一方で出陣の大名にいささか同情しているが、出陣大名・侍たちの本音でもあっただろう。しからば、彼らも「うき世」の只中においてこの一身を生きていることを、換言すれば「うき世」においてしか生きて行けないことを悟らなければならないのだ。

同十八日（十一月）ニ、万里の波渡をしのき、爰にかうらいまておの〳〵御出陣も、た丶一身をうき世を御すこし候ハんとのため、たかきもいやしきもさらにかわる事ハひとつもなし。此なけきなくハ、うき世ハ心やすかるへき物をとおもひよりて、人の上までの事をいとなミ、わか身にとりあつめ、いらさる事のミ申侍る也。十わうの一たひのけて九わうとて此かうらいにあつまれる人（四八〜四九頁）

同日ニ、まことに〳〵かやうのくるしミなくハ、かやうのところへハなにしに来りてうき目ハ見るましき物を。とかくはや〳〵くるしミの世界をいそき〳〵はなれたきのそミはかりなり。

（中略）

百性《（姓）》も大名小名おしなへてくちゆへにこそほねハおりめせ（四九頁）

万里の荒波を凌いでこの朝鮮の国まで各々の大名が出陣する羽目になったのも、ただ一身を「うき世」において生きて行くしかないという証左ではないか。大名・小名のように身分の高い者も、百姓のように身分の低い者も、おしなべてこの「うき世」を生きて行くほかはない、ということでは同じ境遇だ。この「なけき」、この「くるしミ」を現世で味わうことを免れえないわれわれだからこそ、このような修羅場の朝鮮国まで出陣して「うき目」を見ることになるのである。かくなるうえは、百姓も大名・小名も、一刻も早く「くるしミ」の世界から解き放たれたいという願い、望みをいずれかに託すほかはない。そのことに気付き、目覚めてほしいというのが、慶念の彼らに対する願いでもあったといえよう。

二　「うき世」の旅路としての従軍

非戦闘員としてではあれ、不本意な従軍を強いられたとの不条理感を、慶念が抱いていたことについては上述した。だが一旦、太田一吉軍に加わって従軍しているからには、その事実を自分自身に納得せしめ、どのようにかその事を意味づける必要はあったであろう。しかしそれは、慶念にとっては難題であった。なぜならば、厳寒に向かうなかでの劣悪な装備にての行軍、六十の齢《よわい》を過ぎた慶念には老い・病いの苦しみが重く伸掛《のし》り、そのつど望郷の思いが募るにつけ、また目撃する現前の情景がさながら地獄絵図であるにつけ、慶念は己も従軍している現実を正当化して意味づけることは、とてもできそうにはなかったからである。従軍期間中、彼の心は事あるごとに揺れ続け、ときに弥陀の誓願を感得して信心のよろこびに浸ることはあっても、心中は苦悩の連続であったといっても過言ではなかろう。次のやるせなき慶念の独白は『日々記』の一コマ、二コマを抽出したまでに過ぎないが、従軍下の慶念の苦悩のありようを示していよう。

同十五日（慶長二年七月）ニ竹嶋へ付候に、はる〳〵の海山へたてきぬる物かな。かやうのうき有様ハ老の身にハいか〻へ（た脱カ）ぬらんと、た〻とにかくいそき往生ののそみよりほかのことハなし。うき世をわたりすめはこそ、かくハあらまし。

なかめこし其海山をへたて来てうき世をわたる竹嶋ニつく（九～一〇頁）

同十九日（同年七月）ニさても此国まてハ、いかなるいにしへやくそくのありて、かやうにせんかたなき身とやなるらん。心くるしやとなけきなから、またおもひかへして、あさましく侍る心かな。御おんをハよろこひなくてと、

何事も其いにしへの契りそとおもひなからのこ〻ろまよひや（一〇～一一頁）

右の二つの条の背景説明をしておけば、日本海の荒波を乗り越えて七月七日に釜山海《プサンヘ》に到着した慶念たちは、同八日に竹島《チュクド》（洛東江《ナクトンガン》中洲の金海《キメ》付近）に移動しようとしたが、朝鮮水軍に行く手をはばまれ、再び釜山海に引き返してそのまま上陸し、十三日まで当地に滞在。その間、日本水軍は十日頃より優勢に転じ、ようやく釜山海周辺の制海権を確保したことにより、太田軍勢下の慶念たちも十四日に釜山を出発して翌十五日に竹島に着船した（本書仲尾論文参照）。しかし

天候悪しく、仮宿の苫屋も雨漏りしてしまう始末で、慶念は仮眠もままならず、しきりと望郷の思いにかられ、とめどもなく流れる涙で袖を濡らす心境にあったときのことである。七月十五日の条は、慶念の「うき世」観を窺いうるものとして興味深いが、そのことについては後述するとして、ここでは老いを自覚する慶念が、体力的にも耐えがたい難儀な従軍を「うき世」の旅路にたとえ、この旅を老いの身にてどう凌ぎ、どう耐えぬけばよいのか、と自問する彼の苦渋の内面を窺うにとどめたい。この時点での彼の心境は以下のように推察される。これから本格的に展開されることになろう日本軍の転戦、それに従軍せざるを得ない慶念の「うき世」の旅路が、いつ終結することになるのか予測もつかない絶望的状況のなかで、いっそのこと、この「うき世」を渡ってしまえば苦しみは超えられるのではないか。そのためには「たゝとにかくいそき往生ののそみよりほかのことハなし」とて、後世での弥陀の救済にわが身を託そうとする。いわば、「うき世」の苦しみから逃れるための後世願いに陥った、そういう心的状況にあったのではなかろうか。

十九日の条は十五日条の数日後のことであるから、基本的に心境の変化は見られない。過去世のいかなる己の行為が因果の道理を誘発して、この異国の地へ駆り出されることになったのか、わが身の宿業をただ〳〵嘆くばかりの慶念なのであった。平生業成・安心決定の信心をすでに獲得し、称名報恩の境地にあるはずの彼が、従軍によって平穏ななかでの信仰生活をかき乱され、不覚にも通俗的因果の観念に陥ってしまい、またもや無明の闇に沈みつつあったのだ。しかし、かろうじて信心正因・称名報恩のわれに立ち返り、悪しき因果論の深みに嵌《はま》りつつある己の業深き妄念を恥じ入るとともに、信心決定へとわれを先導してくれた善知識の「御おん」をよろこぶ身にならねばと、必死に跪《もが》く慶念であった。だが、老いた身の自分が、いま何故「せんかたなき身」としてこの異国の地を彷徨《さまよ》っているのかという、彼の脳裏にはりつく不条理感という妄念を払拭しえない限り、慶念はこれ以後も苦しみ続けることになるであろう。

ところが、七月二十五日頃より彼の心境に微妙な変化が生じ、二十六日には風邪で発熱して塗炭の苦しみに見舞われるなかで、いま少しいのち存《なが》えたいという今生への執着心が芽生えはじめてきたのである。

同廿五日（慶長二年七月）ニわか身のほとをおもひくらへ、さても世中にハいかほとのくるしミを得たる人のミなり。さりとてハ心のいたらぬゆへかなと、うちかへして、かくなん。

心からこゝろくるしくおもふかな身よりもしたの人を見るにも（一二頁）

同廿六日（同年七月）ニれいならす煩敷有りて、かせの身にしミくるしかりけれハ、さても古郷にあらハ年ころの妻子ともあつまりて、あとやまくらにして、いかゝ有らんと、といかなしミ侍らん物をと、なけきなから枕をかたふけ涙をとゝめて、かやうに侍る也。

いとゝさへわか古郷の恋しきにくるしやけふのかせのこゝろハ（一二頁）

八月一日ニいよ〳〵煩の躰難儀になりておほへ、くるしミハ人界のくやくなり。しかれ共、旅にてハかやうのくるしミ人めもはつかし。今一たひなからへ、としころの妻子よりハかたりハつくし申さしとおもひ侍る也。

くるしみのそのしな〳〵ハおほけれとかたりつくさし言葉の躰（一三〜一四頁）

慶念は自身のいまの境涯を他人と比較して、我ほど苦しみの只中に投げ出されている者があるだろうかと、己を悲劇の主人公に仕立て上げようとする。しかし、すぐさま己の身勝手さに気付いてそれを打ち消し、われひとり被害者意識に取り付かれた、おろかな妄念のなせる仕業と厳しく自己反省する彼であった。そのことがただちに不本意な従軍を強いられているとの不条理感を払拭することにはならないものの、「うき世」の旅路の境涯を嘆くだけの後ろ向きの心境からは脱しえたのではなかろうか。皮肉にもそれを加速させることになったのが、風邪による発熱であった。

「うき世」の旅路での発熱は、慶念に心細さを募らせ、それがかえって彼をして家族との再会への願望を掻き立てたのである。八月一日になって、数日来臥《ふせ》り気味の慶念の風邪は悪化のピークに達して死の淵を垣間見たとき、このままこの異国の地で果てたくはない、「今一たひなからへ」て故郷に残した妻子ともう一度、信心のよろこびについて語り合いたいという、生への執着心が沸き起こってきたのである。遠く戦地に駆り出された侍や百姓たちも、望郷の念や家族との再会を請い願うということでは人間の情として当然のことではあるが、慶念の場合は苦しく辛い現実を憂えつつも、結局はその現実を肯定・容認する機能を果たす「うき世」観を超える契機となる意味において、家族との再会を念願しての生への執着心への芽生えに注目したい。

今世を「うき世」（「憂世」「浮世」）と捉える現実認識の仕方は、中世・戦国期歌謡や近世初期の仮名草子に頻出し、「萬《よろづ》につけて心に叶はず、ま丶にならねばこそ浮世とは言《い》ふめれ」（浅井了意『浮世物語』）とあるごとく、万事につけてわが心の思いどおりにならないがゆえに、今世は「憂世」であるとの現実認識を示す概念であることは、先学の指摘のとおりである（大桑斉「近世初期民衆思想史研究」、『大谷学報研究年報』第43集、前田一郎「『浮世物語』の思想史的性格」、『大谷大学大学院紀要』第6号）。慶念が抱く「うき世」観も、こうした時代認識の思潮を踏まえていることは明白で、それは『日々記』の次の一条にも示されている。

同日（慶長二年十二月十一日）①ニかやう二詠して、わか心はかりをあさましくそんし候へハ、ふる事をもおもひ出し候て、業平のいせ物語にも、おもふ事かなわねハこそうき世なれかなわぬまてをおもひてにしてとありけれハ、
此うたの心をとりて、
かなわぬハうき世なりけり何事②もとハおもへ共ぬる丶袖かな（傍線筆者、六六頁）

内藤雋輔氏は、「業平のいせ物語云々、伊勢物語にも業平家集にも見えず、出典不明」（前掲書『日々記』巻末註(75)参照）と註記している。「おもふ事『かなわねハこそうき世なれ』」というフレーズが『伊勢物語』には見当たらず、慶念の記憶違いだとしても、ここではそのことが問題ではない。慶念はそのフレーズに己の境遇を重ね合わせて共感しつつも、

「かなわ」ぬことだからといって状況に流され、心までが現状に甘んじることに割り切れなさを感じていることが重要なのである。その思いを前提にして筆者が注目したい点は、右引用文の二箇所に付した傍線部についてである。まず②の短歌後段に付した傍線部について、慶念は、いま自分が置かれている状況が何事も叶わぬ「うき世」の只中にあることを認めはするものの、傍線部後段に思いが込められていることからも明らかのように、断ち切れないある思いが彼の心を覆いつくして、涙で袖が濡れるほどだと胸の内を告白しているのである。その断ち切れない思いとは何か。そこで傍線①の詠歌に注目したいのだが、それに該当する短歌とは、前段の「ねかひてもなからへたきハわかいのちふる郷人の見まくほしきに」（六六頁）を指す。さらにその詞書の一節には「せめてハいますこしなり共いのちをなからへ候ハん薬もあらハ、いかやうにもつかまつり候て、古郷へ帰朝ののそミをかなへたき念願はかり成り。然共世の中の有為転変ハ釈迦達摩のうへにものかれたまハす候へハ、なけきたる躰を古郷の人に知らせんかためのくとき《（口説）》……」（十二月十一日、六六頁）とも記されているのである。慶念は世の中で生起する有為転変や「うき世」のありようを、どうにもならぬ叶わぬこととして受け入れつつも、なお断ち切りがたい家族や郷里の同行への思いを心の支え・拠り所にして、せつない「うき世」の旅路としての従軍に意味を見出そうとしたのではなかろうか。

彼にとって、従軍は何を意味するか。

同廿六日（慶長二年八月）ニかやうのうらめしき旅なりとも都に参候ハんハ、うれしかるへき也。

此うきをミやこのたひとおもひなはさこそうれしくかきりあらしな（一九〜二〇頁）

慶念の従軍は、彼の思いからすればもともと不本意なことなのだから、「うらめしき旅」以外の何物でもない。しかし、現に日本軍の一員として従軍している以上、慶念一人逃げ帰ることもできない。八月二十六日条の詞書「かやうのうらめしき旅なりとも都に参候ハんハ、うれしかるへき也」という意味深長な独白がある。太田軍に従軍の家臣、大河内秀元の

『朝鮮記』（『続群書類従』第二〇輯下所収）によれば、南原城《ナモンソン》攻略の威風にまかせて「帝都（漢都《ハンソン》・ソウルのこと）ヲ打破ルヘキト評議ス」とあるから、慶念が廿六日条で「都」というとき、それは漢城を指すと理解するのが正解なのかもしれない。しかしそれならば、「うれしかるへき也」とはどう理解すればよいのであろうか。不本意な従軍も漢城まで進軍すれば、首尾よく日本軍の勝利でもって此度《こたび》の戦いの目的も完遂し、慶念に課せられた任務からもようやく解放され、念願の帰国が叶うかもしれない、との期待を抱いての「うれしかるへき也」だったのだろうか。慶念の「うき世」観の深刻さからして、筆者にはそれだけの意味とは思えない。念仏者慶念にとって、今が「うらめしき」「うき世」の旅路であればあるほど、身も心も弥陀にうちまかせて、「うき世」の旅路を「ミやこ」（＝浄土）への旅路の途上にある己なのだと、心に価値転換を起こしての「うれしかるへき也」との激白になったのではなかろうか。彼にとってそれが、ひとときの心の安定を取り戻すことでしかなかったとしても、「うき世」を背負うて生きぬく覚悟が沸き起こったものにのみ得られる、一種の価値転換が可能となったと見ることもできよう。

慶念の「信」は、これ以後、戦況の激化とともに、さらなる深まりをみせることになる。

三　死線を超えて

『日々記』の記事を追ってゆくと、その日の客観的状況がどうであろうと、慶念の精神的緊張の高まる日が毎月決まってあることに気付く。それは二十三日、二十四日と二十七日、二十八日の四日間である。前二日の両日は顕如の「御逮夜」「御命日」で、後二日は宗祖親鸞のそれに当たる。とりわけ、毎月二十三・二十四日の両日は、顕如を「善知識さま」と仰いでやまない慶念にとっては、何を差し置いてもその「御おん」に報ずる報謝行を実践しなければならない重要な二日間なのであった。実際、郷里の自坊においてはその両日、顕如の御影を御供物・立花で荘厳して、報謝の勤行を怠ったことのない彼であったことであろうが、遠く異国の戦場では「報恩の御いとなミ」はほとんどままならず、懈怠・油断する結果になることに、慶念はひどく怯《おび》え、慙愧の念にかられていたのである。たとえば、〝南原城《ナモンソン》の戦い〟で日本兵にも多くの負傷者が出て、医僧としてその治療に忙殺されていた八月二十三・二十四の両日を、あるいは行軍に行軍を重ねて、忠清北道《チュンチョンペクド》鎮川《チンチョン》から急遽転進して山深い慶尚道《キョンサンド》尚州《サンジュ》にようやく到着した九月十九日、それから数日後の日本軍がすでに疲労のピークに達していた九月二十三・二十四の両日を、慶念はどのような思いで迎え、臨んだであろうか。

同廿三日（慶長二年八月）ニさても〳〵今夜ハわか国にあらんにハ報恩の御いとなミ申候ハん物を、情なくかやうの所にてあさましくて、かやうニ申候也。

同廿四日（同年八月）ニ明日にて御座候へハ、此小屋の下にてハいかゝとなけき申計也。さりなからも信決定のうへなれハ、内心のよろこひ也。

広大のそのおんとくの夕へなりあふく（仰）心もおろかならすや（一九頁）

おんとくをほうしてつくる（尽）事ハなしたゝ信心そよとおしへ成りけり（一九頁）

今夕（九月二十三日）ハおたやなれ共、御前にかんにん夜もすからの御ときにめしおき候へハ、御よろこひもなりかたく、まことになけきおもひ候て、やう〳〵夜半ニ帰り候て、かやうニ申候也。（中略）

はかなくも其おんとくをわすれつゝうきをいとへる世こそつらけれ（二七頁）

同廿四日（九月）ハ未明に御陣替なりけれハ、御よろこひ御報謝ノかたも油断申なり。かやうに候てハ、かならす悪道へこそおもむき侍らん。あさましやとうちおとろき申候て、

もしさても弥陀の御法にあわさらはくち（愚痴）のなミたにしつミはてなん

心とてすちなき物の身にしあれはなをたのまるゝ弥陀のくとくを（二七頁）

八、九月ともその両日を迎えても、慶念は医僧として多忙の身で、顕如の「御逮夜」「御命日」が彼にとってどれほど大切な日であるかが判っていながら、とても報謝行に専念できる状況ではなかった。だが、多忙を言い訳に善知識の恩徳を忘れがちになる自分がとても恥ずかしく、報謝行を怠惰し、油断するような己であるからには、「かならす悪道へこそおもむき侍らん」ものをと、畏れ戦《おのの》く慶念であった。このように、毎月二十三日・二十四日が巡ってくるたびごとに、慶念に緊張感が呼び覚まされ、報謝行が叶わぬことへの慙愧の念が深まれば深まるほどに、信心堅固のありようについての再確認を迫られる契機が与えられるという意味において、毎月「御逮夜」「御命日」が巡ってくることの意義は大きかったといえよう。事実、八月二十四日の「御命日」に慶念は、如来への恩徳は自力によってなされるのではなく、ひとえに他力の信心によるものぞと、顕如から教わっていたことを思い起こして、「信決定のうへなれハ、内心のよろこひ也」と、いいかいたまわった信の再確認を行っているのである。八月二十三・二十四日の二首の短歌にも詠み込まれているように、善知識への報謝行の不履行の痛みが機縁となって、慶念は他力の信の要たるものを再確認せしめられ、それが結果として信の再点検を迫られることによって、「うき世」の世界への自己埋没を免れ得たのである。

それにしても慶念は、巡りくる顕如の「御逮夜」「御命日」に、御恩報謝の仏事を執り行うこともままならない戦場に身を置いている己が口惜しく、そのことが彼の胸奥を重く締め付けていたことは間違いない。その心苦しさが、慶念をして顕如からの「御さいそく」を呼び起こしたのである。

同廿三日（慶長二年十月）ニさてもくちおしき事かな。此見くるしき小屋にてハいかゝと、にわかにおもひ立、此小屋を作りなをし、今夕のおたやを申たてまつる事ハまことに〳〵御慈悲ニよりての御さいそくなりと、いよ〳〵かたしけなくありかたくおもひまいらせ候て、なミたをうかへ御おんとくをよろこひ申侍る也。

あはれミのふかしき《（不可思議）》なりしけふの暮そのおんとく《（恩　徳）》ハ四方にあまれり
よもつきしその海つらをくミほしてなをあまりあるみかけ《（御　陰）》成りける（三五～三六頁）

十月の顕如「御逮夜」を迎えるに当たり、この見苦しい掘立小屋で仏事を営むようでは、「善知識さま」に対して申し訳ないとして、急遽新しい小屋を造り直して、少しはましな小屋で「御逮夜」をつとめた。彼をそのように思い立たせたのは、顕如の「御慈悲ニよりての御さいそく」によるものと受けとめたからであるが、ともかく不十分ながら報謝行を実践せんとしたことにより、慶念の胸の痞《つかえ》も少しはおさまり、この出来事を機に、顕如を善知識として絶対視する思慕の念が、ますます募っていくのであった。

ところで、慶長二年十二月二十二日の早朝、明・朝鮮軍による蔚山《ウルサン》襲撃が開始され、籠城中の日本軍はパニック状態に陥り、主君の太田一吉も負傷してしまうという、慶念の従軍体験において最大の危機に見舞われた（北島、前掲書参照）。この期に及んで非戦に徹する彼は、念仏者としての最期を全うすべく、翌二十三日の明け方、奇しくも顕如の「御逮夜」の日に、ついに死を覚悟した。

同廿三日（十二月）のあかつきかたにおもひ候やうハ、今日ハおたひやなれハ、うれ敷もよき日にめくりあひ申候て、もし唐人城をせめくつしたらハ、めてたく往生をとけ候ハんと、夜もすからのよろこひの心底をあらハし申候はかりなり。

知識にハあふ事かたきふかしきの御法をゑらひさつけたまへハ
すへの世の法のともし火かゝけつゝ道しるへせし愚のわれらを（七三～七四頁）

今日は顕如上人の「御逮夜」の日、「よき日」に巡り会えて嬉しい。もし明軍がこの城を責め崩すようならば、私はめでたく往生を遂げよう。そうすることが「善知識さま」に対する報恩謝徳を示すことなのだ。顕如上人は己の信決定のよき知識であったし、浄土往生への道標となってくださった。その「御おん」に報いることのできる最後の報謝行とは、「よき日」に合わせて、浄土往生を遂げることであると、危機迫る決定的状況のなかでこのように死を覚悟したとしても不思議はない。慶念における死の覚悟は、顕如への報謝行を全うするためだと領解して、己を納得せしめた結果だとみて間違いないであろう。

慶念における死の覚悟は、彼に終始つき従って辛苦を共にしてきた伴僧の了真においても同じ思いであった。二十三日、敵軍が城の塀を越えて乱入してきたときに、すでに浄土往生を望んでいた慶念と了真は、どのような会話を交わし、どのような心理状況において往生の時を待ったのであろうか。

　さて唐人へい《（塀）》にすかり、せめのほり乱入候時ニ、我等に了真ことはをかけていひけるハ、今日ハよき御明日の御事なれハうれ敷も往生を申候ハん物をと、よろこひうちわらひて、わか身にもちからをつけ申ける也。もつともの申事、こゝこそ往生の庭よ。いたハしくも、日本から《（唐）》の人々かいかほとおゝくとも、おそらく只今往生をとけ申たらハ、神通自在ニ身を変し、大快楽をうけて、心のまゝにいかなる所へもかけ候ハん事ハ、人おゝく共まれならんそ。あら不便の此城中の物共やと、二人なからかほを見あわせて、心ハかりは涙なれ共、さすかに面にハ出さす、いまや〳〵と往生をまち申はかりの内に、

　死の縁ハまち〳〵なれハ即徳《（得）》の往生やかて不退てん《（転）》なり（七四〜七五頁）

慶念に忠実な伴僧了真は、師匠を励ますべく「今日は顕如上人の御命日のよき日に当たります。法悦のよろこびのなかで往生を遂げましょうぞ」と力づけてくれた。了真の言うことは、もっともにしてもったいない言葉、了真のいうごとく、「今、籠城中のこの場所こそ、われらが往生すべき庭」なのだ。この往生の庭が、たとえ日本から遥かに離れた異国の地であろうとも、只今、往生を遂げ得たならば、われらは「神通自在」に身を転じて仏となり、「大快楽」を得て自由自在

に心のおもむくまま、いかなる処にでも参ることができるという。その仰せにあずかる者は、この城内に人多しといえども、われらを除いてほかにはいない。この稀にして無上の幸せをよろこばずにはおれようか。この仰せに従えば、今生では叶わねども、従軍期間中、寝てもさめても念願してやまなかった愛しき家族にも自在に逢うこともでき、懐しき同行にも再会することができるのである。かくして慶念たちはこの信仰世界のよろこびのなかで往生のその時を待ったのであったが、幸か不幸かこの日の明・朝鮮軍は撤退をはじめ、慶念らは図らずも九死に一生を得る結果となった。

しかし、二十四・二十五日になっても籠城軍を取り巻く状況は好転せず、慶念たちは往生を遂げるその時が来るのを、法悦に浸るなかで静かに待った。そしてついに、宗祖親鸞の「御命日」である二十七日を迎えたのである。

同廿七日（慶長二年十二月）ニ、いまハはや御開山さまの御明日にならせたまひけれハ、たとひいかなる事ありて、殿さま侍衆ハてき陣へきりかゝり、又ハきりぬけ候ハんなとゝのあらましの御物語もあり。さもあらん時ハ一足も行事ハあらし。たゝとにかく爰こそ往生の所なれハ、はや〳〵うれしく往生せんよりほかハなしとおもひつゝけて、

夜もすからかやうニ、

弥陀仏をたのむ心の一すちによ（余）念もなくて南無阿ミた仏

聞うるハおほろけならぬ縁そかし心にかけよ南無阿ミた仏（七七頁）

寒さや飲食物の不足が追い打ちをかけて、蔚山籠城軍は、いよいよ最後の決断を迫られる時が来ていた。太田一吉とその家来衆は、捨て身の手段として敵陣に切りかかり、正面突破の作戦が練られたようだが、非戦を貫く慶念らは、この作戦行動には従わない決意を固めた。「さもあらん時ハ一足も行事ハあらし」。なぜなら彼らにとって、「王法」としての主従関係の論理よりも宗祖「御命日」のよき日に、この場所でめでたく往生を遂げることの方がより重要で、それこそ宗祖に対する彼らの最大の報謝行だと領解していたからである。

ところが、慶念にとっては奇跡的ともいうべきことに、戦局が急転した。敵軍による蔚山倭城総攻撃という、従軍下最大の危機的局面に遭遇して、今日こそはと死を覚悟し、その時を待った慶念であったが、慶長三年（一五九八）一月二日、毛利秀元ひきいる日本軍の蔚山救援軍の到着が間にあったこともあって、一月四日に蔚山包囲網は解け、慶念らはやっといのちをつなぎとめることができた。それどころか、明・朝鮮軍の引陣とともに、急転直下、慶念らに帰国を許可する乗船命令が下ったのである。その時の慶念の嬉しさといえば、まるで夢心地の心境で、「夢かとよ帰朝の船にのりを得てうつゝともなきかちまくらして」（一月五日、七九頁）と詠じているが、長い桎梏からようやく解放されんとするよろこびが、ひしひしと伝わってくるようである。

むすびにかえて

慶念は老体に鞭打ち、「うき世」の真只中を孤独と幾多の苦難にも耐え、もはや絶望的ともみえた蔚山《ウルサン》籠城時の危機的局面をも乗り越えて、熱望してやむことのなかった帰郷意欲を、慶長三年二月二日の臼杵への帰帆をもって、ついに果したのであった。その要因を彼の内面に探るとすれば、苦境の只中で涙しながらも、いまひとたび何としてでも帰郷を果たし、愛しき妻子・孫に逢いたい、信心のよろこびを分かち合ってきた同行とも再会を果たして、共に顕如上人や宗祖聖人の「御逮夜」「御命日」法要を勤め、「善知識さま」次第相承の法義を語り合いたい、という強い願望が心の支えとなって、帰還への意欲を掻き立てたということではなかろうか。そうした願いが「愛別離苦」「会者定離」の真理に逆らう妄念・執着心にほかならないことは、悲惨な戦争体験をとおして、慶念には身にしみて実感されていたことであろう。かくなる無常感・虚脱感に打ちのめされそうになりながらも、信決定のうえなれば、すでに浄土往生は約束された身であるとの確信を拠り所に、さらに叶うことなら臨終「往生の庭」は、妻子や孫たち、同行衆が看取ってくれるにちがいない自坊であってほしい、と願い続けたからこそ、その執念が実って、ついに帰郷、帰寺への展望が開けたといえなくもない。

神田千里氏は戦国期の信心深い日本人の救済願望について、「自身のみならず家族、先祖の救済を求めていた」ことを示す事例として、フランシスコ・ザビエルの次の証言に注目している。「地獄に落ちた者は救われないと聞くと日本のキリシタンは深く悲しむ。死んだ父母・妻子、その他の先祖などの死者を、自分たちの喜捨や祈りによって救うことはできないか、との問いに、まったく救いようがないのだ、と告げると、彼らは必ず泣く」と。この証言を踏まえて神田氏は、「家族は、信心による救済という願望を、共有する集団と考えていた、とみることができる」と指摘している（『信長と石山合戦―中世の信仰と一揆―』吉川弘文館）。慶念の救済願望においても、この指摘はあてはまるように思う。彼は生きながらにして家族との再会を果たし、共に信心のよろこびを共有してこそ、真の救済が成就するものと確信していたはずであり、ために「うき世」の現実に押し流されそうな状況下にあっても、家族や同行への強い帰属意識を燃やし続けたと思われる。

（付記） 本稿は、拙稿「「うき世」から「ミやこ」への旅路としての従軍―秀吉の第二次朝鮮侵略に従軍した医僧慶念の心の軌跡―」（『季刊日本思想史』48、ぺりかん社、一九九六年）を加筆、削除して作成したもので、論旨に変更はない。

自照文学としての『朝鮮日々記』

大取一馬

はじめに

慶念の書き残した『朝鮮日々記』（以下『日々記』と略称する）は、豊臣秀吉の第二次朝鮮侵略時における従軍日記であり、慶長二年（一五九七）六月二十四日に佐賀の関を出航して朝鮮に渡り、戦いを終えて翌年の二月二日に豊後国臼杵の自坊に帰還するまでの約半年間の歌日記である。

慶念は、当時豊後国臼杵にある安養寺の真宗の僧侶であり、秀吉軍の軍目付として出兵した臼杵の城主太田一吉に請われて一医僧として六十歳の高齢にもかかわらず、伴僧（了真）、下僕（又市郎）各一名と共に心ならずも従軍することになったのである。当日記には狂歌三百三十二首、俳諧のつけ句二十六句が詠まれている。詞章と狂歌の比率からして、狂歌が相当に多いことから、この日記は慶念の私家集といっても間違いではなかろう。この時代の狂歌は、いわゆる江戸時代になって滑稽や諧謔をことさら盛り込み、古典作品のパロディを主とした狂歌ではなく、風流を主体とする和歌に対して日常の生活を詠んだ歌、つまり褻の歌をそのように呼称したものである。本稿では、この狂歌の内容を検討すると共に、狂歌によって綴られた『日々記』が日本文学史の上で有する意義について論じることにする。

一 『日々記』執筆の意図

『日々記』は次の記事から始まっている。

抑此たび太田飛州さま高麗へ召つれらるべきよし承りしかば、さても不思議なる御事哉。此老躰ハ出陣などハ夢にさへも知らず。其上習なき旅の事ハ中〳〵難成候也。御養生一篇ならバ若き御旁々《(方々)》をもめしつれ候へかしと申上候へ共、是非共御供候ハでハいかゞとの御掟《(諚カ)》なれバ、迷惑無極躰也。殊更此高麗ハ寒国といゝ、波渡《(濤カ)》をしのぎ万里の海路なれバ、二たびと帰らん事ハ不定なり。老身のためにハ前代未聞なる事なれバ、いざやはじめて日々記と哉らんをつくり、こしおれ《(腰折)》の狂哥をつづり、後の世わらい草のたね共ならざらん哉とおもひ候也。一覧のちハ火中へやりすて有べく候也。

（濁点筆者。以下同）

太田一吉から請われて高齢にもかかわらず、止むなく従軍することになったこと、生きて帰還できるか否か不確かなため、歌日記をつけようとしたこと、また、それは「後の世（の）わらい草のたね」として書き留めるので、一覧した後は火にくべるように記しているのである。しかし、そのように述べながらも、『日々記』の十一月二十一日の記事には執筆意図に関して次の如く書き記している。

同廿一日、今日よりハ御開山様の御正《(祥)》つきにて候。殊さらけふよりハ報謝の其心がけ申候て、もろともに御よりあひを申、御報恩をうやまいたてまつれとの御定《(掟)》にて候へ共、此陣中のあさましき小屋にてハかないがたく御座候へバ、なげきのあまりに、せめてハかやうニ油断なく心にかけ申さんとて、いろ〳〵のくちずさみを申候事ハ、はゞかりおゝくおハしまし候へバ、べち《(別)》にともなひかたり申べきしか〳〵の御同行もおハしまさぬゆへに、ふでにまかせ申候事ハ、老躰の此高麗の陣立ハめづらしき事共也。然バ波渡をしのぎ帰朝たるべき事ハ不定にて候間、此報恩之中のわれラが心中のほどをも、古郷の子共たちへも見せ申さんための事共也。（本書五〇〜五一頁）

右は、親鸞の祥月で報恩講の月に当たっている。この記事を日記にしたためたのは、戦場の粗末な陣中であっても慶念が報恩の心を忘れることなく、及ばずながらも祥月命日に篤い報謝の心を捧げていることを故郷の子供たちに伝えるためであったというのである。従軍してからの慶念は、戦場にいても常に信仰の気持ちを持ち続けていたようである。十月の戦闘の激しかった蔚山《ウルサン》の戦いの間も、日記には次のように記している。

同十四日ニ、弥陀の御本願の大慈大悲のかたじけなき事を、とりもあへずに、

本よりもひろきちかひの願なればすむもにごるもすてられもせず

同十五日ニ、いろ〳〵のねがひお丶くして、まよひのたへがたきま丶に、

おろかなる心は闇にまよふともくもらじ物を弥陀のちかひハ

同十六日ニ、夜もすがらハ御定をあんじ出しつ丶け侍れ共、凡夫心にて候へバしつねんのミにて侍りけれバ、あさましくおろかやな。いかでか此ぶんにしてハ往生のそくわひ（素懐）をとげ候まじきとおもひまいらせて、かやうに詠じ侍る也。

しな〴〵の法のおしへのことの葉を心にかけぬ身こそつらけれ（三三〜三四頁）

慶念自身、迷いの多い凡夫であるという自覚のもとに、常に仏を意識し、十六日の記事のようにうっかり忘れることがあっても、往生の素懐を遂げるためにもそんな自分を深く反省しているのである。また、毎月十三日の証如の命日と、二十三日・二十四日の顕如の逮夜と命日、二十七日・二十八日の親鸞の逮夜と命日とは、戦況がいかなる状況になろうとも怠ることなく勤め、報恩の念を表しており、信仰を忘れてはいない。慶念が日記に書き残して故郷の子供たちに伝えたかったことは、従軍して艱難辛苦したことだけではなく、どのような状況にあっても信仰心を忘れることなく、親鸞や証如、

それに今日の善知識の顕如に対して篤い報恩の念を持ち続けていたということであったようである。それゆえ、蔚山に籠城し、すでに死を覚悟した十二月十七日の条には、この日記を自分の貴重な死後の形見としてよく見て同情の念を起こしてほしい旨の事を書き記しているのである。

同日（十七日）ニ、世の中のかたみにハ此ミづくき《水茎》にしくハなし。のちの世のかたミのためなれバ、よく〳〵御覧ぜられ候て、つたへきゝたまひし人も、御あわれミをなしたまふべく候也。

かたみとハたゞ水くきにしくハなしおもひよりなバのちのしるしに（七〇頁）

また、帰国して下関の阿弥陀寺で、安徳天皇をはじめ平家一門の影像を見物した正月二十九日にも、それにこと寄せて、これまで慶念が詠作してきた狂歌について次のように述べている。

まことに〳〵うき世ハ、けふハあすのむかしになりて行事なれバ、かやうに申侍るつたなき物までも、ミな〳〵昔になりて、すたりゆかん事ハ、いかなる人のにも《ママ》御座候ハん間、のちの世のために情をのこし、物ごとにうわさにもなりたき念願御座候て、此老躰も連々かやうの事をのミおもひつらね候へバ、今日までの狂哥をつゞり侍る也。御覧ぜん人々ハ御心をつけて、此しるしおきたる物を、つねハ御披見有べし。よろづにつけて情ふかからん人ハ、俳諧いひすてなどをも心にかけおハしまさんこそ、何よりもつての神妙たるべし。御心へ《得》候て、若き御かたハよく〳〵御たしなミかんやうにて侍る也。

（傍線筆者、以下同、九一〜九二頁）

慶念は自分が従軍に際して詠んできた狂歌を関心を持って見るように勧め、「若き御かた」、つまりここでは直接には慶念の子供たちを含め、若者全般を指すのであろうが、その「若き御かた」に対しても、日記を見て一層仏道修行に励むよう勧めているのである。このように見てくると、慶念が『日々記』について、その巻頭部に書いた言説（後の世わらい草のたね共ならざらん哉と……）は、一つの謙辞であったことが知られよう。慶念にとってこの『日々記』は、これまで経験したことのない苦しみの中での貴重な体験を狂歌で綴った思い出の記であったと同時に、どのような劣悪な状況の中にあっても篤い信仰心を持ち続けていたことの証であり、その日記を子孫に読ませることによって、子孫の信仰心を深めることにあったものと考えられるのである。

二　狂歌の特質

慶念の詠んだ狂歌は、慶念の置かれたその場の状況に対する感懐を率直に詠んだものが多い。例えば、日本を船出して一カ月が経った七月二十四日の顕如の命日の記事を見ても、

同廿四日ニさても今日の善知識さまの御あハれミ、海山をかたぶけてもあまり有りし御事なり。其御すがた片時も忘れ申候ハねバ、なをも有りがたくぞんじて、

面かげのたちそひいまにわすられぬそのあわれミハ四方にあまれり（一二頁）

と、顕如の広大な慈愛を感謝し、その姿が忘れられない心情を「面かげの……」と特別に文飾を凝らすことなく「ただことば」でそのまま率直に詠みあげるのである。

また、十一月になって霜が降り、その明け方や夕方の耐え難く寒さ厳しい思いを次のように歌に詠んでいる。七日の記事には、

同七日ニ、霜夜のすさまじくさむかりしに、暁になれバいとしくなを〳〵《甚頻》ひへあがり、身うちにあたゝかなる所もなきがごとくに侍りけれバ、あまりのくるしさに、かくなん。

身にしミてひゆる霜夜のあかつきハくるしやいとゞこしのいたさよ

同日に、なを〳〵ゆふさりも身のひへ、くつう《（苦痛）》かるらん事をおもひやり、はや〳〵霜ふるなれバ、かやうに申候也。

おそろしき事ハなかれど身ハひへてあかつきごとにかゞミこそすれ（四二頁）

と寒さが身にしむほど厳しく、そのために腰が痛むようになる状態を「くるしやいとゞこしのいたさよ」と日常語で表現し、夕方になって一層その激しさが増し、明け方には苦痛を伴う状態になったことを「身ハひへてあかつきごとにかゞミこそすれ」と、やはり日常の言葉で率直に詠みあげているのである。

しかし一方、『日々記』の詞章や狂歌を見ると、古典の作品を踏まえた表現や、和歌的技巧を凝らして詠まれた歌もあり、慶念の文学的素養を窺うことができる。十一月に蔚山《ウルサン》で築城が始まり、蔚山城での攻防戦で戦場の悲惨さを目の当たりにした慶念は、一層望郷の念に駆られ、自坊のことを懐しみ、故郷の友のことをしきりに思うようになる。十一月二日には故郷臼杵に置いてきた子供のことを夢にまで見るようになって「まどろまば夢にや見るといにしへをいとゞねられぬながきよぞうき」と歌に詠み、故郷の友のことを恋しく思うあまり「長《（き）》夜のね覚がちなるあかつきハいともむかしの友おもふかな」と詠むようになるのである。そういった望郷の念の募る思いを、十一月四日、五日、六日の記事に吐露している。まず四日、五日の記事には次の如く記している。

同四日ニ、あまりに〳〵嵐もはげ敷して身にしミわたり、いかにしてもしのばしきふる里かな。老躰に身のひゆる事ハくるしくおもひて、かやうニ、

いとゞしく古郷しのぶ老が身によざむのあらし心してふけ

同日に、いねられぬまゝにあかつき出候。空を見れバ、かりがねのとびしを見て、さてもうら山しや、心のまゝにいづくをもさしてかける物かな。せめてよしあらバ事とはん。又ハことづてをもせん物をと、まことのまよひのあまりニ、かやうにハよミ侍れ共、ふでのすさミなれバ、かきとゞめおき申候。あら〳〵おか敷候。

事とわんつてにもあらバ浦山し心のま丶にとびしかりがね

同五日に、くちおしや老が身のひとりなげきハ、われながらあさましやと心のうちをなだめ、いろ〳〵にとりなをしても、なミだのとめられざるま丶、

世の中の人にもうきはあるやらんわが身ひとりのたびにあらねど（四〇～四一頁）

右の「いと〵しく」の歌に関しては、下句「よざむのあらし心してふけ」と同類の表現が、次の拾遺和歌集以下の勅撰集の歌に見られる。

あきのはじめによみ侍りける　　安法法師

夏衣まだひとへなるうたたねに心してふけ秋のはつ風

（拾遺集・秋・一三七）

題しらず　　寂然法師

ことしげき世をのがれにし深山辺に嵐の風も心してふけ

（新古今集・雑歌中・一六二五）

宝治百首歌に、山家嵐を　　前大納言為氏

山もとの松のかこひのあれまくにあらしよしばし心してふけ

（風雅集・雑歌中・一七四九）

慶念はこういった古典和歌の表現を用いて、年老いて望郷の念を募らせ我が身に吹きつける寒風に呼びかける歌を詠んだのであろう。

また次の「事とわん」の歌は、自由に故郷に帰ることのできない自分と比較して、空を自由に飛ぶことのできる雁をう

らやましく思い、その雁に子供たちをも含めて、故郷人の安否を尋ね、便りもことづけたい気持ちを詠んだ歌である。初句「事とわん」の表現は、『伊勢物語』で東下りした男が故郷（＝都）に残してきた妻を思って詠んだ「名にし負はばいざこととはむ都鳥わが思ふ人はありやなしやと」の歌に同類の表現がある。慶念の狂歌は状況に合わせて「都鳥」を「雁」に置き換えて同類の心を詠みあげたものといえよう。

また、同じ十一月五日には慶念が望郷の思いに一人思い沈むことから、『源氏物語』の柏木巻を連想している。物語の中では源氏の妻である女三宮は、恋人の柏木への返事の奥に「立ち添ひて消えやしなまし憂き事を思ひ乱る、煙くらべに」という和歌を書き添えるが、その和歌を踏まえて慶念は次の如く『日々記』に記している。

　同日に、はづかしきかな。わがごとくに物をもふ《（思）》身にもなりはつるかなと、はかなく、たゞ身ひとりのやうに侍れども、源氏のみだひどころによさんのミやのけぶりくらべといへるおもひ出候て、かやうに詠じ侍るなり。

　　わがごとく物おもふ人は又世にもたぐひやはあるけぶりくらべに（四一頁）

望郷の念で思い焦がれる心の深さをくらべ合って見せたい、そんな状態に陥った時、教養として学んでいた文学作品の同じ場面が慶念の脳裏に浮かんできて、その作品を踏まえた歌を詠むのである。

翌日の十一月六日には、従軍のためにすっかり白髪になり、老いを実感した慶念が、

　同六日ニ、さても〳〵かミそりにミてるわがひげかミ《（髭髪）》のしろくなるを見て、かやうニにわかにしろくなりし事ハ、たゞことしにきわまるよといへる心なり。

　　ひげかミにふるしら雪をかぞ《（数）》ふれば此とし月につもりつもりき

　同日に、あまりの事ニ、小町がよミし心によせ、はじめの老をしのばれ候事も、いま身のうへにおもひしられたること共也。あさましく侍れバ也。

あぢきなやおくりむかへしとし月をはじめの老にかへしてしがな（四一頁）

と、小野小町がせめて初老の頃に返りたいと述べた心情に慶念の心情を重ね合わせて「あぢきなや」の歌を詠んでいる。

さらに、十二月十八日になって、慶念が腰の痛みを感じて往生の近いことを実感した時にも、小町のことを引き合いに出して次のように日記に書き記している。

同日ニ、いよ〳〵かやうニわづらいがましくなり候へバ、むかし恋しくなりて、小町がいひし、こひしのむかしや、しのバじのいにしへの身やとおもひし時さへも、今ハふる事になり行かやとありけるを、おもひつらねて、かやうに侍る也。

としよれバいとゞむかしの恋しきになを忍バしきありしいにしへ（七〇〜七一頁）

右の両記事は、「小町がよミし」「小町がいひし」と詞章に明示して小町の和歌なり、言葉なりを踏まえているようであるが、それは両記事とも、老女の小町を描いた謡曲『関寺小町』(1)の次の地謡の詞章によっていることが知られる。

地あるはなく、なきは数添ふ世の中に、あはれいづれの、日まで嘆かんと、詠ぜしこともわれながら、壁生草《いつまでぐさ》の花散じ、落葉《はお》ちても残りけるは、露の命なりけるぞ、恋しの昔や、忍ばじのいにしへの身やと、思ひし時だにも、また古ことになり行く身の、せめて今はまた、初めの老いぞ恋しき。（後略）　（傍線筆者）

このように謡曲等の一節を踏まえて詠んだ歌は、いわゆる本説取りの歌といわれるが、この他にも慶念は謡曲や御伽草子、『白氏文集』の詞章や歌を踏まえ、文飾を凝らして『日々記』を書き綴っている箇所が認められるのである。それらは慶念の豊かな教養の表れでもあろう。しかし、『日々記』に詠まれた多くの歌は、慶念がこれまでに出会ったこともない戦場での惨状や従軍の旅の思いを、技巧を凝らして詠むのではなく、日常の言葉を用いて率直に直截に詠みあげた歌である。しかもその中の大半は、釈教歌に属する歌といえるのである。

釈教歌とは仏教関係の和歌を言い、十世紀頃から盛行し始めたものである。石原清志氏によると、[2]①釈迦・諸仏・諸菩薩を詠んだ歌。②仏教経典を詠んだ歌。③仏教教義を詠んだ歌。④仏教行事を詠んだ歌。⑤仏教体験（信仰体験）を詠んだ歌。⑥僧尼等を詠んだ歌。⑦寺院伽藍等を詠んだ歌。⑧仏教的自然観照の歌。⑨仏教的心情に関連する歌。⑩自然景象の中で仏教的寓意を詠んだ歌、これら全てを釈教歌と定義付けておられる。右の中、①②③を教理歌・経旨歌とも呼び、④⑤を法縁歌ともいうが、『日々記』の中では①〜③の歌については親鸞の報恩講の期間に集中して詠まれている。十一月二十一日には次の三首の釈教歌が詠まれている。

けふよりハ人をおしへてミづからも信をみがきてともに安楽（五一頁）

わが信をとりたもちての其うへに人をす丶むをほうしや《報謝》とハせる（五二頁）

真実に仏恩よろこぶ人はまたかたきが中になをもすくなし（五二頁）

右三首の歌は、『日々記』の地の文によると、親鸞以来の浄土真宗の教えの根幹となった『往生礼讃』[3]の「自信教人信、難中転教《更》難、大悲転普化、真成報仏恩」の文言をもとにし、その経文の意味を「身づからも信じ人をもおしへ信ぜしむることかたきがなかに、うた丶さらにかたし、大悲をつたへてあまねく衆生をけ《化》する事、まことに仏恩をほう《報》ずルになるべし」とする『浄土真要鈔』の解釈にもとづいて詠みあげた経旨歌である。一首目の「わが信を」の歌は特に「真成報仏恩」の句を、三首目の「真実に」の歌は、第二句「難中転教《更》難」の箇所を主に詠んだものである。つまり慶念の詠んだ三首は、経文の文言を『浄土真要鈔』の解釈したほぼそのとおりに歌にした釈教歌であり、それは慶念が日記の地の文に「うたにやわらげ中候也」と書いているとおり、経文を和歌形式で平易にわかりやすく表現しようとしたものである。

慶念が狂歌を詠むことについて、一般に、置かれた場の状況やその時の心理状態を経文によらずに詠む場合は、「かやうニ詠じて」（六月二十四日の条）、「かやうニくちずさミ侍るなり」（十二月十九日の条）、「かくなん」（六月二十八日・

七月八日の条）、「かやうに申侍る」（十一月一日の条）と表現するが、次の七月九日の記事のように、「詠む」に相当する語を表現しなかったり、

同九日ニふさんかいの町へあがりて見物しけれバ、諸国のあき人を見侍りて、

釜山浦のまちハしよ国のまいはい人貴賤老にやくたちさわぐ躰（八頁）

また、「かくなん」と書いて「詠む」に相当する語を省略した場合も多い。一方、経文を詠む場合には、「うたにやわらげ申候也」「かやうによミ申て候也」（十一月二十一日の条）、「やハらげ申候て」「よミ申侍る也」「申候也」（同月二十二日の条）、「かやうにつらね申候也」（同月二十五日・二十六日の条）など表現にバリエーションが見られる。

ここで「詠む」という行為を、「詠む」以外の語を用いて表現しているものとしては、「やわらげ申」「つらね申」「くちずさミ申」の語であるが、「つらねる」はここでは詩歌を作ることで、「くちずさむ」は心に浮かぶままに詩歌などを吟ずることで、共に「詠歌」の言い換えと考えられる。今一つ「やわらげる」の語は、『日々記』の中では経文にもとづいて歌を詠む場合にのみ用いられている表現であり、歌を詠むことを指すと共に、難解な経文の意味を狂歌でわかり易く、平易に表現するという意味を持っている語である。十二月二十一日から月末までの、親鸞の報恩講を迎えて詠む歌は、経文や和讃の文言をまさにやわらげて平易に詠んだものといえよう。同月二十二日の『日々記』には次の如く記している。

同廿二日、不因釈迦仏開悟弥陀名願何時聞とおほせられ候所をやハらげ申候て、かやうに申まいらせ候なり。此釈文の心ハ、しやかぶつのかいごによらずハいづれのみだの（弥陀）ミやうぐわん（名　願）いづれの時にかきかんとあそばし候を、此うたに、

釈迦仏のおしへによらぬ物ならば弥陀の名号いつかき（止脱カ）かまし

同日ニ、これハ大経に御座候。我以慈悲哀愍特留此経住百歳ト。此文ノ心ハ、われじひをもつて此きやうをとゞむ

る事しぢうして百歳せんと、しやかほとけのみろく《弥勒》につげ《告》たまふとなり。さても〳〵ありがたき御事なり。念仏のりやく三世にわたりたまふとある所をよミ申侍る也。

ときおきし御法のおほき其なかにすゑの世かけて弥陀の弘誓を（五二〜五三頁）

右の「不因釈迦仏開悟弥陀名願何時聞」の経文は、『教行信証』化身土巻本に引く『法事讃』の文言であるが、「此釈文の心ハ」以下の解釈は存覚の『持名鈔』末に見られる「釈迦仏のおしへにあらずば弥陀の名願いづれのときにかきかんとなり」の理解とほぼ同じであろう。その解釈をもとにして「釈迦仏のおしへによらぬ……」と歌に詠んでいるが、何の技巧をも加えず、存覚の『持名鈔』の解釈の文言のままに狂歌を詠んでいる。次の「ときおきし……」の歌は、大経、つまり『仏説無量寿経』の巻下の巻末にある文言で、「此文ノ心ハ」以下の解釈は『愚禿鈔』巻上の解釈によっている。この狂歌は、仏が解脱の道を説いた経説をこの世に留めて、ことごとく衆生を救うという阿弥陀仏の誓願を実現する旨の経文の大意を詠んだものである。経旨歌の典型といえよう。

次の十一月二十四日の記事も、経文にもとづいて詠んだ経旨歌である。

同廿四日ニ、若悲本師知識願弥陀浄土云何入トあそばし候ところを取てやはらげ申候也。此心ハ、もしほんし《本師》知識のすゝめにあらずハ弥陀のじやうど《浄土》にいかんしていらんとなり。まことにぐちの凡夫の身か、われとハ何にしてさとりをひらき申さん事ハあるまじき事なるに、かたじけなき善知識さまの御勧化のほどをありがたくぞんじたてまつり申侍る也。

さてもしも知識のすゝめなかりせば弥陀の浄土へいかでいらまし（五四〜五五頁）

右の「若悲本師知識願弥陀浄土云何入」の経文は、『教行信証』信巻に「光明師云」として引用した善導の『般舟讃』の文言であり（但し、「願」は「勧」とある）、釈迦や、念仏の教えを説く人がいなかったなら、浄土に生まれることができないの意味を持つ文言である。「此心ハ」以下は存覚の『浄土真要鈔』の解釈によったものであるが、慶念はこの解釈によって、その解釈のとおりを歌に仕立てているのである。この『日々記』の中で経文を歌題にして詠んだ歌、つまり経旨歌や教理歌は、ほとんどがその経文を解釈した『持名鈔』や『浄土真要鈔』などによって詠んでいることが知られるのである。

翌日、二十五日には正信偈の文言にもとづいて歌を詠んだ次の記事が記されている。

同廿五日ニ、正信偈の御文に、如来しよゐこう《(所以興)》出世唯説みだ《(弥陀)》本願海とあそバし候ところを、かやうにつらね申候也。釈迦如来の此世にいでたまふ故ハ、たゞ弥陀の御本願をときましまさんがためと也。かやうにて御座なくバ、いかでか末世の愚鈍ノ物ハ、有りがたき御法をきゝうる事ハさて〱有まじき御事にて候。いよ〱御よろこび我も人も申候ハん事かんやうにて侍らんと也。

如来世にいでさせたまふ其ゆへは弥陀のぐぜひ《(弘誓)》をとかんためなり（五六頁）

『正信偈』にある「如来所以興出世、唯説弥陀本願海」の文言を「釈迦如来の」以下、傍線を施した解釈にもとづいて慶念は狂歌を詠んでいる。「釈迦如来の……」の解釈は誰のものか不明だが、蓮如の『正信偈大意』には「釈尊出世の元意はたゞ弥陀の本願をときましまさんがために世にいでたまへり」と解釈しており、ほぼこれにそったものと思われる。歌はこれらの経文の解釈文によったもので、それから大きく離れて作者自身の心境を展開した歌では決してなく、経文の解釈にそって忠実に経文の主旨を歌に詠んだものである。親鸞の報恩講に因んでこれらの経文にもとづいてなぜ釈教歌を詠んだかについては、右の二十五日の記事に「いよ〱御よろこび我も人も申候ハん事かんやうにて侍らんと也」とあるように、戦闘の真只中にあって、ややもすれば忘れがちになる報謝の念を、周辺にいる人も、慶念自身にとっても強く意識する必要を感じ、その気持ちを喚起するためであったようである。

このように慶念の詠んだ釈教歌、その中でも経文にもとづいて詠む経旨歌・教理歌は、経文を平易にやわらげたものにすぎないのであるが、それゆえ慶念の釈教歌は意義が少ないと言うのであろうか。例えば、苦しかった蔚山籠城から解放されて帰国の希望がよみがえり、乗船して西生浦《ソセンポ》まで行った慶念が、逗留した船上で釈教歌を詠むが、その正月十日の記事には次の如く記している。

同十日ニ、いまだうるさんよりのりたる船ニ其まゝありながら、さても〳〵よろづニつけても御慈悲のきハまり、ありがたくぞんじ奉り、身のおきどころもなく、過分至極やな。さても此御すゝめにあひたてまつらずハ、いかでかすゐのやミぢ（闇路）ハまよひまいらすべきに、ありがたさよと存出候へば、此文をおもひ出いだし候て、かやうニ大悲の願船にハ清浄の信心をもつて順風とし、無明の闇夜にハ功徳の宝珠をもつて大炬とすとあそばし候を、やがて詠じ申候也。

弥陀大悲のちかひの船にのり得なば信心こそハきよき順風

無明とて心はやミにまよふとも弥陀のくどくをともし火にして（八一～八二頁）

右二首の歌は、『浄土文類聚鈔』にある経文「大悲願船《ノ》《ニハ》清浄信心《ヲ》而為《シ》二順風《ト》一、无明闇夜《ノ》《ニハ》功徳寶珠《ヲ》而為《ス》二大炬《ト》一」の文言を平易にやわらげただけのものだが、その狂歌には慶念が帰朝の船に乗り得たことに対して、阿弥陀仏の不可思議の力や顕如上人による教化に感謝する気持ちがよく出たものとなっているのである。釈教歌の経旨歌や教理歌は、もととなった経文の主旨からあまり離れないでその経旨や教理を詠みあげることが基本であって、経文をもとにして独自の世界を展開することは一般的ではない。慶念の詠んだ釈教歌も経文を解釈した文言をそのまま和歌の形式に置き換えた類の歌が多いのであるが、そこで詠んだ経文は、慶念が置かれた状況によく合った経文なのである。従って、その経文の文言をやわらげて歌にするだけでもその時の慶念の心情がよく表現されたものとなっているのである。そこに『日々記』に詠まれた歌の意義も見てとれるのである。

三　自照文学としての『日々記』の意義

『日々記』は日本から朝鮮に渡り、また日本に戻ってくるという移動の文学であることから紀行文学と呼ぶこともでき、それを日を追って記述している点で日記文学とも言うことができる。また、記述の内容が戦争を問題にしている点では合戦記の類に分類することもできるのである。周知の如く、日本の古典文学の中で日記・紀行の文学といえば、『土佐日記』や『蜻蛉日記』『更級日記』等があり、中世でも実朝の死後出家して、実朝の一周忌後の京都までの旅を記した『信生法師日記』、飛鳥井雅有の仮名日記『春の深山路』、足利将軍に随行した随行日記である『越前下向記』『室町殿伊勢参宮記』、阿仏尼の『十六夜日記』、三条西実隆の『高野参詣日記』、今川了俊の九州下向の紀行『道ゆきぶり』、戦国末期には細川幽斎が秀吉の島津征伐の随行のために丹後から九州に行き、大坂に戻るまでのことを記した『九州道の記』等がある。しかし、これらの内容はほとんどが風雅の旅を主とした歌日記であり、幽斎の『九州道の記』でも合戦のための随行日記ではあるが風雅の歌枕紀行の様相を呈している。また、合戦記といえば、室町時代の『明徳記』や『応仁記』等があり、『日々記』に近い時代のものにも『島津家高麗軍秘録』や『吉野甚五左衛門覚書』『細川忠興軍功記』などがあげられるが、それらの内容は確かに戦いをもとにして記述されているが、主として戦略や戦闘、及びその戦果が記されており、個人の感懐が記されることは甚だ少ないのである。その中にあって慶念の『日々記』は、慶長二年の秀吉の第二次朝鮮の役を記した従軍歌日記であり、著者慶念の戦場での個人的感懐が十分に記述されている異色の作品と言うことができるのである。この『日々記』と同じ時期の慶長二年六月からの秀吉の第二次朝鮮の役について記録した作品といえば、日本側からは『大河内日記』とも言われる『朝鮮記』や『脇坂記』『島津家高麗軍秘録』『面高連長坊高麗日記』などがあり、朝鮮側のものとしては『李朝宣祖実録』、後の編纂になるが『壬辰戦乱史』があげられよう。その中、ここでは『日々記』と比較的重なる記事が多く見られる『朝鮮記』（『大河内日記』）と比較することで、『日々記』の文学史的意義を考えてみることにしたい。

『朝鮮記』(4)は周知のとおり『朝鮮物語』『大河内秀元朝鮮日記』などと呼ばれるもので、太田飛騨守一吉の家臣大河内秀元のまとめたものである。『日々記』の著者慶念と同じ主君に仕えて従軍しているが、慶念と大きく異なっている点は秀元は第一線で戦った戦闘員であり、その秀元に対して慶念は医僧としての立場で従軍した非戦闘員であったことである。

両書の記事を具体的に比較して見ると次の如くである。

	『日々記』の記事	『朝鮮記』の記事
8月4日	同四日ニ、はや〳〵船より我も人もおとらじまけじとて物をとり人をころし、うばひあへる躰、なか〳〵目もあてられぬ気色也。 とがもなき人の財ほうとらんとて雲霞のごとく立さわぐ躰	八月四日忠清道ウレント云處ニ著陣ス。ソノ道六十里。陸手船手ノ惣軍ウレンニ取上リ、野陣ヲ取テ
8月5日	同五日、家〳〵をやきたて、煙の立を見て、わが身のうへにおもひやられてかくなん。 赤国といへ共やけてたつけぶりくろくのぼるはほむらとぞ見る	五日滞留シ、船中立スクミタル馬ノ足ヲ休メ、陸陣ノ用意ス。下々山谷ニ乱入リ、男女僧俗生捕餘多取来ル。其中ニ人体尋常ニ勝レタル若冠アリ。国中ノ品々通詞ヲ以テ具ニ尋シカバ、若冠答テ、是ヨリ道中十八里ヲ

	8月6日	8月15日
	同六日ニ、野も山も、城ハ申におよばず皆々やきたて、人をうちきり、くさり竹の筒にてくびをしバり、おやハ子をなげき子ハ親をたづね、あわれ成る躰、はじめてミ侍る也。 野も山も焼たてによぶむしやのこゑさながら修羅のちまた成りけり	同十五日ニ、しよりをめされ、明日の未明にせめて入らんとノ事也。石がきのきわへひたとより、はや夕暮に成りにけれバ諸陣よりはなつ鉄炮半弓に、おもひよらぬ人のミしゝてうせにければ、かくなん。 城よりもはなつてつぽう半きうにおもひよらずの人ぞ死にける さても其よひのまにせめくづしけり。飛州さまの手の衆一番にて、御保美の御朱印申ニおよばず候。
ヲ隔テ、忠清道南原ノ城堅固ニ籠城ス。城主ハ南原ノ判官トテ、二万余騎ノ大将也。加勢トシテ慶州判官二万余騎ノ大将相籠ノ由語リケル。	（記事なし）	八月十五日ノ夜亥ノ刻計ノヿナルニ、唯五人先乗シ大音聲ヲ挙テ、南原ノ城一番乗太田飛騨守ト名乗、面々我名ヲ名乗テ鬨音ヲゾ上タリケル。飛騨守カ二幅紺地ニ白ク丸ノ内ニ大文字ヲ染付タル旗五本、城中ノ焼ル櫓ノ際ニ立雙べ、西ノ夜風ニ翻シ、諸軍ノ鑑ト題シケリ。（中略）飛騨守一吉、家中ノ士ニ下知シテ云ク、東西取寄ノ軍勢、人《本ノマヽ》ヲク盛ト乗入高名カセグト見エタリ。予ガ軍士ハ一番乗ノ手柄サシテ高名ニカマイナシ。首数十五二十ノ外ハイラズ。（後略）

8月16日

同十六日ニ、城の内の人数男女残りなくうちすて、いけ取物ハなし。され共少々とりかへして有る人も侍りき。

むざんやな知らぬうき世のならひとて男女老少死してうせけり

十六日、太田飛驒守小屋へ、竹中伊豆守来テ、諸手ノ高名実撿アリ。大河内カ高名爽カニ洗イ絹ニ包ミ未明ヨリ持セ出テ、小屋ノ入口ニ居シケレバ、飛驒守其方ガ高名ヨリ注文ニ記ベシト云ヘリ。（中略）太田飛驒守、竹中伊豆守、毛利民部大輔諸軍ノ高名ヲ実撿シ、軍忠ノ品々委細注文ニ記ケリ。言上高麗国南原城、慶長二年丁酉八月十五日亥尅落城。

一番　太田飛驒守家中先乗

　　南原城ニテ一番首

　紀伊国住人　貴志六太夫首

　飛驒守首数一百十九

二番　藤堂佐渡守家中先掛

　佐渡守首数二百六十

首数六百二十二備前中納言、飛驒守、佐渡守

已上南表

取寄　三頭　首数合千一

（後略）

10月3日
同三日ニ、此くわんハ一しほの所なれバ、爰にて船戸までの粮物をと、のへ候へとふれ《触》なれバ、たがひにもミ《籾》つきおして牛馬におうせ《負背》候て行事にて八侍る也。 せぐしうにおしてゆかる、道野べのあらしにちゞむもの、ふの躰
三日慶州ニ著陣ス。此道三里。此處モ帝都ノ舊跡ナレバ、内裏ノ殿中大仏殿イマダ瞷カニ楞厳殊勝ノ寺々モ、共ニ甍ヲ雙べ、洛中ノ高屋洛外ノ民屋三十余万軒有テ、富貴ノ處ナリ。爰ニ十八階アル橦鐘アリ。此ニ三日逗留シ、禁中殿ヲ先トシテ、一宇モ残サズ放火ス。

右表の中、八月四日、五日、六日の『日々記』の条は慶念が朝鮮に渡って慶尚道《キョンサンド》固城《コソン》の河口の港で日本軍の略奪・放火・殺人等の行為を初めて目の当たりにした時の驚きと、被害者の側に立って心を痛めている記事である。日本軍のあさましい略奪行為に対して「とがもなき人の財ほうとらんとて雲霞のごとく立さわぐ躰」と歌に詠み、非難の念を抱いている。

六日には家を焼かれ、生き残った者が、それぞれの肉親を捜し求めて叫んでいる様を「野も山も焼たてによふむしやのこゑさながら修羅のちまた成りけり」と歌に詠み、修羅の巷さながらの場と見て心を痛めているのである。しかし、慶念は、そのように被害を受けた高麗人の側に立って強い同情の念を抱く反面、翌日の七日の記事では次の如く記している。

同七日ニいろ〱人ごとのらんばう《濫妨》の物を見てほしくおもひて、わが心ながらつたなくおもひ、かやうにて八往生もいかゞとおもひ侍りて、

はづかしや見る物ごとにほしがりて心すまざるもうねん《妄念》の身や

同日に、あまりに〱わが心をかへり見てつたなくおもひ、され共罪業深重もおもからず、さんらんほういつ《放逸》もす

てられぬ御ちかひなれバ也。

おそらくハ弥陀のちかひをたのまずハ此悪心はたれかすくはん（一五頁）

日本側の将兵や人夫が略奪するのを見て、慶念はそれを一方で非難しながら、もう一方では自分も略奪したものがほしくなったと告白しているのである。その直後に慶念は、自分のそのつたない心を反省し、大いに恥入っており、「おそらくハ弥陀のちかひを……」の歌を詠んで、自分は阿弥陀如来の御慈悲におすがりしない限り救われることはないと自覚するのである。そのような慶念の『日々記』の記事に対して、同じ主君に従って従軍した大河内秀元は『朝鮮記』に右表下段の如く記している。それを見ると、自分たちの軍がどのように動いたか、進軍した敵地がどのような状況であるのかなどを中心に記述しており、略奪行為等についても、八月五日の記事に「下々山谷ニ乱入リ、男女僧俗生捕餘多取来ル」と何の感懐も付け加えることなく当然のこととして書き記している。慶念のような視点、つまり、その非道な行為を被害者の側に立って自らの痛みとしてとらえたり、まして略奪する者と同じような悪心を起こしたことで自身をせめ、猛反省するようなことは少しも記されてはいない。その点に大きな相違が認められるのである。また、八月十五日、十六日の両記事は、堅固と言われた南原城《ナモンソン》を日本軍が攻め落とす場面であるが、『日々記』で慶念は、味方の兵に思いの外死人の出たことに言及し、十六日には籠城していた敵の男女老若ほとんどの人が殺されていることを見て、「むざんやな」と痛ましく心打たれた感懐を詠んでいるのである。

それに対し、大河内秀元の『朝鮮記』では、十五・十六日の両記事とも、戦闘の状況と共に誰が一番乗りで、誰がどれだけ敵の首を取ったかという、いわば武功記の内容となっていて、当然のことながら、そこには人をあやめることへの心の痛みなどは微塵も見られないのである。大河内秀元は元来、第一線で戦う武将であり、戦いの場がどのような場であるかは熟知していたことは言うまでもなかろう。彼には人をあやめることに対して疑問をさし挟むような余地は全くなかったようである。言うまでもなく、第一線で戦う兵士は相手を殺さなければ自分が殺されるという立場に置かれている。仮に敵の生命を尊いものと思い、殺すことに迷いが生じたとしても、この場合であれば秀吉の命のためにという大儀の下に正当化したであろう。大河内秀元は『朝鮮記』の十月三日の記述でも個人的な感懐はほとんど述べてはいない。それは秀元が軍における正式の記録者であったこと、それに元々武将であったこと、この二点からしても戦場で他人の生命を重んじたり、敵の生命を奪うことを悪い事と考えて反省したり、その時の心境を記録に残すようなことはおそらくしなかったであろう。一方、慶念は僧侶であり、『日々記』を見る限り第一線で戦う戦闘員ではなく医僧としての立場で従軍していたようであり、しかも『日々記』は公的な記録ではない。その点で秀元の日記とは様相を異にすることは明らかであろう。本来僧侶は信仰の生活を基本として死者を弔い、世の人を聖なる境地に導くものであろうが、当時は医療に携わることもあった。慶念は戦闘員ではなかっただけに、第一線で敵の兵士を殺さねばならないことでどのように現実と折り合いをつけるかという点では苦悩することはなかったであろう。慶念の置かれていた立場が、そのように戦地に赴いた者として特別な待遇を与えられていたことが、戦争を実体験した者の記録として特異なものとなった嫌いもある。しかし、敵・味方を超えて、人としての情を重んじ、戦場での悲惨な出来事を自身のこととして受けとめ、それを自身の心に常に問い続けたこと、その点で『日々記』は、自分自身を観察・反省する精神から書かれた文学、すなわち自照文学として大きな意義を有する作品と考えることができるのである。また、戦地において慶念は、どのような状況に置かれようとも信仰心を失うことなく、それを堅持し、深めていき、その信仰の熱い思いを歌（狂歌・釈教歌）に託して表現した点で、仏教文学としても大きな意義を持つ作品であると考えられるのである。

おわりに

以上、『日々記』の記事を検討し、日本文学の作品としてその意義を考えてみたが、この作品を文学作品として研究の対象にすることはこれまでなかったように思われる。(5) しかし、『日々記』は自照文学の作品としても、仏教文学の作品としても意義深い作品と考えられるので、今後、こういった方面からも研究がなされ、『日々記』の意義が再認識されることを切望するものである。

註

(1)『謡曲集下』(『日本古典文学大系41』) 所収「関寺小町」参照。

(2) 石原清志『釈教歌の研究』(同朋舎出版、一九八〇年) 参照。

(3)『往生礼讃』他、聖教の『浄土真要鈔』『教行信証』『持名鈔』『仏説無量寿経』『愚禿鈔』『正信偈』『正信偈大意』『浄土文類聚鈔』については全て真宗聖教全書本から引用した。

(4)『続群書類従』第二十輯下所収の『朝鮮記』を参照した。

(5)『日々記』の研究についても、これまで思想史の方面からの研究が主で、内藤雋輔氏の「僧慶念の『朝鮮日々記』について」(『朝鮮学報』第三十五輯、一九六五年) をはじめ、最近では平田厚志氏の「「うき世」から「ミやこ」への旅路としての従軍—秀吉の第二次朝鮮侵略に従軍した医僧慶念の心軌跡—」(『季刊日本思想史』第四八号、一九九六年)、仲尾宏氏の「鼻塚から耳塚へ—秀吉の朝鮮侵略と明治の秀吉顕彰—」(『民族文化教育研究』第一号、一九九八年) の論文が発表されている。

豊臣政権の寺社政策

――朝鮮侵略の背景として――

早島有毅

はじめに

文禄元年（一五九二）三月、豊臣政権による朝鮮侵略が始まり、五月二日には首都漢城が陥落した。肥前名護屋まで出陣中の常陸佐竹の臣平塚滝俊は、国元への五月一日付の書状で、秀吉の渡海を目前に控え、戦勝気分にひたる現地の様子について、次のように述べていた。(1)

就夫又高麗へ御使をたてられたる候由、此御返答により近々御渡り可被成候由申候、高麗之内二三城せめ落、男女いけ取日々参候由、くびを積たる舟も参候由申候、是ハ見不申候、女男ハ何も見申候、扨々不思議たる御世上にて候、無是候哉、

このような日本の将兵による蛮行は、秀吉の朝鮮侵略に一貫してつきまとうが、奈良興福寺の僧、多聞院英俊は、五月十八日の日記に、そうした略奪行為について、「高麗ノ道具・女共子共切モナク、此地取越ト云々、彼国万民不便々々、サソ、、悲哉、思遣々々」と記していた。英俊はそれより先の三月二十日、秀吉の名護屋出陣の報を聞き、侵略される東アジアの国々の「貴賤上下迷惑、浮沈思ヒ遣リ、不便々々」、とも述べている。(2) とすれば、このような英俊の記述には、

平塚滝俊と異なり、明らかに豊臣政権の朝鮮侵略自体への批判を内在していた、といえよう。

顕密僧として、呪術的祈禱を中心に活動していた英俊が、豊臣政権に対しこのような態度を鮮明にした理由は、定かにしがたい。だがその背景には、天下一統の過程、とくに畿内周辺で断行された秀吉の寺社政策に対し、かれら僧侶の抵抗しえなかった無力感があり、その認識に立っての記述であったのは(3)、疑問の余地がない。いったい秀吉が推し進めた寺社政策とは、どういったものであったのか。

周知のように、秀吉が天正十年(一五八二)から畿内に権力基盤を築き、国内統一を完成しようとしたとき、まず着手したのは、中世社会の一翼を担った寺社勢力を掌握するために、天皇・幕府や在地の大名・領主によって保証されてきた所領や「寺内」での「不入」の諸特権を、どのように剥奪し自己の権力のもとに新たに秩序づけるかにあった(4)、といってよい。この過程は、根来寺・粉河寺、雑賀一揆の軍事的掃討を皮切りに始まる。やがて十三年(一五八五)から畿内寺社への「預物改め」や所領の検地へと転じ、十九年(一五九一)の分国大名領の寺社と高野山の検地で、所期の目的を達成して終了する。

そこでもっとも機能したのは、預物改めと寺社領検地である。預物改めとは、聞きなれない言葉であるが、藤木久志氏が「村の隠物・預物」のなかで初めて追究した、戦国大名の寺社政策の一つである(5)。これは、住民が近隣の寺社へ預けた財産を、寺社や住民が犯科人を匿ったり敵対したとき、彼らの財産を武力で没収する、戦国大名の検断権の一端である。寺社領検地もその一つで、戦国大名が自己の領地で、一円支配を確定しようとするとき、しばしば実施し、その「不入」の特権を剥奪していた(6)。

後述するように、豊臣政権は巨大な軍事力を前提に、この二つの方策を自在に駆使し、寺社の勢力削減、とりわけ天皇や幕府などによって保証された、中世の諸特権の全面的剥奪に成功したのである。しかも、戦国大名と異なるのは、その方策が寺社勢力の基盤となっていた、村や町の自力救済基盤の同意のもとに実施されており、かれらが、秀吉に抵抗できなかったのは、むしろ当然だった。英俊による秀吉の朝鮮侵略批判は、こうした経緯を見聞するなかで、醸成されたといってよいだろう。[7]

二度にわたる秀吉の朝鮮侵略は、「豊臣の平和」の武家勢力への強要、寺社勢力の諸特権の剥奪を背景にして開始された。寺社勢力は、ここで英俊のような立場をとれず、消極的ながら僧侶を名護屋だけでなく、朝鮮国内までも従軍させていたのである。そこにはこれまで知られている五山僧だけでなく、『朝鮮日々記』の著者・安養寺慶念や長門端坊明念などの本願寺僧、さらに薩摩の修験僧なども確認できる。彼らは外交顧問や医僧・伽衆・商僧、はては戦闘要員として、確かにこの侵略に加担していたのである。[8]

僧侶の従軍が組織的に行われた痕跡は、五山禅林でしか確認できず、多くの場合、自己の領主の求めによって参戦したと見られる。しかも、慶念が日記の冒頭において、領主太田一吉の従軍要請を「迷惑無極躰也」、といい、五山僧の西笑承兌も、名護屋までの出陣に留めるため、秀吉に対し詭弁を弄していた事実があり、多くの僧が個人的には参戦に躊躇しつつ、従軍していたのは確かであろう。[9]

にもかかわらず、寺社勢力が個々の組織で僧の参戦を許容したのには、豊臣政権総体からの従軍要請を拒否しえる状況になく、従軍という具体的行動でもってしか、自己の勢力温存が図られなかったことにあろう。とすれば、寺社勢力が自ら招いた結果とはいえ、その状況に追い込まれた背景の追究は、重要な課題の一つとなろう。本論においては、この問題を解明するために、豊臣政権が寺社勢力に断行した、預物改めと寺社領検地の実態を検討し、その基調を明らかにしてみたい。

豊臣政権の寺社政策論について、これまでの仏教史研究からの追究は、辻善之助氏以来の伝統がある。[10]だが、そこでは寺社勢力が豊臣政権下で、新たな秩序的再編を余儀なくされたことを実証的に指摘するだけで、なぜそうしたことが必要であったのか、ほとんど論究されない。最近の伊藤真昭氏の「京都の寺社と統一政権」という論考においても、視点が異なるにしろ、同じ傾向にあるのは否めない(11)。

この状況のなかで、上来の課題を実証的に究明するには、これまでの豊臣政権論の成果を踏まえて、改めて論究していくしか方法がない、と思われる。以下、藤木氏の預物改め論や秋沢繁氏の太閤検地論、三鬼清一郎氏の寺社領検地論(12)などに学びながら、次節から具体的にこの問題に迫っていきたい。

一　預物改めの諸相

さて、秀吉の断行した寺社政策の一つに、預物改めがある。これには天正十年六月、明智光秀との合戦に勝利した京都洛外の吉田郷の預物改め、十三年九月からの大和興福寺や十七年(一五八九)二月二十九日の大坂本願寺天満「寺内」の預物改め、さらに文禄四年(一五九五)十一月の近江三井園城寺の道具改めなどがある。織田政権までの預物改めについては、藤木氏が多くの事例をあげ、その全体像解明に向け、すでに着手している。だが豊臣政権でのそれは、まだ分明となっているわけでない。

この節においては、秀吉が分国大名時代に実施した洛外吉田郷、さらに関白時代に断行した、大坂天満「寺内」での預物改めに対象を絞り、その実像について、『兼見卿記』と『言経卿記』を中心の素材に、明らかにしたい(13)。

1　山城吉田郷での預物改め

吉田郷はいうまでもなく、吉田神社の所領である。当主兼見は本能寺の変の後、勅使として明智光秀と会見したりして、近衛前久とともに明智方の公家として知られていた。彼は天王山の合戦で秀吉勝利の報に接し、その報復を回避すべく種々の方策を講じようとしていた。その一つに、秀吉の預物改めに対する防御があったのである。

まず、彼は六月二十一日、近衛父子からの預物のうち、子息の信基の分を返済し、秀吉の預物改めを避けようとしたが、秀吉はまだ吉田郷に預物があると見て、六月二十三日に「向州預物・近衛殿御物、令糾明可出之由」との触れを出し、追及に乗りだした。これに対し兼見は施薬院全宗を介し、秀吉への取りなしを願ったが、その効果がなく、預物の保全のために「構」を築き周囲に堀をめぐらした。これは、要するに吉田郷が、中世からの伝統的な「不入」の地にあることを、顕示するためと考えられる。

それだけでなく織田信長の息、信孝へ使者を送り、この慣行が信長によっても認められた特権である、と左のような制札の発給を請うたのである。

吉田郷依為日本最上之神地、不入他手、陣取・寄宿幷臨時之課役、伐採山林竹木之事任先例之旨令免除訖、殊更信長度々被遣御朱印之条、永不可有相違候也、仍執達如件

天正拾年六月　日　　三七郎信孝判

吉田右衛門督殿

寺社領が中世社会において、守護使「不入」の慣行が法理として存続し、このように世俗の権力によって保証されていたのはよく知られる。預物とは、周辺地域の住民総体が、そうした原則のもと領主の検断の及ばないことを前提に、寺社

に自己の家財を無利子で委託する慣行をいう。この預物には、食糧・金銭・文書・衣類をはじめ、家具や農具はては牛・馬までのあらゆる種類の家財があり、人々は日常的に気軽に預物を寺社にし、必要があると、そのつど入用分だけ取りにいったという。預物は、戦乱などの非常時に隠物ともいわれるように、財産を隠すことをも意味する。永禄三年（一五六〇）八月の紀伊粉河寺の「不動院海舜等連署定書」の一条に、

一不慮之儀候者、寺里及造作事共、寺より物をかくす事不可有之、里より悉寺へのけへし、

とあるのが、それである。なぜ里に隠していけないのか、背景は定かにしえない。だが動乱の際、寺社へ家財を隠匿することが、習俗的法理としてあったのは、確かと思われる。(14)

吉田兼見が、秀吉の預物改めに抗おうとしたのは、畿内一帯に一般化していた、この慣行を守ろうとした点にあったのであろう。だが、そのかいもなく七月十三日秀吉より、「近衛殿相国御荷物十五荷、御預置之由告案内者在之、可相渡之由急度申」と使者が来て、十六日に近衛前久の預物は、強制的に秀吉に引渡されて、兼見の行為は、徒労に終わったのである。

以上の預物改めとは、戦国期の大名や領主が犯罪を犯した領民や敵対地域の住民の家財などを、預け先の寺社とその領地から強制的に没収する、検断権の発露と見なしてよいだろう。秀吉は天正八年（一五八〇）四月、織田軍の中国侵攻の際、播磨の本徳寺「寺内」に逃げた住民の、預物の「運上」を命じている。(15)さらに、明智光秀を討ってからも、天正十一年（一五八三）四月越前に侵攻した際、「一　兵粮幷あづけ物の事」として実施しており、(16)吉田郷の場合も、敵方の預物改めに連なるのは、疑う余地がないだろう。

だが、秀吉の吉田郷の預物改めの意義は、それだけでなかった。当時の秀吉の立場は、領国化しつつあった、京都周辺の寺社勢力の掌握が急務の課題となっていた。とすれば、この預物改めは、たんに敵方の預物改めだけでなく、中世社会

で寺社に許されていた隠物の風習を禁じ、「不入」の特権の一つを剥奪し、寺社勢力の在地での影響力の縮小をねらった意味もあった、といえる。

事実、秀吉は五山の一つ東福寺へも、七月二十八日に折紙でもって、[17]

当寺中ニ預ケ物存之事候、早々有次第可被相渡候、少茂於被隠置者可為曲事候、為其桑原次右衛門、森兵橋差越候、

恐々謹言

七月廿八日　　　羽柴秀吉（花押）

東福寺

惣寺家中

と、預物の引渡しだけでなく使者の立入りを強要していた。このことは、なによりも、秀吉の意図がどこにあったのか、如実に窺えよう。

以上の預物改めは、秀吉が全国統一を達成した十七年二月、大坂天満「寺内」でも実施されており、その特性はより具体的に窺うことができる。次に、この実像を明らかにしておこう。

2　大坂天満「寺内」での預物改め

天満「寺内」に秀吉の手が入ったきっかけは、二月二十五日に発覚した京都聚楽第の門扉落書の一件である。この大略は『多聞院日記』の二月二十八日条に、次のように記される。

去廿五日夜歟、番所ノ白壁ニ上関白ヨリ下各々近事、悉ニ楽書沙汰、番衆可知トテ大名衆十人籠者了、

この記述は、『鹿苑日録』や『言経卿記』なども同じ内容にあり、事実と見てよい。[18]

この落書がどのようなものであったのか、定かではない。だがこれまでの論究により、十九年（一五九一）二月二十六日に書写された「京都落書」が、それにあたると想定されている。[19] 内容は、秀吉政権の推し進めた諸政策や社会の実情について、狂歌十首にまとめて、その武断性を鋭く批判したものである。

このなかで、秀吉の逆鱗に触れたのは『鹿苑日録』によると、「殊述殿下之儀」というので、[20] それは、次のような秀吉の容貌から、社会が「まつせ」つまり末世になったことを揶揄した内容にあったのでなかろうか。

まつせとは、べちにはあらじ木の下の、さる関白を見るに付けても

天満「寺内」に、預物改めが実施されたのは、この落書の犯人や関係者が隠匿されている、との風聞が広まったことにある。酒井紀美氏の指摘によると、中世のこうした人の口を借りながら匿名で伝達される「うわさ」とは、神慮を示すものとして真偽にかかわりなく社会的に大きな力を持った、[21] といわれる。伝達経路は不明であるが、秀吉はその情報を確かに得ており、二月二十九日には「武士牢人衆之儀付而、殿下ヨリ門跡へ被仰事有云々、種々雑説不斜、恐怖了」、と山科言経は恐怖という言葉を用い、その事実を記していた。

牢人衆の一人は、もと細川右京兆の家臣尾藤甚右衛門といわれ、十五年（一五八七）十二月四日、伊勢朝熊山で僧兵とともに、秀吉に謀叛を起こした人物、[22] と想定される。本願寺の対応はすばやく、門跡顕如の指示で三月二日までに、彼や隠匿させた一家衆願得寺を生害させ、本願寺が豊臣政権への恭順の意志を示すために、頸を秀吉のもとへ送り許しを請うたのである。

だが秀吉は、頸を差出すだけで満足せず、三月二日に彼らの居住した天満「寺内」のうち二町を破壊し、放火して消滅させたのである。中世で領主が罪科人居住の家を毀ち焼却するのは、科人により穢れた地自体を、払い清める点に主眼があった[23] といわれる。豊臣政権が、この方策を踏襲していたのは確かであるが、『鹿苑日録』によると、天満の地自体、「大

坂尺五之地」にあったことも、(24)その一因という。

さらに、秀吉は三月八日に至って町内に居住した六十人ほど、老若男女の区別なく召捕り、京都の東寺近郊や六条河原で磔の刑に処した。なかには、諸国往来の商人も含まれ、罪の有無にかかわらず処断された。多聞院英俊をはじめ五山の僧などは、秀吉のこうした蛮行について、異口同音に「聞之而涙雨□襟」、と綴っていたほどである。(25)

以上の強行策は、もとより豊臣政権の巨大な軍事力を背景に実施されていた。だがその方策は、権力の強要による頸の差出し、住宅焼却と手順を踏んだ、戦国社会の「わびごとの作法」にある。(26)このことをよく示すのは、豊臣政権による天満「寺内」の住人各層顕如父子、坊官下間氏、町人それぞれに対して、三通の起請文提出を命じたことである。この起請文には、いったいどのような意味が、込められているのか。

『言経卿記』三月十四日条に、三通の起請文が掲載されている。このうち、顕如父子の起請文は血判で自署したもので、近世に入って加賀藩や尾張藩などで検地の際に提出された、「阿弥陀裏起請文」とか「本尊裏起請文」の原型にあたる、(27)と想定されるが、以下の様式にあった。

起請

今度於当島中島寺内、御勘気之科人かくれゐる族御糾明尤存候、就其寺内悉可被成御成敗之処、以御憐憫被御免段忝存候、於子々孫々不可相忘候、向後若御勘気之輩幷科人等於相置者、如何様ニも可被御成敗候、其上猶聊猥之儀御座候者、背弥陀如来・念仏之法縁、今生後生冗悪業、浮世更々不可在之者也、仍起請如件

天正十七年三月二日　　　　、――

　　　　　　　　　　　　　、――

増田右衛門尉殿

石田治部少輔殿

坊官・侍衆の提出した起請は、事実書に「殊年寄共不相届事候間、如何様之罪科ニも可被行処」、誓約文言に「開山先師冥加」が付け加えられただけで、ほぼ同文である。

注目すべきは、今回の謀叛人隠匿で成敗を免れたことについて、感謝した後に「向後若御勘気之輩幷科人等於相置者、如何様ニも可被御成敗候」、との誓約文言が見られることにある。これは要するに、都市領主としての本願寺門跡が、これまで堅持してきた科人隠匿・保護の権限を破棄し、秀吉政権の犯人追捕を認める旨を、記したことにある。(28) いわば、戦国期「寺内」町の属性であった、大名・領主といえども犯罪人を追捕しえない法理が、秀吉政権によって、この時点で明確に否定されたことを意味していた(29)のである。

これに対し、「寺内」住民の差出した起請文は、都市領主としての本願寺のそれと、趣を異にした内容にあった。

起請

一今度寺内御勘気之輩かくれゐ申付而、寺内悉可被成御成敗処、以御憐憫被成御扶之段、忝奉存候事

一御勘気之輩向後於相置者、一町悉可被成脱カ御成敗事、

一右之科人等隣町ニも抱たてまつるにおいてハ、兄弟親類たりといふとも、無油断聞立可申上事、

右向後若背此旨者、弥陀念仏本願ニたかい、八万ちこくにたさい、浮世不可有之殊ニハ日本国中大小神祇氏神、神罰冥罰各まかりかうるへき者也、仍起請如件

天正十七年三月二日　　、——

増田右衛門尉殿

石田治部少輔殿

様式は、通例の起請文と同じである。この特色は、第二条と第三条にある。それは科人隠匿の場合、「成敗」は町単位で断行されるが、それを防ぐためには、親族といっても、「聞立」つまりよく尋ねまわり、それを「申上」ことが求められている。いわば、走入る科人の追捕は、「寺内」町民の自主的な「申上」に委嘱されたのである。このことは、要するに秀吉の「寺内」特権の剝奪が、軍事的強要以上に、こうした居住民の同意を踏まえて行われたことに、十分留意すべきである。

秀吉が天満「寺内」に提出せしめた起請文に、基本的に二通りの様式があった理由は定かでない。だが、仁木宏氏の指摘によると、戦国期の石山「寺内」において、都市領主としての本願寺は、宗教的権威のもと強権的な支配を貫徹していたわけでない。その内実は自力救済を基盤とした、町民の検断に規制されつつ、公権としての支配の展開を余儀なくされていた、という。(30) とすれば、豊臣政権は戦国期「寺内」町から貫流していた現実を見極めて、居住民の動向に配慮しつつ、「寺内」を新たに本願寺に委ねようとしていた、といってよい。

以上の経緯をへて、秀吉の求めた「わびごとの作法」は終了し、改めて天満「寺内」の預物改めが実施された。この提出は本願寺家中より町人や、借家衆までの「寺内」住人全てに及んだ、という。この様式は当時勅勘により京都を追われて、興正寺顕尊の借家に居た、山科言経と冷泉為満による、次の連署請書によって知られる。

今度御成敗人之内より預ケ物之事、且而無之候、此由御地奉行へ御伝達奉頼候、恐々謹言

三月四日　　為満（判）

周親（判）

下間美作殿

管見の範囲で、このような請書は初めて確認しうる。それはさておき、以上のことからここで断行された預物改めは、

秀吉が分国大名として吉田郷において実施した方策と比較すれば、明らかに変貌を遂げていた。それは要するに、預物改めが寺社への隠物の慣行の否定から一歩踏みだし、住民の同意のもと、「寺内」特権の剝奪に機能していったことにある。すなわち、預物改めが謀叛人や犯科人追捕の戦国大名の検断と結合し、住民総体の自力救済を基盤に、「寺内」町に慣行として残存した伝統的な特権総体を、徹底的に破壊する武器として展開していったのである。

かくて、天満「寺内」は、こうした預物改めを契機として、「寺内」町民の同意を基盤に、豊臣政権に完全に掌握された。これを踏まえて、秀吉は本願寺自体に「寺内」の支配を改めて委ねたのである。その内容は、次の秀吉の指示により明らかである。

条々

一御勘気之牢人衆抱置事ハ不及申、許容をも堅停止之事、

一盗人幷悪党無油断可遂糾明事、

一町中ニ武士奉公人相抱間敷事、

一町中之儀、誰々雖家来、町並ニ役儀等可申付事、

一他処・他郷之町人百姓、其給人代官等之儀在者、不可相抱候、自然不存候而置候共、届次第ニ可返申事、(付、有付住宅町人何方へも相越候者、可為曲事事)右如此被仰出候条、若被相背御法度族於有之者、此方へ可被申候、為上儀、町奉行之儀、其方両人仁被仰付候上、自然猥之儀、於無言上者、可為越度旨被仰出也

増田右衛門尉

〃 〃 判

石田治部少輔

三月十三日

、、判

下間刑部卿法印

下間　少進法印

まゐる

この「条々」において、秀吉は第一条、第二条で、戦国期の走入りの特権否定を改めて示すが、この特性は、第三条以下にある。つまり、第三条で、武士や奉公人つまり若党・中間・小者・あらし子など、「兵」の雇用を禁じ、第四条で、「寺内」の役儀を居住民全体の負担とする。さらに第五条で近在・近郷の町人・百姓、そこの給人・代官であっても、「寺内」の居住を禁じ、この法令を知らなかった場合、元来の地へ「返」すことを命じたり、付に居住町人の他処への移動も、禁じたのがそれである。

これらの条項は、第五条で人返しが義務づけられている点で、十九年八月の身分法令と共通する要素があり、その源流法令の一つと考えてよいのだろう。それはさておき、秀吉の主眼は、第五条や付の条項で明らかなように、「寺内」に往来・居住する諸身分を区分し、元来からの「寺内」町人だけに、本願寺の支配の及ぶことを示すことにあったといえる。それだけでなく、「寺内」での傭兵を禁じた点から考えるとき、奉公人の町人への身分的転化、「兵」から「商」への流れを阻止することにも、あったといってよい(31)。

だからであろうか、秀吉の「条々」の枠内で制定された、本願寺の「当寺法度」十一カ条のなかに、「寺内」町人の日常生活を細かく規定するだけでなく、次のような条項が含まれるのは、注意される(32)。

一付沙汰いたす輩は、不依理非、可為曲事誰々の与力ひくわんなりとも、用捨なく可申事、

（中略）

一諸商買諸しょく人など、座なし役なしたるへき事、

これらの条項は、徳政免除などの文言が見いだせないものの、経済特権が天満「寺内」で既得権として、本願寺より改めて認められたことを示している。とくに、「座なし役なし」という恩典は、この段階でどういった意味にあるのか、定かでないものの、先の秀吉の「条々」との関連で考えるとき、「寺内」町人の身分画定を通して、そこに、戦国期「寺内」と同様に、営業税免除の特権を継続させたと見るべきであろう(33)。

このように、秀吉によって指示された「寺内」とは、以上のように本願寺の領主権のもと、坊官や諸侍それと居住町人のみが、町役を負担する世界だったが、なおそこでは、一定の経済的恩典も「寺内」町人に限って認められていたといえる。これは、従来の「寺内」特権とはほど遠いにしろ、居住町民の経済活動を支えたことは、疑いのない事実であろう。

この状況は、本願寺が京都六条に移転し、さらに、堀川と烏丸に分立して「寺内」を形成しても、基本的に変化が見られない(34)。とすると、預物改めによって豊臣政権に掌握された本願寺支配下の天満「寺内」とは、近世の「寺内」の起点に位置するとしても、これまでの論究のように、すべての特権が否定されて存続したということはできない点に注意を要しよう。

3　寺社政策としての預物改めの位置

こうした預物改めは、大坂天満「寺内」だけで、終了したのでなかった。冒頭で示したように、文禄四年に至って近江三井園城寺においても、断行された。このときは、本願寺のように存続を許されなく、堂舎は山門に移転させられ、短期間であるものの、退転を余儀なくさせられた。詳細は不明であるが、『当代記』では、「勘当者」の道具を隠したためという(35)。

やがて、慶長三年（一五九八）十二月、園城寺は秀吉によって再興を許され、寺領四千三百石余りを寄進される。このときの五大老連署の判物写が、園城寺文書にあるが、それによると、この道具改めのねらいが、明確となる。それは要するに、境内に「武士・奉公人、不可有居住、並山林竹林等為守護不入、悉被今度相改」といっており[36]、天満「寺内」と同じく、謀叛人隠匿をきっかけにして、園城寺での「兵」の雇用の禁止、「走入り」の特権を否定し、豊臣政権への従属を求めたものであったのは、疑う余地がなかろう。

藤木氏の指摘によると、近世社会においても、こうした預物改めは、徳川幕府によって実施された例があるという。しかし、それは吉田郷とか天満「寺内」に対して断行された寺社への方策と規模が異なり、個人への隠物改めであった、といわれる。とすれば、寺社政策としての預物改めは、三井園城寺で実施されたのが、最後となったのであろう。だが、これまで確認してきたように、秀吉による預物改めは、中世寺社勢力の特権を剝奪しようとするとき、戦国大名の追捕人追及の検断権と合一し、居住町人の同意のもと確実に機能していた。それだけでなく、兵農分離策のもと、本願寺「寺内」や園城寺でもかいまみたように、居住人や僧の身分的画定にも大きな役割を果たしていたのである。

秀吉の預物改めは、軍事的な背景をもって進められたことに相違がないものの、その力わざは寺社勢力にとって脅威としてうけとられていた。本願寺坊官下間頼簾は、翌十八年七月、陸奥の中心寺院、六郷善証寺宛の書状で、この事件について、初めて触れて「既可為御破滅程之御事候処、以御理無別儀被聞召分、相済申候」といい、豊臣政権に対して「弥深甚御入魂之御事候」しか方策がない、と述べていたのは[37]、その象徴だったといってよい。

しかし、秀吉の寺社勢力への方策は、これだけに留まらなかった。預物改め以上に、寺社勢力の権益解体を根底から進めたのは、所領の検地である。次節ではその検地の実態と方針を明らかにしていきたい。

二　寺社領検地の諸相

秀吉が寺社勢力に対して、もっとも意を注いだ方策は、寺社領検地である。これには、十年七月の山城国指出徴収から始まり、十三年の山城国と大和興福寺領検地、さらに十七年の山城国再検地と十九年の高野山検地と続くが、この他に、十五年後半からの分国大名領での検地でも、その実施は確認しうる。

この全体像は文禄検地を除いて、秋沢氏の「太閤検地」で、ほぼ明らかになっている。だが、寺社勢力を対象とした検地の諸相は、直轄領や大名領での検地総体に埋没し、その特性が明確にされたとは、いいがたい。このために、まず十三年の山城寺社領検地から、その展開ぶりを順次検討したい。

1　山城寺社領検地の特性

さて、十三年九月の山城の寺社領検地は、秀吉の関白任官の二カ月後から、実質的に始まったが、それは十年七月の山城国指出徴収での検地効力を補塡するために施行された。秀吉はまず前田玄以に命じ、公家・門跡や比丘尼御所などの所領について、次のように方針を伝えさせている。(38)

各為御礼御下候て能御座候ハん哉、然者今明日中ニ尤ニ存候
御公家御門跡領其外、御比丘尼御所中御局方御使人ニ至まて、御当知行之分、聊以不可有相違旨、昨日被仰出候条、
各不可有御機遣候、為其急度申候、恐々謹言
民部卿法印

壬八月十二日　　　　　　　　　　　　　　　　　　　　　　玄以

御公家御門跡

御比丘尼御所

御雑掌中

この当知行分とは、それまでに武家によってすでに押領されていた、不知行分を含めないとの意味にある。このことは、秀吉がこの後に指示した徳政令で窺うことができる。(39)

諸公家・門跡領知方、或号質物、或年記借銭・借米に入置儀、前後一円ニ令棄破上者猶自今以後、借置輩在之者、可加成敗者也

閏八月廿六日　　　　　　　　　　　　　　　　　秀吉（花押）

民部卿法印

下村信博氏の指摘によると、この徳政令は通常のそれと異なり、対象とする貸借関係に触れてなく、さらに不知行に類するものの回復について、述べることがないという。(40)要するに、名目が徳政令にあったとしても、実質は寺社勢力の旧領回復を認めたのでなく、先の当知行分の範囲内での債務の破棄だけ、保全することにあったのである。

こうした枠組のなかで、寺社領への検地が十月に入って断行された。当初寺社側において、この検地は五月に秀吉が指令した指出の点検だけと思われていたが、(41)詳細は窺えないものの、竿入れが実施された。やがて、十月末には検地帳が秀吉のもとに集まり、十一月十五日にその披露が行われ、門跡や五山・寺社や諸公家などの所領が確定し、十一月二十一日付で、知行の宛行が一斉に行われた。(42)

山城検地の一つの特性は、公家領の多くが一カ所に宛行われたが、寺社の場合、諸国に散在する所領を山城周辺の数カ

所に集約し、検地免除などで知行替を実施した点にある。ただそれは、これまで豊臣政権に敵対しなかった寺社に限られる。前節で確認した、預物改めで秀吉に抵抗した吉田社などは、厳しい検地が断行され、指出高との差額六十七石余りが没収されたのである。

この検地の方針について、従来は織田信長の指出検地と同じく、「当知行安堵」を基本としたといわれてきた。だが、これに対しはやくから下村氏は「当知行分（公事を含めて）に基づく給与（安堵に近い）」といい、伊藤氏も安堵は安堵であっても、当知行していたのと同じ石高を所替して与えることにあった、と疑問を示している。(43)

確かに秀吉の寺社宛の宛行状には、管見の範囲で「当知行之分」の文言はあっても、「当知行安堵」の文言がなく、両氏の指摘は妥当である。だが、豊臣政権はその方針で寺社領検地に臨んだのであろうか。この問題を明らかにするには、発給された秀吉の判物や朱印状に「相添目録、令寄付之訖」という寄進文言と、「若於無沙汰者、可悔還之状如件」との書止文言が、次のように併記された意味の検討こそ重要となろう。(44)

領知方散在之条、今度改之、於三ケ所千五百四拾石余、相添目録、令寄付之訖、末代無相違有寺納而、勤行等無懈怠、堂舎修理以下事、聊不可有油断、若於無沙汰者、可悔還之状如件

天正十三

十一月廿一日　（花押）

大徳寺

朱印状の書止文言は、「可悔還候也」とある。内容は異文同趣で、仏事勤行や堂舎の荘厳を怠った場合、豊臣政権が「寄付」した寺領自体の「悔還」つまり返還を求める、という点にある。門跡領の宛行状などには、この文言がないものの、後述のように、同じ方針にあったのは否めない。とすれば、寺領の宛行に、この文言を併記するのには、そこに何か

理由があったのであろうか。

周知のように「可悔還」という文言は、中世社会で大法として根強い効力を持っていた「仏陀施入之地、不可悔返」とか、「神明寄付之物、不可悔返」に由来する。(45)この法の意味は、たとえ誤判や誤認によって没収された「人物」が、権力によって「仏物」や「神物」として寄進され、その過ちが明白となったときですら、その土地はこの法理によって決して人領に戻らない、という点にある。

この慣習法が中世で効力をもっていた理由は、この法理を具体的に論究した笠松宏至氏によると、次の点にあるという。(46)寄進を含めた無償贈与、つまり一般に「和与」といわれた法的行為が、もとの土地の所有者やその子孫による返還要求に対し、法的に抵抗が弱体化したことで、その反作用として悔返しを許さない力が強まったからという。果たしてそれだけの理由であろうか。中世社会で、寺社への領地寄進が単なる和与に留まらず、「人物」から「仏物」「神物」への「俗」と「聖」の境界を越えた和与、つまり宗教的な寄進行為として、遂行させる強固な信仰基盤の存在を、看過すべきでなかろう。

とすると、「可悔還」という文言は中世の論理でいうと、仏陀や神明に寄進された土地が、法的に「人物」に返還しうる、との意味になる。いいかえれば、秀吉政権によって、仏事勤行や堂舎の荘厳を怠った場合に限るものの、中世で強靱な法理として効力のあった仏陀法や神明法が、明確に否定されたことになる。(47)

以上のことより、十三年の山城寺社領検地は、「当知行分」として「寄付」された寺社領それ自体、豊臣政権の判断によって、いつでも権力に返還しうる、との新たな法理のもとで実施されていた。この検地はこれまでの論究によって、近世寺社領知行の出発点と位置づけられる。(48)確かにそれは事実であるが、そこには、中世寺社への寄進の論理が、豊臣政権によって、百八十度転換させられていたことを看過すべきでない。

問題は、秀吉がこのように主張しえた論拠である。この点について、十三年十月に御伽衆大村由己の筆を介して書かれた『四国御発向幷北国御動座之事』[49]の、次の一節は留意すべきであろう。

此先数十箇国、遂検地、昔之所務超一倍、当年亦踏分田地、土民百姓不棱私、又如不及飢寒弁之、以五畿七道図帳、作一枚鏡、照覧之、悉人王十三代成務天皇六年、始分国堺、其後人王四十五代聖武朝、行基菩薩以三十余年之労、定田地方之境、爾来雖有増減、無改之者、今也殿下所作碁盤如盛目自他無入組、限縄打之、故国無堺目之相論民無甲乙訴訟、

秋沢氏によれば、これは検地による境界画定が、古代天皇制国家の系譜を継承した「国家的検地」であることについて、秀吉が印象づけようとした点にあるという。つまり武家による関白任官という特異な事例を前提に、日本全体の土地支配の境界画定の権限が天皇の委任による豊臣政権にある、との論理である。このことは、周知のように十五年五月九日九州征伐の終結にあたり、秀吉が島津義久宛に「日本六十余州之儀、改可進止之旨、被仰出之条、不残申付候」[50]と述べており、事実として確認できよう。

とすれば、秀吉にあって戦国期から浮上した、『日本書紀』の神話的国家観を論拠として、国家の基本的土地所有権が天皇に継承されている、と政治的に認識していたことは疑問の余地がない[51]。いわば、この伝承を方策的に利用したからこそ、秀吉は中世鎌倉中期以降、「仏物」や「神物」を「人物」から切離し、神仏への畏怖を一つの契機として天皇や幕府に容認させた、法的慣行を全面的に否定しえたのである。

『四国御発向幷北国御動座之事』の先の一節に続き「於諸国之寺社領者、尋仏法之由緒、可用者用之、可捨者捨之、然五山十刹・会下・叢林其外霊地名山者、修理伽藍、遺旧規者也」、と秀吉は大村由己に述べさせている。この記述こそ、仏陀法や神明法が豊臣政権のもとで、法的に破綻したことを寺社勢力に告知し、併せて寺社領検地の方針を示す意味にあ

った、といってもよいだろう。

2　大和興福寺領の検地

この検地は豊臣秀長の入部直前の閏八月、所領の指出を秀吉が命じて始まった。大和は秀長の領地で直轄領でないものの、興福寺領については、秀吉が直接糾明しており、実質的には山城寺社領検地と同じく直轄検地に位置する。このとき、興福寺が提出した寺領石高は、以下のようと考えられる。[52]

興福寺領一紙

合弐万五千六百石三斗五升五合四夕

以上　和州仁在之分

天正十三年乙酉壬八月　日

伊藤掃部殿　　指出写

右、大納言様御領之刻、関白様へ被上写

天正十八年庚寅十月廿二日

多聞院英俊は、この石高について「過分之指出之間、如何心細事也[53]」、と述べている。これは、天正八年の織田信長への指出が一万八千二百石余であったことと、比較してのことである。なぜ、このような石高が算定されたのか定かでないが、この指出が興福寺への検地を過酷なものとした要因の一つとなったのは疑問の余地がない。

九月に入り、秀長より指出高二万五千石余のうち、五千石を寺内修造費に充てるよう、指示があった。さらに秀吉から「寺門領事、又一万石可落之由申来」とあり、一万石の削減が命じられている。これで実質石高は、一万一千石余となり、知行高は激減した。これにより、興福寺では、その知行配分をめぐって、学侶衆と一所衆との間で相論が生じており、内部の亀裂は深刻になりつつあった。

これに追打ちをかけたのが、多聞院英俊が危惧した通り、信長への指出との相違問題が、翌十四年六月に、次の経緯で浮上した。

先年惟任・滝川来テ国ノ指出之時ト、今度寺門指出相違、可有糾明之由従郡山申来、八千石程相違ト云々、寺門安否此事也、（中略）於及申理者、不可苦歟、過分ノ相違ノ間、寺門終ル所迄也、自滅之基也、沈思々々、

秀吉は、この指出の違いに憤り、さらに七千石余の削減を再び命じたのである。これに寺内修造費としての五千石を加えて、知行分として一万五千石余のみが認められた。

この検地の施行方式は、あまり具体化しえないが、秋沢氏によると、同年の山城寺社領検地より進み、田方では一・三石、一・二石、一・一石の斗代が多く、斗代が次第に集中する傾向にある、という。この指摘が興福寺領にも及んでいたとすると、名目知行高が一万五千石余であっても、実質はかなり削減された、と見るべきだろう。多聞院英俊が「百石付やう々廿石余可在之歟」というのは、事実と少しかけ離れていようが、それに近いことは否めない。

以上の検地の方針については、文献的に確認できない。しかし、同年の法隆寺の指出は興福寺と異なり、当知行分をそのまま認められている[54]。とすれば、山城寺社領検地と同じく、「可悔還」を前提とした当知行分寄付の方針にあった、といえよう。ただ興福寺領に対し、その方針で臨みながらも過酷となったのは、なぜであろうか。

このことについて、永島福太郎氏は興福寺が戦国期に入って、守護的位置を喪失していたにもかかわらず、いまだに国中より寺門反銭や棟別銭などを徴収しており、その影響力の高さによるという[55]。しかも『多聞院日記』によると、大乗院門跡なども、この検地の指出に御領中反銭の他、諸寺并御坊人用銭、龍門銭などの得分を書上げており、確かにそれは事

実と考えられる。秀吉の狙いが『四国御発向幷北国御動座之事』の記述の通り、「可用者用之、可捨者捨之」との方針のもと、興福寺の既得権が確かに剝奪されたのである。

ところで、このような当知行分寄付の寺社領検地は、豊臣政権の一方的な強制のみで、断行しえたのであろうか。このことを考える素材として、豊臣秀長が法隆寺からの指出徴収の後の、次のような「掟書」がある。(56)

掟　和州法隆寺

一諸奉行人幷奉公人、百姓にたいし非分申懸、礼銭取へき由申族在之をいては、地下人としてからめとり、註進すへし、聞届可成敗事、

一誰々によらす、人足つかふへき由申候共直の折紙なくハ不可承引事、

一在々所々へ奉公人共たち入、おさへて宿をかるへき事、堅令停止候、但木ちんにてハ宿をかるへき事、

一竹木伐採こと相留候、此方用所候ハヽ、以直書可申遣候事、

一百姓にたいし、理不尽之やから於在之者直訴すへし、速可申付事、

右

天正十三

九月十四日　美濃守

秀長（花押）

ここでの諸奉行人や奉公人については、不明である。しかし、八年の信長への指出によると、法隆寺領には、百七十七石余が興福寺分、さらに二百石余が他所侍分、百二十石が諸寺社へ「相立」と記されており、彼らは興福寺などの被官と見てよいだろう。(57)

この掟書は、第一条で興福寺被官人などの法隆寺領百姓への「非分申懸」や、「礼銭」取得について禁止したり、第二

条で興福寺などによる「人足」の私的な徴役について、法隆寺が「承引」する必要のないこと、さらに第五条において「理不尽之やから於在之者」と、法隆寺を介さず秀長への百姓の「直訴」を認めた点に大きな特性がある。

これは、要するに秀長の領国基盤確立の方策が、在地の百姓に依拠して進められたことを示している。のみならず、前節で見たように、ここでも藤木氏の豊臣政権の在地に向けた主政策のほとんどに、そのつど「村」との間に「説得と同意の回路」が設定され、それには誓詞の授与という仏神に誓う約束が伴っていたとの指摘があり、(58) それとの関連で考えるべきであろう。

法隆寺関係の文書に、掟書に関連する起請文など検索しえない。だが、秀長が支配のあり方について、興福寺などの影響を排除するために、法隆寺領の百姓の同意を得て進めようとしたのは、直訴の権限を認めたことで明らかである。これは、ある意味で「村」の自検断を前提に、豊臣政権の進めた主政策と基調を共にするのは、確かなことと思われる。興福寺がこの掟書によって、どのような影響を蒙ったか、傍証する文献がない。しかし多聞院英俊が、秀長の病気平癒の祈禱に際し、「人足無之間、不出」と記すように、従来のように容易に大和で人足を駆り出すことが、できなくなっていたのは事実といえる。

以上の検地の実情は、なお不明な点があるものの、十四年十一月の指出帳の返賦で基本的に終了した。興福寺は同時に実施された、大和一国での先刈り催促の道具改めにより、豊臣政権に屈伏せざるをえない状況へ追込まれていった。(59) この一因が興福寺自身「修学懈怠」、つまり世俗化に安住したことにあったとの多聞院英俊の指摘は、適切な評であった。

3　高野山領検地の特異性

高野山領の検地は、よく知られるように、十九年六月の諸国の大名に対し御前帳指出、つまり全国的統一検地令のもとで、実施された。ただそれが、どのような方式で実施されたのか、遺憾ながらたどることはできない。だが、秀吉が十九年十月に「金剛峯寺惣中」に宛てた、「条々」五カ条のなかで、石高表示がされており、一反三百歩制のもと、田・畠・屋敷の各地種ごとに行われた可能性は高い。[60]

検地の実態を窺わせる史料には、その「条々」しか検索しえないが、その一つの特性は秀吉がなぜ検地を断行しなければならないのか、執拗に述べている点にある。この理由は定かにしがたいものの、十三年六月に、金堂再建を名目として他の寺社領と同じ条件のもと、当知行分三千石が天皇の許可をへて、一度は「返進」されたからでなかろうか。[61]

さて、この五カ条からなる「条々」は、第一条で高野山が破却された「根来寺・粉河寺・雑賀等」と同様、秀吉政権に「鉾楯」に及ぼうとした点を非難している。第二条で高野山も、その意味から掃討しようとしたが、木食応其の懇願を受入れ断念したといい、彼を持上げる。こうした論理を背景に、次の第三条で検地の目的とその結末を述べていた。

一日本国中不残寸土尺地、為末代御前帳被相定に付て、御検地被仰付処、高野寺領三千石之外、及五万石在之事、被驚思食候、旧領外三千石之御朱印と申候哉、諸国之知行方御朱印被下候時、不限旧領新知、高辻書載被下候処、旧領之外と申掠段、重科之条曲事被御召事、

この条項については、すでに相田二郎氏以来の蓄積が多くある。[62]だが、国制的土地台帳作成の一環として、高野山でこの検地をなぜ断行する必要があったのか、これまで論究された痕跡は、遺憾ながら見られない。それには何か、理由があったのであろうか。

このことを解く鍵は、三千石の朱印状を下した以前の四月の、秀吉の「条々」七カ条の冒頭二カ条にある。[63]

一大師手印、一書面明鏡上者、如当知行、高野山可為寺領事、

一高野山押領地於有之者、大師手印、従当山可為滅亡基条、可有其分別歟事、

この第三条に高野山の兵具の提出を記している朱印状は、よく知られており、後にも触れることとなる。それはさておき、ここにおいて、「押領地」があった場合、その返却を条件としつつも、高野山領の「当知行」が「大師手印」を名目に許されているのは、注目されよう。

「大師手印」とは、十二世紀中頃、美福門院が『高野山御手印縁起』を寄進し、鎌倉中期から高野山が領域形荘園を形成するとき、その論拠の一つとなった論理である。この論理が、なぜ高野山領の拡張に有効に働いたのかは、平雅行氏の論考に詳しく検討されており、それに譲るが、(64)中世社会において、この論理が院宣や綸旨による殺生禁断令と合体して、幕府や地頭の干渉を許さない高野山領独自の「聖」的領域化を推進し、この段階まで寺領の保全に有効に働いていたのは、事実である。(65)

とすれば、高野山領の検地が、全国的統一検地のもとで実施されたのには、理由があったといってよい。それは、これまで綸旨によって保証されてきた、中世からの「大師御手印」の特権について、「御前帳被相定」という天皇からの委任という論理で、秀吉はその慣行を改めて否定する必要があったからと思われる。事実、検地後に提出された請文において、これまでことあるごとに用いられた「大師御手印」の文言は見られなく、以上のように断定して、さして問題はないと考えてよいだろう。

第四条は、木食応其が高野山の武断的性格を変え、「堂塔仏閣」の建立に励んでおり、この検地で破却を考えたものの、それをやめ「寺家被立置」ことにしたという。最後の第五条において、「寺領被改事、含宿意、自然之時節、凶徒等頼深山之切所、起干才族も可出来歟」といい、検地を契機にここでも「弥駈剣刀、於寺中僧侶者」と命じているのは注意される。

秀吉は、先の「条々」七カ条において、「寺僧行人其外僧徒、学文嗜無之、不謂武具・鉄砲以下被拵置段、悪逆無道歟事」と行人方の武具の提出を指示していたが、ここでの「寺中僧侶」とは、行人方をいうのでなく、学侶年預頼旻が「学侶中刀・脇差・鑓・長刀・具足・甲、其外武具持⼆申分、悉渡申候」という様に、学侶方の僧を指している。[66]とすれば、秀吉は高野山の武装解除を行人方と学侶方とに区分し、時間をかけて断行したことを示している。

中世後期から高野山では密教の研鑽と法要執行を主とする学侶方と、寺院経済の運営や軍事を任とする行人方とが、その主導権をめぐって激しく対立していた事実がある。[67]この争いは、この時期木食応其の調停によって、かろうじて小康状態を保っていた。秀吉が二度にわたって、指出・検地を契機に刀狩りを進めたのは、この内部の事情を考慮し、対立の激化をさけようとしたためと想定しうる。

十三年段階の高野山の武具提出について、藤木氏はその対象が畿内百姓だけでなく、寺社勢力にも及んでいたことより、その主眼が武器廃棄・職能専従にあるといい、僧徒＝仏事身分、百姓＝耕作者身分の区別と画定を、積極的に図ろうとしていたという。[68]このことは、秀吉の「条々」七カ条で、「大師如置目、寺僧行人以下、心持被相嗜、可被専仏事勤行事」と行人に対して、仏事勤行を勧めており、確かな事実と考えられる。

問題は、十九年の「条々」五カ条での学侶方の武具提出である。藤木氏によると、これは前田玄以と木食応其宛の秀吉朱印状に武器として実用に耐える刀・脇指だけの差出を命じていることより、朝鮮動員令の発動時期との関連から、朝鮮侵略に備えた武器調達の可能性が高いという。なるほど、この武具提出については、そうした意味も考慮すべきであろう。だが、高野山に限定して考えるとき、その属性は、武器の調達だけでよいのであろうか。

このことについて、注意すべきは高野山衆徒の請文の末尾に、次のような文が誓約されていることである。[69]

一依御慈悲、当寺寛宥之段、新造之御建立銘心肝悉存候、然上者弥朝暮之行事、昼夜之讃仰、无懈怠、尽精誠、関白殿下様御武運長久、御家門繁栄、幷一天泰平四海安全旨、抽丹心可奉祈事、

ここでは、仏事勤行の職能が秀吉政権に収斂されて記されているにしろ、行人方の提出した請文と基本的に変化はない。要するに、学侶にも行人と同様に、自己の職能に専念することが求められていた。とすれば、ここでの武装解除は、武器調達を一つの目的としつつも、十三年のそれと同じく学侶の職能的身分の確立を属性としていたといえよう。

以上の高野山領の検地は、御前帳作成という名目のもと、請書の自主的提示で慎重に実施されており、十三年の山城寺社領検地の方針を継承していたのは、疑問の余地がない。十三年十月において、帥法印歓仲は学侶年預宛の返状で「当山御寺領分御検知之儀、如蒙仰、笑止千万令存候」と、秀吉の検地について嘲笑していたが(70)、その自信はわずか六年の後、秀吉の狡猾な政治的力わざで、脆くも崩れてしまったのである。

こうして秀吉の寺社領検地は、結びで触れる分国大名領でのそれとともに、高野山領を最後に完了した。ここに至って、寺社勢力という中世社会での一つの権力は、その存立基盤とともに実態を失ったのである。

むすびにかえて

以上、豊臣政権が寺社政策として断行した預物改めと寺社領検地の実態について、二節にわたって検討してきた。そこで、秀吉は自己の権力を磐石とするために、武家勢力の統合だけでなく、寺社の勢力解体とその再編にも、かなりの精力を費やしたことが(71)、二つの点でかいまみられたといってよい。

その一つは、強力な軍事力を背景として預物改めを武器に、中世から天皇や幕府などによって保証されてきた、寺社や「寺内」の特権、つまり「預物」や「走入り」が、そこに居住した村や町の住民の誓約のもとに剝奪された。この方策によって、寺社は在地での「聖・俗」領域にわたる、強大な社会的影響力を根底から喪失したのである。

もう一つは、寺社領検地である。これは基本的に、天皇に日本の土地所有権があるとの認識に立ち、関白秀吉に全国の土地進止権が委任されている、との観点から断行された。そこでは二つの論理を武器にして、その所領の削減が達成されていったといえる。

その論理の一つは、中世社会で仏神に寄進された土地であっても、豊臣政権のもとにいつでも「悔還」できる、という法理である。この新たな法理によって、秀吉によって寄進された土地も、政権の意思で改易なども初めて可能となった。寺社領検地は、この方針を基本に、分国大名領でも確実に実施された。十九年三月、秀吉は毛利領国の指出を認め、輝元宛に「知行目録」を発給していたが、その冒頭において「不入寺社之儀、其方次第可棄破事」と指示していたのは、そのことをよく示していよう。[72]

二つめは高野山領のように、それだけでなく、中世以来代々の天皇によって、綸旨で「大師御朱印之地」として、「不入」の権が保全された特異な場合である。これは天皇のもとに、全国の土地台帳を提出する必要があるとの、天皇の権威を借りて断行された。この論理での検地は、分国大名領はともかく寺社領では高野山領でしか確認できず、秀吉がいかに高野山の勢力解体に、腐心したかを物語っていた。

こうして寺社領検地は、十九年十月の高野山領検地で基本的に完了した。この終了によって、寺社領は公家領とともに、いずれも非軍役地となり、全国の土地は武家勢力の軍役地とともに、「役」つまり権力への身分的負担の基準によって区分され[73]、豊臣政権に統治されていったのである。

以上の方策は、いずれも町や村の自力救済の慣行を基盤に断行され、以降豊臣政権下での寺社勢力の秩序的再編に向かうが、その政策的基調は、どういった内実にあったのか。このことについて、十九年十二月、高野山の木食応其の高野山年預御坊宛の書状で、彼が検地の後の高野山衆徒の動向を気づかい、次のように指示していたのは、注目すべきである。[74]

於此上者、度々如申候、天下泰平・御家門繁昌之御祈念、朝暮此度可被抽誠精候、大師明神之御威力、弥可致増進様ニ候間、別而此度院々にて被成御祈禱候て、寺領も今少、従上様被仰付、世間者衆ニ少つヽ成共致配分度候、

これによると、木食応其は、仏教とくに「大師明神」の威勢により天下の安泰が増すならば、寺領の加増も許される、との秀吉の伝言を伝えている。事実、翌二十年八月に秀吉は、末代追善供養料として一万石の寄進を行っていた(75)。これは、要するに秀吉の寺社政策が、高野山の態度によって、権力の存立のために強行策だけでなく、懐柔策にも変貌しうることを示唆していた、といえよう。

このような政策基調は、儒教や仏教に基づく政治理念にあったのでない。政治権力自体の存立を最優先し、これと対峙する宗教的価値をも、「役」によってそれに奉仕させる、という立場にある。十九年の全国的統一検地での軍役地と非軍役地の俊別、さらに、慶長元年（一五九六）の石田三成の村掟で、「うば・後家・やもめ・めくら」だけでなく、「寺庵」も「役にたヽず」として、夫役台帳から削除された事例は、それを示していた(76)。

こうした「役」を基準とした政治的価値為先の論理は、朝尾直弘氏の指摘によると(77)、豊臣政権の政策全体に貫徹するといわれる。だが権力だけでなく、その政策を起請文の提出で「同意」した、村や町の自立性のなかにもそれは窺えよう。このことは、本願寺の天満「寺内」で提出された請文で、居住町人が連帯して隠匿人を追捕しようとするとき、「聞立」という行動が求められ、それに同意している。このことは、「寺内」町人が「役」としての聞立を認めたことを意味していたからである。

以上の政治的価値為先の立場により、寺社勢力は豊臣政権のもとで、「役」としての修学と勤行を条件に存続を許されたのである(78)。ここに至って、中世以来武家政権にとって、一定の批判勢力として存立した寺社勢力が、朝鮮侵略を自明の理の如く断行した豊臣政権に、対峙しえなかったのは当然である。

二十年四月二十九日、秀吉の朝鮮侵略の状況を視野に入れつつ、多聞院英俊は本願寺が奈良へ来た意味について、次のように記していた。

先月本願寺爰元へ来、何事不知、一揆之催歟、ナラ中ノ物共其後於高山令参会、種々堅固及談合、是ハ源五ヨリ金借催促と、一味不可出、会合トハ申歟、不審々々、

源五とは、本願寺の侍衆を指すと思われる。それはさておき、本願寺の興福寺へ来た理由が、英俊の期待した豊臣政権への蜂起の相談でなく、「金借催促」であったという。この記述こそ、本願寺をはじめとして秀吉に従属した寺社勢力の現実を、正確に映しだしていたのは否めない。

この状況は冒頭で述べたように、仏教者の多くが、秀吉の朝鮮侵略に加担した事実と、深く関連する。彼ら従軍僧の心情については、文献がなく、ほとんど知りえない。だが、医僧・御伽衆として慶長の役に従軍した、本願寺僧安養寺慶念の胸中は、彼の日記によって窺うことができる。だが英俊のように、仏教者として朝鮮侵攻への批判を、戦場の悲惨さのなかで、論理化しえたのであろうか。

慶念の日記には、確かに日本の将兵の略奪行為や、人買商人の蛮行について朝鮮の人々へ、同情的に記しており、そこに偽りの気持ちはないだろう。だが、その戦場において、戦争から離脱したり、侵略自体を批判する立場には、決してなかった。むしろ、仲尾氏が本書所収論文で指摘するように、日本への帰郷だけが彼の関心事であり、そこからの厭戦の気持ちの発露でしかなかった(79)。

慶念のこうした立場は、必ずしも例外といえないが、多くの従軍僧が、文化や言語など異なる朝鮮で、現地の住民撫育などに積極的に携わったことは、北島万次氏や朝尾氏の論考などで明らかである。これには、さまざまな理由があった、と考えられる。その一因に、以上の中世以来の寺社の特権の剝奪と秩序の再編のもと、豊臣政権に寄りそうしか存続を許

されない背景があったといえる。

この状況のなかで、五山僧などによる神国観念が主張されたり、方広寺大仏への千僧供養出仕が、新たに寺社へ要求されてくる。(80) この問題については、秀吉の本論での寺社政策と緊密に連関するものの、紙数の関係で論述できず、次の課題として残し、ここでひとまず擱筆したい。

註

(1)「平塚滝俊書状」(岩沢愿彦「肥前名護屋城屛風について」、『日本歴史』二〇〇号、一九七九年)。

(2)『多聞院日記』(『増補続史料大成』、臨川書店、一九七八年)天正二十年三月十五日条、五月十八日条。

(3) 多聞院英俊の思想と行動について、これまで論究されたことは寡聞にして知らない。だが、この時代の僧侶のなかでは、覚めた目で武家政権だけでなく、寺社勢力のあり方を見ていたといってよい。例えば、天正十三年閏八月二十五日条で、多武峰の僧侶などが秀吉に降伏する際、その条件としての武装解除について、「兵力全不入、天下平均ノ事也」と論評を加えているが、それなど確かに冷静な視点にあったことを示している、と考えられる。

(4) このことについて、朝尾直弘「十六世紀後半の日本―統合された社会へ」(『岩波講座日本通史』一一、岩波書店、一九九三年)は、「武家が新たに国家を樹立する場合、問題となったのが、天皇・公家・寺社の位置づけである」とはやくから指摘しており、本論もこの視点を継承している。なお、ここでいう寺社勢力とは、黒田俊雄氏が厳密に定義した概念と異なり、豊臣政権期の寺社個々の集団総体を指す意味にある。したがって、戦国期に一向一揆を主導し、織田政権と対立した本願寺も、この寺社勢力の一員として捉える視点にある。

(5) 藤木久志「村の隠物・預物」(『ことばの文化史』中世一、平凡社、一九八八年)。後に『村と領主の戦国社会』(東京大学出版会、一九九七年)に題名を変更して収録。

(6) 脇田修『織田政権の基礎構造』「第四章織田政権下における荘園領第一節織田政権の荘園政策」(東京大学出版会、一九七五年)や、勝俣鎮夫『戦国法成立史論』「第三章戦国大名今川氏検地の一事例」(東京大学出版会、一九七九年)などで、その実態が究明されている。

（7）　この問題は、別に論究する必要があるものの、英俊の豊臣政権批判は、後述する興福寺領検地を一つの契機として内在化していったと考えられる。

（8）　内藤雋輔「僧慶念の『朝鮮日々記』について」（『朝鮮学報』三五、一九六五年）。北島万次『豊臣秀吉の朝鮮侵略』「第二明征服をめざした第一次朝鮮侵略」（吉川弘文館、一九九六年）。なお、本書仲尾論文「丁酉・慶長の役戦場と慶念」で、薩摩島津軍に修験僧が軍事要員として参戦したという。

（9）　『鹿苑日録』（続群書類従完成会、一九九一年）天正十九年八月六日条。

（10）　辻善之助『日本仏教史』第七巻「第九章安土桃山時代第六節僧兵弾圧」（岩波書店、一九七〇年）や『日本仏教史』近世・近代編「第一章政治と宗教　2織豊期の仏教政策」（法藏館、一九七七年）など。

（11）　伊藤真昭「京都の寺社と統一政権」（『中近世の宗教と国家』、岩田書院、一九九八年）。

（12）　秋沢繁「太閤検地論」、三鬼清一郎「在地秩序の近世的編成」（『岩波講座日本通史』第一一巻、岩波書店、一九九三年）。以下この二論考と前掲註（5）藤木久志論考は、特に註記しない。

（13）　『兼見卿記』（続群書類従完成会、一九七六年）、『言経卿記』（『大日本古記録』、岩波書店、一九九二年）。前者の場合、天正十年六月一日条から七月十六日条まで、後者は天正十七年二月二十九日条から五月五日条までを素材としている。以下個々には特に註記しない。

（14）　「王子神社文書」（『和歌山県史』中世史料一、和歌山県、一九七五年）。

（15）　「網干郷文書」（『兵庫県史』史料編中世三、兵庫県、一九八八年）。

（16）　「森田家文書」（『越前若狭古文書選』、同朋舎出版、一九八五年）。

（17）　「東福寺文書」（『大日本史料』天正十年六月十四日条）。ちなみに、この一件で近衛前久は秀吉の命により落飾し入道となった（『公卿補任』五〇）という。この所作は、要するに「わびごとの作法」を示すと考えられる。

（18）　『鹿苑日録』天正十七年三月二日条。

（19）　「京都落書」（『秀吉の京都・特別展図録』、京都歴史資料館、一九九二年）。

（20）　『鹿苑日録』天正十七年三月二日条。

（21）　酒井紀美『中世のうわさ―情報伝達のしくみ』「六　中世社会と「うわさ」」（吉川弘文館、一九九七年）。

（22）『多聞院日記』天正十五年十二月四日条。なお、この人物は三鬼清一郎「豊臣秀吉文書の概要について」（『名古屋大学文学部研究論集―史学―』四四、一九九八年）で指摘された、秀吉発給文書の添状の差出人として名を連ねた、尾藤甚右衛門と同一人といってよいのでないか。ちなみに、『言経卿記』天正十七年三月一日条には尾藤次郎右衛門尉入道道休として、記される。

（23）勝俣鎮夫「家を焼く」（『中世の罪と罰』、東京大学出版会、一九八三年）。

（24）『鹿苑日録』天正十七年三月二日条。

（25）『鹿苑日録』天正十七年三月九日条。

（26）藤木久志「身代りの作法・わびごとの作法」（『戦国の作法―村の紛争解決』、平凡社、一九八七年）。

（27）若林喜三郎「阿弥陀裏起請文について」（『古文書学研究』七・八合併号、一九七五年）。なお、この様式に近いと想定される、愛知県知多浄願寺蔵阿弥陀裏起請文は、藤木久志編『週刊朝日百科・日本の歴史』二二六（朝日新聞社、一九八六年）の内表紙にカラーグラビアで掲載されている。

（28）勝俣鎮夫編「相良氏法度」補註十四（『日本思想大系』二一、岩波書店、一九七二年）。

（29）脇田修『近世封建制成立史論』「第二章統一権力の都市・商業政策第四節近世都市の成立と特質」（東京大学出版会、一九七七年）において、興正寺富田林「寺内」の展開を論拠として、都市的特権の変質は文禄三年の太閤検地であろう、と想定する。しかし、天満「寺内」が預物改めでその特権が否定されたとすれば、時期的にはもう少し早いのでなかろうか。しかし、現在の「寺内」町研究において、その特権がどのような段階で、いかなる方策によって剝奪されたのか、あまり関心がないのが現実である。とすれば、脇田氏の「寺内」町を含めた都市研究総体への多くの批判は、たんに言上げ的批判に終始するのでなく、脇田氏の確かな見通しを踏まえた立論を正当に評価して、批判すべきと考える。

（30）仁木宏「寺内町における寺院と都市民」（『講座蓮如』第三巻、平凡社、一九九七年）。

（31）三鬼清一郎「人掃令をめぐって」（『名古屋大学日本史論集』下巻、吉川弘文館、一九七五年）、勝俣鎮夫『戦国時代論』「第一部第二章人掃令について」（岩波書店、一九九六年）。

（32）『本願寺所蔵文書』本願寺史料研究所蔵。

（33）この点について、脇田氏の指摘によると、秀吉はかつて近江長浜で同様な恩典を指示していた（『近世封建制成立史論』「第二章統一権力の都市・商業政策第四節近世都市の成立と特質」）という。ただ問題は、この法度が本願寺の奉行人によって発給されており、恩典としても、どう理解すべきかは、今後の課題となろう。なお、鍛代敏夫「戦国期の宗教と商業」（『講座蓮如』第三巻、平凡社、一九九七年）では、「2教団をめぐる商人」で、戦国期の実態を示しているものの、「諸商売諸しょく人など座なし役なしたるへき事」については、触れていない。

（34）早島有毅「植柳学区」・「皆山学区」解説及び史料（『史料京都の歴史—下京区編』、平凡社、一九八一年）。

（35）『新修大津市史』第三巻（大津市、一九八二年）、『当代記』（『史料纂集』、臨川書店、一九七〇年）。

（36）「園城寺再建記」（『大津市史』上巻、一九一一年）。

（37）「岩手県花巻光徳寺文書」（本願寺史料研究所写真帳）。

（38）「曇華院文書」（『大日本史料』天正十三年閏八月十一日条）。

（39）「前田尊敬閣文庫所蔵文書」（『大日本史料』天正十三年閏八月二十六日条）。

（40）下村信博『戦国・織豊期の徳政』「第五豊臣政権における公家領給与と徳政」（吉川弘文館、一九八九年）。

（41）『兼見卿記』天正十三年十月十日条。以下の記述は、この日記に依拠する。

（42）三鬼清一郎『豊臣秀吉文書目録』（名古屋大学文学部、一九八三年）で確認すると、この宛行状は判物・朱印状合わせて七十通あまり見られる。大量に発給されており、秀吉がいかに寺社領検地を急いだのかが窺えよう。

（43）前掲註(40)下村信博論著、前掲註(11)伊藤真昭論考。

（44）「大徳寺文書」一〇一（『大日本古文書』）。

（45）この問題について、最初に指摘したのは三鬼清一郎前掲註(12)の論考である。しかしながら、三鬼氏は、そこで「寺院に対しては仏事勤行を怠らないよう求め、場合によっては『悔還し』を行うといった文言も記されている」としつつも、なぜかその意味を問わない。私の立論は、三鬼氏のこうした指摘を踏まえている。

（46）笠松宏至『日本中世法史論』「第十章仏陀施入之地不可悔返」（東京大学出版会、一九七九年）。

（47）笠松氏は前掲註(46)論著で、仏陀法の効力が中世末期まで存続し、寺社領の有力な防壁となったことを指摘し、「俗権力による『仏陀法』の完全否定は、恐らく次の時代をまたねばならなかったであろう」という。脇田修前掲註(29)論著でも、織田政権は寺社本所領について、基本的に既存の地位を容認したと指摘している。とすると、豊臣政権こそ、仏陀法や神明法を初めて完全に否定した権力といってよいだろう。

(48)『日本仏教史』近世・近代編「第三章教団の構造」(法藏館、一九七七年)、前掲註(11)伊藤真昭論考。

(49)『改定史籍集覧』一三(臨川書店、一九九五年)。なお、この神話上の天皇の治績は、『日本書紀』七(『日本古典文学大系』六七、岩波書店、一九六七年)に記載がある。大村由己がどういった写本で、このことを記したのか定かにならない。ただ『日本書紀』の記載年代と一年のずれがある。

(50)「島津家文書」三四五(『大日本古文書』)。

(51)天皇の権威が、戦国期より浮上した要因については、脇田晴子「戦国期における天皇権威の浮上」上・下(『日本史研究』三四〇・三四一、一九九〇・一九九一年)が、鋭い指摘をしている。とくに、そこで大きな役割を果たした三条西実隆が、ト部家本『日本書紀』なども書写しており、こうした天皇の権威浮上に寄与したのは、確かであろう。

(52)「大乗院文書」(『大日本史料』天正十三年閏八月是月条)。

(53)『多聞院日記』天正十三年閏八月二十七日条。なお以下にあっては、個々に註記しない。

(54)「法隆寺文書」(『大日本史料』天正十三年閏八月是月条)。

(55)永島福太郎『奈良』「V奈良町の成立」(吉川弘文館、一九九六年)。ただ、近年の安国陽子「戦国期大和の権力と在地構造—興福寺荘園支配の崩壊過程」(『日本史研究』三四一、一九九一年)によると、反銭賦課などは、天正四年の筒井順慶の大和一国支配から復活したものであり、中世のそれと区別すべきであるという。

(56)「法隆寺文書」(『大日本史料』天正十三年九月十四日条)。

(57)「法隆寺文書」(『大日本史料』天正八年八月九日条)。

(58)藤木久志『村と領主の戦国世界』「第十一章村請の誓詞」(東京大学出版会、一九九七年)。

(59)この道具改めは、『多聞院日記』天正十三年九月二十五日条に「一国中先苅為催促、諸方預道具相糺由、咲止々々」とあるものの、実態は不明である。ただ「先苅」を「先借」と読めば、国中の財産没収を意味するのかも知れない。

(60)「高野山文書」三三八(『大日本古文書』)。

(61)「高野山文書」三三七(『大日本古文書』)。

(62)秋沢繁「天正十九年豊臣政権による御前帳徴収について」(『論集中世の窓』、吉川弘文館、一九七七年)に、その経緯がよく記される。

(63)「高野山文書」八二一（『大日本古文書』）。

(64) 平雅行『日本中世の社会と仏教』「Ⅳ末法・末代観の歴史的意義」（塙書房、一九九二年）。

(65) 寺社勢力が殺生禁断令を領域支配のイデオロギーに転化していった経緯については、平雅行「殺生禁断の歴史的展開」（『日本社会の史的構造古代・中世』、思文閣出版、一九九七年）参照。高野山領では、とくにこの「大師御手印」の論理が重視された実例は、「高野山文書」五六〇の後鳥羽上皇の院宣など、多く散見する。

(66)「高野山文書」一三六四（『大日本古文書』）。

(67)『満済准后日記』永享二年十月十日条（『続群書類従』補遺一、続群書類従完成会、一九五八年）に「七月以来、高野衆徒行人確執、衆徒悉離山、長日勤行勤行以下悉退転、高野ニハ行人念仏衆計止住云々、言語道断事也」とあり、この頃から諸記録にその対立が記される。なお、この対立は、近世に入っても継続し、幕府は元禄四年（一六九一）に至って、行人方を追放処分にしている。

(68) 藤木久志『豊臣平和令と戦国社会』「第三章百姓の平和＝刀狩令第一節刀狩令の成立」（東京大学出版会、一九九二年）。

(69)「高野山文書」一一六九（『大日本古文書』）。

(70)「高野山文書」三七七（『大日本古文書』）。

(71) ここ十年余りの豊臣政権論を主導してきたのは、周知のように藤木久志『豊臣平和令と戦国社会』である。だが、近年に至り三鬼清一郎氏などによって、論理の中心「惣無事令」の再検討の必要性が指摘されている（前掲註(12)「在地秩序の近世的編成」）。この問題について、私も寺社政策論を検討してきて、まだ論理化しえないものの、その要はあると思える。というのは、「惣無事令」の視点から武家勢力への「豊臣の平和」が貫徹したとしても、寺社勢力への方策として、それがどう位置づけられるのか、あまり分明となっていないからである。

(72)「毛利家文書」一三三五（『大日本古文書』）。

(73) 秋沢氏の「太閤検地論」において、秀吉の御前帳徴収の意図が、石高制による全国での統一軍役体制の樹立にある、との指摘がある。だが、その点のみ強調することは、一つの問題を生じることになろう。というのは、全国の寺社領や公家領には軍役賦課のないことが、示されないからである。ここでは、それを非軍役地としたが、いずれにしても軍役のない土地もあった点をも、示すべきと考える。

(74)「高野山文書」四〇二(『大日本古文書』)。

(75)『多聞院日記』天正二十年八月十一日条。

(76)「池野文書」(宮川満『太閤検地論』第Ⅲ部、御茶の水書房、一九八一年)。

(77)前掲註(4)朝尾直弘論考。

(78)「豊臣秀次朱印状」(「天龍寺文書」、前掲註(10)辻善之助論著所収)。

(79)前掲註(8)仲尾宏論考。

(80)これまでの豊臣政権の寺社政策論は、この問題を中心の素材として、多く論究されてきた。しかし、本論で見たような寺社政策の断行の後に、それらの政策が実施されており、その評価についてはまだ再考すべき問題が、山積しているように考えられる。

本願寺教団の朝鮮進出

――関連史料を読む――

草野顕之

はじめに

慶長二年（一五九七）六月二十四日、安養寺慶念は朝鮮への船路に着いた。そして翌三年二月二日に無事故郷の臼杵へ帰着するまでの七カ月余の間に、慶念が朝鮮で体験した諸問題については、本書の他の論文に詳しく論じられている。本稿は、その朝鮮への往路の記事に真宗寺院の姿が見え隠れすることに注意するところから始まっている。

たとえば、『朝鮮日々記』の六月二十八日条には、豊臣秀吉の朝鮮出兵の拠点であった名護屋に立ち寄り、「此なこやの津ハおとに聞つたへし所なり。殊更御明日なりけれハ、さためて御道場も御座あらん。又ハ見物せんとおもひけるに、はや御船ハさきへめされける」と記されている。これは、名護屋に真宗の道場があろうから、二十八日の親鸞命日でもあるので、参詣したいと思ったものの、もう船が出るというので叶わなかったという内容である。また、釜山に到着しての同記七月十一日には、「ふさんかいにこそ御道場の御入候とうけたまハりて、たつね参りけれハ、まことに殊勝ありかたく御本尊さまをあんしんめされ、端坊さまの御下と御物語候御すかたを、つく〳〵とおかミ奉」るという経験をもしている。

このように、秀吉の朝鮮出兵の拠点たる名護屋城下や、さらに釜山にさえ、慶長二年の段階で真宗寺院が建立されている（あるいは、慶念がそう伝え聞いている）という事実をどうとらえたらよいのであろうか。それは、近世初頭の真宗史の問題として、慶念個人の体験とは違ったレヴェルで、すぐれて重要な問題であると考える。慶念が朝鮮へ赴く以前より、真宗の朝鮮進出がなされていたとすれば、またそのことに本願寺教団が積極的に取り組んでいたとするなら、そのことが慶念の朝鮮渡海や朝鮮での態度に、大きな影響を与えた可能性すら想定できよう。

本書において筆者は、こうした慶念の朝鮮渡海の前提としてあった、秀吉の朝鮮出兵と真宗、とりわけ本願寺教団との連関を探るべく課題を与えられていたが、十分にまとめきる時間がなかったので、そのために収集した史料を翻刻紹介して、上述の課題については他日を期したいと考えている。

以下、一～四にわけて掲げた文献に解説を加えておきたい。

一　高徳寺文書

③の『高徳寺由緒書』によると高徳寺は、織田信長の家臣であった奥村某が、本能寺の変の後、本願寺教如に帰依して真宗僧となり、浄信との法名を名乗っていたが、「入唐弘法」の志を立てて朝鮮へ渡り、釜山において一宇を建立したのがその濫觴という。慶長三年（一五九八）、一時帰国した時に教如から与えられたという「親鸞聖人御影」は現に当寺に存在し、その裏書（①）には慶長三年四月十三日との日付と「朝鮮国釜山海高徳寺常住物也」という充所、また「願主釈浄信」という願主書きが、明瞭に読みとれる。

朝鮮での戦況が膠着し、秀吉の死を契機に諸将の帰国が実現した慶長三年十二月に、浄信も帰国したといい、その後、慶長六年（一六〇一）に再度の渡唐の願いによって、唐津に一寺を建立したのが現在の寺域であるという。

高徳寺には合計四本の由緒書と、二本の縁起と題された記録類が残されており、由緒書と縁起の各一本が展示室で公開され、残りは綴られて保管されている。ここで紹介した③の『高徳寺由緒書』と④の『朝鮮国釜山海高徳寺縁起』は、いずれも展示室で公開されているものであり、それぞれの中でもっとも古いと思われるものである。③『高徳寺由緒書』は快全の筆になるが、その快全は高徳寺の第八世であり（③）、②の方便法身尊像の願主でもあるから、宝暦年間（一七五一〜一七六四）頃の人物である。綴られた方の由緒書の一本『釜山海高徳寺由緒書』は、筆致からみて③『高徳寺由緒書』の筆者と同様、快全の手になるものと考えられるが、内容的には唐津に移寺して以降の、近世の高徳寺史という色彩が強いものであるから、ここでは略した。

また他の由緒書の一本は、内容的には簡略なものの、明治期の朝鮮布教で知られる奥村円心の手になるもので注意される。残る由緒書一本と縁起の一本は、昭和期の住職である第十六世奥村靖信師の手になり、由緒書はそれ以前の由緒書を簡略にまとめた内容、縁起は④の『朝鮮国釜山海高徳寺縁起』をほぼ写したもので、昭和二十九年（一九五四）六月十日の書写日が記されている。

二　安楽寺（端坊）文書

唐津安楽寺は、旧号を端坊と称し、名護屋城下に開創された寺院である。掲載した①『安楽寺縁起』（以下、『縁起』と略記）によると、秀吉が朝鮮出兵のため名護屋に発向した時、本願寺の命で端坊明然が名護屋の茜屋町に一宇を建立したのがその濫觴であるというから、開創時期は名護屋築城の天正十九年（一五九一）をさほど降らない時期であったかと思われる。

興味深いのは、続けて『縁起』が、文禄二年（一五九三）に顕如没後の本願寺を継いだ教如が、名護屋に秀吉を訪れた時、この端坊で休息したと、本願寺教如の九州下向の事実を記していることである。本願寺の公式記録からは、教如の名護屋訪問の事実を検証することはできないが、九州を中心とする西日本の真宗寺院には、直ちに『縁起』のいう文禄二年とすることはできないものの、教如の九州下向に対して馳走を求める坊官の文書が残されており、教如九州下向が事実としてあったことを証している。「四　教如九州下向関係文書」に収録した文書がそれである。

また、『縁起』は続けて、端坊境内に六つの寺院が営まれ、寺務を担当していたという。これが「名護屋六坊」と呼ばれる寺院で、『鎮西町史』などに紹介されて、以前よりその名は知られていたが、六坊各寺の史料が紹介されることは、これまでなかった。そこで、名護屋六坊のうち、現存する五カ寺の史料を紹介したのが「三　名護屋六坊文書」である。この端坊をはじめ名護屋六坊が、安養寺慶念が立ち寄った時、名護屋城下に立ち並んでおり、それを予め知っていた慶念が、参詣しようと思い立ったのではなかったかと思われる。

慶念は釜山で、漸く真宗寺院を訪れる機会を得るが、前述したようにそれは「端坊さまの御下」と表現されている。この端坊こそ、当時「端坊」と称していた唐津安楽寺の通寺であったことはいうまでもなかろう。こうしたことから、真宗の朝鮮進出の拠点として、名護屋城下に端坊と名護屋六坊は建設されていた可能性は高い。

明然が開基した後、端坊は順了に譲られ、順了の代の慶長元年（一五九六）に唐津城下へ移ったという。『縁起』は慶長元年に寺沢広高が唐津城を築城した時と伝えているが、寺沢の唐津築城は慶長二年（一五九七）であって、いささかのズレも見られている。

ところで、端坊を開基して順了に譲った明然について『縁起』は、「順了ニ遺跡シテ本寺へ上レリ」と、本寺へ帰ったと記しているが、この端坊明然とはいかなる僧侶であったのだろうか。

そもそも、端坊は古くより仏光寺の有力な一坊としてあり、仏光寺経豪が蓮如に帰依して本願寺に改派した時、同調して本願寺教団に加わり、以後興正寺と号した経豪と歩みを共にした寺院である。戦国期には堺の商人と結んで西国布教に積極的に乗り出し、中国・四国や九州に多くの末寺を持っていた。そして、永禄六年（一五六三）山口に、次いで慶長十三年（一六〇八）には萩にも別坊を建立しているので、本寺へ帰ったという本寺とは、この山口端坊であったのかもしれない。その山口端坊に蔵される『京都御本坊御由緒書』（児玉識氏「毛利・小早川氏と真宗―山口端坊文書の分析―」）には、すこぶる興味深い記述が見える。

それには、当時の住職端坊明念は、出雲の尼子氏と戦局を開いていた毛利氏に、安芸の門徒は一味すべしという本願寺顕如の命令を伝達する役を仰せつかったり、石山合戦期に本願寺と同盟して信長軍と対峙していた毛利氏との連絡役を務めるなど、戦国時代の中国地方で毛利氏を中心とした政治的活動に従事していたことが記されている。ここにいう「明念」と唐津安楽寺開基の「明然」とは、文字は異なるものの、同じく「ミョウネン」と発音することから、筆者は同一人物ではないかと考えている。

というのは、『京都御本坊御由緒書』によると、その後明念は、小早川隆景と密接な関係を持ち、天正二十年（一五九二）四月の隆景朝鮮出陣に随従して、隆景の取り持ちにより釜山に道場を建立したと伝えられているのである。安養寺慶念が釜山で参詣した道場こそが、この道場であったと思われる。慶念は「端坊さまの御下」と聞いているが、それは明念によって道場が建てられたあと、道場を預かった坊主が、明念の弟子という意味でそう称した可能性もあるからである。先に、明念と明然とを同一人物と推定したのは、山口端坊と釜山端坊とをつなぐ拠点として、名護屋に端坊が建立されたと考えるのが自然だからである。

さらにいま一点、明然が唐津安楽寺を譲った順了について、安楽寺の系図（②毛利氏系図）は毛利元就の次男で吉川家を継いだ元春の長男宮内少輔元氏に充てている。前述のように、山口端坊蔵『京都御本坊御由緒書』に見られる明念は、毛利氏との政治的関係を濃厚に有していた人物であり、また明念が朝鮮へ随従したという小早川隆景は、吉川元春の弟（つまり安楽寺二世順了の叔父）に当たることからも、明念と明然を同一人物とする推測は可能であろう。

このように考えることができるならば、端坊明念の中国地方の諸大名と結んで実現した、西国と朝鮮半島までをも含んだ開教活動の一拠点としての、名護屋端坊草創という側面も考えておかなければならない。

三　名護屋六坊文書

『安楽寺縁起』には名護屋端坊の境内に、寺務を担当する六つの坊が建てられたという。そのうち一坊は還俗して唐津城下の八百屋町に子孫がいると記されている。今回、この家はわからなかったが、それを除く五坊のうち、四坊までが現に唐津市内に寺基を構えており、その史料を拝見することができた。また、残る一坊は明治期に長崎県へ寺基を移して存続している。以下、この五坊の史料を紹介する。

A　本勝寺文書

唐津本勝寺は『安楽寺縁起』に名護屋六坊の筆頭として「善海房本勝寺」と記された寺院である。名護屋時代の様子を知りうる由緒書や御影の裏書などはないが、当寺の過去帳に「当寺開山釈善海法師　酉十一月十二日」と記された開基の記事を見ることができる。名護屋時代に称していた善海房という坊号が、開基の法名であったことが確認された。

B　安浄寺文書

唐津安浄寺は同じく第二番目に記載された寺院であり、「順海房安浄寺」と記されている。同寺に保管される一綴りにされた古記録類の中に、明治五年に書き上げられた『寺院明細帳』（①）と、『安浄寺由緒覚』（②）とが含まれている。①『寺院明細帳』によると開基は順海といい、相模国の生まれで北条氏の家臣であったが、小田原落城の後、本願寺教如に帰依して僧侶となり、慶長三年に唐津に来て一寺を建立したと見える。

この記事だけであれば、名護屋に建てられていたとする『安楽寺縁起』と齟齬するのであるが、②の『安浄寺由緒覚』には、往古名護屋に所在していたことが明記されている。このことから先の『寺院明細帳』の慶長三年との建立年次は、名護屋退去後唐津移転の年次であったことを知りうるのである。

なお、①『寺院明細帳』、②『安浄寺由緒覚』とも、開基は順海と明記しており、『安楽寺縁起』に見られる坊号と一致している。

C　行因寺文書

唐津行因寺は第三番目に記載された寺院で、「了善房行因寺」と記されている。同寺には、本願寺教如の下付になる方便法身尊像が蔵されており、その裏書（①）には、下付年代や充所は見られないものの、「方便法身尊形」という表題、「本願寺釈教如（花押）」という署判、および「願主釈賢海　釈尼妙□」という願主書が記されている。願主の賢海は同寺の開基であり、賢海と妙□は夫妻と考えられよう。行因寺の場合、名護屋時代の坊号が、そのまま開基名でないことになる。

さらに同寺には②『行因寺由緒書』が残されていて、開基の事情について詳しく述べられている。すなわち、開基賢海は俗名を埴生備後守賢次といい、父盛次と共に立花氏に属する武士であった。戦いによって父は討死し、賢次も傷を負って、秀吉が在陣していた名護屋に従軍していた時、本願寺教如に出会って暇を乞い、教如の弟子となって賢海坊という法名を付された。帰洛する教如の供をして、京都で五百代の本尊を受け、名護屋に帰って開いた道場が行因寺の濫觴であるという。その後、寺沢広高の唐津築城に際して、寺基を唐津城下に移したものという。

D　伝明寺文書

長崎県小浜伝明寺は、第四番目に記載された寺院で、「了休房伝明寺」と記されている。今回、同寺を訪問することは叶わなかったが、ご住職の好意により、同寺創立四百年、移転百年記念法要で配布された「恵澄山　伝明寺沿革（資料）」をお送りいただき、そこに掲載されていた①木仏裏書を転載した。

それによると、寛永十八年（一六四一）に、当時唐津にあった伝明寺が木仏を安置したことが明らかで、通常であればこの折に「伝明寺」との寺号も公称したとも思われる。その充所には「安楽寺門徒」と見えており、唐津安楽寺を手次としていたことが解る。『安楽寺縁起』に、端坊建立当初は「遠近之一派ハ悉ク明然之支配」という状態であったのに、現在は「遠邦之与力ハ或帰別家、近隣之末寺ハ或衰テ音信絶タリ、今纔ニ残テ昔ノ半ニモ不足」するようになってしまったことを嘆いているが、こうして近世初頭には端坊を手次とする寺院があったことを証明している。また、その願主である「了伝」については名護屋における了休房の開基であるのか、次代であるのかは詳らかではない。

なお、「伝明寺沿革」によると、名護屋に了休房として建立された同寺は、慶長三年頃に唐津城下の平野に移転し、さらに明治二十八年に長崎県知事の認可を受けて、現在地に移転したとされている。

E　正円寺文書

唐津正円寺は、第五番目に記載された寺院で、「龍泉房正縁寺」と記されている。同寺には、①『御兼帯所願上候控』と題する故実録に「正円寺由緒」が含まれていて、開基の事情が少しく明らかになる。それによると開基は了泉といい、名護屋において秀吉から居間を拝領して寺院を建立したという。その後、慶長四年（一五九九）に唐津城下に移転したが、拝領した柱はその座敷に用いていると記されている。開基の法名を了泉としており、『安楽寺縁起』の「龍泉房」との坊号と食い違いを見せているが、②の『正円寺過去帳』には「当山開基釈龍泉法師　寛永七庚午年十一月廿七日　俗名龍溪九郎洪範」とあって『縁起』の坊号と一致する。

「了泉」と「龍泉」のいずれが正しいのか速断できないが、一つの考え方として『安楽寺縁起』の成立に関わる問題がある。すなわち、『安楽寺縁起』の著者智山は、元禄三年（一六九〇）にこの『縁起』を著わしたのであるが、名護屋六坊の記述に当たっては、六坊文書を採訪したのではなかったか。そして、各寺の過去帳の記載を信頼のおける史料として採用し、六坊名を決定した可能性も考えられる。開基名と坊号とが一致する「善海房本勝寺」「順海房安浄寺」「龍泉房正縁寺」のうち二カ寺までが過去帳の記述と一致していることからもそういえるのではなかろうか。

以上、五寺院の史料を通覧すると、そのうち二カ寺の寺伝が、本願寺教如との関わりを有することが注意される。翻って、「一　高徳寺文書」で見た『高徳寺由緒書』や「二　安楽寺文書」の『安楽寺縁起』も同様であって、名護屋に創建された真宗寺院や釜山に進出した寺院の成立に、教如の意志が関わっていた可能性が想定できるようである。

それは、これまで注意されることがなかったが、『安楽寺縁起』に見られたように、教如が名護屋の秀吉を訪れたということと深く関係しているようにも思われる。そこで、次章には「四　教如九州下向関係文書」を収録してみた。

四　教如九州下向関係文書

ここにAからEの所蔵別に紹介した計九通の文書は、いずれも本願寺教如の九州下向に関わる文書である。AからEへと、ほぼ月日順に並べてみたが、年次が記されていないので、何年の発給であったか推定を加えながら検討しておきたいと思う。

A　光照寺文書

広島県沼隈郡山南町の光照寺に蔵される①粟津元辰松尾元貫連署印判奉書は、二月二十三日付の文書で、九州へ出陣した秀吉を見舞いに下向する新御所教如に対する、道中での馳走を求めたものである。文中秀吉を「関白」と称しているから、秀吉が関白に就任した天正十三年（一五八五）七月以降、太閤となった同十九年（一五九一）十二月までのものである。この間、秀吉が九州へ赴いたのは、天正十五年（一五八七）における島津氏討伐のための出陣以外にはないから、この文書も同年二月二十三日のものと推定できる。

なお、文中に「誠たまさかの御下向之儀候間、御門弟中不残一人可被致参上事専用候」と見られることは注意すべきであろう。すなわち、本願寺宗主の西国訪問は、これまで摂津までしか実現したことがなかったため、たとえ秀吉の見舞いを第一の目的とした下向であっても、本願寺教団にとっては西国門末教化の絶好の機会となったのである。

B　光教寺文書

福岡県浮羽郡浮羽町の光教寺に蔵される①松尾元貫粟津元辰連署印判奉書は、四月十三日付の文書で、新御所教如が秀吉の九州出陣の見舞いに行くので、その折、一宿を頼みたいという依頼状である。やはり、秀吉を「関白」としているから、A—①の光照寺文書同様、天正十五年（一五八七）の島津氏討伐の折のものである。文中、「御上下之儀ハ　関白様御座所不被相定候際、只今より申越候儀なりかたく候」と記しているのは、教如がいつ頃その辺を通るかは（したがって宿泊の日時は）、関白の御座所が定まらないので、現時点では伝えるのは難しいとの意味であり、薩摩を目指して進軍する秀吉の動向を窺いながらの見舞いであったことが知られる。事実秀吉は、この四月には、長門の赤間関（下関）から筑前秋月、そして光教寺近在の筑後高良山を経て、肥後熊本へと進軍しており、このように書かれる内容にふさわしい行動をとっている。

C　妙行寺文書

福岡市南区野間の妙行寺文書は、森山みどり氏が「博多における真宗寺院の初伝」において紹介されたものである。①の松尾左近粟津右近連署印判奉書は、B—①松尾元貫粟津元辰連署印判奉書と同日付であり、内容的にもほぼ同様であることから、天正十五年（一五八七）に発給されたものと考えられる。森山氏は②の粟津右近松尾左近連署印判奉書と併せて、天正二十年（一五九二）の発給と注されているが、この文書は光教寺文書と異なり、秀吉を「殿下」と表現していることから、推定を誤られたのであろう。

ともあれ、以上に紹介した三通の文書によって、天正十五年に本願寺教如が、九州に出陣した秀吉の見舞いのため、備後を経て、筑前博多から筑後地域にまで下向した可能性を確認することができた。ただ、先述したように秀吉の見舞いといっても、西国門徒の教化活動を伴った下向と見られ、A—①が備後に充てて発給されてから、九州の寺院に充てられたB—①やC—①が発給されるまでに、二カ月弱も経過している。この折の教化活動によって、教如に帰依した人々もあったに相違なく、あるいはその中に名護屋六坊の開基者が含まれていた可能性もあろう。

②の粟津右近松尾左近連署印判奉書も、①と同様に天正十五年と考えるべきか否かについては、そう考える必要はないと思っている。この文書は、森山氏が推定されたように天正二十年（一五九二）とした方がよかろう。その根拠については、下向の目的の「(秀吉の）御陣為御見廻」との記載が、次項に述べる天正二十年と推定される文書（D—①）と同様の表現であること、そしてその後に、「其地被成御通候」と明確に教如が博多を通ることを伝え、続けて「御一宿御まかなひ並馬人足以下可成程、各馳走憑被思食」と、馳走の内容を具体的に指示している点にある。天正十五年の下向は、秀吉の動きを窺いながらの見舞いであったため、通過の時期や一宿を依頼する表現もあやふやであったこととかなりの開きがある。

こうしたことから、この文書は天正二十年の発給としておきたい。なおこの文書が発給された五月からD—①文書の六月にかけて、秀吉が名護屋に在城した年は、天正二十年と文禄二年（一五九三）の二度ある。そして、『安楽寺縁起』は文禄二年の教如訪問と伝えてもいる。しかし一方、当文書も次項の二通の文書も、教如を「新御所」と表現している事実がある。「新御所」とはいわゆる「新門」であり、門主後継者を指す語であるから、天正二十年十二月に門主を嗣ぐ教如が、「新御所」と称されるのは天正二十年しかありえないのである。

D 『筑前国続風土記附録』所載文書

ここに紹介した二通の文書は、『筑前国続風土記附録』に所載された文書を、前記森山氏が紹介されたもので、原本は福岡市早良区重留の妙福寺（開山が「はぶ了善坊」）に所蔵されたものであろう。①は六月十八日付松尾左近印判奉書で、教如が秀吉の（名護屋の）陣を見舞いに行くが、博多で少し用があるので、明日か明後日深江（福岡県糸島郡二丈町）まで行くことになる。そこでの一宿と、名護屋までの「手馬十疋・人足十人」の調達を頼みたいという依頼状である。

充所に記された「はぶ」は、上記妙福寺の旧地名かと思われ、現住職家は「土生」姓を名乗っている。また、「おにくら」は妙福寺と同じ早良区重留にある浄覚寺の旧地名のようで、やはり浄覚寺の住職家は「鬼倉」姓を名乗っている。この二カ寺が所在する重留も、本文中に見られる「ふかゑ」（深江）も、博多から名護屋に向かう途上にある地名であるから、この依頼状の内容は一直線に名護屋を向いている。したがって、先項で述べたように、当文書は天正二十年の発給と断定できるであろう。

また②は六月二十三日付の松尾左近粟津右近連署印判奉書であり、「先度ふかゑの御留候儀中越候処」と①文書の内容に触れた箇所があることから、これも同年の発給としなければならない。①で、六月十八日に「明日か明後日か、ふかゑまて可被成御座候」との予定を伝えながら、この文書が二十三日に出されているように、この予定もまた「いつか」（飯塚）へ立ち寄ったことによって、四、五日遅れる結果となっている。

ともあれ、この二通の文書とC—②文書の存在によって、天正二十年に教如が名護屋の秀吉を訪れたことはほぼ確定しうるのではなかろうか。

E　光瑞寺文書

Eの光瑞寺文書三通は、ここまでとは逆に、新御所教如の九州からの無事の帰着を報じて、それに対する音信の礼を述べた文書である。①が主となる下間頼廉が奉じた印判奉書で、②は懇志の披露者下間頼廉による副状、③はさらにその取次益田照従の副状ということで、三通一組で発給されたものである。上述した二度の教如九州下向の、いずれの帰洛に関するものであるかが問題である。②の下間頼廉副状に「上洛」という文言が見られることを手がかりに、本願寺は天正十五年（一五八七）段階では大坂天満にあり、天正二十年（一五九二）段階では京都堀川に移っているので、天正二十年と比定するのは早計である。というのは、蓮如期以降本願寺教団では、どこにあっても本願寺へ上山することを「上洛」と言い続けているからである。

三通の発給は八月六日付であるが、それは教如帰着の報に接した丹波上窪の浄了（京都府北桑田郡美山町光瑞寺）が、音信として二十疋を本願寺へ送った返状であるから、教如の帰着はそれより随分前であったことになろう。八月六日との日付からすれば、七月上～中旬くらいと推定できるのではないか。そうであれば、四月頃に九州の秀吉を見舞った天正十五年度の下向と考えるよりは、六月末に名護屋の秀吉を見舞った天正二十年度の下向の折のものと考える方が妥当であろう。

AからEまで九通の文書を読み解いてみると、以上のように二度にわたる教如の九州下向が想定できるようである。ただし、一度目の天正十五年度は、二月二十三日に備後へ、四月十三日には九州の二カ寺に先触状として発給されているものであるから、どの辺りまでの下向が実際に行われたのか、また先触れをした寺院に本当に宿泊したのかなど、定かにはわからないことも多い。一方、天正二十年度のそれは、C―②やD―①②文書の内容によって、あるいはE文書の存在によって、実際に行われたものと考えうるであろう。『安楽寺縁起』で述べられた、文禄二年（一五九三）の教如名護屋訪問の記述は、年代に一年のズレこそあるものの、この事実を伝えたものと評価できよう。

おわりに

本願寺教団の朝鮮開教への動きや、時期を同じくして行われた教如九州下向の事実は、本願寺側の史料では検索することができず、これまでの真宗史で触れられることは少なかった。しかし、本書で明らかになったように、秀吉の朝鮮進出の軍に随従した本願寺僧があったこと、また彼が名護屋や釜山で体験した真宗寺院との僅かな関わりからは、その背後に本願寺教団全体が関わる大きな動き――朝鮮半島から中国大陸への開教を目指すという壮大な動き――を読みとることも、荒唐無稽なことではあるまい。

本稿では、本来こうした観点から、本願寺側の史料と当該地の史料とを擦り寄せて、朝鮮半島（さらには中国）への進出が、この時期の本願寺教団にとってどのような課題としてあったのか、また二度にわたる九州下向を敢行した本願寺教如の意識の中には、何が見えていたのかといった点に迫りたいと考えていた。それは、思想史的には秀吉が天正十五年に発布したキリスト教禁止令や、その背景にあった神国意識といったものとの関連において、仏教の復権を目指す壮大な計画として構想されたとも考えられようし、教団史的観点からは、九州本願寺教団成立の画期となった事件であるし、場合によっては東西分派の問題への影響をも考えなければならないかもしれない。

本願寺教団の朝鮮進出をめぐっては、こうしたいくつかの問題を明らかにして初めて、その歴史的意味が確定されなければならないと考えているが、その多くは留保して、以下に紹介した文書の解説を終えたい。

【史料】

一　高徳寺文書（佐賀県唐津市中町）

①親鸞聖人御影裏書

大谷本願寺釈教如（花押）
慶長三戊戌年四月十三日
朝鮮国釜山海
本願寺親鸞聖人御影　願主釈浄信
高徳寺常住物也

②方便法身尊像裏書

釈従如（朱印）
宝暦四甲戌歳六月廿八日
方便法身尊形　肥前国上松浦郡唐津
朝鮮国釜山海
高徳寺什物也
願主　快全

③高徳寺由緒書

高徳寺由緒書

一、当寺開基浄信、俗姓奥村氏和州郡山産、織田信長公近従之侍也、　君御生害后発心仕、御宗門御繁栄之不思議をしたひ奉り、天正十一年　教如上人之御末弟ニ連り、法名浄信与御免被成、暫泉州陶器村ニ居住仕候、浄信願望ハ御宗門普日本国中御繁栄被成候得共、大唐におゐて御興流無之候、願ハ愚僧へ御免被成被下候者、入唐弘法之所願満足仕度由奉願候処ニ、　教如上人被思召寄特天正十三年渡唐之大願御免被成、則五百代御本尊幷ニ十字之御名号・御文一帖申請、同年朝鮮国釜山海へ供奉し一宇建立し、御法義相弘候処ニ、彼地に於て御流義日々に御繁昌、御門葉及数万人、　教如上人御書被成下難有歓申候、于時慶長三年正月右為御礼浄信帰朝仕候処ニ、　教如上人御歓悦不斜被思召、御長壱尺五寸木像一躰［春日之作］、祖師聖人御真影一幅［礼盤三蒲也］御真筆被相添、直ニ授与被成候、浄信難有頂戴仕帰唐致候得ハ、増々御門葉難有奉存御法流御繁昌之処ニ、秀吉公三韓御征伐ニ付同年十一月下旬御出陣被成候処、彼地及兵乱家村敗亡ニ付高徳寺本院を相続いたす所なく、同年十二月帰朝仕候、秀吉公名護屋御在城之節也、秀吉公御懇意ニ被仰聞三品拝領仕候、其後高徳寺摂州大坂へ罷越、本院を建慶長六年迄居申候得共、又々渡唐之願望有之ニ付、同年肥州唐津城下へ本院を移し、時節を見合罷有候へ共、御制禁ニ付無是非唯今迄唐津へ居住仕候、浄信入唐之節泉州摂州辺へ引込居申候牢人共六人、同渡唐仕候者共御座候、右之門徒共高徳寺同事ニ帰朝仕、則大坂幷ニ唐津迄附添、当寺近辺ニ居住仕候、門徒末葉于今相続仕居申候、釜山海ニ高徳寺屋敷与申候而、田畑ニも不致候清浄之地有之由ニ御座候、二世浄俊三世浄秀四世浄哲五世慶秀六世元寂七世元察八世快全、拙僧ニ而御座候、

一、正徳六年六世元寂由緒之儀申立候所存ニ而、朝鮮国へ被成下候木仏御免状幷ニ教如上人御書御家老中御添状供奉し被登候処ニ、周防灘ニ而難船ニ逢、右之品々致漂失候、飛檐継目御印書も同漂失ニ付、御成替被下頂戴仕候、以上

釜山海
高徳寺
快全

④朝鮮国釜山海高徳寺縁起

朝鮮国釜山海高徳寺縁起

夫惟レハ仏日西天ニ隠レ玉□（フトイヘトモ余光）猶東土ニ伝ハリ、如来末法ノ遺訓浄土ノ往詣今盛ナリ、爰ニ肥前国上松浦郡唐津城下釜山海高徳寺ハ、人皇一百七代正親町院ノ御宇、朝鮮国釜山海ニ開基セシ仏閣ナリ、其濫觴ヲ委ク尋ヌルニ、織田信長公ノ近臣ニ奥村氏何某トテ武士アリシカ、君生害後一向無常遷流ノ世ノ分野ヲ歎キ、今ハ甲冑刀杖モ手ニ触ル、ニ由ナシトテ、泉州陶器ノ邑ニ引コモリ居タリシニ、天正十一年正月朔日ノ夜、先祖ヨリ奥村ノ家ニ安置セシ、弘法大師黄金ヲ以テ燾（ママ）玉ヒシ御尺一寸八歩ノ弥陀如来ノ尊像アリ、此如来枕ノモトニ顕レ、夢ニモアラス現ニモアラテ告玉フハ、汝世ヲ随ル、トイヘトモ、後世ノ一大事ヲ知ラス、末代相応ノ要法ハ念仏ニシクコトナシ、今教如上人トイフ知識アリ、早ク御モトニ到リ念仏ノ要路ヲトウヘシ、汝ハ朝鮮国ニ有縁ノ衆生アリ、彼地ニ念仏宗ヲ弘ムヘシトツケ玉フトイヘトモ、更ニ驚クコ、ロナカリシカハ二夜三夜ニオヨモ（ヒ）、如来青蓮ノ御瞼リニ涙ヲ浮ヘ告玉ヒケレハ、猛キ武士モ瑞喜感歎シ急キ教如上人ノ御モトニ到リ、右ノ子細ヲ申シ上ケレハ、上人御感心ナサレ直ニ剃髪染衣ノ身トナシ、法名ヲ浄心坊ト玉ハリ一向専修ノ行者トナル、浄心思フ様実ニ如来ノ御夢想ノ通リ、日本国中ハ東関ノ雲ノ間西海ノ波ノ上マテモ、普ク其利益ヲ施シ玉ハサル所モナシ、然レハ急キ朝鮮国ニ渡リ御法流ヲ弘ムヘシト思ヒタテ、教如上人ヘ朝鮮弘法ノ願ヒヲ申上ケル、然ル所ニ不思議ナルカナヤ、蓮如上人ヨリ御内仏ニ御安置ノ本尊弥陀如来ノ尊像春日之作、此如来教如上人ヘ告玉ハリ朝鮮国ニ有縁ノ衆生アリ、彼地ヘ渡ラント告玉ヒケレハ、上人奇異ノ思ヲナシ、則木仏尊像幷ニ五百代弥陀如来ノ尊影ヲ自画シ玉ヒ、祖師聖人御真筆六字名号、蓮如上人御筆六字名号、蓮如上人御文授与シ玉ヒ、御副人マテナサレ、朝鮮国ヘ渡シ玉ヒケリ、于時天正十三年乙酉二月十三日ナリ、浄心武家タリシトキ朋友ノ輩ラ六人意ヲ同フシテ、浄心ト共ニ朝鮮国ヘ渡リケル、釜山海ノ湊ヘ着ケレトモ、知ラヌ異国ノ悲シサハ、如何ナル方便ヲ以テカ御法流ヲ弘ムヘキト意ヲ悩シケル所ニ、不思議ヤ供奉セシ聖人御真筆ノ入玉フ御箱内ヨリ金色ノ光明カ、ヤキケレハ、彼地ノ人々奇異ノ思ヲナシ、一向専修ノ教ニ随ヒケレハ、彼所ニ一宇ヲ建立シ御法流ヲ弘メケル、然ルニ慶長三年浄心日本ニ帰リ御宗門彼地御繁栄ノ由ヲ教如上人ヘ申上ケレハ、上人不斜悦ヒタマヒ祖師聖人満九十歳ノ御真影ヲ自画シ浄心ヘ授与シ玉ヒ、幷ニ彼地御門下中ヘ御書被成下ケリ、浄心難有御供シ朝鮮国ヘカエリケル、異国ノ御門下初テ聖人ノ御真影ヲ拝シ、優曇華ノ盛ニアヘル心地シテ益御法義ヲ尊ム、然リトイヘトモ三韓御征伐ノ砌リ、家村敗亡ニツカレテ寺院相続シカタシ、依之高徳寺暫ク日本ヘ立帰リケル、ソレヨリ摂州大坂ヘ寺院ヲ建テ居リタリシカ、再ヒ渡海ノ願望アルニヨツテ九州ヘ下リ、肥前唐津ヘ寺院ヲ移シ時節ヲ窺ヒケレトモ、渡海御制禁ニツキ是非ナク今ニ在住セリ、倩此由来ヲ案スルニ、和国ノ有情ニ御縁深キニヨツテナリ、然則、報可報大悲之仏恩、謝可謝師長之遺徳ナレハ、仏祖ノ恩徳ノ深遠ナルコトヲ信知シテ、御報謝ノ経栄肝要ニテ候、此外渡海ノ縁由広シトイヘトモ、此ヲ略スルモノナリ、

二　安楽寺（端坊）文書（佐賀県唐津市呉服町）

①安楽寺縁起

縁起

肥之前州上松浦郡唐津安楽寺ハ、濫觴ヲ尋レハ京本願寺譜代ノ端坊也、往シ文禄年中ニ大将軍秀吉公為征伐異国発向当国名護屋ノ刻、本寺ヨリ端坊明然下国シテ構一宇即号端坊、于今名護屋汝茜屋町ニ其故地アリ、歴年成畠処人字端坊屋敷、然ニ其比本寺上人顕如遷化ニ依テ、文禄二年之春大僧正教如為継目当国へ下リ、於端坊漸休高駕、於名護屋陣中秀吉公対面シ給、従本端坊境内ニ六房並居テ毎ニ守寺務、遠近之一派ハ悉ク明然之支配ニ預リテ、宗儀ヲ嗜一宗之繁栄最異他、所々ノ末寺支配之簡状今ニ在之、扨テ大僧正帰京之後、秀吉公御在陣之内　御目見ヲ遂ルハ諸寺ノ中不過四ケ寺、端坊其随一也、尓ニ明然ハ我祖順了ニ遺跡シテ本寺へ上レリ、厥后秀吉公軍勢ヲ小西行長・加藤清正両将ニ令執権大坂へ登リ給ヒ、一両年ノ後異国平治ノ比ニ及テ、寺沢志摩守広忠(高)公ニ賜於唐津築一城、其時順了斯処ニ移ル、幸哉国主広忠公懇意不浅、当所町割ノ最初ニ任意境地ヲ可構ト言フ故ニ、望ノ儘ニ今ノ呉服町ニ居テ端坊ト名乗ル、慶長元丙申年也、六房モ相続テ来ル、端坊本尊ハ絵像ノ弥陀教如上人之御裏書顕然而今ニ拝ス、其後五三年ヲ経テ順了上京之時、教如上人改端坊安楽寺ト賜、木仏同時ニ御免ノ御印在之、其ヨリ次第ニ六房各寺号ヲ賜、善海房本勝寺〔居米屋町〕順海房安浄寺〔居新町〕了善房行因寺〔居米屋町〕了休房伝明寺〔居平野町〕龍泉房正縁寺〔居新町、是ハ延宝之比、私ノ意趣ヲ以テ西本願寺ニ帰〕永元房〔是ハ俗家ト成、今ニ八百屋町有末孫〕、然ニ当時ノ本尊ハ御長二尺二寸之弥陀行基菩薩之彫刻也、元ハ当国五ケ山之内天川村西光寺ニ〔禅宗〕安置ス、然ニ或時示現而言ク、山林ノ化ヲ隠シテ聚洛ニ顕現而、広度衆生ヲ、山中和泉ト云者ニ可迎云々〔是ハ寺沢公之武士〕、即住持任告勅時、彼ノ檀越等悲歎云、斯尊ハ古今伝寺威神霊仏也、詎ソ渡他哉ト、仍再ヒ寺ニ雖迎、本尊之告命数度ニ及テ、遂ニ和泉カ所ニ来臨シ給、幸此人当寺之門徒也、彼此歓喜不浅而即日当寺ニ奉移、依之順了謹テ思ク、念仏広弘之本誓此道場有縁之霊験也ト、仍テ其ヨリ拝之、縁起事長略之、初ノ木仏ハ今本勝寺ニ令安置是也、次顕如上人御影慶長十四年五月廿九日教如御判願主順栄也、祖影幷太子七高祖ハ元和六年五月六日宣如御判、此上人十七歳而始テ立筆之御銘アリ、御絵伝ハ寛文二年六月二十八日琢如御判願主玄保也、同三年ノ冬鐘楼ヲ作ル、琢如上人御影ハ延宝三年正月廿九日常如御判徳保之願望也、上件者書記ニ由シナシトイヘトモ本尊ニ因ミテ載之、其外御印之免状数通頂戴ス、就中嘯之御影ヲ本寺ヘ上奉シハ当寺ノ先祖也、其時宮内卿法橋被遂披露所ニ、乱世ヲ忍経テ当御門迹ヘ奉指上事、御感之御印于今在之、然者遠国辺夷而本寺ノ参勤疎也トイヘトモ、教如上人ヨリ代々本寺ノ憐愛他ニ異ニシテ、免許ノ礼封マテ毎度減少セリ、適参詣ノ砌ハ尊愛不浅而、於鶴間御盃頂戴則必御手ツカラ御肴ヲ下サル、御暇乞ノ時ハ定リテ奥ノ御座ニ召テ、独リ過量ノ尊命ヲ奉蒙事、常如上人マテ毎度尓也、是亦当寺之面目比類希也、然ニ痛哉、時遷リ処革テ、遠邦之与力ハ或帰別家、近隣之末寺ハ或衰テ音信絶タリ、今纔ニ残テ昔ノ半ニモ不足、誠ニ古ハ大僧正高駕ヲ当寺ニ休メ、天下ノ大将軍ニ面謁ヲ遂テ、於九州一宗再興之旧迹ナレトモ、今ハソレトタニ知ル人稀也、後代ニ至リナハ弥ヨ展転忘却之嘆有ラン歟、依之記斯之一巻粗伝当寺之縁起者也、

右一巻者、披当寺数篇之旧記幷以不遠［当寺四代］老師之口筆、僅ニ録縁起之一二ヲ事実而最初無毫異也、然予ハ江州金森道西之末葉而、雖非当寺之的胤、貞享元年之夏比、以本寺之尊命令継当坊之後裔、是不慮之住職抑亦宿縁之所為乎、以茲懇ニ紕往而貼之於永葉者也、

維時元禄三歳次庚午之冬誌焉

住持鏡空律師智山（印）

②毛利之系図（安楽寺系図）

宮内入道平朝臣理安

元氏

安楽寺二世

文禄年中、将軍秀吉公肥前国在陣之時、於名護屋継端坊而住持、移来唐津改端坊賜安楽寺、則号順了是也、元和六申年二月十日寂

三　名護屋六坊文書

A　本勝寺文書（佐賀県唐津市米屋町）

①本勝寺過去帳

当寺開山釈善海法師　酉十一月十二日

B　安浄寺文書（佐賀県唐津市新町）

①寺院明細帳

真宗東派

佐賀県管轄肥前国松浦郡新町

本山　松浦山

一、東本願寺末　安浄寺

開山順海ハ相州ノ産也、初北条氏ノ臣タリ、小田原落亡ノ後本願寺教如ニ帰依シ、慶長三戊年当地ニ来リ一寺ヲ建立ス、同八年卯三月木仏寺号免許、依之松浦山安浄寺ト号ス

第十二世住職

天保十二丑三月得度　大教

壬申四十一才

妻ムロ

壬申四十才

新発意

安政六未十月得度　顕龍

壬申十九才

娘リヨウ

壬申十五才

叔父

文政七申二月廿二日　大鱗

壬申六十六才

②安浄寺由緒覚

覚

一、当寺ハ真宗京都東本願寺末寺、往古名護屋ニ有之、寺沢志摩守様唐津城御築以来当寺移之、開起順海与申僧、慶長十七年子三月寺号木仏ヲ願御免被為成候、

一、本尊立像之弥陀、御長ケ弐尺一寸

一、本堂 梁行四間 桁行四間半　一、境地 地口九間半 入十三間

開起順海
二代常正　四代普実　六代伯円
三代唯正　五代白賢 飛檐御免

C　行因寺文書（佐賀県唐津市米屋町）

①方便法身尊像裏書

本願寺釈教如（花押）

願主釈賢海

方便法身尊形

釈尼妙□

②行因寺由緒書

抑当寺之開基者、埴生備後守賢次也、父主水允盛次九州合戦之時者立花手ニ属ス、浄雲筑前国三笠郡岩屋ニ居城之時、秋月種実取掛之節、父子尽粉骨防戦、依之則時ニ父子共ニ勘状被下ル、其砌　太閤秀吉公朝鮮為征伐当国名護屋ニ在陣シ給、其以前父主水允ハ岩屋ニ而討死ス、備後守名護屋迄参候処、数年之軍ニ労レ疵不愈彼地ニ滞居ス、于時　本願寺

教如上人　秀吉公へ為御見舞名護屋へ御下リ被遊候節、賢次病身ヲ言立暇を乞、御弟子ト成直ニ御剃刀被成下、法名賢海坊ト被仰付候、其上　蓮如上人御真筆之六字名号御譲被下ル、且御帰京之時直ニ御供仕、五百之御本尊申受、名護屋へ帰構道場、　蓮師六字名号脇掛ニ奉安置、其後寺沢志摩守殿唐津ニ築城給節、当地ニ引移ス、名護屋六坊之其一ッ也、然者　教如上人御取立之旧地、殊ニ直弟明ニ候間、聊無麁畧御恩ヲ厚ク歓ヒ、末々迄不背　御本山御意ニ、倍大切ニ可抽忠節者也

二世

元和八壬亥九月　　了西

D　伝明寺文書（長崎県南高来郡小浜町北本町）

①木仏裏書

釈宣如（花押）

寛永十八辛巳年八朔

木仏尊像　安楽寺門徒

肥前国松浦郡

唐津村伝明寺

願主釈了伝

E　正円寺文書（佐賀県唐津市新町）

①『御兼帯所願上候控』所収「正円寺由緒」

「（表紙）
天保二年卯五月
御兼帯所願上候控
当山浩雲代」

（前略）

開基

寛永七庚午年十一月廿七日往生仕候

一、了泉　御本山表ニ者、寛永十九壬午ト書出いたし在之、少シ相違仕候ニ付、御尋等在之候節者、寛永十九壬午年十一月廿七日ト御答申上候事

右者　太閤公（ママ）秀吉公朝鮮征伐之時、当所名護屋村ニ御在陣之節者、同所ニ罷在候、其後御退陣ニ相成、其砌太閤秀吉公より御居間拝領仕、慶長四亥年唐津鶴城下ニ引移リ申候、依之柱之分者、今に於て拙寺座敷ニ相用ヒ居申候、尤五三之桐釘隠し等も、今ニ座鋪江相用ヒ有之候事

（以下略）

②正円寺過去帳

当山開基釈龍泉法師　寛永七庚午年十一月廿七日　俗名龍溪九郎洪範　「（朱筆）行年七十三才」

四　教如九州下向関係文書

A　光照寺文書（広島県沼隈郡山南町・『広島県史』所収）

①粟津元辰松尾元貫連署印判奉書

（印・印文「詳定」）

態令申候、仍　関白様至九州就御動座、為御見舞　新御所様被成御下向候、然者道通之儀各坊主衆被相談、御宿之義馳走可被申候事肝要候、誠たまさかの御下向之儀候間、御門弟中不残一人可被致参上事専用候、為其被排　御印者也、如件

松尾左近丞

二月廿三日　元（花押）

粟津右近丞

（花押）

備後

光照寺

同坊主衆中

同御門徒中

B　光教寺文書（福岡県浮羽郡浮羽町・清原道寿編『光教寺志』所収）

①松尾元貫粟津元辰連署印判奉書

（印・印文「詳定」）

態申候、仍関白様御出馬付而、為御見舞新御所様被成御下向候、しかれハ路次通之御一宿之段、其元各被遂相談、御用意可被申事肝要候、御上下之儀ハ　関白様御座所不被相定候際、只今より申越候儀なりかたく候、乱中御事候条各十方有間敷候へとも、此度之儀候間、すい分御馳走肝要候、於様子ハ口上含候、為其被排御印候也

粟津右近

四月十三日　元（花押）

松尾左近

元（花押）

願通坊

同門徒衆中

C　妙行寺文書（福岡市南区野間・森山みどり氏「博多における真宗寺院の初伝」所収）

①松尾左近粟津右近連署印判奉書

教如印

態令申候。仍殿下様御出馬付而、為御見廻新御所様被成御下向候。しかれハ路次傳へ御一宿之儀、各被遂相談、御用意

可被申事肝要候。御上下之儀ハ、殿下様御本陣不被相定候條、只今より申越候事難成候。乱中さだめて各十方あるましく候へとも、此節之儀候間、随分御馳走尤専用候。於様子ハ口上ニ含候。為其被挑御印候也。如件

四月十三日　粟津右近（花押）

松尾左近（花押）

筑州ハカタ

妙行寺

同門徒衆中

②粟津右近松尾左近連署印判奉書

教如印

新御所様、御陣為御見廻、就御下向、其地被成御通候、時分柄可為造作候へ共、御一宿御まかなひ並馬人足以下可成程、各馳走憑被思食之旨、能々相心得可申下之由、被仰出候。為其被挑御印候也。

五月九日　松尾左近（花押）

粟津右近（花押）

ハカタ

妙行寺

坊主衆御中

惣御門徒中

D 『筑前国続風土記附録』所載文書（前掲森山論文所収）

①松尾左近印判奉書

教如印

新御所様御陣御見廻として被成御下向候、少御用ニ而博多御逗留之御事候、然者明日か明後日か、ふかゑまて可被成御座候間、ふかゑニおいて御一宿、御まかない、手馬十疋・人足十人なこやまで馳走頼被思召候、定日ハ重而自是可申入候、先々内々御用意専要候、猶使者申含候間、随分御馳走尤候、仍被挑御印候也

六月十八日　松尾左近
名乗在判

はぶ
了善房

おにくら
西願房

②松尾左近粟津右近連署印判奉書

態令申候、先度ふかゑの御留候儀申越候処、即相調候由珍重候、弥御馳走専用候、就其はかたよりいつかへ御留たるへく候間、其方より此状被相届候、御一宿之儀馳走被申候やうに可申伝候、尚其節可申候、恐々謹言

六月廿三日　粟津右近

名乗判

松尾左近

同判

了善御房

西願御房

床下

はぶ

E　光瑞寺文書（京都府北桑田郡美山町）

①下間頼廉印判奉書

（印・印文「詳定」）

新御所様自九州御無事ニ被成還御付而、為御音信二十疋進上之通遂披露候、御懇之至神妙被思召候、将亦安心之一儀無油断可被相嗜事尤肝要之旨、能々相心得可申由御意候、則被顕御印候也

刑部卿法印

八月六日頼廉（花押）

丹波上窪

浄了御房

②下間頼廉副状

新門様へ今度自西国被為御上洛ニ付、為御見廻二十疋懇ニ申上候、則被成下　御印書候、可有頂戴候、随而私へ五十銭無冥加事候、先々此方御無事候、可心安候、尚期後音之時候、恐々謹言

八月六日頼廉（花押）

丹波上くほ

浄了御房

③益田照従副状

新御門主様へ代二十疋御進上之旨、被遂披露候、仍刑部卿法印へ五十文たしかに申届候、則御返事被申候、尚能々相心得可申入之よし候、次ニ我等へ五十文是又ミやうかなく存候、如何様御参之時、方御礼可申候、恐々謹言

八月六日　従（花押）

たんは上くほ

浄了御房

御宿所

あとがき

思い起こせば、夏の初めながら肌寒い日で、貴船の川床で風に吹かれて震えながら、川音に負けないように大声を張り上げて話し合ったことが、本書の始まりであった。あれは一体いつのことだったかと、古い手帳を調べてみる。一九九六年七月十一日、大谷大学の史学科懇親会でのことであった。木場明志さんと、非常勤講師をお願いしていた仲尾宏さんと三人で、どうだ、やろうか、やりましょうという話になった。

それには前史があった。貴船の話の少し前だと思うが、龍谷大学の平田厚志さんと一緒に七条大橋あたりを歩いている時に、『朝鮮日々記』が話題となり、臼杵へ原本を見に行くつもりだというような話を聞いた。ちょうどその頃、私もまたこの書に関心を持っていたから、話は研究会をやろうという方向に進んだように思う。私がこの書に関心を持った契機が何であったか思い出せないが、仮名草子研究の内で問題化していた「思へども、思ふこと叶はねばこそ憂き世なれ」というフレーズが、この書に引かれているのに気付いたことと関係がありそうである。この年の六月に出た「季刊日本思想史」四八号の論文でこのことに言及しており、平田さんもまた「「うき世」から「ミやこ」への旅路」論文を寄稿しているから、お互いに関心を持ったのは、さらに一年遡ることになろう。

私事にわたる事柄を書き記してきたのは、本書の成り立ちを明らかにしておきたかったからに他ならない。日朝関係史が専門の仲尾さん、地元臼杵で慶念の研究を続けてきた本多さんを除けば、今回のメンバーがこの日記に関わることになったのは、一種の不思議である。けれども本書ができてみれば、不思議でもなんでもなく、真宗史に関わる者が当然なさねばならなかった研究であったと気付いた。

かくして、この年の八月二十一日に大谷大学で打ち合せ会が開かれ、八月二十九日には平田さんが本多さんの案内で安養寺を訪れ、この日記を写真撮影することができた。こうして十月三日の第一回研究会となる。今回の執筆メンバーが勢揃いしたように記憶している。会の名称を朝鮮日々記研究会とし、平田さんが代表となることとなった。以来、法藏館の一室を借りて（最後の何回かは龍谷大学）月一回のペースで研究会を開き、この年には四回、九七年には十二回、九八年に十回、九九年に七回と、足掛け四年、まる三年間で都合三十三回の研究会がもたれた。

研究会は、先行研究の内藤雋輔氏のテキストと写真版を読み比べて本文を確定し、語句に注解を施し、文意を把握する作業を会員が分担して行い、全員で検討を加える方式を採った。この段階までは、大谷大学の鄭早苗さん・同大学院の金大植君も参加して助言をいただいた。こうして九八年一月の第十七回例会で一応、読み終えることができ、終結も近いかと思ったが、実はこれからが難関であった。読み進む内に、慶念の文章が予想以上に多様な典籍を踏まえていることが明らかになり、国語辞書的な注解よりもその典拠を明らかにする作業へと方向転換し、それに伴って新たな論点が提示され、それを含んだ注解の整理が大仕事となったのである。

この頃から研究メンバーの身辺に様々な事情が生じ、当初のような関わりが保てなくなったり、連携が円滑を欠くようなこともあった。加えて、分担執筆の頭註・補註を全体的に把握し統一する必要が生じ、やむなく大桑が取りまとめ役を務めることになった。九九年後半からは、頭註・補註に関して、かなり強引に修正意見を提示し、執筆者の意見を求める作業を繰り返した。意見が食い違い、保留のままにせざるを得なかった事柄もある。その意味では、いまだ未完成というべきかもしれない。しかしながら、注解の作業はいずれにせよ私案の提示であり、今後の研究の踏み石であるとすれば、その一石になったものと自負している。

個別論文もまた、研究会で報告され検討された。そこでの討論などが取り込まれて改稿されているが、それはあくまで個人の成果として見られるべきもので、研究会としての統一見解ではもとよりない。しかしながら一方で、相互の研究成果を踏まえ、継承した面があるのも当然であり、ある部分では共通の認識に達し、また共通の方向性を持っている。それが何であるかは読者の判断に委ねるが、これらは誠に貴重な共同研究の成果として誇りうるものであろう。

最後に、関係各位に御礼を申し述べねばならない。まずは『朝鮮日々記』の写真撮影を許可していただいた臼杵安養寺ご住職安藤昭壽さん、さらには出版に至るまでの長い道のりを見守ってくれた法藏館編集長上別府茂さん、わがままな議論につきあい、資料・原稿の整理に当初から関わっていただいた同編集部の大山靖子さん、これらの方々のご厚意がなければ本書が陽の目を見ることはなかったであろう。深々の謝意を呈します。また藤木久志さんには、格調高い序文をいただいた。『朝鮮日々記』と慶念にとっては、その名を学界に知らしめた恩人であり、本書の刊行を鶴首されている一人である。厚く御礼申し上げます。

二〇〇〇年七月

朝鮮日々記研究会・大桑　斉

執筆者紹介（五十音順）

大桑　斉（おおくわ　ひとし）　論文／頭註・補註／頭註・補註関係文献一覧担当
1937年生まれ。大谷大学教授。著書に『日本近世の思想と仏教』（法藏館），『寺檀の思想』（教育社歴史新書），『蓮如上人の王法』（東本願寺出版部），論文に「仏教的世界としての近世」「近世民衆仏教の形成」ほか。

大取一馬（おおとり　かずま）　論文／頭註・補註担当
1947年生まれ。龍谷大学教授。編著書に『新勅撰和歌集古注釈とその研究』上・下（思文閣出版），『詞源略注』（古典文庫），論文に「蘆庵本の歌書等について」「江戸時代前期の歌学―契沖著『新勅撰集評注』をめぐって―」ほか。

岡村喜史（おかむら　よしじ）　論文／本文校訂／頭註・補註担当
1962年生まれ。本願寺史料研究所研究員。著書に『蓮如　畿内・東海を行く』（国書刊行会），『本願寺史料集成　信濃国諸記』（同朋舎），論文に「蓮如自筆御文と御文流布の意義」「実如期の本願寺教団と御文の聖教化」ほか。

木場明志（きば　あけし）　頭註・補註担当
1947年生まれ。大谷大学教授。編著書に『アジアの開教と教育』（法藏館），『陰陽道叢書　近世』（名著出版），論文に「海外布教と仏教福祉―朝鮮における土幕民移住計画について―」「近世における陰陽師のゆくえ」ほか。

草野顕之（くさの　けんし）　論文／頭註・補註担当
1952年生まれ。大谷大学教授。編著書に『蓮如大系』第四巻（法藏館），『真宗大谷派の荘厳全書』（四季社），論文に「無碍光宗について」「山科本願寺・寺内町の様相」「順興寺と枚方寺内町」「寛正の法難について」ほか。

仲尾　宏（なかお　ひろし）　論文／丁酉・慶長の役戦場と太田一吉軍戦跡図担当
1936年生まれ。京都造形芸術大学教授。著書に『京都の渡来文化』（淡交社），『朝鮮通信使と徳川幕府』（明石書店），『朝鮮通信使と壬辰倭乱』（同），『在日韓国・朝鮮人問題の基礎知識』（同），『朝鮮通信使と江戸時代の三都』（同）ほか。

早島有毅（はやしま　ゆうき）　論文／頭註・補註担当
1943年生まれ。藤女子大学教授。編著書に『真宗重宝聚英』第八巻（同朋舎），『真宗史料集成』第六巻（同朋舎），論文に「戦国期本願寺における『頭』考」「中世移行期における宮中仏事の実態」「本願寺蓮如の『教団』と戦国社会」ほか。

平田厚志（ひらた　あつし）　論文／頭註・補註担当
1944年生まれ。龍谷大学教授。論文に「近世本願寺教団における『真俗二諦思想』の形成」「近世中期の持戒念仏運動」「三木清における『仏法』と『世間』」ほか。

本多正道（ほんだ　しょうどう）　論文担当
1949年生まれ。浄土真宗本願寺派光蓮寺住職。著書に『本願寺史料集成　豊後国諸記上』（同朋舎），論文に「九州地域五カ国の真宗」「戦国期における九州の真宗」「実如と西国九州門徒の動向―新出資料をめぐる諸問題―」ほか。

※執筆者の略歴は、初版刊行当時のものです。

朝鮮日々記を読む
——真宗僧が見た秀吉の朝鮮侵略——

二〇〇〇年 九月 五日 初 版 第一刷発行
二〇一七年一一月一〇日 新装版 第一刷発行

編 者 朝鮮日々記研究会
発行者 西村 明高
発行所 株式会社 法藏館
京都市下京区正面通烏丸東入
郵便番号 六〇〇-八一五三
電話 〇七五-三四三-〇〇三〇（編集）
〇七五-三四三-五六五六（営業）

装幀者 佐藤 篤司
印刷・製本 富士リプロ株式会社

ISBN 978-4-8318-6551-9 C3021